Meters Series 9

Savage Arena

Joe Tasker

Words 233,406

Pages 560

7.4 x 5.04 inches

野蠻競技場

鄭煥昇＝譯

詹偉雄＝策畫・選書・導讀

臉譜

meters

喬・塔斯克（左）與彼得・博德曼（右）。

登山與現代——meters書系總序｜詹偉雄……007

導讀 英國特質：真誠與自虐｜詹偉雄……009

一九八二年出版者序……025
Publisher's Note

前言：不世出的高山行侶｜克里斯・鮑寧頓……027
Foreword: A Great Partnership

1 要麼，會有人去找你們……043
Or Men Will Come for You

2 艾格峰：鐵軌上不准走人……059
It is Forbidden to Walk on the Track: The Eiger

3 都納吉里峰：只有這樣，算運氣不錯了……099
It Could be Worse: Dunagiri

4 強卡邦峰：銀幕上的身影……205
Figures on a Screen: Changabang

5 K2：「我們來抽火柴吧」……279
'Let's Draw Matchsticks': K2

6 干城章嘉峰：大雪中的寶屋……339
In the Treasure House of the Great Snow: Kangchenjunga

7 重返K2：世界末日……449
Apocalypse: K2

後記……541
Postscript

大事記……545
Chronology

作者簡介……554
About the Author

登山與現代——meters書系總序

詹偉雄｜meters書系總策畫

現代人，也是登山的人；或者說——終究會去登山的人。

現代文明創造了城市，但也發掘了一條條的山徑，遠離城市而去。

現代人孤獨而行，直上雲際，在那孤高的山巔，他得以俯仰今昔，穿透人生迷惘。漫長的山徑，創造身體與心靈的無盡對話；危險的海拔，試探著攀行者的身手與決斷；所有的冒險，顛顛簸簸，讓天地與個人成為完滿、整全、雄渾的一體。

「要追逐天使，還是逃離惡魔？登山去吧！」山岳是最立體與抒情的自然，人們置身其中，遠離塵囂，模鑄自我，山上的遭遇一次次更新人生的視野，城市得以收斂爆發之氣，生活則有創造之心。十九世紀以來，現代人因登山而能敬天愛人，因登山而有博雅情懷，因登山而對未知永恆好奇。

離開地面，是永恆的現代性，理當有文學來捕捉人類心靈最躍動的一面。

山岳文學的旨趣，可概分為由淺到深的三層：最基本，對歷程作一完整的報告與紀錄；進一步，能對登山者的內在動機與情感，給予有特色的描繪；最好的境界，則是能在山岳的壯美中沉澱思緒，指出那些深刻影響我們的事事物物——地理、歷史、星辰、神話與冰、雪、風、雲……。

登山文學帶給讀者的最大滿足，是智識、感官與精神的，興奮著去知道與明白事物，渴望企及那極限與極限後的未知世界。

這個書系陸續出版的書，每一本，都期望能帶你離開地面！

導讀

英國特質：真誠與自虐

詹偉雄

This above all: to thine own self be true
And it doth follow, as the night and day,
Thou canst not then be false to any man.

尤其要緊的，你必須對自己忠實
正像有了白晝才有黑夜一樣
對自己忠實，才不會對別人欺詐。

——Willam Shakespeare, Polonius advices Laertes, Act I scene iii, *Hamlet*（New York: Henry Holt & Company, 1914）, p.23.

Such struggles with nature produce a moral invigoration of enduring value. They wash the mind free of sentimental cobwebs and foolish imagining. They bring a man in contact with cold stony reality and call forth all that is best in nature. They act as moral tonics.

這般與自然的搏戰，能創造出一種持久價值的道德振奮。它們洗滌了心靈，將感傷蜘蛛網和愚蠢想像一掃而空。它們帶這個人接觸到冰冷石頭般的實質，召喚出他本性中最好的一切。它們扮演著道德的補劑。

——William Martin Conway, *The Alps from End to End*（London: Archibald Constable, 1895）, p. 174.

"We are all ill," Freud said. No less are we all inauthentic.

佛洛伊德說：「我們都病了。」同樣，我們都是假的。

——Lionel Trilling, *Sincerity and Authenticity*（Cambridge, Mass.: Harvard University Press, 1972）, p. 102.

The true perfection of man lie not in what man has but what man is.

一個真正完美的人不在於他有什麼，而在於他是什麼。

——Oscar Wilde, *The Soul of Man under Socialism*, 1891

如果有人問：「哪一種登山，是最好的登山？」我會不假思索地說：「是喬・塔斯克（Joe Tasker）的那一種！」我並不認識喬（多麼希望能認識），能有如斯斷言，是因讀了他寫的書《野蠻競技場》，是的，沒錯，就是讀者眼前翻閱的這一本。

在我有限的閱讀經驗裡，《野蠻競技場》可說是最好的山岳文學，它當然有各種奇瑰嶙峋的山容描摹、大口吞吐的冰雪雲霧，以及歷險道途中的撲朔迷離，但是它讓人過目不忘的，是作者時時刻刻、無處不在的自我反思與告白：何苦，自己會來到這萬般難過的高處？一地接著一地、無休止地出發去遠征，難道這就是生命的全部？如果登山已經成了一個癮頭，「是否這種毒品已經沒法帶給我歡愉，剩下的，只是一股想要不斷加大劑量的衝動？」透過這些文字，讀者直面著一顆困擾、受苦的靈魂，感同身受龐大的道德重量。

閱讀《野蠻競技場》，容易讓人聯想起海洋作家約瑟夫．康拉德（Joseph Conrad）的小說：當船長面對大自然的嚴酷磨礪，該作為的不是一句句苟活的祈禱，而是對自己能力、責任與技術之絕對真誠、近乎倔強地信任與持守，這一股「即使覆滅了也無悔」的勇氣，能驅散恐懼並專心於當下該有的工作——該操什麼舵、該降哪張帆、該頂上哪一向的風⋯⋯。

喬．塔斯克與臉譜meters山岳文學系列第一本書《輝耀之山》的作者彼得．博德曼是同輩作家，喬要比彼得大上三歲，但他們的逝日是同一天：一九八二年五月十七日向晚，他們在聖母峰東北稜脊的第二岩塔峰（2nd pinnacle）下的八二五〇公尺處，永遠地消失了身影。

出生於英國東北小城米德爾斯堡（Middlesbrough），喬是家庭十個小孩中的老二，父親是學校門房，家境清貧，喬很早便被送入神學院，期望長大就任神職而有份安定的工作。但這個小孩很早就流露出攀爬的天賦，米德爾斯堡被蒂斯河一分為二，因為離北海的出海口很近，河上運行著大小的送貨船隻，連結城北與城南的升降橋有六十八公尺高，喬從很小的年紀即以爬這座橋為樂。成人之際，他放棄神職生涯的期望，申請進入曼徹斯特大學社會系，加入了登山社團。他對城市的下層階級有同理心，身體力行過著拮据與粗放的生活，這樣的氣質鍾煉出日後不同的登山信仰和風格，喬偏愛兩個人的基本繩伴組合，用最少的錢進行刻苦的遠征——愈少的依賴也就意味著最大的自由。

《野蠻競技場》的篇幅並不長，包含了六趟登山旅程，成果是四勝二敗（敗給的皆是K2），在四次成功的故事中，幾乎每一趟都是當時登山史上的顯赫成就：其中，瑞士艾格峰北壁（一千八百公尺）的冬攀，是第一次有人採取阿爾卑斯式（無固定繩與補給隊）孤高直上的創舉，在喜馬拉雅山區的都納吉里（七〇六六公尺）東南脊、強卡邦峰（六八六四公尺）西壁與干城章嘉（八五八六公尺）西北面都是新路線首登，干城章嘉之行且是世界首度無氧登頂的組合。在一九八二聖母峰遠征出發之前，喬．塔斯克才如同追趕末班車似地向出版社交出了書稿，因為太過匆忙，他還沒能來得及加上另一趟中國帕米爾高原公格爾峰（七六四九公尺）首登的紀錄。書稿的主要內容來自遠征路途上的日記，也許是時間太少，無暇潤筆，全書充滿著直接、粗獷、未經修飾和打磨的率真氣息，成功之際，作者沒有絲毫的自傲，而即使失敗，他咀嚼著啟示的況味，反而有一種新生的愉悅，也就是在此，讀者可感受到英國文學傳統與男性社會教養對他隱隱發揮著作用。

自莎士比亞、華茲華斯、馬修・阿諾德、濟慈等詩人以降，及至於小說家珍・奧斯丁、湯瑪斯・哈代與康拉德，英國文學中有一種強烈的倫理要求：理想人物必須要有「真誠」（sincerity）與「真實」（authenticity）這兩種德性。所謂真誠，指的是文藝復興以來對人的判準：一個人公開表示的感情和內在實際的感情，必須是一致的；而真實，則是更晚近的一種考究：在社會分工已成常態的都市化過程中，每個人被要求扮演各式各樣的「角色」，由於不再能透過階級的出身來辨識一個人，偽身分、虛假、欺騙開始盛行，因此「一個人真正地、本質上是他自己」（《牛津英語字典》對「Self」一字的註解）遂成為紳士與淑女必備的一種道德要求，一個人要透過全身上下的各種行為——特別是承受苦痛的經歷，或傳記、日記的寫作——來珍視著自身，也誠實地向世界展示自身。美國人文學者萊昂內爾・特里林（Lionel Trilling）在哈佛大學諾頓講座的《誠與真》（*Sincerity and Authenticity*）演講集中，解釋這種英國獨有的「英式真誠」的來歷，乃是混合了由英國歷史、航海職業催生的職業道德，和宗教傳統所遺留下來的責任的一種真誠，具備「綿密厚重」的力量，意圖力挽狂瀾地拯救有德之人，「他將會是真誠和真實的，因為真實，所以真誠」（He will be sincere and authentic, sincere because authentic）。

在這些文學家或思想者的識見天秤上，個人是無辜的，現代化社會才是虛假墮落的推土機。一位十八世紀英國美學家愛德華·楊（Edward Young）抱怨說：「我們出生時乃是原創，怎麼死的時候卻都成了拷貝？」(Born original, how comes it to pass that we die Copies?）現代社會透過語言和教育系統，緩慢地將原本真實的、獨一無二的個人，模造成一模一樣功能性、個性被碾平的集體人。最終的結果，是人人成為「他不該是」的人，社會處處充滿虛假，而且反過來成為主流價值，創造了「虛假的地獄」。有了這種人文主義者的憂慮，來自昔日貴族教養遺緒的「英式真誠」被反向地大聲倡議起來，英國文人希望此種「存有的情懷」(sentiment of being）能夠幫助人堅守住整全人格的中心，而且抵禦外界對自我圓周（circumference of the self）的侵蝕而不破，期盼他完整、刀槍不入、持久，即使不行動之時，仍能擔綱作一位自主的主體。

要成為最原真的自己，一個最根本的考驗，就是經歷最無情的自然磨礪，來確認自身「存有的情懷」。喬·塔斯克在計畫都納吉里峰的遠征時，既為了省錢也為了增加體驗，他和繩伴迪克·阮修（Dick Renshaw）買了一部報廢邊緣、一一〇〇cc排氣量的福特Escort吉普車，從英國開車橫渡歐洲、中亞到印度。旅途中波折不斷，攻頂後遇暴風雪阻斷，在山上缺水斷糧四天後才下到基地營，阮修因為十根手指凍傷發黑，先行搭飛機回國就醫，喬是一個人開車踽踽獨行，山窮水盡，最終是半途把車賣給了波斯人，買了一張長程巴士票，帶著十幾包行李顛沛流離地回到家鄉。「我們想要扎扎實實的東西，一樣我們能咬在嘴裡，把牙齒陷於其中的東西。我們不想爬山爬得輕鬆寫意，我們需要掙扎，需要前往我們能力的懸崖邊緣，需要一個沒有人能確切預料的結果。」（頁五九）

當他和彼得爬完強卡邦峰西壁，壓力紓解地下得山來，在基地營加入一個新到義大利隊伍的營火晚餐，其中一位憂鬱的女士沉默不語，但一開口卻是極流利的英語。喬和她聊起天，意圖舒緩陰霾，這才了解原來女士所屬的美國隊在前兩天才發生山難，她的先生和另外三名隊員墜落兩千英尺下的雪原，無助的她遇上了義大利人，救了她下來，而喬和彼得決定，隔日他們會爬上山巔，埋葬失足的登山者，帶回他們身上的遺物，以供幾萬公里外的家屬有最後憑弔的機會。喬和彼得在當夜的帳篷裡都經歷了失眠的一晚，喬這麼寫道：「如果死的是我，我不會希望世界憂傷，因為我會到死都還在追求自己的志向，我會到死都在貫徹著那份讓我在平日的生活中與人為友或結仇的驅動力與生命力。如果我沒有為了某件事拚盡全力，我只會是個平庸的存在。」（頁二七六）在第二次遠征K2之時，喬和彼得與阮修遭到了雪崩的掩埋，三個人都以為對方死了，事後回憶，喬的心思有了轉變，他不再是一個在死亡裡求取「存有的情懷」的上進者，他再度陷入了存有的徬徨：

> 我刻意讓心思避開了痛苦的範疇。所有的念頭都好端端地在那兒，包括與我自身內心的邂逅，包括從死亡深淵往下看的景色，都完好無缺地等著我隨時去端詳，但我將之覆蓋了起來，就像在傷口上裹起了繃帶。所有的眼淚都還在……混雜自憐、餘驚與瀕死的感受在我的眼眶打轉；這些是生命的眼淚——但我已經弄不清它們的本體了。（頁五二六）

一九五三年，由約翰・亨特上校組建的英國聖母峰遠征隊，成功地以大兵團包圍（siege）的戰術，將兩名登山者——紐西蘭籍的艾德蒙・希拉瑞（Edmund Hillary）和雪巴人丹增・諾蓋（Tenzing Norgay）送上聖母峰頂，完成了大英帝國自十九世紀末以降地理大探險的最後一塊拼圖。在這趟浩大的行旅中，倫敦《泰晤士報》（*The Times*）派遣了一位二十七歲的年輕記者詹姆斯．莫里斯（James Morris）隨團報導，莫里斯以其聰慧和機敏取得了亨特上校的信任，跟著登山隊員一路爬上了海拔六千六百公尺的第四營，他透過送郵跑者發回倫敦的「五月二十九日成功登頂消息」恰巧撞上了英國女皇伊麗莎白二世六月二日的加冕日，因此消息延後了一天才發布。

也因為這個巧合，莫里斯下山後寫就的隨行報導，就交織著這兩件「天大的事」，以《艾佛勒斯加冕》（*Everest Coronation*）為書名，為他／她隨後六十年的璀璨寫作人生揭開序幕。沒錯，詹姆斯．莫里斯在一九四九年結婚，與妻子生下四個小孩，但他在一九六四年決定以「女性」做為她的性別認同，並於一九七二年到摩洛哥接受了變性手術，自此，一位我們迄今津津樂道的大旅行作家「珍．莫里斯」（Jan Morris）便誕生了（中文讀者熟悉的《西班牙》、《威尼斯》、《香港》只是她眾多著作中的幾本而已）。

在喬．塔斯克的《野蠻競技場》一書的前端提上詹姆斯．莫里斯，其實有個幽微的用意。

於《艾佛勒斯加冕》一書之中，莫里斯花了很長的篇幅，來探討「人，為何要去爬山？」此一自世紀初喬治．馬洛里（George Mallory）時代就遺留下來的難解問題。在好幾個月的遠征路途上，他近距離觀察登山隊員的心理狀況，聆聽他們吐露的隻字片語，並且揣測在極限的自然環境裡，這些人決心和毅力的可能來歷，最終，莫里斯歸納出五個顯要因素：自豪（pride）、野心（ambition）、尚美（aestheticism）、神祕主義（mysticism）與自虐狂（masochism）；值得注意的是，作者本人坦言第五項對他最具說服力。一九五三年的莫里斯應該已然具有了另一性的視界和洞察，也因此，他／她對十九世紀以來英國登山社群中的強烈男性氣質（masculinity）養成教育，異常地敏感；所謂受虐狂，就是透過身體承受各種極端痛苦的試煉，藉以獲得更大的快感與滿足——的一種身心狀態。在維多利亞時期，這種氣質是與貴族紳士的自我教養遙相輝映的，正如一九三五～三八年英國山岳會會長愛德華・史楚特（Edward Strutt）所說：「能將一根岩釘鑿入英國石頭的手，必定也能夠射殺一頭狐狸或網捕一尾鮭魚。」

一九八二年喬・塔斯克與搭檔彼得・博德曼「二人組」（duo）的失蹤，在英國的媒體圈投下了一圈重重的漣漪，不只是他們的消逝，召喚了一九二四年喬治・馬洛里與山帝・爾文（Sandy Irvine）第一代「二人組」喪命聖母峰的國殤記憶，也是對七〇年代以降「小團隊輕量沖頂」新登山潮流的一記當頭棒喝。當喬與彼得兩天前從最後一個營地出發，準備在第三岩塔峰下創建一個沖鋒的最後跳板營位之際，他們已經受夠了天候的摧殘，隊友迪克．阮修因為中風先行離開，因此他們出發，已經是抱定了受苦甚至遭難的決心，這種極限體驗他們已經多次遭遇，只是這一次沒過得了關。組成這支四人小隊伍的英格蘭登山教父克里斯．鮑寧頓（Chris Bonington）受到了嚴重的批評，在他主導的多次遠征中，英國七〇年代崛起的「艾佛勒斯男孩」（boys of Everest）們幾乎都已經消殞殆盡，輿論都在問：這樣的代價值不值得？

吸引鮑寧頓組隊的緣由，主要是聖母峰的東北脊是一條沒人攀登過的路線。自一九五三年亨特隊長的隊伍成功攀上絕頂之後，世界十四座八千公尺以上的巨峰接二連三被攻克，後起之秀的登山者紛紛另闢蹊徑，用各種更困難的方式來挑戰喜馬拉雅群山，其中的大牆（big wall）攀登是一種，一九七〇年由鮑寧頓領軍的安娜普納南壁是代表作；八千高峰的新路線是另一種，一九七五由鮑寧頓率隊的聖母峰西南壁成功登頂，是最年輕隊員博德曼的成名作；在酷寒的冬季進行攀登，是第三種，在當時幾乎已成了波蘭遠征隊的代名詞；第四種則是由義大利登山天王萊茵霍爾德．梅斯納爾（Reinhold Messner）領頭的無氧獨攀，間或夾雜一些新路線的挑戰，為個人主義式的高海拔冒險揭開序幕。

在這許多新故事中，「用最少的資源爬最難的山」逐漸成為主流，喬與彼得於一九七六年攀登的強卡邦峰西壁，綜合了大岩壁、新路線、阿爾卑斯式自助攀登的秀異之處，一舉成名（彼得將登山過程寫成了《輝耀之山》一書，而喬則把它寫成《野蠻競技場》的第四章），也很快地成為了「艾佛勒斯男孩」最剽悍的成員。

從西藏高原這邊的絨布冰河口往南望去，聖母峰遼闊的東北稜脊線一望無遺，從稜線尾端的拉芙隘口（Raphu La，六五一〇公尺）往右一路而上，歷經兩英里破碎的山脊，來到與北稜脊相交的肩部（shoulder，八三九三公尺），再往右往上一英里，經過三個巨大的岩石台階，纏繞著噴射雲的主峰頂就在終點。從北邊要登上聖母峰，如今一般的標準行程是爬上北坳後，沿著北稜脊接上肩部，然後按部就班地登頂，這條路線可避開高原稜線上的颶風和落石，而這正是當年喬與彼得要承受的自然考驗。他們在前一次的探勘中，已經分別在六八五〇、七二五六、七八五〇公尺處挖好了三個雪洞，儲備了一些補給，因為強風無法讓隊伍搭起帳篷，他們只能用最克難的方式，露宿在高海拔的死亡區域。鮑寧頓隊伍失利撤退後，一直要到一九九五年，聖母峰東北稜脊的路線才被日本大學（Nihon University）登山隊攻克。諷刺的是，日本隊採用的是鮑寧頓捨棄的大包圍式團隊作戰法，動用十三位登山隊員與三十五名高地雪巴挑夫，一個營地一個營地往上開闢，幾乎整條山脊都架滿了固定繩，最後由出身地理系的攀登隊長古野淳率領畜產系隊員井本重喜與另外兩位雪巴攻頂，這道擾人的難題才總算解開。

從十九世紀中葉孕生的登山黃金年代開始，英國人不斷前仆後繼地攀登由歐洲到世界各地的未登山峰，付出許多條生命。這其中，當然有著個人的野心和國族大敘事的交織，但詹姆斯・莫里斯從一個「準異性」的視野，看到英國男性自我模塑（self-fashioning）過程中，既英雄又悲劇的那個面向，豐富了我們對山與人關係的理解，如果再加上「對自己真誠」此一歷史化過程的辨識，讀者方能對英國登山史裡報酬與代價不對稱的奔赴與投注，在意義之網中解開困惑。

在世界史裡，十九到二十世紀的英國是一個由盛而衰的過程，但英國社會裡直球對決的真誠內裡，卻吸引著來自世界各地的人。在一九三九年寫給英國作家H・G・威爾斯（H. G. Wells，《時間機器》、《隱形人》的作者，咸認是科幻小說的始祖）的一封英語信中，奧地利心理分析專家西格蒙・佛洛伊德（Sigmund Freud）這麼說：「自從我第一次來到英國，我就想在這個國家定居，成為一個英國人，這成了我幻想中的一個夙願，那時我只是一個十八歲的孩子。」無庸置疑，如果佛洛伊德當年仍在世，《野蠻競技場》應該也會是他喜歡的一本書。

一九八二年兩人罹難的四個月後，喬的女友瑪莉亞・科菲（Maria Coffey）和彼得的新婚妻子希拉蕊，徒步循著五個月前探險隊的舊路，住宿在兩人睡過的營地或驛站，一路來到東絨布冰河的基地營，收拾營地裡兩人遺留下來的舊物，瑪莉亞發現喬遺留下來的一本旅行文學經典——布魯斯・查特文（Bruce Chatwin）的《巴塔哥尼亞高原上》（*In Patagonia*）（這是行前她買給他的），以及幾封寫給別位女性的情書，這是比喬的死亡更巨大的打擊。瑪莉亞日後寫了一本罹難冒險者的遺後親屬的報導文學《山影之下：極限探險的暗面》（*Where the Mountain Casts Its Shadow: The Dark Side of Extreme Adventure*），亦是一本真實到會讓人發抖的書。

到底，喬・塔斯克是否是一位真誠與真實的人？情愛的忠誠是否等同於自我的真誠？《野蠻競技場》裡四處都是線索，就賴讀者自己來判斷。

一九八二年出版者序
Publisher's Note

喬・塔斯克交出《野蠻競技場》的手稿，是在他一九八二年隨英國聖母峰遠征隊出發的前夕。該遠征隊的目標是當時尚未有人爬上去過的聖母峰東北東脊（即東北脊）。五月十七日，喬跟他的摯友兼長年高山搭檔彼得・博德曼[1]被目擊在兩萬七千英尺的高度之上，為攻頂發起最後的衝刺，那是他們留在世間最後的身影。

算是對這兩名卓越山友的悼念，我們希望《野蠻競技場》的出版可以做為紀念碑獻給喬・塔斯克——藉此永懷那個集登山家、作家與攝影家於一身的他。

1 彼得・博德曼（Peter Boardman，一九五〇～一九八二），英國登山家與山岳文學作家，一九七五年英國聖母峰西南壁遠征隊四位登頂隊員之一。一九七六年與作者喬・塔斯克完成強卡邦峰西壁攀登後組合成默契極佳的二人組，與不同隊友兩次遠征世界第二高峰K2，成功登頂世界第三高峰干城章嘉與中國境內的公格爾峰。一九八二年，他們兩人參加英國登山教父克里斯・鮑寧頓領軍的六人聖母峰東北脊遠征隊，然而在登頂途中雙雙失蹤喪命。著有《輝耀之山》（*The Shining Mountain*）。

前言：不世出的高山行侶

Foreword: A Great Partnership

克里斯・鮑寧頓｜Chris Bonington[1]

那一天，是一九八二年的五月十五日；地點，聖母峰北側的前進營。那地方荒涼冷峻。帳篷搭在冰磧上，亂岩上散落著探險來到最後階段的一片狼藉。彼得跟喬為了最後的準備而忙得像無頭蒼蠅，一會兒打包著背包，一會兒趁還來得及塞進一些奢侈品。然後突然間他們一切就緒，冰爪穿戴好了，繩索綁上了，想走隨時可以。我想那一瞬間，我們都在努力裝作這一切沒什麼大不了的。

「幾天後見。」

1 克里斯・鮑寧頓（Chris Bonington，一九三四～），英國登山家，開創現代登山的其中一位教父級人物，也是國際登山界最偉大的登山家之一，於二〇一五年獲頒國際金冰斧獎終身成就獎。自一九六〇年代起，他完成多項世界級的登山創舉，也是多次大型遠征隊的領隊，包含於一九六二年帶領登山隊完成了英國第一次艾格峰北壁攀登，一九七五年領隊由西南面完成了英國首度聖母峰攀登。他曾著述十數本著作記錄下他的攀登冒險，現居英國。

「我們今晚六點會呼叫你們。」

他們就此啟程，步步為營地在漫天飛雪中爬起了營地上方的冰坡。兩日後在冷冽的黃昏暮光中，艾德里安．戈登（Adrian Gordon）與我看著望遠鏡裡的他們在高聳的東北脊上推進。只見山巔兩個微小的人影背著入夜前的落日餘暉，艱辛地踽踽前行。在那肯定有大約兩萬七千英尺（八千兩百三十公尺）的高處，我們不確定他們是因為險路難行，還是被極端的高海拔拖緩了速率？

漸漸地，他們的身影沒入了與天空犬牙交錯的第二尖峰，消失在了我們的視野裡。他們再沒出現，惟彼得的遺體在一九九二年春由一支俄日登山聯隊的成員發現，地點就在我們最後一眼看到他們的前方不遠。那就像是他躺下在雪中並就此長眠。關於五月十七日前後幾天究竟發生了什麼，我們恐怕永遠無法得知，但在為了完成聖母峰東北脊未有人爬過的段落而被發起的最後一波推進中，我們確定失去了兩位非常特別的朋友跟一組極其獨特的搭檔，而他們的多才多藝遠不限於登山。如他們身為作家的過人文筆，就充分展現在他們的著作裡頭。

我與彼得的第一次接觸，是在一九七五年，當時我正在招募遠征隊成員要前進聖母峰的西南壁。我印象很深刻的是這個二十三歲的小伙子竟如此早熟而超齡，但又不失一顆實實在在的玩心與一抹宛若「迷惘小男孩」[2]的氣息，這些人格特質在他的運用下，讓他簡直想要什麼都能予取予求。此外，他在四肢發達之餘頭腦也不簡單。他天生是個非常強悍的登山者，並在那羞澀隨和的外表下，有著一股個人專屬的衝勁與不會輕易動搖的使命。他懷著一份對山的愛，並有能力將之形諸於字裡行間。做為聖母峰遠征隊上最

2 The Little Boy Lost是由詩人威廉・布萊克（William Blake）創作的童謠，出版於一七八九年，收錄於《天真與經驗之書》（*Songs of Innocence and Experience*）中。（本書隨頁註及括號中仿宋體皆為中文版譯註。）

Father, father, where are you going
O do not walk so fast.
Speak father, speak to your little boy
Or else I shall be lost,
The night was dark no father was there
The child was wet with dew.
The mire was deep, & the child did weep
And away the vapour flew.

父親，父親，你要去往何方
喔，別那麼急著走
說話啊，跟你的小男孩說說話
否則，迷惘的我將不知該何去何從
夜已黑，不見父親蹤影
溼答答的孩子身上盡是露滴
泥沼深，孩子只能啜泣
而蒸氣則不斷騰飛而去

年輕的一員，他偕我們的雪巴人希爾達（Sirdar，印度的一種尊銜，實際上即領隊）普天巴（Pertemba）踏上峰頂，在此前未有人爬過的西南壁上成就了人類第二趟完整的攀登。

做為英國山岳協會（BMC; British Mountaineering Council）的全國事務官，他展現出外交官的手腕與委員會成員的風範。在道格爾・哈斯頓（Dougal Haston）不幸於瑞士一場雪崩中罹難後，他接手了道格爾位於萊辛的國際登山學校。他後續與喬・塔斯克搭檔去爬了強卡邦峰西側的絕壁，揭開了他們在山間同行的序篇。這是項非凡的成就，且與我們浩浩蕩蕩遠征聖母峰形成了鮮明的對比。強卡邦峰上只有彼得與喬。他們原本打算用阿爾卑斯式[3]的方法爬上去，用吊床宿營在垂直的山壁上，但想不到天氣太冷，高海拔的生存壓力太大，逼得他們只得改採圍攻戰術。但即便如此，這仍需要耗費大量的決心與毅力。他們在一九七六年完成的那次攀登，很有可能是當時以喜馬拉雅山區為舞台，技術難度最高的一次攀爬行程。而那段奮鬥在被彼得寫成處女作《輝耀之山》（*The Shining Mountain*）一書後，也在一九七九年獲得了約翰・列威林・萊斯紀念獎（John Llewelyn Rhys Prize）的肯定。

彼得在接下來幾年中斬獲了豐富的登山經驗。一九七八年，他與喬共同與我前往了K2。我們嘗試了走西脊，但在相對較低的高度就放棄了，原因是尼克・艾斯考特

（Nick Estcourt）在一場雪崩中罹難。一九七九年初，彼得在新幾內亞偕他未來的妻子希拉蕊，一起登頂了卡茲登茲金字塔（Carstensz Pyramid），然後又馬不停蹄地與喬、道格．史考特、喬治．貝騰布爾格（Georges Bettembourg）一起奔赴干城章嘉峰。同一年秋天他領著一支成員略有更動的小隊伍，一身是膽地攻上了高里三喀峰（Gauri Sankar）的南峰。

隔年他與喬、道格跟迪克．阮修（Dick Renshaw）重返K2。他們首先嘗試了西脊，也就是一九七八年的舊路線，但在只比我們之前高點高幾百公尺的地方就放棄了。道格．史考特中途就返家了，但另外三人則在阿布魯奇山脊（Abruzzi Ridge，又稱阿布魯齊山嘴〔Abruzzi Spur〕）上發動了兩次非常堅定的攻勢，並曾進入距峰頂只有六百公尺的範圍內，但在第一次的嘗試中被雪崩掃落，然後又在後續的努力中不敵惡劣的天候。事隔兩年，彼得與喬偕艾倫．勞斯（Alan Rouse）加入了我對公格爾峰的挑戰，那在當時是還沒有人爬過的世界第三高峰，而事實也證明那是一趟挑戰十分嚴峻的漫漫長征。

3 阿爾卑斯式（Alpine）登山做為一種登山風格，是指登山者以自給自足的方式攜帶裝備、物資去攀登中高海拔山峰，與其相對的是喜馬拉雅式，又稱遠征式或圍攻式（siege）登山。阿爾卑斯式攀登通常意味著不架設固定繩、不聘高山挑夫，也不用氧氣瓶，而喜馬拉雅式則與之相反。

不論是外貌還是個性，喬．塔斯克都迥異於彼得。但也或許正是這一點，賦予了他們這對搭檔力量。相對於彼得一派隨和放鬆的模樣，喬看起來緊繃非常多，甚至說他粗暴難相處都不為過。他出身蒂斯賽德（Teesside；以蒂斯河〔River Tees〕為中心開發的區域）一個信奉羅馬天主教的大家庭，並以十三歲的年紀就進入神學院接受司鐸（神父）的養成教育。惟在十八歲那年，他對自己的志向產生了嚴重的信心危機，隨之也轉往了曼徹斯特大學修習社會學。無可避免地，神學院的生涯給他留下了深遠的影響。喬內建有一種難以穿透的內斂，但同時也有著一顆愛好分析與質疑的心靈。他鮮少對簡單的答案照單全收，而是會抓著一點窮追猛打，直到有完整的回覆讓他滿意為止。

這對瑜亮在登山的搭檔關係中有種歡樂但又競爭的張力，由此他們誰也不願意先示弱或提議撤退。正是互動中的這種特質，讓他們不僅獲致了前進的動力，也讓他們得以釋放自己的潛能到極限。

喬在七〇年代初期的阿爾卑斯山上好好地磨練過一番，當時他偕迪克．阮修，不分寒暑地一起完成了阿爾卑斯山上一些難度不低的攀登，當中包括他們完成了（僅有為數不多中）頭一次的英國人攀登大喬拉斯峰（Grandes Jorasses）東壁成功，要知道那可是個極具挑戰性且非常遠僻的目標。此外他們還創下了英國人第一次在冬季攀登艾格峰北壁成功的紀錄。攜手阮修，喬還接續以阿爾卑斯式的風格去爬了都納吉里峰的南脊。那不論以任何標準去評斷都是一次大膽的嘗試，遑論他們倆還是第一次結伴前進喜馬拉雅山。迪克因為此行受到嚴重的凍傷，而這也成為了喬邀彼得前往強卡邦的契機，進而為他們偉大的同行奏響了序曲。

在我們一九七八年的K2之行中，我鮮少有機會可以深入去了解喬，但我記得我曾被什麼決定都要質疑的他搞得有點惱火，遠征的籌備階段尤其如此。當時我覺得他做為一個外行人也太看得起自己了吧，但沉澱之後我意識到他大概也對我的風格很不滿意。我們一起完整參與了一九八一年的公格爾峰遠征，而在與他有更多的相處後，我發現他在堅硬的外殼之下有著顆極其溫暖的心。那之前在橫跨一九八〇到一九八一年的冬天，他隨一支英國登山勁旅前往了聖母峰挑戰其西脊，並把那段經歷寫成了他的處女作《殘酷的聖母峰》（*Everest the Cruel Way*）。

一九八二年的聖母峰東北脊之行是一次巨大的挑戰，但我卻從來沒有參與過那麼開心跟團結的一支團隊。我們一行不過六人，當中只有喬、彼得、迪克·阮修跟我四個人打算挑戰東北脊。查理・克拉克（Charlie Clarke）與艾德里安・戈登做為來支援的人員會在前進營止步。但即便如此，我們的隊伍中還是有一股同心同德、互敬互愛的精神在逆境中愈挫愈勇，主要是我們慢慢意識到這區區幾個隊友要毅然挑戰的，是何等宏大的一項偉業。

從彼得與喬消失在第二尖峰背面開始，到我們慢慢意識到出事了那無比煎熬的幾日，再到我們終於接受了希望已經全數破滅，那股團隊精神都不曾片刻從缺。

但當彼得與喬在五月十七日出發進行那最後的攻勢時，我有絕對的信心他們就算不能登頂，也起碼能越過兩道尖峰並到達聖母峰北脊的上半部。他們的殞落，除卻失去兩位摯友的深沉哀痛，也讓人心中感到一股失落，只因為這對行侶不論在登山事業還是在文藝創作上，都還有不可限量的潛力，未能在我們眼前發熱發光。

克里斯・鮑寧頓

卡德貝克（Caldbeck）

一九九四年九月

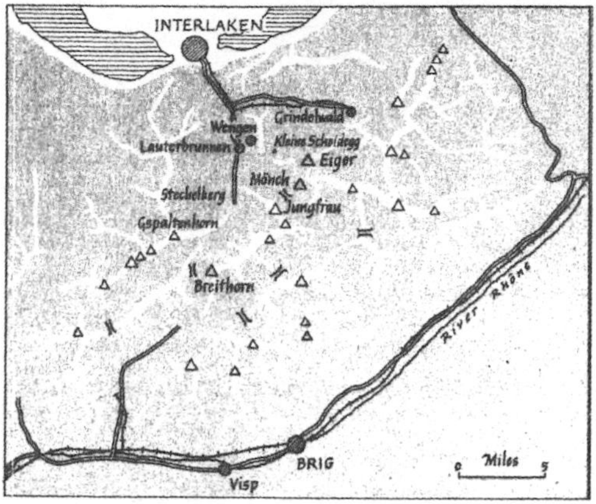

艾格峰及其周邊區域。

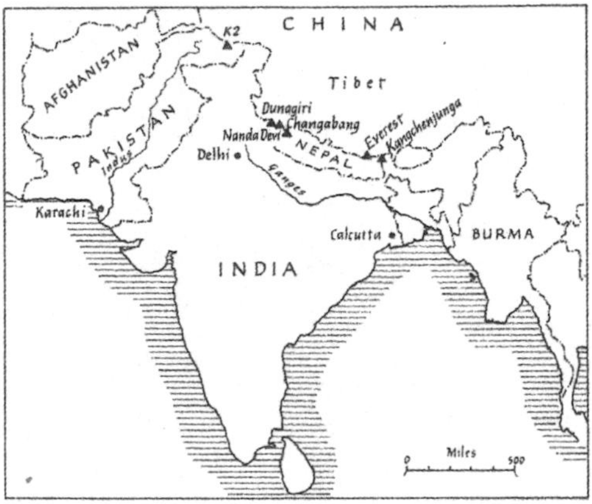

喀喇崑崙與喜馬拉雅山區的群山大致位置。

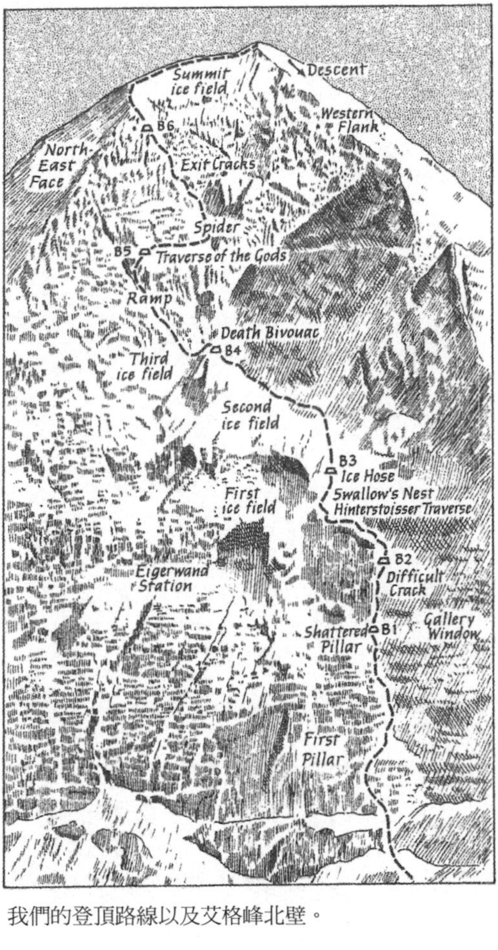

我們的登頂路線以及艾格峰北壁。

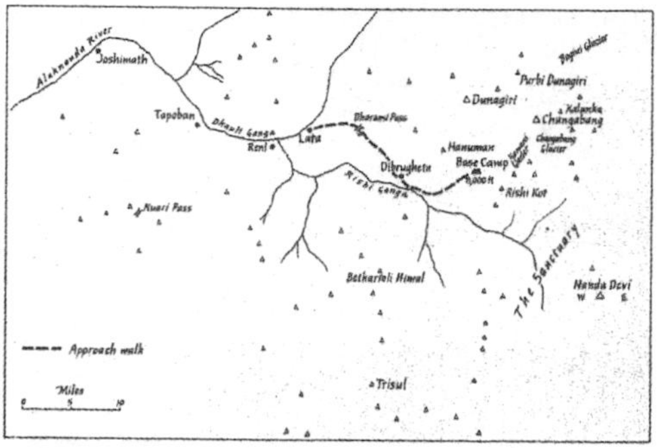

都納吉里峰和強卡邦峰的入山路線及周邊區域。

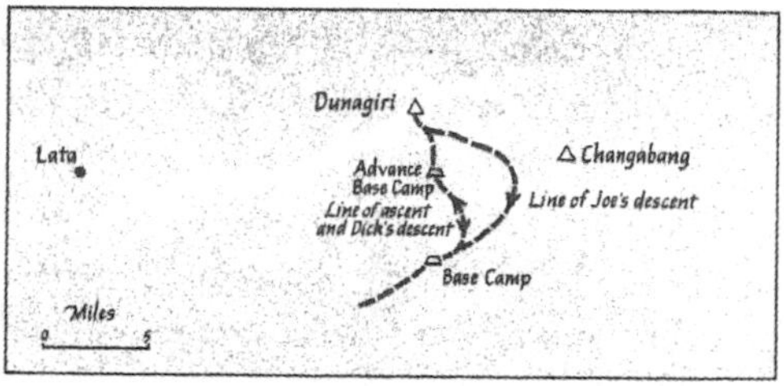

都納吉里峰的上攻及下降路線。

我們的都納吉里峰上攻路線，顯示我們在下降時於何處分開。

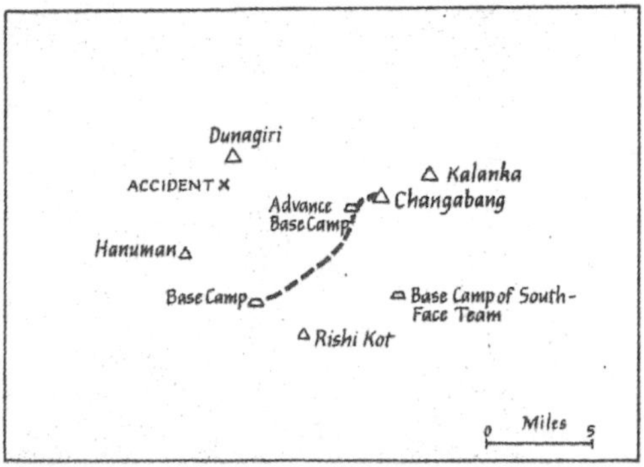

上到強卡邦峰的路線。

我們上攻強卡邦峰的路線。

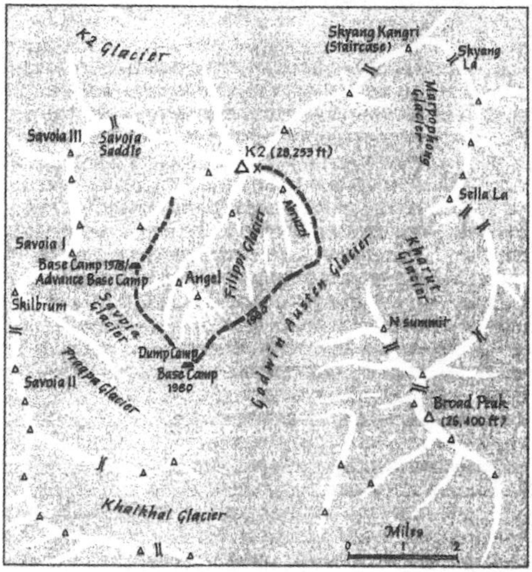

K2，顯示我們於一九七八及一九八〇年的上攻路線，以及一九八〇年第二次挑戰上至阿布魯奇山脊。

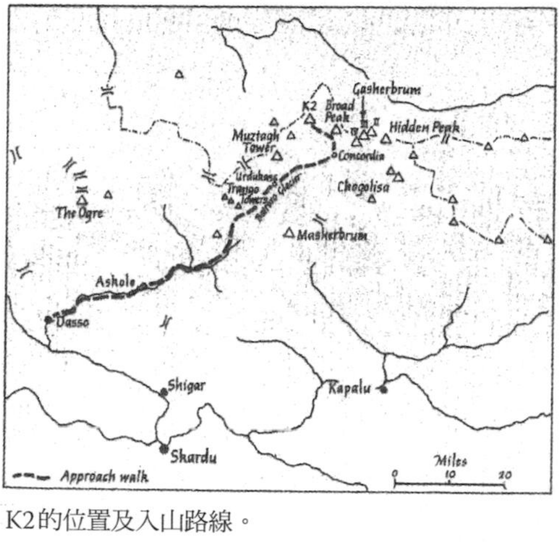

K2的位置及入山路線。

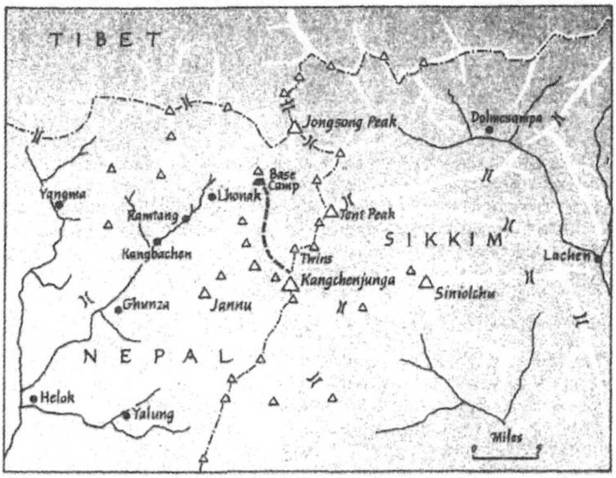

干城章嘉峰的位置，顯示從基地營至山上的路線。

上至干城章嘉峰北脊的路線。

登上K2的路線，顯示我們一九七八年抵達的最高點以及一九八〇年的第一次挑戰。

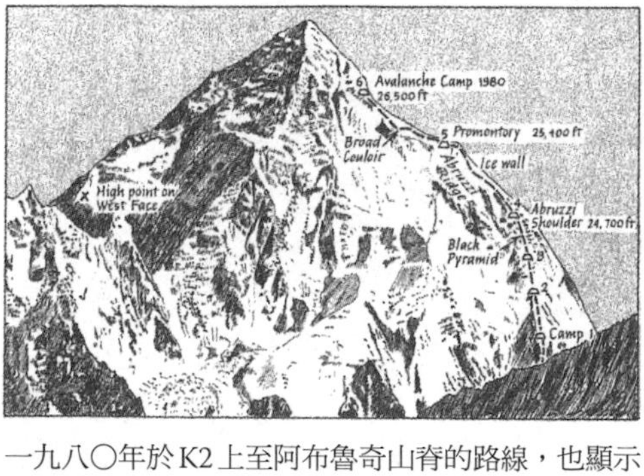

一九八〇年於K2上至阿布魯奇山脊的路線，也顯示了我們在西壁上第一次挑戰時抵達的高點。

1

要麼，會有人去找你們
Or Men Will Come for You

阿爾卑斯群峰構成了一間對來求學者不假情面的學校，但出於某種深不可測的理由，我發現自己總不免一而再再而三地從那裡去而復返。且雖然我不是沒有嘗試過要找到能稍微寬縱自己一點，並跟我一樣不把從事登山一事看得過於嚴肅之人，但最終我總不免落得與同一種人搭檔，那種與我的天性南轅北轍，一心一意、刻苦修行之人。

攀岩的迷人之處不言可喻，那是一種對運動技巧、身體柔軟度與高度專注力的操練，為的是挑戰一面比一面更光滑的石壁、一道比一道巨大的懸岩，乃至於一處比一處更嚇人的裂隙。身心使出的勁力，就是攀岩自帶的獎勵，但更大的歡愉來自於嘗試攀登某一面看來不可能克服的岩壁，然後用被考驗到極致的那些技巧化不可能為可能。

很多人攀岩，原本只是有興趣把岩壁當成謎題在解答，並享受陽光下讓人難以抗拒的明媚風光，但在某個點上，他們感興趣的東西會質變成大還要更大的山崗，刻苦的生活方式也會融入為他們生活的一部分。大山除了爬起來更費力，更需要全心投入，同時天候一旦惡化也沒辦法輕易脫逃。

阿爾卑斯群山有著一種純然的美感，但光這一點並不足以激發人使出渾身解數爬上這裡。只消花點錢買張票，登山鐵道與纜車一樣可以帶我們平步青雲，讓我們眼前呈現出開闊的全景，亦即絕不會有人只因為貪看壯闊的景觀而入山。登山者圖的要比這更多，只不過鮮為人所知罷了。山間是一塊測試場，當中的種種難關除了會讓山友在技術面上應接不暇，還會逼著他在要他放棄目標掉頭的危險、艱辛與疲憊合圍下，去盤點他內心的動機、毅力與韌性。

果真被問起，也少有誰能解釋是什麼樣一股衝動與癡迷，在拖著他們年復一年回到這所嚴厲的學校，讓他們想要看得更遠、更高，更加感受到身後強大的推力。

我也不能自外於這種難以解釋的癡迷，但我在大學時代的山友迪克·阮修身上看到了一個不一樣的人，他就能二話不說接受伴隨登山而來的各種苦頭，在一股盲目衝動的催促下爬呀爬，從來無須停下腳步納悶這一切的意義何在。

不同於我，他可以關起胡思亂想，專注在於山中不可或缺的各種枯燥乏味與體力消耗，而想法南轅北轍並沒有阻礙我們成為山間的同窗，我們還是一起學習了：如何應付冰隙、深雪、鬆石與高度，乃至於如何處理飢餓、恐懼與困乏。我們負重過多且耗時過久地攀上了小小的山巔；我們一起畢業在馬特洪峰與艾格峰的山頂，也畢業於一條條經典古道與大膽新徑。我們青睞起群峰在陰影下的北面，心想要趁著年輕爬完這些蒙著一層冰面的峭壁，至於向陽處和煦的花崗岩與石灰岩面就留到年邁時再來享受。

我們累積了共有的經驗儲備；一起三更半夜從高山小屋出發，趁著岩石還因為凍著而不會動搖時前進到安全處；為此多少次我們無眠而焦慮地靜候到黑夜，一等就是幾個小時，就等時間一到就要化身脫韁野馬，更別說那些令人膽顫心驚而無可避免的瞬間，當我們脫離如鷹巢般安全的山屋，開始攀爬而去，懷著因為緊張而欠佳的心情，只能靠手電筒的陰暗燈光，在漆黑的無人地帶沿著雪線（crampon point：代表雪線以上就必須靠冰爪移動）前進。

之所以有必要摸黑或一清早就出發抵達選定的攀爬路線，是因為通往路線起點之路往往會受到由山區其他部分掉落的冰塊與岩石威脅，抑或會有雪崩排山倒海而來。夜裡當溫度降到零度以下後，成塊的水冰與鬆動的岩石就會被凍在原處，雪坡也會變得扎實，趁此時通過這些關卡的風險最低，只不過在多數人熟睡的深夜時分手忙腳亂地準備出發，總免不了給人一種超脫現實之感。

一次又一次，迪克跟我結伴在黑夜中橫渡冰河，跨越冰隙，鑽過雪崩地帶，抵達了我們選定的高山。有一回我們壓抑著心中的恐懼，緊緊相倚在巨大冰塊底下，將就著在突如其來的雪崩中避難，黑暗中我們只聽得滾滾積雪襲來的怒吼；還有一回，我們通宵立於一面冰牆上相擁取暖，只為熬到風暴稍歇與黎明的魚肚白。

我們目睹一次次的日出，也一次次看著群山在日落時披上粉紅外衣；我們共享的成就感來自於克服困難，來自於順利完成我們作夢都想不到自己辦得到的攀爬，由此在我們心中，我們已經停止尋求那些我們心知肚明難我們不倒的路線，並開始放眼那些難度更上層樓的目標。

爭辯與誤會愈來愈少，只因為我們體認到由山區嚴格紀律所施加在我們身上的壓力；言談在我們之間愈來愈沒有必要，因為我們秉持著相同的見解與目標。

我們在山間如魚得水，但我們要學的也還很多。當三名英國山友失蹤在白朗峰的一場風雪中時，在下方谷地裡的我們既不知道是該自行發動搜尋，還是該找何人號召救援。等搜救告一段落，三名英國山友已被認定不可能倖存之後，我們請教了一名協助我們組織搜救的高山嚮導，我們想知道未來若再遇到類似的情況，什麼樣的反應才能有助於我們盡快有所作為。他笑了，因為他感覺自己就像被兩名學徒請益而宛若一名大師，但受此恭維的他卻有點實問虛答。「我的建議是去找到像我這樣的老手，」他說，「一個在當地打滾很久的傢伙，然後再問他該怎麼辦。」我當他的意思是在說人若在山裡混得夠久，就自然能累積出得以處理大部分狀況的必備經驗，但這話在當時對我們無甚裨益，而我們也意識到關於山難，世間並無放諸四海皆準的通用答案。

群山填滿了我們的夢境，滲透瀰漫了我們的潛意識。我們是如此受到在攀爬路上的聽覺經驗所制約，以至於頭頂飛機掠過的聲音就能讓我們第一時間臥倒尋找掩蔽，因為在我們聽來那無異於雪崩發動的低鳴。在一次攀爬中，我在凸出岩岬的庇蔭下睡於岩架之上，當時我確信自己聽到了煤油爐上有茶在加熱，但醒來卻發現那是上方落石發出的嗡嗡聲。

有些怪誕的巧合是我們所無法解釋的，就像那晚在一九七二年，我們睡在一間山屋中，迪克夢到他從山的一側墜落，而我並沒有握住繫著他的繩索。他要我接住他的叫喊聲吵醒了我。兩天後他果真——在瑞士德朗峰（Dent d'Herens）的北坡——摔落了八十英尺的冰牆，頭下腳上栽在一道雪堤上，再往下就是兩千英尺的急墜，而同時間我因為認為他應無大礙，所以並沒有握住繩索。

隱約朦朧的迷信也沒有缺席。我們在冬季去到了觀光城市茵特拉肯（Interlaken）附近的山村溫根（Wengen），而溫根不遠處就有知名的滑雪勝地米倫（Mürren）高聳在勞德本納谷地（Lauterbrunnen valley）的峭壁之上。圍著勞德本納谷地的是一圈陡峭的山巔，其中最顯眼的莫過於艾格峰、僧侶峰與少女峰，並由三者之間的山脊連結成一道厚實的壁壘，也就是「勞德本納之牆」。我們的打算是從北坡爬上格斯帕爾滕峰（Gspaltenhorn）這座如隱士般匿於某側谷中的阿爾卑斯山脈高峰。青年旅館的年邁老闆娘聽說了我們的計畫，便開口警告起我們：「你們冬天來此就應該滑雪，不應該爬山，爬山太危險了。這時去爬格斯帕爾滕峰，你們要麼失敗回來，要麼，會有人去找你們，把死掉的你們拉回來。」我們最終沒有成行。

隔著谷地與溫根相望，艾格峰北坡的陰鬱山牆似乎透露著某種醞釀中的威脅。我們在一九七三年夏爬過那裡，當時花了兩日兩夜。我們知道沿北坡而上之路有多麼困難、錯綜與漫長，冬天前往攀爬讓我連想像都無法想像。我們知道只有兩三支隊伍曾經這麼做過，而且每一次都耗時將近一星期，登山隊才通過那道拒人於千里之外的牆面而到達山頂。望向那兒的我們即便隔著遠遠的距離，也能看到雪崩持續橫掃在坡面之上，而我一想到冬天攀爬艾格峰北坡所必然要忍受的長夜、寒冷與風暴就瑟瑟發抖。我懷著敬意凝望那山，對敢於在冬天進行挑戰的登山隊深感嘆服，但捫心自問，那超出了我的野心，我實在無意連日扛起入此山所必然衍生出的困頓與凶險。對此山的認識愈深，我們的敬畏之心不減反增；事實上所知愈多，我們只是更加戒慎恐懼，因為我們知道冬日的北坡在深雪與堅冰的加持下，其強悍又會再加添幾分。

我們在那年冬天之後走上了各自的道路，時而打打零工、時而攀登山峰、時而與新朋友交流。但我們仍舊焦不離孟，於是隔年冬天當我們再次碰頭，便相互用字句摸索起彼此思緒的輪廓，確認著對方腦中的念頭：

「是啊，阿爾卑斯山的冬日路線。」

「你這段時間在想什麼？」

「我會想起艾格峰。」

「嗯嗯，我也對那裡念念不忘。」

「那難度只會高不會低，需要的準備只會多不會少。」

於是我們幹起了臨時的教員來籌錢，為此我們不得不面對曼徹斯特的叛逆少年，將我感受不到的規矩加諸他們身上。我們積攢了所需的裝備，並親手製作了像連身褲等登山衣物與鞋套等登山專用器具，畢竟有些得用上的東西店裡買不齊。我們估忖了此行會耗用我們多少時日、多少口糧與燃料，乃至於我們能負重到何種程度。我們只把計畫透露給了一人，那就是登山店老闆艾利斯·布里根，而他也如慈父般傾聽了上門的兩名有志年輕登山者的請益。他以羊絨毛為材料，做了連身服送給我們當作內衣，而我們則在上頭嵌入一路繞到後腰處的拉鍊，以便我們無須脫衣便可解放需求。

我們兩人都在教室裡感覺格格不入，也都鬆了口氣能在一九七五年二月離開那裡，駕駛我的福特安格利亞老車前往瑞士。

此時的迪克跟我已經搭檔攀登阿爾卑斯山有四年之久，但如今在一同動身前往我們迄今面對過最艱鉅挑戰的旅程中，我對他的認識並沒有比一開始多多少。他依舊跟我初識他時一樣，對登山有著一派沉靜但又堅定的執著。當同行前往湖區爬山的其他人都在夏日早晨的睡袋中呼呼大睡之時，迪克會在帳篷外頭張羅起早餐，多煮些茶，迫不急待地等著出發，一句怨言都沒有，只是靜靜看我們何時會有動靜。我從來不曉得是什麼在推動著他前進；身體上再大的不適，對他似乎都毫無影響力；我們所投身的挑戰不論看似多麼無稽，他也從來不會萌生退意。我們曾徹夜立於白牙峰的北坡之上，緊緊相依地熬過了雪暴與山崩，寒冷的漫漫長夜中只能靠著閒聊打發時間，而此他能想到要說的事情也只有：「你接下來想去爬哪裡？」

我感覺他會側目於我的自我放縱，只因為我買了一杯啤酒，就好像我放肆地虛擲了珍貴的資源，但他從來都隻字未發。

關於抽菸，一如所有的癮頭，他都展現了全然的自制力。他會為每一夜的野外宿營準備一支香菸，所以朋友們都只要數數看迪克帶上了幾支菸，就可以大致估算出我們認為這趟登山會花上幾天。三支香菸，就代表這一趟上山非同小可。

就身材條件而言，迪克與我是南轅北轍。「小理查」是我們曾經給過他的綽號，但他的胸膛非常寬闊。比起登山，他看上去更適合從事舉重或健身。

我心中一直有個謎團：他究竟是不像我那麼容易感受到寒冷或不適，抑或他只是咬著牙忍著？高瘦如我總是會被冷到，也總是會因為不舒服而睡不著覺。許多個夜裡我在崎嶇不平的岩架上輾轉反側，只為了找到最理想的姿勢，同時間迪克卻已經在打起鼾來，而且位置就是他第一時間躺下的地點。我在想，他應該是連同睡覺在內的每一件事，都已經長年要求自己不要去在意生理上的不適，因為在意這些會被他視為自己的弱點，會在他給自己設下的登山大計中成為一項缺陷。那就像是他在有目的地鍛鍊自己的身體，使之進入一種狀態，而在那種狀態的設計圖中，並沒有供他感受舒爽的位置。他體內有一種宛若信仰的苦修之道。此道我能認得出來，但我選擇了另一條路走。

迪克是自然界的生物。他感受不到自己有需要去學開車，使我甚至對自己擁有車子都感到惴惴不安。

艾格峰，或者更精確地說是艾格峰的北坡，在我登山生涯的頭幾年中瀰漫不散。在我受了七年訓練而成為天主教司鐸的神學院中，一日中的兩餐有一個行禮如儀的步驟，那就是要先朗讀一本書。一開始的選書，多半必須具有精神上的啟發性，但到了我入學的期間，書的標準似乎已經放鬆為只要是「好書」即可。當然這所謂的好書，必須在朗讀之前經過仔細的審核。

一九六五年，我神學院四年級，一本由傑克·歐森（Jack Olsen）所著的《攀上地獄之路（暫譯）》（*The Climb up to Hell*）被選為晚餐時的讀物。這本書描述了我當時幾乎聞所未聞的艾格峰，說其北坡是阿爾卑斯群山中至為困難與凶險之山坡。艾格峰，位於瑞士的伯恩高地，是阿爾卑斯北邊屏障的一環，因此格外受制於暴烈無常的氣候。氣流與氣壓，會因為碰觸到量體巨大的阿爾卑斯山，而在遇阻時產生巨變，瞬間化為久久不散的風暴，而艾格峰的凹壁會自成一格地上演起風狂雨驟，與下方草原的雲朗風清形成強烈對比。那面山牆是如此之大，攀登之路是如此之繁複、漫長且困難，以至於好幾場悲劇性的意外發生在了想率先攻破艾格峰北壁的山友身上。山難之頻繁，促使瑞士政府一度對攀登艾格峰北坡下達了禁令，惟山友還是不絕於途。一九三八年，奧地利與德國的四人登山隊成功登頂艾格峰，並首度攻克了北坡，但山難並沒有減緩，由此艾格峰便成了惡名昭彰、悲劇在眾目睽睽下上演的劇場，因為在沒有雲層阻擋的時候，雙筒或天文望遠鏡便可讓人在小夏戴克（Kleine Scheidegg；意思是「小分水嶺」）的飯店陽台上把事情看得一清二楚。小夏戴克距離艾格峰北壁的山腳只有一個小時的行程，且從格林德瓦與勞德本納都可以搭齒輪火車到達。

《攀上地獄之路》描寫了嘗試挑戰艾格峰北坡的一次次奮鬥與慘案，其中最令人心痛的莫過於一九五七年有兩名德國登山者在北坡失蹤，以及一名義大利山友因受困在北坡高處而遇難，其中後者死時距離以他為目標的搜救隊只有呼聲可聞的距離，但此時暴風雪已經將走投無路的他重重包圍。這本書裡有一篇又一篇山友嘗試攻頂時的曲折迂迴，也讓我有史以來第一次見識到整間學校餐廳裡的三百人同時靜若鴉雀。沒有一把餐刀發出金屬聲響，也沒有一個杯子碰撞哐啷，只因為大家都想知道下一場悲劇的前因後果，都想知道一九三七年那支四人登山隊做為最早挑戰北坡的其中一組人員，有著什麼樣的遭遇。東尼·庫爾茲（Toni Kurz）身為那四名德國青年唯一的倖存者，曾嘗試要與前來救援他的高山嚮導接觸，但當時他的一隻手已經被凍僵，身體極其虛弱，惟經過兩天的搜救努力後，他終於還是靠一條繩子被垂降下去，下方有嚮導在等著。只不過就在此時，一處繩結卡在了將繩索連到他腰際的金屬鉤環上，但他又已經沒了精力去自行脫困。於是就在彼此相距只剩一隻手臂時，他的身體倒向了一邊，死在了等待的救援者眼前。在場沒有一個同學懂得登山的術語，包括沒有人知道繩索垂降是什麼，也沒有人知道安全鉤環長什麼樣，但同時也沒有人不被這場動人悲劇的敘述弄得心神蕩漾。

在這本書獲得朗讀的那幾日當中，我們每天都迫不急待地希望晚餐時分早點到來，同學們從來沒有像這樣想知道下一章有什麼引人入勝的故事在等著我們。而也就在此時，我意外被學院中一名授課神父問起我想不想自己也嘗試一下登山。雖然在這突如其來的邀約之前，我壓根沒有過一丁點登山的念頭，但我還是在一瞬間產生了無比的憧憬。《攀上地獄之路》書中所描述的危險非但沒有讓人萌生退意，反而啟發了我與一個朋友踏出第一步，而我們共同踩上的，是採石場中那些不算大的砂岩牆，而學院就蓋在採石場之上。這座採石場雖然只有二十英尺高，兩面砂岩牆也個只有三十英尺寬，但卻就此成了我日常生活的焦點。雖然每回連著數月，我們的活動都只能侷限在那座小小的採石場裡面，但我的心心念念仍都被登山運動所占據，那就像是我眼前打開了一個美好的新世界。我熱切地把每一本主題相關的書籍都找來看。我借來了海因瑞希・哈勒（Heinrich Harrer, 1912-2006，奧地利登山家）所著的《白色蜘蛛》（*The White Spider*），書中記載了當時所有挑戰艾格峰並成功攻頂的紀錄，並在夜裡靠手電筒將之狼吞虎嚥。我一有空檔就會讀一點，並在熄燈許久後也不肯放下，直到我的眼睛撐不下去，字句開始在紙上跳舞才肯罷休。

就在我於一九六六年初開始登山後不久，眾人開始圍攻艾格峰，目標是在冬天完成以直線攀上其北壁的創舉。為了盡可能以直線攻頂，避免掉入像一九三八年版路線那樣因為跟隨天然斷層而以Z字形上攻的情況，山友們會在許多段落讓自己暴露在落石的風險中。兩支隊伍英雄所見略同地選擇在冬天以直線進攻北壁，是因為雖然冬天的氣候比較惡劣，但岩石也會因為被凍住而不分日夜地固定在其位。

這趟圍攻延續了一個月。他們使用了在喜馬拉雅遠征中發展出來，用以攀爬特定距離的戰術，具體而言就是把繩索固定在這段距離中，然後再下降至建於坡面底部或坡面上雪洞中的完善營地。一旦鎖定的坡面大致都完成了繩索的固定，他們就會發動攻頂的嘗試。

做為一名年輕的登山新手，我飢不擇食地吞噬著所有常態性的新聞報導與電視公告。對於登山者在雪洞中生活或在暴雪中奮力向上的慘澹生活，我感到瞠目結舌。約翰·哈林（John Harlin）身為其中一支直攻隊伍的靈魂人物在山壁上意外身亡，讓我深受打擊。他是一名在瑞士落地生根的美國人，且雖然一開始他的隊伍與英雄所見略同的德國團隊有些瑜亮情節，但最終他卻是死在了要去助對方一臂之力的過程中。當時兩支登山隊都被風雪釘在山上動彈不得，而他因一條破損的繩索斷裂墜崖身亡的時候，其實是想送一些對方急需的補給過去。

一九六六年時的我雖然自稱登山者，但你要說我想去爬艾格峰，那就等於說我想搭著飛機上月球一樣。挑戰艾格峰的登山者在我的心目中，是獨樹一格的存在。雖然登山運動的各個方面無一不令我神往，但攀岩已經能讓我滿足，我最大的志向也不過是能習得足夠的技巧，讓我能在冬天去蘇格蘭爬爬山就行。

2

艾格峰：鐵軌上不准走人

It is Forbidden to Walk on the Track: The Eiger

一

十年後，我人在要前往艾格峰進行第二次攀登的途中。我們在夏天進行的第一次攀爬屬於傳統的做法。一開始雖然我們對艾格峰的威名與故事知道得比誰都多，但我們總歸還是必須自己爬一遍才行，而爬過一遍之後我們之所以又再回歸，是因為那是我們所能想到最長、最複雜，甚至若我們能夠勇於面對自己內心的話，最困難的一條路線。我們想要扎扎實實的東西，一樣我們能咬在嘴裡，把牙齒陷於其中的東西。我們不想爬山爬得輕鬆寫意，我們需要掙扎，需要前往我們能力的懸崖邊緣，需要一個沒有人能確切預料的結果。有時候我在想，登山是否已經成了我的一個癮頭，是否這種毒品已經沒辦法帶給我歡愉，剩下的只是一股想要不斷加大劑量的衝動。

安格利亞的煞車很爛。我們於是去拜訪了在瑞士的工程包商安德烈，他是迪克跟我在一九七三年夏天爬完山之後沒有回去英國而留下來工作的對象。他手下的工頭先是助我們一臂之力，修復了煞車，然後也順便賞了我們一頓毒舌，罵我們萬不該把這種自殺機器開上路。我們並未跟他們透露我們的計畫，只用那群山峰的總稱——伯恩高地（the Bernese Oberland）——敷衍了過去。他們對艾格峰有多自豪，懷抱的擔憂就有多高。我跟安德烈的親戚丹尼爾借了頂安全帽，因為我自己的不知怎地被撂下了。

來到勞德本納谷地，我們下榻的旅店是「自然之友的家」，老闆娘是和藹的葛希太太。她很驚喜於能在定期前來的一群群滑雪客以外接待到登山者。我們等於是包下了整個地方——泡棉墊子構成的通舖可供人在上頭伸展，這時成了我們的床，還完全不用跟成群的夏日客群分享。

我們花了五天爬完了布萊特峰（Breithorn）北坡，回來後葛希太太已經當我們是她兒子。她拿出第二間餐室供我們專用，讓我們有地方可以進行裝備的分類與乾燥。

布萊特峰的北坡是我們的熱身場地，我們可以在上頭小試身手並摸索冬天登山的感受。深雪一路延伸到山腳下，我們花了八小時才咬牙抵達攀爬的起點。接下來的三天，我們穩步沿著山溝而上，裡頭有正在結冰的積雪，還有被冰固定住的鬆動岩石。這樣的一段攀登是有趣的，也完全在我們能力範圍內。我們不求劇力萬鈞的史詩，也不想過度延伸自己到失去了追求真正初衷的動力。冬日的登山是孤獨的；整片山都隨我們優游其中。一天一架孤鳥般的飛機，是我們那段時間在那片冰凍的山野裡唯一目睹的生機。

那之後我們休息了幾日，但說休息也只是沒去爬山，而不是躺著什麼都不幹。迪克以越野滑雪的方式去大自然探祕，避開了靠纜車、吊椅、索道在人為雪道上滑雪。他曾經在蒙大拿的滑雪勝地打過一個冬天的洗碗工，當時趁著午後休息時間，他會一肩扛起滑雪板，捨往復式索道不搭而徒步沿雪道而上。這種模式讓他鍛鍊出很好的體能，但滑雪技術倒是進步有限，畢竟他每滑一趟下來就得走上大半天才回得到起點。我沒有從迪克處獲得多少陪伴。我搭著火車上到小夏戴克這個位於艾格峰山腳下的車站，在石灰岩與冰雪共組的深色牆下滑雪，為的是吸收一些對其的印象，設法與其產生共鳴，穿透其謎樣的表象。日落時我滑著雪下山，回到了自然之友的家那溫暖舒適的懷抱。是我們該就緒出發的時候了。

包含二十枚岩釘、三十二顆鋁質鉤環、十一枚冰釘，若干冰斧、冰鎚、硬頂安全帽在內，我們攤開了全數裝備與食糧與衣物在餐廳的桌面上。這重量不輕，但那是一面巨大的山牆，所以若屆時不得不撤退，我們將需要把夠多的岩釘或冰釘捶入牆面來確保我們的下降之路。我注意到山牆的較低處有大量積雪，但山牆中段的冰原看似全是深色的硬冰。我們評估自己的行程不會太迅速，因此帶足了一星期的口糧。

二月十四日一清早，我們加入了搭火車的滑雪客前往夏戴克，為的是善用晨間的降雪。在一群打扮得一身勁裝、光鮮亮麗的追雪遊客之間，我們的不修邊幅顯得十分醒目，不少人向我們投以好奇的目光。甚至於從我們鼓脹背包中探出腦袋的冰斧，還招來了不少敵視的眼神；我們完完全全就是不融入、不正常。

想著鐵道在我們意欲攀登的山峰體內一路爬升，感覺就有點怪誕。為了抵達少女峰站這個夾在兩處谷地間山脊上的制高點，一條貫穿兩座山的隧道被挖了出來。隧道中的通風口外頭便是艾格峰北壁的下半部，所以偶爾會有在惡劣天候中撤退的隊伍為了省去下降最後幾百英尺的麻煩而利用這些通風口。我未能用雙筒望遠鏡確認出這些通風口的入口位置，所以只能推想它們是被隱藏在了深雪之中。有火車在你要待上數日的山峰肚子裡踽踽上行，想來確實有點不尋常，但這並無損於這座山的不容小覷，因為那些通風口只位於難關並不多的下半部。

火車如釋重負地吐出了它的乘客，滑雪者紛紛忙著套上他們的雪板，至於迪克與我則勉力從人群中脫隊，走入了山牆投下的陰影。我們身邊圍繞著數百人，但我還是感覺相當孤單。我們的前行方向與滑雪道背道而馳，並沿途畫出一道向上的輪廓，直到在深雪中跋涉了一個小時後，我們才抵達愈來愈陡峭的冰面，也就是攀登的起點。沿著北坡的底部，一處處冰隙都覆蓋著冬雪。

每一回在要正式攀登之前，我都會感覺到揮之不去的懷疑與不確定，每一回我都會在要啟動之際納悶自己在幹什麼，為什麼唾手可得的好日了不過，牢牢握在手中的舒適不要，非得這麼想不開。而如今看著眼前那漫長又不可測的旅程，看著這面高牆，這種感覺來得空前猛烈，偶爾傳自遠處渺小滑雪客的叫喊聲，更是在落井下石。迪克一如以往，完全不受到這種自我懷疑的影響，而我在想自己不知道曾被他一波波的決心帶著走過多遠。

晴朗的天空下，空氣十分冷冽，但風勢則無。我感覺到自己沉浸在把冰爪繫在靴子上，在把繩子解開又綁上的儀式中，我們兩人分別位於綁好的繩子兩端。我們需要讓冰爪的尖刺插入眼前的陡峭冰面，但上頭的雪也不少。我們在冰爪的框架與靴子的鞋底之間夾了層聚乙烯塑膠，好讓雪不會卡在裡面，進而在雙腳下方形成厚重而不穩定的雪球。接著迪克就出發了，畢竟已經沒有理由再拖。他的背上是背包，鉤環與岩釘垂吊在他的坐式吊帶旁，冰斧與冰鎚輪流落在光滑的冰面上，而他本人則踩著冰爪的前端，愈來愈篤定地往上移動。

夏天爬艾格峰北壁的一開始並不難，前一千五百英尺可以在幾小時內搞定。你可以迂迴曲折地避開峭壁，連起一個個岩架，沿散落著鬆動石塊的平台而上。但如今我們面對著的是一片除了偶爾突出的岩石露頭外幾乎是平整無瑕的雪面。若是這些雪夠堅實，且足以支撐我們的重量，那我們面對的挑戰就會輕鬆得多，但事實是我們會陷在雪裡到膝蓋，到大腿，而雪的底下有時候是陡峭的岩石，或是冰塊。夏天時可以供人左右迂迴而上的岩架，我們如今看不到也碰不著。那就像是我們跑在一條我們認識的跑道上，但兩腿都繫著腳鐐與鐵球。

我們的繩子長度是一百五十英尺，且一共有兩條。我們分別用鉤環把兩條繩子的其中一頭連上我們繞在腰上的吊帶。這麼一來，不論某一段距離是由誰領頭，都可以先爬完整條繩子的長度，然後再一一用鉤環把兩條繩索扣在突出岩石上的岩釘或尼龍圈上，藉此來確保上行時的安全。兩條繩子代表的是兩倍的牢靠，但此外也是因為交替使用可以避免繩索的過度磨耗，畢竟無可避免地會呈現左右蛇行布局的它們，會在鉤環中不斷穿梭。同時在撤退的時候，兩條一百五十英尺的繩子也能讓人只要能找到錨點（岩釘固定處），就能更輕易地一次下降更長的距離。超過一百五十英尺，繩子就會變得不好掌控，且一旦繩子太長，通過鉤環時的磨損也往往會變得過於嚴重。

下午過了一半，輪流領路的我們兩人只一共用完了九次繩索，但進度算起來不到一千英尺，主要是在另外一個人領路時，有些長度會因為得把繩索綁在我們的腰上或綁到岩釘或其他用來固定我們到山側的錨點上，而遭到繩結的占用。征服這面牆需要前進一萬英尺——其中只有六千英尺屬於高度，這部分超過一英里（一英里等於五二八〇英尺）。這條路徑是沿著一個個的弱點前進，沿路盡可能避開有懸岩處，因此實際移動距離幾乎是山壁高度的兩倍。為達目的地，你得雙手與膝蓋並用地前進將近兩英里，而我們一天下來只僅僅完成了十分之一，而且大難關都還在後頭等著。下午四點半，天色已經暗了，所以我們必須得在入夜前選好野營的營址。當下我們看不到任何天然的岩架，因為一切都被覆蓋在了雪毯之下。迪克移動到左邊，朝著一處被稱作「碎柱」的地形而去，但那裡也沒有可以休息的地方。我們於是選定了一面小岩牆的下方，從冰雪中挖出一方岩架。身邊能有一面實打實的牆，再加上若干岩釘插進岩壁來確保我們的安全，過起夜來感覺總是會比較篤定。

黑夜先是席捲了我們，我們才安定下來，面對面躺在暖和的睡袋與羽絨外套裡，並各用一條輕質泡棉墊子隔絕了冷冽的積雪岩架。我們按日把食糧分裝在六個塑膠袋裡，外加有一公升的汽油是給爐子用的。我們既對自己也對這座山感到失望，前方等著的一切更讓我們心中警鈴大響，但至少眼下我們有食物與睡眠提供的慰藉。寒風的呢喃讓我躺下之後的臉部不得安寧，我不得不拉緊睡袋到把頭蓋住，只露出一個小縫做為呼吸之用。

但即便如此，風還是會滲透這樣一個小洞，把雪吹到我的臉上來擾我清夢。我翻過身去，並把帽蓋拉近到我的臉周圍，但雪還是繼續惹我刺痛。我在半夢半醒之間只靠心靈的慣性在思考，但風勢之強顯然已非同小可。我只用最起碼的努力在躲避惱人的寒風，試著重新進入夢鄉，我心中容不下那股想釜底抽薪來徹底解決問題的念頭，比方說躲進我們野營用的帳篷。但迪克大聲叫醒了我說：「喬，下雪了，把帳篷搭起來吧。」

我振作起自己，奮力掙脫了睡袋頭蓋的束縛，然後靠手電筒看見了濃重的降雪，旋轉掉落的雪花包覆住了冰架上的一切。我們原本打算露宿帳篷能不用就不用，因為那也不過就是個尼龍套子，而在當中呼吸與烹煮會造成水氣凝結，進而導致我們的睡袋與羽絨外套變得潮濕，如此它們兩夜之後就廢了。在平靜清朗的夜晚，我們可以睡在外面，並把睡袋開口塞進背包中來抵禦風吹雪，但遇到像這晚如此的降雪，我們就真的需要用上帳篷了。當然最終還是迪克無畏於惰性與慣性，作出了至為理性的決定，那就是雖然得先離開睡袋忍耐一下寒冷，但最終能夠獲得帳篷的庇蔭。

我們在東西被雪吞沒之前搶救了食物、爐子與裝備，然後一前一後勉力進入了帳篷，窸窸窣窣地想找到一個受得了的位置。這頂帳篷是設計給兩個人肩並肩躺在一起，但因為身處的岩架既長且窄，所以我們被迫緊繃著睡成直的，然後各自盡量躺直了腿，但又不至於害搭檔滑下岩架的邊緣。這頂帳篷沒有支架，所以我們是把帳頂的兩角掛在了鑽入岩壁的岩釘上，鬆垮的帳篷布則借助落雪的重量陷落在我們身上。我們各自有繩子綁在腰際，並透過岩釘進行確保，以免上方有厚重的積雪鬆動將我們推下岩架。自此我們又開始有一搭沒一搭地睡著。

我想隔天早上看到雪仍在下著，山峰覆蓋在雲層中，我人是開心的。經過一晚的折騰，我完全沒有休息到，且雖然眼光放遠一點，白耗一天口糧恐怕不利於我們在更上方的食物存量，但我確實很期待可以原地休整一天等待天氣變好。帳篷外的狀況實在太過狂野，想要推進無異癡人說夢，於是我們就緊靠著彼此，沉默地度過了不是打盹就是少少吃點食物的一天。

帳篷內空氣不流通。我們只能選擇為了通風而讓冷空氣夾帶吹雪湧入，或是忍受不新鮮到幾近令人窒息的空氣，但此外我們這天過得溫暖舒適。

由靜謐雲霧與嘶嘶聲中的積雪滑動共組的灰色白晝，慢慢過渡到了晚間。微小的雪崩滾落到了帳篷與山壁之間，導致布料在帳篷內凸出到了迪克與我之間。但這種狀況只發生夜裡，我們並不想去處理。我們只是將就著用比前一夜更小的空間入睡，並開始懷疑起在這樣的壞天氣中留在山中，究竟還有沒有意義。

我一醒來就聽到的，是雪衝過來的聲音。那堆雪不講道理地重重打在了帳篷上、打在我的頭上、落在了帳篷與山牆之間，以讓人無法抗拒之力在把帳篷從山壁上撬開。迪克此時也醒了，於是我們一起在黑暗中上氣不接下氣地使勁緊靠著帳篷內靠牆的一面，設法減緩帳篷自山牆遠離的速度，並讓滑落的雪能在帳篷從固定用的岩釘上被扯掉之前，從我們頭上越過去，免得我們會連著帳篷摔到山下去。

事情從發生到結束只歷經了短短數秒，期間我們一句話都沒說；等雪崩停止後，我們被裹在了雪中，但並沒有不能掙脫。雪跑到了帳篷裡面，我們舒適溫暖的繭遭到了外來白色異物的破壞，因為雪穿透了我們衣物與睡袋的每一處縫隙。但起碼我們活了下來。

迪克蠕動著爬出了帳篷，並趕在尼龍布要繃裂之前挖清了夾在帳篷與岩壁間的積雪。我先找著了頭燈，但還來不及出去幫忙迪克，另一波雪崩就又無情地來襲。我一次次被擊中，安全帽上的頭燈隨著落雪的節奏舞動。這一次我可以藉由晃動的光線看見深藍色的帳篷在我無助的眼前變得愈來愈小，同時間我一面被壓扁，一面想起人在帳篷外的迪克，我在想首當其衝的他會不會已經命喪雪崩之手。狀況解除，被雪固定住的我就像被水泥包住。然後我設法開始掙脫。

「喬，你沒事吧？」說話的是人還在外頭的迪克。「雪崩剛停的時候我完全看不到你

——我以為你死定了。」

「我也以為你死了。」

我們搬開了夠多的積雪，好讓彼此可以呼吸並恢復自由。「我們該怎麼辦？」

天仍不斷下著雪，厚重的雪花一片片降下，而這也代表雪崩絕不會就此打住。我們算是熬過了兩次小的，但要是妄想能什麼都不做就在原地撐過這一整晚，那就太蠢了。

「這裡的正上方就有岩塊凸出。要是我們可以在岩塊的下方挖出個洞，那我們起碼可以在雪崩真的接續而來時避開其鋒芒。」

我們靠著頭上岩石屋頂的一點點保護還有手電筒的光線，朝牆邊的雪堤挖了起來。這麼做一點也不舒服，更談不上順手，但我們的盤算是只要能藉此活過天亮前幾小時，那這買賣就值了。

我們在把雪從被覆蓋的岩架清空後，還是尋無一些消失了的裝備，所幸大部分的東西都被找了回來，並被大手大腳地裝進了背包。我們把裝好的背包塞進了安全空洞中的雪裡，然後蹲坐在了它們上面。接著我們把帳篷披在自己身上，就這樣耐著疲憊坐了一整夜。其間我們得靠剁腳來維持腿部的血液循環，然後發著抖等待天明。接連的雪崩滑過我們，所幸頻繁的次數使得他們無法累積出雪崩不時會具備的強大殺傷力。只靠著頭上石簷的庇護，我們分工製作了一杯熱飲，由我把爐子扶在膝蓋上，迪克則握住爐上的鍋子，鍋中溶化的是我們從腳邊收集到的積雪。

寒冷造成的痙攣讓我的身體發抖，所幸有來自爐子的溫熱在造成悶濕的凝結之餘拉了我一把。

「你覺得我們下去需要多久？」我問迪克。

「下去？天氣要是放晴了怎麼辦？」

我們濕透了，也快累垮了。當時的我會偶爾覺得彼此志同道合，偶爾卻又意識到雙方的想法天各一方。

「我們非下山不可，我們濕得不像話，而且幾乎還沒出發就只剩一半的口糧。」

「你這麼說也沒錯。」

他這話承認得之勉強，簡直讓我覺得自己是個在打退堂鼓的懦夫，但我也實在看不出來我們若硬上，要怎麼不死在荒郊野外。

雪一直到天亮都還在下，由此連迪克都提不出我們能繼續待在山上的辦法。

「我們現在這樣連要下山都非常辛苦了，」我想用這話來重申並鞏固我的觀點。

迪克率先用固定在一岩釘鉤環上的兩條繩索開始滑降。他的身影消失在覆蓋他深色衣物上，讓他的顏色融入到雲霧裡的白雪中。他距離我不過一百五十英尺，但我已經什麼都看不見，只能等到他喊聲說他已經捶進了新的岩釘，也把自己確保好了，我才有把握滑降下去加入他。我抵達時，迪克已經忙著在準備下一段滑降。雙重繩索穿過了上方的鉤環，我拉著繩索的一端，另一端則消失在坡面的上方，在那裡穿過了鉤環，然後再向下回到我們身邊。我們每到一處錨點，都只能為了爭取時間而被迫拋棄掉岩釘與鉤環，我們可不敢冒爬到一半就又遇到雪崩的風險。

迪克繼續出發。這一次的岩釘只半嵌在一處岩隙中。那是一枚薄刃型的岩釘，長度僅僅三英寸，而從岩隙中凸出來的那一寸半在承受起迪克的重量時晃動彎折。我用手中的繩子分攤了他的體重，在他小心翼翼下降時舒緩了岩釘受到的壓力。我隔了好長一段時間，才等到他大聲叫我下去。我戒慎恐懼地把自己的重量放到繩索上，並眼睜睜看著岩釘在面前彎曲，我只能相信迪克這次找到了一個夠好的錨點，並已經將兩條繩子的另一端綁在了上面，這麼一來若我上方的岩釘果真鬆脫，下方確保得夠扎實的繩子還有機會救我一命。

但等再次來到他身邊時，我什麼也沒有看見。

「錨點呢？」

他看起來有點難為情。「我找不到地方弄，這裡雪太多了。」此時我生氣已經沒有意義，畢竟我剛剛就是沒有出事情。

我們就這樣反覆裝設繩索並垂降了九次，我的心臟也跳到了嘴邊九次，直到最後一躍終於讓我脫離了山牆底的垂直冰階，然後我們就三步併兩步，以最高速度衝出了山崩的範圍，等確定安全之後才停下來喘氣跟收拾吊帶與繩索。

山下沒了風勢，也就不那麼冷了，由此我感覺身上的衣服多了些。我們朝著切穿白色丘麓的黑色鐵道線走去。我們步履維艱地走在深及大腿，偶爾甚至及腰的雪中，考量到滑雪客搭乘需求才保持開放的鐵道線是僅有能看清楚的路徑。我們終於可以放鬆精神，因為危險已經不存在了，剩下的只是枯燥與費勁，因為我們每一步都無可避免地會深陷入雪中。

最終我們總算跌跌撞撞脫離了積雪，脫離了野外，回到了現代文明，也恢復了與現實世界的聯絡。

我們疲憊不堪地朝鐵路走去，目標是側線邊的一棟小屋。一名圓滾滾而兩頰紅紅的鐵路警衛從小屋中出現，一開口就是德文。

「你們從哪兒來的？山牆嗎？」

「是。」

「去了幾天？」

「二或三天。」

他一臉納悶地看著我們。

「鐵軌上不准走人喔。」

「那你要我們走哪裡？」

他示意我們要回到剛剛才離開的雪地。

「最近的車站是哪個？阿爾皮格倫還是夏戴爾？」

「鐵軌上不准走人喔。」

我們避開警衛的耳目，沿著鐵道下山。就此我們抵達阿爾皮格倫車站，爬上了月台。站長衝了出來。

「我們可以買到勞德本納的車票嗎？」

「鐵軌上不准走人喔。」

他不肯賣票給我們。但我們依舊上了車，然後在車上繳了沒票的罰款。

二

葛希太太無微不至地對我們噓寒問暖，臉上掛著驕傲的微笑，須知登山流淌在瑞士人的血液之中。淋浴間是按表計時收費的，半瑞士法郎十分鐘。我投入六枚硬幣，然後站在那兒讓熱水的噴流搓揉掉我這幾天的不適、記憶與焦慮。大通鋪極適合讓人全身舒展開來，睡在不打折扣的安全感中。

我們邊滑雪邊等待，但這期間我並不能真正放鬆。那感覺就像是我們有場很困難的大考將至，但考試日期我們卻無從得知。我並不滿心期待地想要重返山壁，因為之前的經驗實在太寒冷也太辛苦，我無法樂在其中，但話說回來我也無法放下我們給自己設定的目標一走了之。我們並沒有非這麼做不可的理由。滿山的滑雪客在山底下優游顯得十分愜意，並不覺得有什麼必要把好好的日子拿去征服山壁。事實上我也說不清自己為什麼想這麼做。

經過一天休息，我重返夏戴克滑雪，並很驚訝地發現大部分的積雪已經從岩壁上脫落。對比我們之前看到的一片雪白，山牆如今已經是赤裸裸的岩壁，廣大而呈深色的冰原上也只剩單純的冰。這一幕讓我有些震驚。我們原以為要經過一週，才等得到積雪退去或被重量夯實到雪崩的風險大降，但冬寒導致降雪始終輕微且飄移不定，不似較暖的夏天會看到雪融合起來，由此雪已經盡數滑走或被風吹散。而這麼一來我們就面臨到了要立刻重返山壁的決斷。

等回到旅店之後，我說服了迪克要延後出發一天。我主張氣象預報不是太確定，但更重要的是我內心還沒有準備好這麼快回去。我還需要些時間去調整、獨處、品味正常的生活，不受對話與活動的干擾，直到我可以下定決心與山間的野性力量進行第二回合的交手。

我們在二月二十五日重新成行，而這次上山我們設法找到了座位，所以我得以默默盯著外頭經過的林木，壓著重重一層積雪，瑞士特有的小木屋從幾乎與雪坡融為一體的屋頂噴著一縷縷藍色的炊煙。那一幕美則美矣但沒有意義。我是個還在剛被判刑的震撼中暈眩的囚徒，此時正在要去服完刑度的途中，由此我的官能只能感受而無法感動。

我們需要新的岩釘來補充之前撤退時丟失的存量。夏戴克有間體育用品小店，但他們冬天只賣滑雪用品，所以老闆不得不去儲藏室裡尋寶。他曾經在我兩年前首度去艾格峰健行的時候讓我搭過便車。我們跟他說了我們的意圖，有人知道的感覺會好一點。我們並不是希望遇到困難時會有人來搭救，但上一次我們爬起山來感覺非常孤單，山下的人照常柴米油鹽地度日，而我們在上頭卻不為任何人所知。我們只在那凶險的高牆上，卻不存在任何人的心上。

「祝你們好運。回來的時候過來喝一杯。」

「謝謝，我們到時候會需要的。」然後我們又一次舉步維艱地穿過雪地，沿著慢慢變陡的冰原往山牆下前進。

我們一直到爬得比第一次嘗試還遠，總共十六趟繩索的長度，將近兩千英尺，才開始物色晚上的過夜處。我們都比上一回樂觀。對山掌握的知識讓我們得以避開了第一次來所面對到的斷層。

我們人在一道雪堤的上方，也在一道逾百英尺高垂直岩階的腳邊。這樣的環境，實在讓人看不出有什麼安全的過夜處可以選。迪克於是開始充滿好奇心地測試起岩壁，感受一下哪裡有可供手抓或腳踏的立足點，為的是找出一條向上的路線，因為說不準我們會需要在入夜前再爬一段，看看上頭有沒有更好的過夜選擇。但正當他在摸索著岩壁的時候，腳下突然一空，兩腿消失在視線中。接著他自己從軟雪中掙脫了出來，看著他剛剛掉進去的空間，心滿意足地望著我笑道：「你猜我發現了什麼——一個山洞。」

對我們來說，那幅畫面就像是岩壁從雪中突然拔起，但山牆的牆腳卻被挖出了一個被雪堤隱藏起來，上面有石簷遮擋的洞穴。我們爬進了洞穴，進一步清空了內裡，然後就把那兒當起了自己家。不一會兒，我們有了一片平坦的地板可供我們兩人同時舒服地躺下，還有地方放爐子，外加洞穴屋頂上有空隙可以敲入岩釘來吊掛我們的裝備——簡直就像宮殿一樣。我們在洞裡既不用擔心雪崩，也不怕遇上哪怕再強的暴風雪。要是第一次嘗試時能找到這樣的山洞，說不定我們就不用撤退了。

我們完全感覺不出自己身在山壁上，溫暖地被包在睡袋裡，完全感受不到人在大山上的任何一點不適。事實上我們舒服到睡過了頭。即便是內建生理時鐘的迪克，也被我們這一「鷹巢」的祥和給唬了過去。外頭已然是天色大亮了。

上方的岩壁並不好爬。我們兩人一起沿著牆底搜尋適合的上攻起點。我嘗試了其中一條路線，但只爬了十五英尺，手可以握住的施力點跟岩釘可以插入的岩隙就都無以為繼。一層覆雪掩蓋了大部分的岩面，讓深感困擾的我們無法繼續向前。此時退下來的我因為把雪從施力處扒開而凍到麻木。

迪克嘗試了左線。他在幾英尺高的上方把岩釘敲進了岩隙。但自此過了一個小時，他也沒什麼顯著的進度。他在連指手套底下戴著的是露指的手套。在這種類型的登山過程中，我們需要仰賴手指的觸覺，但他每爬幾分鐘就要停下來呵氣，暖一暖他失去知覺的手指。他緩緩地向左移動，我的腿凍僵了，兩個小時過去，還有八千英尺得爬。時間進入第三個小時，我的身體已經在向我吶喊著好冷。我動不了的舌頭已經說不出話來。偶爾我以為迪克會回來叫我試試，但我只會跟他一樣慢。整個局面讓人十分絕望。時間已經來到正午，但我們連一百英尺都還沒爬完。迪克的節奏開始加快，但整體他還是牛步在攀爬中且小心翼翼，每一步都經過他的規畫，包括他會設法讓被排開的雪或冰不再每次他將冰爪置於岩壁突出處上就掉落。攀岩能不戴冰爪會比較好爬，但一旦岩石覆上冰面，冰爪就是你沒有選擇的選擇。他的動作在第三個小時末變得愈來愈如履薄冰，然後他大喊難點已經過去了。繩子的長度還剩很多，就這點而言他是可以繼續，但我知道他體力肯定已經到了撞牆期。趁著迪克在把岩釘錘入岩壁並確保好自己的同時，我嘗試甩醒自己凍僵的肢體。在這麼低的高度上與這面牆苦戰，讓我們比任何時候都更感受到了自己的心有餘而力不足。

我有來自上方繩索所提供的保障，而我也真的需要這份保障。我的手指幾乎沒了觸覺，再加上我對自己抓緊牆面的力量毫無把握，所以我根本不敢輕舉妄動。迪克能夠連撐三個小時，艱苦地在做出每個動作前都先暖暖手指，反映的正是他正字標記的毅力，還有他面對惡劣環境不肯示弱的心情。他揹著背包很不好爬，於是在途中他將之卸了下來，掛在了一處岩釘上。同時間我從腰際解開了一條繩索，將迪克的背包綁了上去，然後就在我溫暖手指的同時，迪克拉動了繩索。靠著迪克輕輕拉動另外一條繩子的幫助，我在半小時後與在上方的他會合。

時間來到晚上，我們成功進占了「困難岩隙」的底部。「困難岩隙」這段八十英尺長的行程，堪稱是此次攀爬下半段中的關鍵橋接段。

嚴格來講，這段路並沒有特別困難，但在夏天會又濕又不舒服。這一次我們發現那裡是乾的，而且上面幾乎沒什麼冰，但等我們準備要出發時，夜幕已經降臨。

困難岩縫下方沒有地方過夜；夏天的經驗告訴我們上面會有一些寬敞的岩架，我們必須到達那裡才行，所以我丟下了我的背包，靠著手電筒一馬當先。岩縫的位置是在一處轉角後面。我摸索著轉角的山牆，想找到岩面的突起處或有岩片處可供我施力向上。我敲下了一枚岩釘，並為此感覺到篤定了一點。在下方黑暗中焦急等待的迪克會時不時喊叫問我狀況。我的速度不快，但並未停滯不前。緊張歸緊張，但我還是不免感覺到在黑暗中攀爬的一絲興奮感。進度過半之後難度稍緩，我也在內心確信自己能夠放鬆只是時間問題。

迪克開始爬上了繩索，為此他用上了普魯士夾（prusik clamp，源自奧地利登山家卡爾・普魯士所創之繩結），其在繩索上只會上滑而不會下滑。我聽得到他在黑暗中發出的摩擦聲、呼吸聲與呻吟聲，也看得到他手電筒光芒偶爾向上的閃動。他到了之後我們聯手挖起了冰雪，花了三小時清出一塊平台，然後才得以安頓下來。等我躲進睡袋並開始做晚餐，已經是晚上九點了。對於這晚又是安靜而清朗的一夜，我們滿懷感激。

我們這天爬了七趟繩索的程度，以垂直高度而言只上升了幾百英尺，剩餘那黑暗的量體仍如龐然大物，威壓地高聳在我們頭上。我開始懷疑起我們的成功機率。我在想我們此行的終曲會變成什麼模樣，也在想日復一日這樣長時間且高強度的耗損，我們會不會變得有點錯亂，有點精神失常。不論成敗，也不論這樣下去恐怕會耗時多久，此次的經驗都會是我們倆登山生涯不曾有過的。我們只能咬牙撐下去，明天能抵達冰原是我們的預期，但在這個當下我們無從抱怨起，因為我們有得保暖，也有得飽餐。我們的手指因為接觸冰冷的岩面，也因為反覆的痲痺與回暖而痠痛不已。夏戴克站的旅店燈光在遠遠的下方滙集了一池綠色。我想到了酒吧裡的度假遊客，或是在瑞士冬旅住宿的溫暖光線下，剛用完晚餐的人們，然後默默在心中恨自己為什麼克制不住想幹傻事的衝動。

我直瞪著黑夜直到被睡意席捲。

第三天。我們人在山牆上的四分之一高度。某些與山下生活的連結已出現斷點；我的思緒不再飄向幻想中那暖呼呼的淋浴，或是舒適酒吧中的一品脫啤酒，還是脫下靴子在一張大床上酣睡。我胡思亂想的邊界，停在了今晚要停留的岩架上，在我對自己發誓會比前一晚好一點的野營體驗上，而奢侈的頂點莫過於晚餐是熱氣騰騰的第一杯湯。

有一條舊繩在一段一百二十英尺的岩面上就定位，這段被命名為「興特史托伊瑟橫渡」(Hinterstoisser Traverse)的山壁，為的是紀念興特史托伊瑟這名才華橫溢的青年登山家。興特史托伊瑟率先發現了這段關鍵山壁的橫切之路，卻沒能在後來不得已的撤退中率隊下山。接續讓他們全軍覆沒的慘劇，曾出現在那本於神學院被朗讀的書中，而也正是那本書讓我注意到艾格峰。當時的登山隊員一個個死去，只剩下東尼・庫爾茲一人向搜救隊解釋事情的前因後果，直到東尼自己也在安全獲救的幾英尺前亡故。此後所有挑戰艾格峰的隊伍都會在那個關鍵的段落留下繩索來確保退路。

領頭的迪克先是水平向左爬。舊繩有一定的磨損，其繩芯部分不時會暴露出來，主要是受到風勢的侵蝕。巨大的冰柱與偶爾的冰片懸吊於繩索上。我可以看到迪克嘗試只靠岩石進行攀爬，但近在眼前的繩索在腐爛之餘仍舊是很大的誘惑。隨著攀登的難度愈來愈高，雙手變得愈來愈麻木，他緊張地在繩索上測試起自己的重量。我讓他在我們自己的兩條繩索上獲得確保，準備在他萬一掉落時撐住他，但他畢竟距離我有橫向的一百英尺，所以他要是掉下去，等著他的就會是在盪過來的過程中，於一條長長的弧線上撞得鼻青臉腫。

「看我這邊，喬。」

我確實看了過去。他的意思是要我分外小心地把繩索抓緊，然後他就拚下去了。他瘋狂地橫衝過最後的二十英尺，看起來就像是他用念力將自己浮在空中似的。

我們途經了「燕巢」（the Swallow's Nest）這個位於第一處冰原邊緣且完全不受落石威脅的凹壁。如今那裡已被積雪抹去了痕跡，但反正我們並不想停留在那裡。燕巢是我們在夏天來攀爬時的第一個野營地點，但這一次我們花了兩天半才抵達。

第一處冰原寂靜無聲，不過七三年夏天當我們睡在燕巢裡的時候，石頭會轟隆隆地大半夜從我們身邊滾過。因為不擔心被上方的落石擊中，我們躡手躡腳地沿冰原右手邊的邊緣而上，去到了向上蛇行在岩石間且愈來愈陡峭的冰川河道。

這段路要揹著背包往上爬真的太長也太陡，我於是將之託給了迪克。我把發條轉緊，準備要面對攀爬純粹冰柱的困難挑戰，為此我測試起冰斧劈在冰面上牢不牢靠，也測試起冰爪前端的抓地力，還有就是先按摩一下我的小腿肌肉來去除僵硬，但就在這時，一聲讓人不知該作何解的轟隆聲打破了平靜。遠遠一顆蒼蠅大的小點朝著我們而來且愈變愈大——那是一架直升機，盤旋在我們數百英尺之外。我們可以看到機上的乘員被攝影機或雙筒望遠鏡遮住了臉部，同時我動彈不得。意識到我儼然成了一處廣大垂直舞台上的表演者，我首先是怯場起來，然後讓我氣憤起來的是覺得我們極為私密的世界，竟成為了他人出於好奇心與打發時間的關注焦點。直升機讓我無法專心，也讓我難以擺脫一個念頭是，這些無名窺視者在他們的飛天塑膠泡泡裡毫無安全之虞，而他們最想看到的不是我們成功，而是眼睜睜看著我們墜落。

我在經過三天後已經打了折扣的專注力，不知怎地被這天外飛來的不速之客給找了回來，由此我一鼓作氣爬上了冰牆。我們當時的做法是輪流爬四條繩長，前進高度大約四到六百英尺。這種辦法的好處是帶頭的身心壓力可以集中在其中一人身上，繩子上的第二人就可以享受一段心情的放空與體力消耗的相對低檔。而這樣輪著輪著，變成我必須在第一冰原與第二冰原間的艱難坡面上領頭。夏天那裡不會有冰，有的只是泡過水的斜面[1]，我們踩在其上不是很安心，惟攀爬本身的難度倒不是很高。但時節來到冬天就是另外一回事了。冬天雖然岩石的角度比較友善，但是有一條條硬冰帶延展在岩石斜面之上。我的冰爪鮮少能咬進那些脆冰裡，因為它們一碰到岩石的部分就會摩擦脫離。我敲下了一枚岩釘，然後因為我的繩子穿過了岩釘上的鉤環而感到些許安心。我嘗試不穿冰爪攀爬，改以用靴子的橡膠部分踏在沒有結冰的岩石上前進，但有冰的地方實在太多，而橡膠一接觸到冰面就會不聽使喚地亂滑。

我移動到更左處，並慢慢感覺到阻礙；左邊並沒有比較好走，我已經試了一個小時。冰爪被我重新穿上。還是沒用。冰爪在這片巨大山牆的中間顯得微不足道，我感到無比挫敗。

「迪克，我辦不到。」我此刻的心情既絕望又抑鬱。「脫掉背包試試看！」他喊了回來。

我把背包綁在了岩釘上，再試了一遍。少了背包的重量影響我的平衡，對事情確實有幫助。我得以往上爬了六英尺。

在我胸部的高度有一道有坡度的岩架，上頭橫著一條一吋厚的冰帶。我把冰斧與冰鎚的尖端捶進冰裡。我感覺到它們在冰面下與岩石相互傾軋，但終究冰斧與冰鎚撐了下來。我拉著它們往上，彎折著自己的身體去抬起腳來，想把冰爪也踩進冰裡，但冰爪還沒碰到冰就在岩石上打滑，我的腳落了下來，身體只靠冰斧與冰鎚撐著。我把冰爪擺到另一處岩唇上，但腳再一次滑落，而這一次我看到冰鎚的尖端自行從冰中撬了開來。我趕忙向前用力，把肩膀壓在冰鎚上去讓其尖端保持在冰裡。我扭動起身體，恐懼讓我發疼而疲憊的肌肉忘了要痛，然後我把腳往上甩到冰斧的旁邊。冰爪的爪尖咬進了冰裡，而我則把自己挺直了起來並找到了平衡。那瞬間一結束，疲倦就席捲而來。我緊張地搖晃起來，並且等待了一會兒，才又前進到如今已經近在眼前比較輕鬆的坡面。遠方的山脈東翼如今正捕捉到了斑爛粉紅的晚霞——我完全不知道自己花了多久爬完那一段。

我們那一晚的過夜岩架只有一英尺寬，所以我們一方面緊挨著岩壁，一方面用尼龍帶環把我們的胸與腿連到山壁的岩釘上。這個階段的我們已經幾乎不太講話。沒有外來的刺激可以讓我們啟動對話，我們只是各司其職，穩紮穩打地按部就班；這麼些年下來，迪克於我仍是個謎團，但我已經不去擔心這事了。我在短暫的失眠中盯著夜空的星

1 攀岩時依照岩面的角度可分成三種狀態，小於九十度的叫做斜面／斜板／斜坡，人可以走在或趴在上面，也就是slab；等於九十度的叫做垂直面，也就是vertical；大於九十度叫做懸岩，人必須仰著爬上去，所以難度最高，英文是overhang。

座，一心只盼著自己除了能更懂星星一點，也能還有力氣去搞清楚它們各是哪個星座。

正常狀況我們會盡量在天亮前起床。我們會穿著所有衣服睡覺，會褪去的只有冰爪、靴子與墨鏡。但晨間光是重綁靴子、戴上冰爪、封好衣物會透風的縫隙，還有把落雪吹掉等儀式，就得耗掉半個小時。我們都已經訓練自己到一天只排泄一次，而一天當中就屬早上最方便做這件事。不需要脫衣，只要拉開拉鍊跟魔鬼氈，然後把不同層的衣物分開就可以。脫衣就等於讓自己暴露在會把體熱帶走的風勢裡。

第四天的行程全都是冰，而先發的是迪克。第二冰原並不陡，而在冰上的每一個動作都類似而重複，但我很慶幸跑第一棒的是迪克。這是冬天的冰，黑暗、堅硬、拒人於千里之外，在下一次出現岩石之前會長達一千英尺，一千個步履，一千次用會瘀血的力道踢出冰爪到冰面上，只為了讓爪尖可以固定在那兒，同時還要把冰斧與冰鎚敲在冰上，讓兩者能咬進冰面，成為手握的著力點。跟在迪克身後，我的兩手麻木到毫無知覺，主要是我在為了把斧頭砍得更深的時候，會不小心讓手也撞到冰面上。握著冰鎚的左手更慘，因為冰鎚的握把比冰斧要短。

此刻的我們是棲息於山間的生物，原本的生活已經無處可尋，這包括我們遠遠甩開了山上的觀光客，甚至也遠遠甩開了任何可能會來看熱鬧的訪客。萬事起頭難對我永遠適用，但一旦開始，我就會把時光的飛逝幾近拋諸腦後。

在這漫長如永恆的一天中，我們換手領路了四次，累計走了十四趟繩長，其中最後兩百英尺要脫離冰原前的上升實在難到沒辦法揹著背包進行，於是我將之留了下來，打算之後再拉上來，然後就用已經無感的流血手指在岩石上攀爬。天氣冷到每一顆岩釘與每一枚鉤環都會先黏在我的手上，然後帶走一點點不該帶走的皮膚。

我們的背包依舊很重，由此我們開始考慮改變計畫。我們已來到山牆三分之二的高度，而為了加快進度，我們打算盡可能多消耗點食物，然後隔天衝刺攻頂。我們比平日提早收工，好有多點時間準備過夜用的理想平台——想要順利衝刺達陣，我們的休息就一定要足夠。我們花了三個小時整好平台，然後全神貫注了好一會兒的我們才注意到灰雲像彩帶一樣以黃昏為背景，飄過了天際。

這讓我們想到萬一天氣變壞，我們一口氣把食物吃乾抹淨就是讓自己陷入絕境。於是我們回歸了原本的計畫。

我們第一次使用了帳篷。平台的邊上微微靠著一小面山牆，成為我們不受上方落石影響的屏障，也撐著我們的帳篷使之得以挺立。此處正是那惡名昭彰的「死亡露宿地」（Death Bivouac）。頭兩名挑戰這片山壁的麥克斯・賽德梅耶（Max Sedlmayer）與卡爾・梅林格（Karl Mehringer）在一九三五年攻抵這裡，然後在早因天候而中止攀登後的許久，像兩尊哨兵般矗立凍死在暴雪之中。我不覺得不吉利，也沒感到有英魂的徘徊；我一心只想著自身的現實問題。我們現在需要的是加速。我第一次等不及天亮就想趕緊出發，趕緊設法在虎視眈眈的風雪吞沒我們前縮小與山頂的距離。

我注意到迪克在偷看外頭，為的是確認天候。顯然天候同時獵食著我們倆的心頭。我們不需要討論什麼。暴風雪果真來襲，我們必須決斷要往上或往下；這個死亡露宿地是我們可以明智撤退的最後一站，過了這一站，我們想下山就只能理性地先往上爬。慢慢化膿的傷口讓我的雙手一整晚刺痛，睡意也躲避著我。

一早起來能看到天空中有灰色在蠢蠢欲動，但雪沒有真的落下來。沒睡好的我動作遲緩，但我們可以向上穿越第三冰原，經過更多深色的碎裂冰塊，然後以斜角劃過「坡道」，一如鐮刀般往左朝著繁複的出口路段而去。那坡道之長與之大，讓我們在裡頭待了一整天。我們原以為那個夏天湧水的煙囪（狹長岩縫）裡會結冰，但裡頭完全沒有，為此我們很是覺得受到眷顧。煙囪上的險峻石脊完全沒有積雪。突然失去自信的迪克慫恿我帶頭走這段，但焦慮不下於他的我反過來扮演起惡霸，將他趕鴨子上架。

我們的關係出現了一點緊張。迪克領頭了另外一段路，然後在一處岩架上棲身並讓開了路，而我則於同時間爬上了位於坡道頂端的冰谷。

「喬，你可以接著往上爬嗎，現在換手有點尷尬吧？」此時的我真的很不想繼續，並很不爽地覺得自己是被耍了。

「喬，你可以順便也把那枚冰上的岩釘拔下來嗎？我不想再下去一趟了。」

「拜託你也幫幫忙，迪克，你一下要我繼續打頭陣，一下要我替你拔岩釘，要不要乾脆我整座山都他媽的替你爬完算了？」

我覺得自己完全站得住腳，也覺得迪克的愚蠢很可恨，然後就自顧自繼續往上爬。但那只是一時情緒上來。在刀刃上待個五天，任誰的情緒都會接近沸點。

那天的第五晚，是一路上來最難熬的一晚。我們的棲身之處只有一個屁股大小，是從冰塊跟鬆垮岩石中砸出來的。我們把腿放在睡袋裡坐著，就這樣懸在山的邊緣，外加胸前繞著一條尼龍環帶來防止我們睡著後往前滾落。天空連著第二晚在灰色中懷著滿滿的預示。我想到這天是我第一任登山搭檔史提芬的大喜之日，我之前還不得不先寫信去跟他說我多半趕不上了。

我把背包掛在身邊的岩釘上，並趁著睡意還沒徹底席捲我，先把臉卡在背包後面來避免頭往前倒。我夢到一名警員拿出筆記本在抄寫我的資料：

「哈囉長官，我怎麼了嗎？」

「我要開你一張在這條山溝上敲岩釘超過速限的罰單。」

「可是長官，這條山溝應該只有我一個人知道。」

「我自己也經常開這條山溝下來。」

我醒來後發現迪克已經躺下。他把頭歇在我的腿上，腳則不知如何卡進了一處突岩的後方。

「你不介意吧，喬？」

「不會，你躺。」

出於此時一點白晝都再也浪費不得的壓力，我們在破曉前的明暗之間再度出發。這天沒有降雪，濃重的灰色仍舊掛在天空。向右沿著「諸神之橫切」（the Traverse of the Gods）

攀爬，我感覺有點顫抖，有點膽怯。夏天的經驗告訴我這一段只是名號很聳動，真正爬起來沒那麼難，但我還是有點被震懾住。冰覆蓋了每一個施力處。在下方冰岩上掙扎的過程我記憶猶新；岩壁在我的腳下往內彎，盡顯出我的來時之路。

這一段橫路將我們帶回山的中心，來到了最後一處冰原，人稱「白色蜘蛛」（the White Spider）的那裡是上方所有落石的歸宿，只不過此刻毫無滾石的動靜。這裡的冰面比之前的都糟，更多黑色的火山玻璃，陡峭程度也更甚於之前的三處冰原。我輪到得一路又蹭又抓地向上五百英尺，冰硬到技術全然派不上用場，只有蠻力可以在上頭留下痕跡。我又是腳踢，又是用斧頭劈，但看著易碎的脆冰從冰爪或冰斧尖端迸裂，我心中完全感受不到安全。

一條舊繩懸到我的右手邊，那是過往某次史詩攀登的遺跡。我專程橫越過去，厚著臉皮將之用作一條五十英尺長的手握繩。等繩索用完後，我也只好回到那片深色玻璃的不毛之地，並後悔自己千不該萬不該輕嘗繩索提供的安全感。我巴不得有藉口把帶頭工作交給迪克，好讓我能一邊待命一邊看他也體會一下這可怕的玩命感受。但還沒輪到他帶頭走四趟繩長的距離，我們就已經來到「出口裂隙群」（the Exit Cracks）的起點，也就是這面山牆的最後一道障礙。

「石英裂隙」(the Quartz Crack)做為僅剩最困難的段落，藏身在一塊巨大的突出冰塊之後。迪克倔強地堅持與之硬碰硬。在一旁看著的我實在不覺得他能過得去，但就在這時巨大的雪塊崩落，把他掃到了一邊，但他撐了下來，而他上方的石塊也變成一片坦途。他爬上石塊，循左路脫離了困境，走入了陽光。這是睽違數日，我們第一次脫離了山壁的陰影，彷彿有人藉太陽在為我們接風，恭喜我們登山成功。落日的斜陽固然孱弱，但還是有些許溫暖浸穿了我的衣物，讓我突然間覺得自己受夠了。我們距離山頂只剩下幾百英尺，而不是幾千英尺，但我已經沒有時間小心翼翼地求全。鬆動的石頭在薄薄一層覆雪下高深莫測，不難走但無法讓人寬心。沒了耐性的我開始放飛自己，此時落日正式隱沒，雲層旋繞在山巔，一陣風在我們抵達空曠的坡面上方時打來，雪也開始降下。黑夜在我們能逼近山頂前降臨，我們只好把一些鬆動的石頭推到旁邊，然後把露宿帳篷罩在身上蹲下。

蠢蠢欲動的風雪終於爆發，強風拉扯著帳篷，大雪隨即覆蓋住我們散落在岩架上的零星裝備。

我們湊近取暖，藉以對抗從帳篷外透進的風。一開始我們蹲坐在爐子上方，但慢慢地在吃喝完之後，發現煙霧有點讓人窒息。這時我們輪流扭動身體鑽進了睡袋、靴子等有的沒有的禦寒物，因為沒了爐子的空氣很快就冷卻下來。冰開始結上我們的鬍鬚與帳篷內裡，只有尼龍布在狂風中劇烈拍動時才會被甩落，彷彿帳篷內也在下著小雪。我手指上裂開且化膿的傷口在溫暖的睡袋中更加疼痛，主要是汗水中的鹽分就像在傷口上撒鹽。迪克坦白說他也很不好過。

我心中一股微弱的聲音在反覆呢喃著：「你做到了，你做到了。」但只要還沒下山，還沒回到平地，這些話我就不太想聽。我把不斷打在臉上的帳篷布咬在嘴裡來讓其停止拍擊，否則我臉上會一直下著惱人的冰雨。

我們一晚未能安眠，就像兩個迷路的靈魂深陷在荒涼絕望的不知名處，翻來覆去地想在窘迫的空間裡減緩抽筋與痛覺。

我們拂曉啟程，沒有猶疑、沒有食物，加快的步伐是為了不被可能會變強的風雪追上，免得到時候會在愈來愈深的雪中動彈不得且迷失方向。我往下看著積雪覆蓋著前一晚我們勉力爬上的那些鬆垮路段，心中油然而生謙卑與榮幸。我們前方僅剩為數不多的路段，且上頭只有舒服的藍冰。再過去我們就會踏上鋒利的稜線上，通往圓潤的山頂。

風把我們推來扯去，稜線前方看不到另一側的山峰，能看到的只有繞著圈的雲。迪克首先到達了山頂；他在最高點上跌坐在雪中，拉動起他與我連在一起的繩索。此時是三月三日星期一的早上八點，與我們從山腳火車站出發的起點相隔六天。

但我們沒有時間相互恭喜，沒有時間沉溺在達成目標後的遺憾，因為爆裂的風勢與針扎的降雪逼著我們繼續往前下行，又是滑，又是爬，在崩落的一道道湧雪當中氣喘吁吁。我們原本的打算是要在山頂露宿過夜，但最終獲得了逃命的機會。我屏住了呼吸，不敢放鬆地保持著警戒狀態。我們不斷地確認彼此的安全，並嘗試回想起彎彎曲曲，且在冬日不那麼好辨識的下山之路，然後我們才終於逃出生天，脫離了陡峭的地勢，不再繼續失足與滑落，進入了一處斜度放緩至水平的溝壑。從那裡開始，我們終於只需要涉足深雪而過，偶爾得用爬的，但起碼我們是安全了。

午後過了一半，我們抵達了鐵道線上的小旅館。那兒似乎有著什麼動靜；一小群人先是聚集在旅館外頭，然後還拍起手——沒想到他們竟是衝我們來的。他們替我們卸下了背包。迪克一臉痛苦地想脫下內層的手套，但裡面的雙手早已傷痕累累，一名女孩接手替他剪開了手套。

進得屋裡，一雙雙眼睛看了過來，我們的外表看起來十足狂野，長長的冰柱懸掛在我們的鬍鬚上。我們坐了下來，旅館經理派人端來了啤酒跟熱湯。一名英國男士坐在我們對面讀報——沼澤門地鐵事故，四十一死[2]——點唱機傳來的歌聲在唱著「我有兩隻強壯的臂膀，我可以幫忙」[3]。

我留下在桌前的迪克，要去買我們要下山到谷地的火車票。就在走開的瞬間，我聽到那位英國男士一臉不可置信地問道：「難不成你們只買了單程的車票？」而迪克帶著他深藏著力量的謎樣笑容，不知道該從何回答起。

2 一九七五年二月二十八日發生在倫敦地鐵隧道的重大事故。

3 比利・史萬（Billy Swan）唱的鄉村歌曲〈我可以幫忙〉（I Can Help）。

3

都納吉里峰：只有這樣，算運氣不錯了

It Could be Worse: Dunagiri

一

我們去拜訪了葛希太太，順便領青年旅館的鑰匙。

「大家都在討論你們。[1]」，她用她知道我們懂一點的法語說著。

「什麼大家？[2]」

「這個區域的大家啊；你們棒呆了。[3]」

樸實的她讓人安心。她在青年旅館中忙進忙出，為的是讓這個地方盡可能溫暖一

1 Tous les gens parlent de vous.

2 Quels gens?

3 Les gens de la région; vous êtes merveilleux.

點。迪克跟我拖著腳，漫無目標地在當中走來走去。這會兒要去店家採購已經太晚了，所以沒有慶祝攻頂成功的大餐，有的只是我們吃了一整個月的口糧；我們出門前往村中別無分號的酒吧，靜靜地坐著喝酒，沒有什麼可聊。我大半夜都醒著，在空曠的床鋪上感覺到失落，因為我的精神面還繃著，疲累的身軀裡有顆警醒的心。

「喬，可以麻煩你幫我扣上釦子嗎，我手指太痛了。」

隔天我們動身離開，回到了英國，回到了曼徹斯特，也回到了學校與跟有著滿滿孩子的課堂，他們大部分都跟我一樣去哪裡都好，就是不想待在課桌椅後面。

在計畫著要在冬天去爬艾格峰的同時，我們就已經開始盤算著要去更遠的地方了。從一開始，那些去喜馬拉雅或安地斯山探險的人就像是一群天選的菁英，他們之所以有資格參加探險隊，靠的是他們豐富的經驗，以及獲得肯定的能力與耐力。我們想不通的是若非已經參與過這些探險的人，他們相關的資格與經驗要去哪裡累積？這感覺就像是個雞生蛋還是蛋生雞的難題。所以即便有點不自量力，我們也下了決心要自組「遠征隊」，由此在出發前往艾格峰之前，我們就已經送出了申請書給印度政府，希望獲准攀爬他們國內的其中一座高山。

我們申請攀爬的是北印度的一座美麗山巒，名叫西夫凌峰（Shivling），希望以此做為起點，開始與複雜的公文程序短兵相接，朝我們終究必須要以「遠征」二字稱之的活動啟程。「遠征」一詞聽起來很了不起，但它說穿了就是要爬我們此前沒有挑戰過的高山，只不過這些高山遠在他鄉，需要的統籌規畫難度非比尋常，加上牽涉到官方的立場，因此總感覺會強加一種額外的身分在我們的單純想望上。我們想要爬比阿爾卑斯更高的山脈，我們想在大山上爬更困難的路線；我們不知道跟東方的官僚交手要花多少時間，也不曉得在喜馬拉雅範圍內的各國爬山都需繳交一筆登記費。高山探險隊感覺是個緊密的小群體，而我們並不覺得自己的資歷足以獲准進入這個封閉的小圈圈。從外頭看來，那圈子裡存放著我們所需的全數知識，但我們卻不得其門而入。我們不明白爬喜馬拉雅山除了去程比較遠，跟爬其他的山有什麼不一樣；我們對牽涉人數較多時的後勤一無所知，只是憑感覺認為最好的選擇是兩人搭檔去爬，但由於喜馬拉雅山脈著實很遠，所以最終我們還是決定邀請另一對搭檔同行。這其實跟找人共乘去法國沒什麼兩樣，而且也代表萬一有什麼意外，我們身邊會有其他人伸出援手，反之亦然。

理想狀況下做為一個緊密的四人團隊，我們可以開一台福特全順廂型車[4]走陸路，然後根據選定要爬的山走一條嶄新而困難的路線。我們的志向限定在大約兩萬到兩萬三千英尺高的山峰，因為再高我們就沒有自信了，同時這個高度範圍的目標也可供我們發揮所長，那就是既攀爬具有技術難度的路線，卻又不需要建立固定式的營地或進行大手筆的籌備。

所以我們進行了事前的計畫，而且前置時間拉得比之前都長。我一向只計畫下一趟的登山行程，超過這個長度的計畫都讓我有所保留，畢竟太多事情都操縱在命運的手中。但要去爬喜馬拉雅山，要跨出這一步，代表我們得提前幾乎一年開始安排。那也代表我們得開始大肆宣傳自身的意圖，而這又是一件我們需要習慣的工作。這倒不是我們害怕競爭，我們只是有點心虛於敲鑼打鼓地說要去爬一座我們一點成功信心都沒有的高峰。但為了獲得許可，我們必須擺出信心滿滿與積極正向的態度去面對印度政府，也必須用這樣的門面去爭取英國各登山主管機構的認同。

但光是要組織起我們只有區區四個人的小隊，就已經碰到了困難。

我們徵詢意願的另一組搭檔的其中一人，是迪克的朋友，而他正在念大學，所以只有假日能夠出國，而這就逼著我們的行程只能跟印度的季風季節撞期，但可預見不間斷的暴雨暴雪使之成為印度一年當中最不適合登山的時節。不然就是我們得放棄喜馬拉雅山脈而改爬其他區域。惟不論是哪一種妥協都讓人興趣缺缺。我們說好找一個週末在威爾斯見面好共商大計，但隨著約好當晚的夜色愈來愈深，卻不見另一組搭檔現身，迪克跟我開始理性地推敲起現實。

「如果連開會討論都能放我們鴿子，你覺得真的上了山，我們能信得過他們嗎？」

「嗯，那怎麼辦？就我們兩個人去嗎？」

「至少我們可以感覺踏實一點。我們多半不用買全順廂型車了，如果只是兩個人成行的話。」

「你的車撐得住嗎？」

在不會開車，也樂得像張白紙一樣不用理睬許多現實面的迪克眼裡，車子長得都差不多。

「我的老爺車大概連帶我們重返阿爾卑斯都辦不到了。我們還是得買一台福特 Es-

4 Ford Transit，一種在英國很暢銷的廂型車。

cort廂型車或差不多的車子，一百五十鎊大概就買得到了吧，但你得學著開車，我可以不要從頭到尾都當司機。」

事情就這樣定了。

我們申請不到西夫凌峰，因為那裡位在接近邊境的禁區中；出於別的理由我們也申請不到強卡邦峰（Changabang）。做為超高峰的新手，我們面對的選擇是綿延不絕的整條喜馬拉雅山脈，一切我們都只能紙上談兵，從書本裡去選擇目標，也從書本裡找資料，拼湊出抵達跟攀爬某座山峰需要哪些準備工作，然後再把全副精力投入入山的申請中。一開始我連加德滿都跟聖母峰的相對位置都不知道，也不清楚哪些山在印度、巴基斯坦或尼泊爾。但慢慢地我們有了概念，也開始知道哪些山在哪裡，我們有興趣爬的又是哪幾座。

但我們開始收到的是更多的拒絕。從安全的角度出發，只有兩人的隊伍被評估力量太過單薄，同時我們看上的高峰都過於接近國界，因此不開放探險。

我們只能在低落的士氣中繼續進行出發的安排、繼續採購車子、繼續累積裝備，但同時成行的可能性卻低得可以。迪克在曼徹斯特找了一份教職，也開始學習開車。

那年夏天我們攀岩攀得很過癮，總是一放學就從學校衝去市區四郊的峭壁爬到深夜，出太陽的好天則會去威爾斯跟湖區[5]。我認識了一個活力十足的陽光女孩名叫穆莉兒（Muriel），而她的出現也讓我認真思考起自己願意到那麼遠的地方冒多久、多大的險。

我們的「遠征」在我們以外的所有人眼裡都非常篤定。此時我們結識了波盟女士（Mrs. Beaumont），她的一位兄弟在非洲探索某座湖泊時失蹤，而為了紀念他所成立的基金會會撥付小額補助給曼徹斯特大學的學生或校友，贊助他們前往各地探險。

我們也申請了這項補助，並因此接受了波盟女士以基金董事的身分面試。開著跑車的她是位開朗的銀髮族女士，她問著我們問題，就像是個在鼓勵著我們的母親。

「你們是不是說在尼泊爾政府的交涉上遇到困難？我先生在那邊有一些人脈，所以我們或許幫得上忙。」她人非常好，但真正讓我們踢到鐵板的是印度政府，尼泊爾是連回覆都沒回覆。我們把提案的細節提供給了波盟女士，而她在分別時承諾會去催促一下尼泊爾方面。我有點懷疑她知不知道尼泊爾在哪裡，同時也沒有懷著什麼期待，畢竟我

5 英國西北英格蘭坎布里亞郡的鄉村地區，以湖泊與群山聞名，現設有國家公園。

們真正想爬的山在印度。

迪克跑了趟倫敦去接受聖母峰基金會的面試，希望爭取他們的認可與一筆「探險」補助。簡稱MEF的聖母峰基金會的成立是以人類在一九五三年首登聖母峰為契機，自此所有從演講、書籍與電影所籌措到的相關款項都會投入到基金，然後由基金撥款贊助各類高山探險活動。聖母峰基金會的執委會委員都是在登山界與科學界有頭有臉的人物，一旦獲得這樣地位顯赫的單位認可，外國政府也不能完全不買帳。

這類補助的面試，是在位於肯辛頓高爾街上，讓人肅然起敬的皇家地理學會中進行。一張巨大明亮的桌子橫跨整間會議室，桌子的一側排排坐著大多一頭灰或白髮的大人物，負責隔著桌面審查申請者。

迪克從來沒學過如何在重要的場合不要當他自己。

「為什麼你們提案的這趟探險只有兩個人參加？」

「萬一你們其中一人扭傷腳踝，需要人攙扶下山怎麼辦？」

「你們跟誰請益過這項計畫的良窳？」

「你們具體有什麼打算？你們屬意爬的是哪一座山？」

在當時我們計畫嘗試強卡邦峰上一道陡峭困難的山脊。一名看起來弱不禁風的白髮男士原本在桌子的遠端看似昏昏欲睡，此時突然睜開眼睛問道：「你們怎麼不試試看卡蘭卡峰（Kalanka）呢？」

「那看起來難度太低了。」迪克回答得一點也不猶豫或彆扭。後來他才發現那名白髮紳士是艾瑞克・希普頓（Eric Shipton），而他早在我們還沒出生前就勘查並攀爬過卡蘭卡峰一帶，且至今都還是比誰都更對那個區域瞭若指掌。

後來波盟女士致電給我們。「印度人對你們只有兩人要去這點不太高興，但經過我們施壓，他們將會發函給你們表示你們可以從三座高峰中擇一。所以你們千萬不要去了然後掉下山，否則我們真的會吃不完兜著走。」

就此一切確定了下來。高山探險本就是一關接一關，而這下子一個大難關突破了。我們得到的三個選項是戴維斯坦峰（Devisthan）、木里格修尼峰（Mrigthuni）與都納吉里峰（Dunagiri），三座高峰都在同一個地區。我們選了海拔超過兩萬三千英尺的都納吉里，它是三者當中高度最高的山峰，且只在一九三九年被人爬過一次，當時率隊的是安德烈・

羅克（André Roche）[6]。但我們想要走一條新路，並根據照片選定了一處陡峭的拱壁，也就是東南脊，那兒看起來很符合我們的目的。另外兩座山都偏矮且不如都納吉里有趣。

這之後有更多問題紛至沓來，成本也不斷積累。我們必須聘請一位聯絡官，也必須負擔他的裝備與口糧。在印度人發來的通知信中，我們被告知這名聯絡官會協助我們挑選挑夫，採購補給品，還會針對天候與水土的調適、雪況、與登山相關的風險與可行性擔任我們的顧問。

我完全聽不懂這在說什麼。我們要前往喜馬拉雅山脈登山，是因為我們覺得自己程度夠，而不是要去那邊念登山學校。我們才不要去那邊給一個肯定不如我們有登山素養的傢伙，對我們要幹嘛指指點點說三道四，更別說我們還要負擔他的裝備跟糧食。

真是關關過，關關難過。

夏日轉眼即逝。此間我的登山技術大有精進——但沒有一次是跟迪克一起爬的，因為我們實在太熟了，所以在英國我們需要互相放彼此一馬，不要再黏在一起——而且也跟穆莉兒愛得如膠似漆，由此我不免擔心起這樣的幸福會不會毀於我已經承諾下去的登山大計。攀岩的樂趣是一種化身為體操選手的樂趣，而登山之人則更像是一名馬拉松跑者。情人的生活，必然得是兩人在一起的共同生活，而我竟在自己也不太確定是不是真想如此的狀況下，自願放棄了兩人世界，選擇去到孤獨的山間。天真如我，實在不清楚擔心自己有去無回是不是一個正常人會有的想法。

我們購入了一輛一千一百cc排氣量的福特Escort廂型車，花了一百七十鎊，並把車送去給英國汽車協會檢驗，結果技師的報告讓人看得心都涼了：

> 考量到車子的年分，登記的里程數，該車缺陷十分明顯，在同款車型中車況屬於中下。亟需處理的部分包括引擎、懸吊、煞車與車身受到的侵蝕。以上處理恐將所費不貲，經濟上的必要性須先經過考量。
>
> 以其目前的狀況，我個人認為該車並不適合從事我被告知車主為其規畫的行程。欲使用本車抵達喜馬拉雅山區的建議方式是駕駛它前往希斯洛國際機場，然後再搭機前往。

6 有另一說是安德烈·羅克率隊登頂都納吉里不是一九三九年，而是一九四七年。

我們把車子稍微整理過，但財力不允許我們對技師的建議照單全收。我們只能盡人事，聽天命。

我們計畫在季風季節後前往挑戰，希望能卡到夏雨與冬雪之間的空檔。學期結束後我們就打包準備出發。

此時我感受到一種要應試前的百無聊賴。我進行行前的籌備已經太久了，所以不論準備得到底夠不夠，我都只想出發。這之前我都是一醒來就開始忙——再不能慢條斯理地從睡眼惺忪中浮出表面，再慵懶地來看看今日會是怎樣的一天——那就像是我才稍微掉頭，一轉身又有一大堆事情等著我去應對，包括回信、回電、裝備、藥品、保險、疫苗接種、地圖、排程、儲糧等沒完沒了的工作。

唐恩與珍妮是我的室友，而對於我響不完的電話、堆成小山的裝備與口糧、一早郵差又按鈴要我收收不完的包裹，他們從來沒有過一句抱怨。

一九七五年八月四日星期一，迪克通過了駕照考試，隔天五日星期二我們就啟程朝印度出發。

那天早上八點，迪克人坐在珍妮的縫紉機前完成他要在山上使用的頭套，而我則在把行李裝進廂型車。我們從來沒有估算過有多少東西要放到車上；由於那是一輛我跟迪克長這麼大都第一次扯上關係的大車，所以我們從來沒想到要去質疑它的容量。甚至我們還動過念頭要把車上的一小塊地方賣給有興趣陸路壯遊的乘客換錢。隨著我們把東西一樣樣放進去，車子的懸吊開始被載重愈壓愈低，結束時車廂已經滿到不能再滿。做為懸吊的葉片彈簧已經凹到變成U字型。

我們拋下了一兩樣器材，關上了家門，發動了車子，搖搖晃晃地向前駛出了車道。隨著排氣管摩擦著車道的坡道發出尖銳刺耳的聲音，我們終於上了馬路，展開了預計全長六千英里的長征。

我們順路拜訪了肯・威爾森（Ken Wilson），《山岳》（*Mountain*）雜誌編輯，同時也是國際登山界中一股權威的聲音。對地球上的任何小事都無法無動於衷的他，這次也以熱情的肯定給予了我們祝福：「我很欣賞，我真的欣賞你們倆說走就走，把器材往廂型車後面一扔就朝喜馬拉雅出發的態度。這樣的精神未來肯定會蔚為風潮，很棒，放手一搏吧。」

他跟我們分享了他剛收到的消息是萊茵霍爾德・梅斯納爾[7]與彼得・哈貝勒（Peter

Habeler）剛搭檔攀上了一座世界級的高峰——喀喇崑崙山中的「隱峰」（即加舒爾布魯一號峰）。一如以往，每當被與看似比我們更嫻熟的登山者相提並論時，我們都會想到自己竟也膽敢挑戰同級的目標而感到誠惶誠恐。

開車旅行慢慢也成了一種規律的工作：天亮起床、早餐、八點前出發、午餐、五點結束。平整的柏油路與井然有序的歐洲街景，慢慢往東變得坑坑巴巴與一團混亂。看不到什麼人在理睬交通規則，開車基本上只能靠眼觀四面跟憑藉運氣。

迪克錄了一些古典音樂在車上的卡帶音響中邊開車邊聽，我錄的開車音樂則大部分是搖滾樂。等我們開到土耳其，熱風從大開的車窗外湧入之際，古典音樂就已經不是對手了。車子運轉的噪音、行駛的風切聲，還有跟道路的摩擦聲，在在讓德弗札克、貝多芬與馬勒的名曲敗下陣來。最終還是巴布・狄倫那一路嗡嗡嗡的低沉鼻音撐住了場面。

迪克統籌了伙食。省到最高點的他讓我們一路上只要還買得到麵包，那菜單上就一定會有麵包配三明治抹醬，然後是自家製木斯里麥片（muesli，類似喜瑞爾但加了水果與堅果），用蛋粉做成的歐姆蛋，晚上則偶爾會有肉罐頭配上我們手邊能買到的蔬菜。我們途經的國家都各有其自身的飲食文化，但出於節儉至上之故，只求能達成最終目標的迪克可以逼著自己有什麼吃什麼。我們在這一點上可以說是南轅北轍。在他身邊，我無時無刻不覺得自己是那個愛亂花錢、愛浪費的享樂主義者。他總是能一個字都不用說就為我注入罪惡感與尷尬，讓我渾身不自在，只因為我稍稍偏離了他那斯巴達式的菜單，精算的熱量絕對夠，但滿足不了人靈魂需求。

我試著跟他溝通我的觀點，我告訴他萬一我就這樣死在山裡，心裡會充滿多少悔恨，因為死前的我會知道自己在山裡從事如此艱辛、不舒服，甚至痛苦的登山活動就算了，但天曉得我稍早不在山裡的時候也過著差不多的斯巴達式生活。

我從來沒搞清楚他臉上那謎樣的微笑背後是代表他聽不懂，還是代表一種豁達的默許。等我們終於買不到麵包後，迪克仍怡然自得地大嚼著塗滿三明治抹醬的印度薄餅。

伊斯坦堡那狂野但又友善的失序，慢慢轉變成沙漠與拋錨。出問題的似乎是車上的線圈。我們在當地語言不通，沒有一家修車廠知道我們在說什麼。廂型車就這樣一拐一拐地走了兩天，直到最後我們遇見一名土耳其人在德國工作過，才由他替我們找到了可

7 萊茵霍爾德．梅斯納爾（Reinhold Messner，一九四四～），史上首位完攀十四座八千公尺高峰及無氧登頂聖母峰的登山家，有「義大利登山皇帝」之名。

以更換的零件。

接著迎面而來的是那充滿野性而看不到笑臉的德黑蘭狂飆之旅。迪克依舊在方向盤後面掛著一副專心致志的神情，完全看不出他根本不熟駕駛，開車於他根本做不到得心應手。我們從大路上進入伊朗不久，車前就出現了一隻脫隊的山羊遊蕩到路中央。接著又冒出第二頭山羊，這時手握方向盤的迪克沒考慮到山羊只要再走幾步就會卡死車子的前路，而車子卻還要前進二十碼（約十八公尺）才能超越山羊，就逕自踩下了油門想擠進兩隻山羊之間的空檔。結果是他撞上了第二頭羊，將之向後彈到了水溝裡。

我們停下了廂型車。牧羊人衝了上來，對著我們跟受了傷的山羊比手畫腳，還不斷用手中的鋤頭對羊脖子做出砍劈的動作。我們早就聽說過在一些東方國家，你寧可撞到人也不要撞到牲畜；我們腦海中開始浮現出慘兮兮地被關進獄中，面臨天價罰金的畫面。廂型車本身倒是毫髮無傷。

我們跟對方完全無法溝通，但所幸因為身在大漠的中央，所以至少沒當場被看熱鬧的暴民團團包圍。

「我們怎麼辦，喬？」迪克看來有點不知所措。

牧羊人此時暫時將注意力從我們身上移開，因為他看到他的羊還繼續往馬路中央擠，而且迎面而來又是一輛大卡車，逼得他只得衝向羊群，並大吼大叫地把牠們從馬路上引開。

「快走。」

我們跳上廂型車，連開了兩百英里都不敢停。「我以為他要把羊頭給砍下來，」迪克說。

幾天之後，我們在早上最繁忙的時間要告別馬什哈德，這個在脫離伊朗東境之前的最後一座城鎮。這時迪克似乎想東施效顰，模仿當地一些在車陣中穿針引線如入無人之境的當地駕駛，但他不明白的是別人能如此行雲流水，是因為他們已經把油門、離合器跟煞車三者操作得如入化境，而他卻只想靠方向盤的左轉右轉就做到這一點，結果是他擦撞了一輛車子，然後停了下來。

「我們怎麼辦？」

車子被卡在川流不息的反向車陣當中。

「繼續走。」

就此我們拋下了伊朗那些狡猾而舌燦蓮花的郎中在身後，迎向了阿富汗那些看似狂野但其實不難相處的虎狼之輩，他們看來凶狠除了是有古老的步槍不離身，再來就是橫插在腰帶上的那把大刀。我們過夜的每一處旅店都感覺像是一座微型碉堡，中間有宛若四合院的庭院供我們睡在廂型車的旁邊，而車裡就擺著阿富汗任何地頭蛇一輩子都賺不到的身家。

我們遇見了來自各個國家要前往東方的旅者：有對夫妻檔開著雪鐵龍2CV這款法國小車，前檔玻璃上裝著檔網來避免其為飛沙走石所傷；一名大麻膏抽不停，且一聊起魁北克的獨立就很激動的法裔加拿大人；一對結伴同行的比利時人與法國人，還有出身丹地的一名蘇格蘭老兄叫威利，他做清道夫到五十五歲他母親去世為止，然後他便出發前往印度，畢竟那是他一輩子的願望，目的地是印度城市瓦拉那西，因為他聽說你可以待在廟裡就有得住還有得吃。他擔心自己沒有足夠的錢可以度過某些邊界，因為他聽說所有人都需要有基本的財力才能入關。

對以上所有的遠行者而言，我們東行的理由都似乎都是最具體的，當中某些人還覺得我們停在他們當中的廂型車是一台很棒的機械，主要是當中會咚咚咚地傳出立體聲的音樂。但對我而言，這些人的處境才更值得我羨慕，因為他們是自由自在地想去哪兒就去哪兒，沒有什麼熊熊燃燒的壯志在啃食他們的內心。

我們越境進入了印度，從沙漠中來到處於季風季節尾聲的蔥鬱綠色中，且一路上兩側都是穿流不息的人們，他們不知道從哪裡來，也看不出要往哪裡去。

在路上奔波了三週後，我們來到了德里，並於此時致電給曾替我們成功爭取到印度政府許可的「朋友們」，我們撥的是他們辦公室的電話。

傑迪．卡普爾（J. D. Kapoor）的辦公室是在讓人無力的酷暑中一處清涼的綠洲。他坐滿了扶手椅，看似能夠呼風喚雨，因為他只消一按隱藏的響鈴就能讓身邊溫順的僕人招之即來揮之即去。

「嗯，我們運氣真的算很好，不說你不知道，這個姓查克拉瓦蒂的傢伙就那麼剛好替我們樓上的一家公司工作。我直接上去跟他打了個招呼，跟他說你們是非常優秀的登山者，全英國最好的，然後我們就得到准許了。」

「但你根本沒見過我們啊？」

「啊，我是奉命行事。波盟女士交代過我了。」說完他笑得很燦爛，就像是他說了個笑話一般。

我們下榻在賓館，一晚要價七盧比，大約合三十便士。那兒有三個房間，每個房間大約可容納八人。我們原本只打算待個一兩晚，但最終卻住了兩個禮拜。

問題出在聯絡官。我們抵達印度時被他放了鴿子。我們每天往印度國防部裡的印度登山基金會（Indian Mountaineering Foundation，IMF）總部跑。穆須．朗（Munshi Ram）身為那裡的助理祕書，正在忙著另外一宗高山探險的申請案，而圍在他周遭的是危如累卵的泛黃資料，且其看得到破損的邊緣還在無止盡咿呀作響的天花板電扇吹拂下不斷舞動著。

我們會在熱浪中一坐幾個鐘頭，且顯然我們得因為獲准在那坐等，而諒解他們也跟我們一樣不知所措。陪著我們一起等，就像他們在告訴我們他們已經盡力了，但終究什麼進展也都沒有。

「塔斯克先生，」一道像在唱歌的聲音說，「我想他今天是不會來了。他明天會來。您請明天再來吧。」

官僚體系無法處理沒人帶頭的探險行程。我們雖然只有兩個人，但他們還是希望我們其中一人能是「隊長」。迪克要我當這玩意，因為配合這種在他眼中莫名其妙的規矩讓他渾身不對勁。

我們懷疑我們之所以被卡在這裡，是因為我們這兩人團隊違反了某種潛規則，所以才不被放行但又沒人說破；除此之外我們還循陸路走了所謂的「嬉皮之路」，我們穿著嬉皮風格的牛仔褲，還住在廉價到不行的窮人旅店，而那裡也是嬉皮的聚集地。在英國，登山者之間沒有等級之分，大家是一個同質性的群體，不會以衣著或財力來衡量人的高低。但來到東方，來到這個國度，衣衫襤褸代表的不是你對面子或裡子的不重視，而是代表你一貧如洗；而出於選擇放棄追求財富並在旅程中一切從簡的西方人會被當成下等人看不起，還可能不被當回事。在印度，衣裝體面的階級會拚了命與下層階級劃清界線，所以面對我們這種無法一眼看上去就符合我們尊貴母國地位的失格使節，他們會覺得不得不跟我們打交道，對他們簡直就是一種羞辱。

日子一天天溜走。我們只能枯坐在賓館裡看著憂鬱但客氣的老闆索尼先生給床鋪除蝨，什麼也做不了。我們提議讓我們先行入山，而聯絡官可以等他抵達德里後再來跟我們會合，但此議遭到了否決。我們要爬的都納吉里峰就在距國境只有幾英里的地方，軍事上非常敏感。

某日一個英國年輕人彼得・羅伯茲（Peter Roberts）找上了我們。他有意到山中健行，而穆須・朗便建議他加入我們。顯然印度官方鐵了心要擴大我們團隊的規模。彼得不是登山之人，他是開著一輛福斯小巴上載滿了食物罐頭跟各種從英國帶來的好東西，跟女朋友在印度度假。此外他是個務實且幽默的傢伙，我們不反對他跟我們一起去到基地營。他會是山路上的好旅伴，只不過他打算丟著女友讓她自理六星期左右，這多少讓人感到詫異。

這時傑迪跟他的公司又救了我們一命。他一邊念念有詞地詛咒著，一面如雷貫耳地質問著話筒另一邊的人，果然兩天之內事情就動了起來。在從英國出發六週之後，我們的廂型車終於開始辛苦地沿瑞希岡加河（Rishi Ganga）爬在陡峭蜿蜒的朝聖之路上，車上還有一名體育老師叫英德・卡普爾（Inder Kapoor），他便是我們的聯絡官。

我們把車停在喬希馬特鎮的尼爾坎斯「汽車旅館」（Neelkanth 'Motel'）前，經營者是布帕爾・辛格（Bhupal Singh）這名有著藏人長相的好好先生。他在印度與西藏的邊境關閉前曾以經商維生，而他開設這家旅館，是為了那些要前往巴德里納特（Badrinath）各聖祠朝聖的香客，由此搭巴士過去大概是一天的路程。尼爾坎斯這名字屬於一座從巴德里納特就能望見的山峰，但我還是問了他為什麼要把店叫作汽車旅館，對此他饒富興味地用不甚標準的英文解釋說他兄弟去過一趟歐洲，而他當時就愛上了聽來比清湯掛麵的hotel令人印象深刻許多的motel。

他感覺是個誠實可靠的人，所以我們把廂型車留給他保管，逕自上了山，先從喬希馬特搭幾個小時的巴士，然後從路邊開始爬，預計花六天健行到我們的基地營。

二

步行到基地營的第二天，我牙齒痛了起來。迪克跟我在拉塔村與瑞尼村（我們從這裡離開道路）聘請了十名挑夫，來扛我們倆跟英德需要的食物與裝備。彼得另外聘了三名挑夫來負責他從自身儲糧中帶來的美味罐頭。我們從路邊展開了漫長而陡峭的攀爬過程，並在兩天後來到了一萬一千英尺高的營地，而此時我已經幾乎被牙痛弄到無行為能力。隔天我與其他人一起上攻到達朗希山口（Dharansi Pass），然後再沿著一萬三千英尺的高原推進，但牙齦一陣陣的劇痛讓我很不舒服。一眾挑夫看我這樣都很是同情，其中一人從他祕密藏在身上的髒布中生出一條植物的根。我把這條根壓在牙齦上；莫名對大地之物抱持信心而不相信人造之物的迪克確信事情能有所轉圜，但事實證明不論是挑夫給的根、阿斯匹靈，還是任何東西，都產生不了任何效力。

那一夜從高原上大老遠下降了三千英尺後，我用上了抗生素與加強止痛藥，隔天早上我整個神智不清，下顎既麻木又腫脹。

雖然隊上很多問題需要我回答，很多決定需要我下，但我人處於呆滯之中，根本無法在噁心想吐跟強烈挫折感構成的一片模糊中好好思考，迪克於是接手了隊務。他要我帶一名挑夫回到喬希馬特，因為那裡既然有軍營，就可能會有軍醫。他會帶著其餘挑夫繼續前往基地營，然後他跟彼得會在基地營等我。我要離開時，他把手放到我的肩膀上捏了一下，那一下盡在不言中地代表了他不習於表達的滿滿同情。

「保重，喬，你會沒事的，祝好運，希望你很快能歸隊。」

隔天我捱著記憶中不曾有過的痛苦病體，重新向上爬了三千英尺，回到了我前一天曾經穿越過的高原。稍早陪我下山的挑夫畢傑・辛格（Bijay Singh）揹著我的背包，但無重一身輕的我依舊舉步維艱。我們抵達高原時才正午時分，但我已經走不動了。我感到頭暈目眩，每回休息都會昏睡過去。我無法想像自己是吃了什麼熊心豹子膽，才會自認可以挑戰喜馬拉雅山。看我的樣子，畢傑判斷勢必得暫停休息。

吃慣了苦的他在展現出了長久的耐性之後，開始著手建立他能力所及最好的棲身之所。現地沒有樹木，他拉開一張聚乙烯的塑膠布在用石頭砌成的牆垣上，然後用他在高原上撿拾了老半天的植物根部升起了火。我狼狽地說了不好意思後，便爬進了塑膠布內昏睡。

我在睡睡醒醒之間得知了外頭正在下雨，而畢傑蹲坐在火上面，由另外一方塑膠布為他跟火擋住了傾盆的雨水。他兩次遞茶給我，然後我醒來發現天色已黑，同時一綑粗布包著的東西在我身邊，原來那裡頭是畢傑。天上的大雨未歇。我扭動了一整晚，夢裡交雜著許多遺體與破碎的思緒。

早上醒來我的高燒退了，天空也已放晴。我瞥見了冰凍而宏偉如哨兵的楠達德維山（Nanda Devi），並感覺她似乎在遠遠地嘲笑什麼。之後，畢傑導引著我暈眩的步伐貫穿高原，翻過了山脊而後下行。

在喬希馬特時我去了趟軍隊駐地。他們的牙醫人不在，而看著用踏板操作的牙鑽還有生了鏽的器材，我暗自對不用看牙醫感到開懷。對在場的醫師而言，我的出現調劑了他被派駐到山間的百無聊賴，須知這裡因為附近有些聖祠，所以眾人都必須滴酒不沾。醫師診斷我在牙齒下方有一處潰瘍，並開了處方要給我打一針盤尼西林。負責「操刀」的勤務兵從一杯混濁的水中撈出了針管，並在將之狠狠插進我的手臂後，才發現針管根本不通。

從尼爾坎斯汽車旅館那潮濕且蟲滿為患的房間裡，深陷抑鬱的我望出外頭一片美麗的谷地。那兒有溫暖的陽光，有樹蔭的涼爽，有喜感十足的旅店老闆咕噥的他的同情；刻苦艱辛的山村生活忙碌一如往昔，放眼所及盡是難以看清的丘陵。我估計迪克與彼得此時應已抵達基地營，但對我來說，耗時九個月的計畫、準備、挫折、失敗與前進，最終都混作一團，結束在一個牆壁會流汗，且看得到樓上廁間與盥洗室滲漏所留下水漬的暗室裡。我一遍遍自問我能不能有朝一日從這張代表痛苦的床上起身，並抵達兩萬三千英尺的山頂上。我感覺再也沒有什麼可以觸動我，再也沒有什麼可以感召我，畢竟我已經不遠千里來到這裡，但卻在最後關頭難以為繼。我麻木得徹底，就像傷口已經炙燒完畢。我第一次意識到登山於我有如此大的意義。這段時間，我會一天兩次步行到軍營內去接受注射，也接受來自醫生更多的打擊。

我再也無法當著自己的面堅稱是無端被捲進這場遊戲。我如今知道了我想做的事情。只要能得回攀爬那座山的機遇，我會心甘情願接受艱辛與恐懼，外加犧牲與紀律。

然後療程終於告一段落。我的下顎尚未消腫或停止疼痛，但病整體算是好了。我被三令五申要回到英國去，對此我搬出的擋箭牌是迪克還在基地營，我總是要通知他一聲。

我獨自一人急奔回山上，露宿荒野只靠一張塑膠布擋雨。我心急如焚到就像被什麼東西附了身。我持續聽從醫囑服用著我們醫藥箱裡的抗生素，痛感已經變成悶悶的那種痛，於是我開始萌生了只要藥不斷，我就還能爬這座山的僥倖心態。

由此我看著楠達德維山的眼光不同了，樂趣也不同了。二五六四五英尺高的楠達德維山做為印度最高峰（印度於一九七五年吞併錫金王國後，最高峰就變成了干城章嘉峰）似乎停止了假扮，真正成為了「楠達女神的美麗聖座」（德維是女神之意，楠達女神是雪山女神帕爾瓦蒂的其中一個化身）。不知凡幾的知名登山先驅曾受其吸引前來挑戰，而她最終也在一九三六年由比爾・提爾曼（Bill Tilman）跟諾艾爾・歐德爾（Noel Odell）所征服。通往都納吉里之路有一部分就沿著瑞希河谷前進，而瑞希河谷又是從所謂的楠達德維聖所而下，但有一分支沿某側谷而上，並朝著拉曼尼冰川與由瑞希寇特峰（Rishi Kot）、強卡邦峰、都納吉里峰，以及哈奴曼山共同構成的冰斗而去。

第二天在一塊空地上，我瞧見了繫在叢林中的塑膠彩帶，一旁的樹上還釘著一張短箋。

喬，

希望你一切安好。由此去山徑會盤旋著陡峭的草坡而上，直抵面對空地的峭壁右側。我在這裡看不出輪廓，但哈特・辛格向我保證說能行得通。我們會沿路留下標記。

這棵樹三英尺旁的懸崖邊有顆平坦的石頭，石頭底下有兩罐沙丁魚罐頭。

迪克

時間來到下午過半，體能狀況感覺到令人滿意後，我登上了一道山脊，看見迎面而來兩個身影。我驚訝得說不出話來，那是迪克與彼得。

迪克首先迎上前來。他看見我比數日前揮別時的奄奄一息好了許多，感覺甚是欣慰。

「彼得要回去了。他受不了在基地營的日子，太寂寞了。我不覺得自己很會陪他。我覺得他很懷念被你捉弄跟有你聊天。」

彼得既感到抱歉又有些幻滅，他感覺他給自己設定了一個目標，結果卻發現自己力有未逮。然而我知道山脈本身固然美麗，但確實荒蕪，也知道自己內心有個小天地的迪克似乎完全不需要與人交流，由此屬於「群居動物」的彼得肯定會因為迪克的自給自足與一語不發而適應不良。我自己都曾被迪克的內斂給嚇到過，只不過我多少有心理準備。

我們當晚一起紮營並圍著火光有說有笑，故事與笑話齊發。這才是彼得期待中跟兩個朋友共有的山中歲月，什麼享受孤獨、一心一意、棄絕自我、專心致志、排除所有雜念，則完全不在他的想像之內。我能看出他心中抽動著因為決定離開而感到的後悔，但他若是留下來，等待著他的只有孤單。他不明白是哪裡出了問題。他確實渴望著親眼目睹楠達德維山，他想要在山腳下紮營，想要漫步在山區，但現實中的狀況卻與他憧憬的不同。山本身確實無可挑剔，但他感受到的只有孤寂。他既不享受，也無人可分享在山中的體驗。

隔天我替他揹著背包沿陡坡而上，踏上了歸途。此時的我爆發著能量。下顎偶爾的零星刺痛讓我不致得意忘形，但我愈來愈確定我上得了山。彼得跟我訴說了他在基地營，在那灰暗且飄霧的平原上所感到的寂寞，其間只有沉默寡言的迪克能給予陪伴。他還說了他們是如何苦於輕微的高山症，如何在雨中各據一個帳篷，又是如何話不投機半句多長達兩天之久。

在愉快的氣氛中我們揮別了彼此，也雙雙都對自己的人跟自己的目標有了更清楚的認識。送完彼得，我衝回去跟迪克會合，他已經在收拾營地了。

隔天我們一起抵達了基地營，然後迪克開始帶我認識環境，還向我點出了若干地形特色，一副主人的派頭，就像是他在帶我參觀他的鄉村莊園似的。我們的能見度不高，濃重的白霧填滿了小小的山谷，而山谷中就棲息著做為我們基地營的帳篷，我們是徹底的孤獨。

三

迪克已經從基地營走上可以望見都納吉里的制高點。我們的帳篷位在一片水平草原上，四周圍繞著由鬆動土石所構成的綿長丘陵。這些丘陵的本體是所謂的冰磧，也就是幾千年來，冰川通過時摩擦岩盤所遺留的土石殘跡。

往東，兩萬英尺高的瑞希寇特峰構成了一道外層的拱壁，支撐起印度最高峰[8]楠達德維聖山做為楠達女神的住處，那所謂聖所[9]周圍的群峰邊牆。往北，一處陡峭的碎石圓丘後方掩藏著更多的高峰。往西，是屬於猴神哈奴曼峰那圓形的山巔。

沿著水流向下行至我們營地處的水道，我花了一小時爬上狹窄的溪谷，並在登頂的

8 如前述，若考慮到印度在一九七五年併吞錫金，那之後的印度最高峰應該是干城章嘉峰。

9 楠達德維峰的名字直譯就是賜與幸福的女神，且被視為是印度北阿坎德邦下轄加瓦爾與庫馬盎兩塊喜馬拉雅山區的守護女神。有鑑於其宗教上的意義並為了保護其脆弱的生態系，印度政府在一九八三年宣告楠達德維峰暨其周遭的一圈高峰——合稱楠達德維聖所／保護區——為禁區，本地人與外來登山客皆不得擅入。至於聖所周遭的楠達德維國家公園則於一九八八年獲聯合國教合文組織宣告為世界遺產。

那一刻油然生出了興奮感，只因為視野中開始浮現強卡邦峰那子彈形狀的尖端。就在我就定位能看見整片山脈全景的瞬間，都納吉里也順利在溪谷的上游出現，方位就在我的左手邊。我們第一個念頭是想爬強卡邦峰——其對稱而陡峭的身影極其壯觀。迪克與我私心懷著的希望是能先爬上都納吉里峰，然後如果一切順利的話，我們再一鼓作氣攀爬一條長脊，因為那是我們想從西邊登上強卡邦峰唯一可能的路徑。

都納吉里峰看起來並不令人生畏。她看上去就跟我們在阿爾卑斯見過的山大同小異，而我們也在看夠了之後決定好要攀爬的路線並隨即啟動。在該山的西端有一道冰瀑與拱壁上接一道小角度的綿長山脊，山脊的終點就是山頂。這是都納吉里峰之前被爬過一次的路線，也是如果我們若選擇另一條較難路線上山後的可能下山之路。

隔著一片冰磧與冰塊的荒地，就在我們正前方的是一道直上山巔而角度較大的拱牆與山脊，那道構成東南方山嘴的山脊看似提供了一條直接但較為困難的路線，包括在山頂下方一千英尺處有個關卡是一面八百英尺高的峭壁。惟我們來就是要挑戰難關，所以我們對那條確定上得去的和緩稜線沒有興趣；我們追求的是困難路徑所藏有的不確定性。比東南山嘴更右邊的若干巨大岩牆看似光禿禿而不太有突破的機會，由此東南山嘴就成了我們最合理的挑戰路線。

我開開心心地回到了基地營，畢竟如今我們要爬的山已經呈現出清晰的輪廓與地形。迪克也挑選了一條心儀的路線，感覺上我們應該會有志一同，但沒想到在經過細部的討論後，我才知道原來他中意的是東南山腳右邊的岩牆。但那面岩牆宛若火焰般的漸層橘紅，暗示著上頭的岩質恐怕偏鬆，於是到了最後，迪克也同意了考量我們目前對喜馬拉雅山脈的所知有限，加上對超高山攀登的經驗不足，比較穩妥的選擇還是看起來不那麼勉強的東南脊。我平常就偶爾會被迪克那些我看來不切實際的建議煩到，而這次討論完的我也同樣感覺有點不快，主要是我不想每一次都得用更謹慎的方案去說服相對冒進的他。須知一個長年困擾我的問題是我比起迪克究竟是比較務實，考慮事情比較周詳，還是單純比較瞻前顧後、比較懶散跟比較像個懦夫，永遠不像迪克那樣敢於放手一搏。

我們依著一顆巨石搭建起一面弧狀的石牆，然後用剩下的聚乙烯布搭出了屋頂，接著把所有食物儲藏進去。那便是我們在基地營遮風避雨之處，因為我們已經先行拆掉了帳篷，並將之連同我們此次攀爬需要的所有食物跟裝備，都往上搬到了距離山腳只有兩小時路程的一個地點。

我們對於錯失了這麼多時間才來到這裡有點擔心。九月已經來到最後一週，而為免再拖下去會被困在入冬的初雪中，我們不敢多花時間去拿小山練手來熱身跟適應高山環境，而是直接就向上移動並進駐帳篷，打算隔天一早開爬。

我們寫下了出發入山的日期跟預期的返回時間，並把這便條擱在了基地營的遮蔽風雨處裡。這倒不是我們覺得會有人來訪，畢竟我們身處的山谷是條「死巷」，周邊只有一座座山跟一條條高聳的稜線。這裡不會有要去市場的村民路過，甚至應該說根本不會有活人經過。我們留下便條只是因為知道萬一我們有個萬一，失蹤在山裡，確切的出發日期便能一口氣釐清我們還有沒有生機，換句話說這便條是寫給幾個月內可能會組隊上山的搜救人員的，也是寫給可能會在英國心急如焚的親友們看的。

入夜下起了雪，而我很歡迎這樣的強迫休息。白天迪克坐著在那兒不得要領地練習著用笛子吹些旋律，我知道他嘗試把笛子練起來已經好幾年了。受不了無聊，加上迪克反覆練習音階跟兒歌讓我不堪其擾，我於是往下回到了基地營去看書。結果我發現我們才離開沒多久，已經有生物入侵了我們的棲身之所，咬破了不同的食物包裝，還把不計其數的硬糖（boiled sweets；因為高溫熬煮過而得名）散落在外。為此我盡可能把棲身之所的入口擋好，然後從彼得離開基地營時留下的儲糧中挑了要當晚餐的一個肉罐頭跟一些水果罐頭，踏上了回程。

隔天是個晴天。我們把沉重的背包扛到背上，封好了帳篷，準備出發前往會通往東南山嘴的冰雪山溝中。雖然在差點被病體剝奪我登山機會的期間，我已經深刻認識了自己跟自己真實所願，但自我懷疑與猶豫仍一如往昔在我內心碎唸。迪克也不改其本色，完全不受這類胡思亂想影響，只是一股腦進行最後的打點。

這種山溝有好幾條的長度都在一千英尺以上，且其端點都在離山嘴變成岩脊處不遠的地方。我們從中選擇了最困難但最直接的一道山溝，主要是我們身為高山攀登的菜鳥，還不懂得要為高處保存好體力的箇中之道。

我們一起爬著，並各自有繩子繞在某邊的肩膀上。繩子一開始還派不上用場，直到一束束日光突然照耀在山溝的頂端，加上岩石從被太陽加溫過的冰塊中鬆脫，開始向下朝我們滾跳而來，我們才為了閃避其鋒而不得不移動到陡峭的側壁上，繫上繩索，開始兩人輪流前進。

我一開始還抓不太到攀登的節奏；我過於意識到自己的存在，過於意識到自己一方面實打實地在踏在了嶄新的土地上，一方面對比於過往習慣的登山模式，我們來到了陌生的領域中。我們的所在地已經高於歐洲的最高峰，也高於我們曾經踏足過的任何地點，而且在登頂前還有另外五千英尺的高度要克服。說來有點傻，但我們不斷在相互確認著彼此的感覺。結論是我們有一點點喘不過氣，肩上的背包感覺頗重，但此外這跟我們有過的登山體驗並無明顯不同。

一度輪到我走前面的時候，我發現上方的冰面有一突出處。我打算在抵達該處後停下來跟迪克換手，因為大部分供冰面用的岩釘都是他在揹。但等到了突出處，那裡的冰還夾雜著流水，所以岩釘根本卡不進去，而我也只好繼續走前面，因為這時再用岩釘當換手的藉口，肯定會被迪克識破，而我們也在午後近晚抵達了一萬九千兩百英尺處的山脊頂端，距離終點只剩四千英尺。

我們在一些碎裂的岩架上騰出了空間過夜，並直接鑽進了睡袋中而沒有使用野營的帳篷。汽油爐無法正常運作，燃燒時會忽大忽小跟冒火，融雪跟把水加熱都很花時間。我們嘆為觀止地見識了強卡邦峰的變身，只見落日餘暉照耀在她身上，讓她乳白色的花崗岩牆歷經愈來愈深的金黃色與橘色，再過渡到紅色，最終夕陽一閃而逝，徒留遲暮的顏色盡失。沒法正常運作的火爐是我們那晚的敗筆。

我們的進展令人滿意。我們所選這條路線的垂直間距（兩條等高線之間的高度差），跟艾格峰北壁的狀況一樣，看起來並不難爬，所以我們估計可以花四天登頂，然後給自己兩天的時間下山。我們的儲糧跟燃料都是以此來計算的，六天份的口糧跟一公升的燃油，也跟冬天的艾格峰一樣。

上方已經出現淺淺的岩脊，遠看無甚顏色，依此判斷岩質並不佳，但好消息是坡度不是很陡。我們上到了被鬆散雪塊覆蓋的岩架，時而繞過難點，時而不得不攀爬隱身在周遭岩石背景中突然昂首的陡峭花崗岩塔。有時候不論是誰帶頭，都得把背包留下然後過會兒再拉上去，有時在跟看起來很棘手的牆面交手時，困難會突然消失。天氣始終很好，我原本有的陌生感繼而消失，我開始在化解垂直障礙的過程中有了在自己家的感覺。

我們拍了照片，因為那已經是我們內化了的習慣，但有時我也會納悶拍照是為了什麼——也許是為了留個紀錄而拍，幫雜誌社拍，或只因為我喜歡攝影。我已經搞不清楚了，總之比起讓相機懸在那成為累贅，把它拿起來拍照更順手自然一些。

我確實慢慢融入了這裡，但融入不等於輕鬆；在這裡登山就跟在阿爾卑斯登山一樣費勁，真要說就是人會更易疲累。我們靠著檢查高度計，在心裡讓海拔一直往上跑，然後就這樣通過了兩萬英尺的高度。過程就是一個累字，否則難度上並沒有什麼問題。累並不是因為我不想爬，因為我的大腦既活躍又警醒，只是我的身子有點跟不上思緒。我腦子神清氣爽，但手腳上卻宛若綁著鉛塊，但等一輪到暫停就好了。惟不論進展多麼順利，我都決計不打算在整件事告一段落前放鬆。

我不知道我們每天爬了多少趟繩長，有時候我們會單日上升一千英尺。迪克覺得這樣的進度很不錯，他讀到過在安娜普納峰（Annapurna，世界第十高峰）上，米克・白克（Mick Burke）與湯姆・佛洛斯特（Tom Frost）[10]會因為某天固定了一千英尺的繩長而深感欣慰。

午後某個時間點上，我們隻字未發地心有靈犀，產生了一個該停下來準備露宿過夜的共識。六點天就會黑了，所以我們必須在那之前把營地張羅好。最起碼我們要把理想中可以躺下的岩架找好，惟更多時候我們都只是斜躺著過夜。偶爾我們得從鬆動的土石中清出一方岩架，或是從雪裡掘出過夜的空間。

第二晚的野營是在從岩架突出的山岬上度過。此時的風勢頗大，加上有雪花飄在空中，所以我們用上了小帳篷，也就是省去了我們帶在身邊的支架。迪克醒來發現他半個人在帳篷外，而且已經離開了岩架的邊緣。很不爽的他認為這是我的錯，都是我占走了岩架上最好的位子。

距離山頂還有很長一段路。我已經停止去想著這點，也停止想任何不是眼前的事情。我在艾格峰上學到的一件事就是不要去想這樣折磨自己是為了什麼樣的終點，否則後果就是因為不耐煩而方寸大亂。

反之，我把心思放在手邊的舒適與慰藉上，為此我會努力確保野營能睡得愈爽愈好，會細細品嚐留給晚餐的那片水果蛋糕，會在端坐的睡袋內對手上馬克杯中的熱可可流連繾綣，只因為我想盡量多品味一下那似乎想一路通向我刺癢腳趾末梢的溫暖。

但像這樣的日子，會讓人喪失了時間觀念，由此我們好像在某個地方浪費了一天，

10 分別為英國與美國登山家，皆參與了一九七〇年由克里斯·鮑寧頓主導的安娜普納峰南壁遠征隊。

又在某個交代不清的地方過了一夜。岩石、冰面、花崗岩牆反覆出現。我以為我們繞過了山頂下一處八百英尺的障礙，但其實我們沒有。當我們從一處如飛簷般的山脊後面爬出來，那處宏偉的峭壁仍好端端地在我們眼前等著。

雖然天色還會亮一段時間，而且迪克也想繼續挺進，但前面只剩下陡坡，而且我們如今腳下的積雪山肩很平，晚上睡起來肯定舒服得不得了。最後屈服的是迪克，而且他還在雪中挖出了一個一英尺深的方形洞穴，這樣躺在裡面可以少吹到一點風。我們一邊在安頓下來，迪克還邊在碎唸著我們不該再睡在岩架的邊緣，但明明我們這晚的過夜處是個平坦的圓形山肩，想掉下去著實有點難。

我們每晚的菜單都有一罐沙丁魚，但為了減輕負重，迪克丟棄了罐頭的紙箱，還順手把讓開罐頭變得容易許多的小開罐器也丟了。我嘗試用他的瑞士刀打開那方形的罐頭，但遇到角落處就非常不順手。罐頭在我手中扭曲，番茄汁跟小塊魚肉在我用蠻力把罐頭五馬分屍時噴濺了出來，搞得我氣急攻心，咒罵起迪克想減輕負重的餿點子是如何幫了倒忙，但他也因為我把罐頭搞得面目全非而反罵了回來，說我刀用得真不巧——我當他這話是拐彎抹角在損我那比他更依賴各種工具的人生。

我們已經在山上三天還是四天了。天氣大致上一直很好。降雪、雲層跟風勢都沒有維持太久。剩下真正稱得上是阻礙的，只剩那道岩石難關，上去之後的攻頂坡度就有所減緩，而雖然我們的儲糧在不斷探底，但我們預期很快就可以開始下山，屆時我們將寄輕鬆下山的希望於西南脊。

一道雪坡斜斜向左插入了那面石牆的中心。此外有一個區塊是裸露的岩石表面，然後往上一點，岩面上的雪與冰顯示這道屏障已經不再是垂直的了。

迪克帶頭沿雪坡上行了四趟繩長。來到裸露岩面時輪我接手。

雪坡慢慢縮減成薄薄的一小塊冰，而那塊冰則垂直向上擠入了岩牆中的一處凹槽，然後那個凹槽又封閉形成了一管狹窄的煙囪，上頭有若干縫隙與裂口。

我擱下了背包，以冰爪在冰面上攀爬，直到冰面完全消失為止。沒了冰，冰爪便無用武之地，我登山靴的橡膠鞋底在花崗岩上比較有抓地力，但我仍不敢輕易脫掉冰爪。我可以看到還有冰塊像手指一樣從把煙囪闔上的石塊上往下伸，所以等到了石塊上方，我會需要冰爪仍穿在我的靴子上。

我把冰爪的爪尖扣在了岩縫的邊上，把岩釘錘進縫隙中，然後把鋁製的岩塞卡進較寬的岩縫中。我無所不用其極地把自己一點一點往上拉。一塊巨大的岩片以其空洞的聲響嚇到了我，因為它之所以沒有脫落，好像只是被它後方的冰塊卡住而已，但我想往上就不能不拉這岩片一把。我人高高地在煙囪上方，冒起了汗，此時我一面被腳下的陡峭影響了平衡感，一面開始因為想往上走卻找不到顯而易見的安全之路而猛然心生慌亂。靠著把雙腿跨在煙囪兩邊，腳抵住山牆、冰爪摩擦著岩石，我得以保持住站姿，但我的肌肉已開始因為疲累而犯疼。為了繼續前行，我必須以抵達頭頂那塊突出的岩石上方為目標把自己發射出去，這將是顧不上安全的孤注一擲，而且任何動作一旦做了，都將沒有轉圜的空間。我只能賭下去，只能冀望在我下定決心啟動之後，頭頂看不到的地方可以有個什麼東西讓我抓。

八十英尺下面，迪克投以充滿質疑的眼神，問我這邊是什麼狀況。但不想為此分心的我並沒有回答他。

我靠臂力把自己拉出了煙囪，來到巨石的邊緣，冰爪摩擦花崗岩牆並冒出火花。腳上的鉛塊如今彷彿轉到了我的背上，而我的手再過不久就會無力抓握，屆時我就會向下墜落。我把一腳的冰爪插進了石塊與山牆接壤的岩縫中，然後使勁往上一挺。突然間我恢復了節奏，也找回了平衡。彷彿祈求獲得了回應，我幸運地靠著一小方可以供我踩上去的岩架，順利地脫了險。

「什麼狀況？」下方又傳來迪克的聲音。

「沒問題，」然後我夾雜著鬆一口氣的啜泣跟壓抑不住的心情，往岩壁打了一記重拳下去。

我們被迫在那岩石障礙上方的一處突出冰岬上，很不舒服地坐了一整夜；白天大部分的時間就耗在了這段艱辛的攀爬過程上，無論如何能歇會兒都讓人寬心，畢竟體能上我已經被榨得一乾二淨，而隔天我們還預定要攻頂。

惟人算不如天算。隔天在除了輕鬆的雪坡外什麼牛鬼蛇神都有的路程中，時間稍縱即逝。我們只得在山頂下方數百英尺處再挖了一處野營的場地，這一次真的可以期待隔天暢行無阻了。

我們在高海拔處的速度很慢，每幾步就要停下來喘氣，可以說身心都相當疲憊。日落與日出已經淪為空洞的風景，就像一種寒冷而引不起人興趣的美麗。我們內心深處肯定還殘存著決心的星火餘燼，否則在一切都是折磨、一切都是在懲罰肺部的艱辛、一切都讓人身心俱疲之際，我們不可能還堅持繼續，不可能不去質疑此行的意義，也不可能不把撤退列入考慮。

我們從閃著玫瑰光的日出中爬出，來到了一面小冰崖前，並把背包留在冰壁下方，反正從西南脊下山時這裡是必經之所。冰崖左邊一道不困難的斜坡是通往山頂的道路。

在這段只需要一步一腳印就可以完成的路上，我總算超前了迪克一回。正常狀況下他都能在我放棄掙扎去休息時逼著自己繼續前進。我們都還手握著冰斧，但是把它們當成拐杖，但相對深雪它們都只有短柄，而且我們是走在一個非常和緩的坡度上。駝著背像兩個老人家，我們終於前進到山峰圓頂的最高點。

等到山不論往任何方向都從我所在處往下降時，我蹲了下來，轉過身去。迪克在五十碼外停住，他仰躺在地上，兩眼無神地注視著天空。然後終於他勉力站了起身，走完了最後一小段緩升的路程。

我們盡可能擠出了笑容。迪克有點不好意思，但我也很驚訝他感覺如此疲倦。

在東方，楠達德維山那璀璨的金字塔戳穿了雲層，而強卡邦峰的圓頂與稍微尖一些的卡蘭卡峰頂則微微突破了雲毯。這些山峰數日以來與我長相左右。從山頂上我們向西尋找山脈的蹤影，但不分大小均一無所獲。我們底下的雲層很令人失望地布滿了整片毫無變化的地平線。

從身處的地方，我們原本打算當作下山之路的西南脊一覽無遺。從我們的制高點看過去，此刻眼前的西南脊顯得複雜、充滿不確定性，且由不甚明顯的一條條雪槽組成。我們累到如果堅持要從西南脊下去，那就得冒著因為精神渙散而不小心墜穿不易察覺之雪簷的風險。於是事情就這樣定了。我們決定先睡一晚好覺，然後沿原路下山；這代表我們得垂降下之前走過的岩石障礙，但過了之後就會比較容易了。這至多會花上我們兩天的時間，而雖然我們的存糧無多，但我們估計撐完這段時間應該還可以，畢竟我們一路下山，空氣中的氧度會變濃，我們的氣力也會慢慢回到身上。

我們開始回頭去取回背包。我此時的成就感小到不能再小，更多的是不用再繼續往上爬的放鬆感，至於繼續在山頂逗留的衝動則是一點都沒有。

四

回到我們上山時丟下背包的地方，我們舒服地睡在那片冰壁下的一個空洞中。我們原本還有時間可以再往下走一點，但我們再三思慮過後，認為從這裡一直到岩石障礙處上方的山坡都長得一模一樣，下去花不了多少時間，由此想善用時間，我們不妨養精蓄銳，然後隔日再一鼓作氣，能下去多少算多少。

我們用完了僅存的燃料，其延續的時間跟我們評估的差不了多少。存糧被我們進行了分配，最後我們為隔天晚上預留了一點水果蛋糕、一罐沙丁魚、一些硬糖果，還有幾片巧克力。

上山比我們計畫的多耗了兩天，於是如今我們得在燃料歸零而食物見底的狀況下下山。我在想自己是怎麼了，平日我不是都小心翼翼，而且很排斥過度努力嗎？若是平常的我，應該早就抓著意外的困難與那會多耗的時間當理由，下山去休整，然後把最終的嘗試延後到我們可以神清氣爽且補給充足後再說。

我把這想法分享給了迪克，自嘲又自傲地說總算有一回他不需要用他自身大無畏的衝勁去支撐我的垂頭喪氣。

「我不明白自己為什麼沒有想到要建議先下山從長計議，就這樣跟你一起闖進了岩石障礙。我應該很容易看出我們硬上是一場豪賭。這很不像我，是不？」

而迪克回答說：「是不像，但其實我當時有想到我們比較合理的做法應該是先下山，重整旗鼓後再上，但我又一想你應該差不多好開口了吧，所以我就邊爬邊等，沒有想到你這次當了一回啞巴！」

沒有燃料可以點火爐，我們就沒辦法把雪煮成水，而沒有水分可補充，我們的狀態就會惡化得很快。為了避免身體狀況急速下滑，我們每天至少需要八品脫（一品脫約當五百七十毫升），而雖然我們放眼四下都是雪，但沒有辦法融雪那也是白搭。我們剩下的食物加總起來，大概不出一頓點心的量，只勉勉強強夠我們撐下山，但其實就算我們食物不只如此，我們也沒有足夠的液體將之沖到肚裡。

雖然處境相當危急，但我們仍把希望寄於下山能比上山快。我們視岩石障礙為整段路中最困難的一段，但也清楚我們可以垂降下那一段路與之下方其他的難點。少了要在稀薄空氣中對抗重力拉扯的掙扎，也少了背上的沉重負擔，我們估算下山應該用不上兩天，到時候就有水跟食物在帳篷裡等著我們。我們到時候會非常虛弱，但我們有信心我們可以平安下山，並一早就出發要去攻克我們最大的難關——岩石障礙。

但事實證明我們對那幾天的時間估算誤差相當大。我們隔天只向下抵達了岩石障礙的半途，我完全不記得自己都做了些什麼，天就要暗了，我們只得在一些冰塊中切出一方岌岌可危的岩架來過夜。那處岩架只有一英尺寬，我們想頂著強風與落雪鑽進野營帳篷中都相當費勁。隔著裹著我頭的層層尼龍布，我還是聽到了在迪克窸窸窣窣要就定位時，煎鍋蓋子落地發出的聲響。但我並不在意，因為反正沒有燃料點燃火爐，鍋子也是廢物。迪克告訴我說煎鍋跟爐子都被吹沒了，但這感覺好像還是無傷大雅，甚至還是好事一樁，因為這些東西在燃料用完後就跟累贅沒兩樣，但我們也狠不下心把它們丟掉。

我們什麼都沒有吃。我們一方面沒有意識到自己變得多虛弱，一方面沒提防到過沒多久，我們的喉嚨就會乾燥到連可能剩下的一點食物都吞不下。我們在侷促的岩架上非常憋屈，同時也疲累到無力在背包底部翻找藏在包裝紙空袋子中可能殘存的零星口糧。偶爾能睡著而失去知覺，就是一種慈悲。

我們在離開露宿地後繼續垂降。我只記得很難找到可以敲岩釘的地方去懸掛繩索。

隨著我們緩緩地下降，天氣也開始惡化，雲層覆蓋著天空，淒風帶來更多苦雪。我們鮮少開口，除非是非說不可的資訊我們才會簡短交代一下，畢竟說話也會消耗體力。各種動作我們已經在每次登山的下山途中一再演練過，所以無需多言。我們就像是生存默劇中兩名合作演出的搭檔，一種連體嬰與陌生人的綜合體，包裹在如今白雪斑駁的襤褸衣衫中。

我們脫出岩石障礙之處，距離幾天前我們進入障礙時的雪坡其中一邊有段距離。一片廣大的堅硬藍冰將我們與上山時過了一夜的山脊肩部隔開。

我們把繩索從此時已經陷在霧中看不見的錨點拉下。迪克捲起了繩索，將之放到了肩上。他把自己固定在兩枚敲入冰中的倒刺岩釘上，然後立在他替自己的雙足清理出的一小塊踏腳處。我準備好了另外一條繩子，然後在把一端綁在腰際的吊帶上後，開始橫渡冰坡那硬脆的表面，同時由迪克負責把繩子餵給我。

一開始有一塊區域上有雪覆蓋著冰，這部分我的冰爪咬得相當牢。接著我來到光禿且堅硬的冰塊本體。經過多日的使用，我的冰爪尖端已經變鈍。我使盡吃奶的力氣往冰踢下去，希望能把冰爪的鐵刺插深到足以承載我的重量，但我的雙腿提不起勁，我的動作也顯得無精打采，感覺就像在惡夢中想要加快動作卻快不起來的人。

我用雙臂把斧頭與冰鎚有氣無力地打擊在冰面上，但岩冰只飛濺起細微的挫冰，而我的斧鎚尖端則瘋狂地從冰面上的落點滑開。我必須想方設法再橫移七十英尺，才能脫離危險。

迪克似乎沒意識到我的困境。我感覺到繩索在我腰上變緊，扯著我失去了平衡，好像是有什麼事情讓迪克餵不出繩子。然後他開了口：

「喬，你可以撐住一下嗎，我想要……」

我的耐性一繃而斷，並不顧一切地大喊著：「可以個頭，拜託！這些冰真的糟糕透了！」好讓他知道我遇上麻煩了。

我的狀態削弱得很快。我的小腿骨痛到不行。我持冰斧在冰上切出一小步，然後一邊站了上去，一邊捶進一枚冰釘。我把繫在腰際的繩索穿過冰釘上的鉤環，然後稍微篤定一點地前進起來。夢境般的狀態仍在延續。迪克成了八十英尺外的迷霧與吹雪中一個模糊的剪影。我持續著把斧頭、鎚子與冰爪插入冰中的動作，並以幾乎看不出來的速度往前移動，但同時我對冰牆的附著力可以說是微乎其微。在無可避免但依舊令我驚訝的狀況下，精疲力盡的我掉了下去。轟然從冰上墜落的我在冰釘二十英尺下方停住，然後開始在繩索的尾端垂盪。

懸停在空中，我沒有心思去想處境的危險。我下方一路延伸著的山脈有四千英尺深，而撐在冰面上鐵釘只有六分之一英寸，卻要承擔從繩子傳遞過來我全身的重量。此時我的大腦把不夠重要的事情通通過濾掉，我不需要擔心自身的安危，我知道我沒有危險，但我呼叫起我的搭檔。「你還好嗎？迪克？」我擔心的是讓我停住的那一下拉扯必然讓他遭受的震撼，還有他在撐住我重量的時所需承受的張力。

「是，我還在，沒事。」他喊聲回覆，那口氣的意思是：跌下去的是你，你還好吧？與其說我因為這次經驗嚇到膽怯，還不是說我因為區區一支冰釘能撐住我而感到驚異。

「迪克，這裡我沒辦法橫著直接爬過去，我要拉著冰釘為支點跨到冰況比較好的地方。」

我掉到的是一個冰面更硬更陡的區域，而且此時的我比剛剛更沒有力氣，更沒辦法把冰爪的爪尖踢得更進去。迪克靠穿過冰釘上鉤環的繩索撐著我的重量。在微妙的平衡中，我沒想到冰釘可能已經在我的墜落中鬆動，我只是一步步橫移，倚著繩子的拉力，然後一面用斧鎚尖端抓，一面用冰爪爪尖推。剩下十五英尺、十英尺，然後我終於抵達了覆蓋著白雪的稍軟冰面。

「走了多少繩子，迪克？」

「四十英尺。」

我前進到一處岩石拱壁插進冰裡的地方，然後在縫隙中敲進了一些岩釘。我把這些岩釘釘得真的很牢靠，因為我知道疲累不輸給我的迪克在橫渡這些冰面時，不會比我輕鬆。

風把雪捲到我的臉上，我的登山外套頭蓋裡，我的脖子四周。經過了大半天，迪克都沒有移動。

「迪克，」我朝著霧中大喊，「怎麼了嗎？」我的口渴的喉嚨又乾又痛。

「只是在拔岩釘。馬上來。」

我把繩子往回拉，感覺得到他在移動，但視覺上只能模模糊糊看到。我在想萬一迪克掉下去了，握著這條繩子會是什麼感覺。我的手上戴著厚重的手套、上頭糾結著冰，我冷得發抖，很勉強才能站挺。突然毫無預警地迪克身子一側，跌落了冰面，最後懸停在繩索的尾端，就跟我稍早的狀況一模一樣。撐住迪克的體重並非什麼可怕之事。繩索仍穿在剛剛撐住我跌勢的岩釘鉤環上，我只是覺得手上有重量跟拉力不能鬆手，不是太舒服。

「你沒事吧？」

「沒事。」

從他此刻所處的位置，繩索的長度不足以讓他抵達我的身邊。但如果他往上爬過去放開穿進冰釘的繩索，他依舊會被困在難以脫身的硬冰中間。而且少了讓繩子穿過鉤環的冰釘做為一層保障來分攤一些張力，萬一他真往下摔，所有的重量就都會往我身上來，而我已經不確定自己有沒有體力再被這樣硬碰硬地考驗一回。

「迪克，你得把你帶在身上的繩子跟你被綁住的繩子連接起來，那樣繩長就會增加，繞過冰釘的回繩就會夠你抵達我這裡。你先另外釘一根冰釘在你現在的所在地，然後再把兩條繩索綁在一起。」用喊的交代這一大段事情讓我更加疲憊不已。

他捶進了一根冰釘，然後動手把他扛在肩上的繩索解開。隔著風雪我看不清楚他的狀況，但我可以感覺到那邊似乎不太對勁。

「我要怎麼把這另外一條繩子傳給你？」他問。

「你不用傳給我，你只要把它綁在原本綁在你身上的第一條繩子就行了，那樣我就可以收繩直到打結處碰到上面的岩釘。接好繩子你再把自己也綁上那第二條繩，那樣子你應該就會有足夠的繩長可以用作高處冰釘的回繩，來到我這裡。」

「嗯，那這裡的冰釘是要幹麼的？」迪克腦筋一下子轉不過來。

「那是為了讓你在做剛剛那些事情的時候不會掉下去。」

我既沒有生氣，也沒有不耐煩，只是說這些事情必須要在最短的時間內做完。我在把這些基本動作一一分解給迪克知道，就像在跟新手講話，語氣裡並沒有帶刺。我們的當務之急是雙方的溝通能夠沒有誤解，然後我們能抵達距離我只有幾分鐘行程，位於山肩上的露宿地點，然後趕緊鑽進睡袋避寒。這一次他把事情做對了。在那幾分鐘就像幾小時的等待之後，迪克終於開始移動。然後他又停了下來。

「怎麼了嗎？」

「我還沒把冰釘拔出來。」

「別管什麼冰釘了。」

「我明天再來拿。」

「好，明天。」只要能讓他趕緊動起來，我什麼話都講得出來。「但請動作快。」我懇求了起來。我快凍僵了，而且也對我們的處境驚慌起來。他終於小心翼翼地到達了。

「好傢伙。」

「誰叫你一直煩我。」他跟上我之後朝我發了句牢騷，並揮動起了腳。鬆脫的冰爪在他的靴子上搖晃，而我判斷他應該是覺得我要負責。

我們倆都有嚴重的凍傷，但也都對此不知不覺。迪克對簡單到不行的指示都無法理解，反應又變慢，還有一些不理性的行為，在在都是長時間暴露在嚴寒下的經典症狀，因為寒冷不僅會使身體的中核發生致命的鈍化，還會影響腦部的運行。我早該識破這些線索，並採取行動，但我自己也深受低溫影響而沒辦法思考到自身慘況以外的事情，所以我當時才會以為迪克只是很不像他地在鬧彆扭。

只要前進二十英尺，雪坡的斜度就會開始舒緩成山脊肩部的近乎水平，而我們在上山途中就曾在那裡挖出過一處淺洞來禦風。我離開了我站了久到不像話的地點，匆匆朝洞旁邊的緩坡前進。但我還沒抵達選定的歇腳處，繩索就被拉緊了，我只好等迪克將自己從岩釘中鬆開好加入我。他開始把岩釘用鎚子敲鬆。我邊等邊快凍僵。他錘了又錘，敲了又敲。他的身影我只勉強看得到。氣溫低得可怕。

「喬，有枚岩釘卡得很死。」

「別管釘子了，丟那兒就好。」

「我明天再來拿。」

「好，明天。」

終於他動了。他先坐下休息，然後我們再次隔著一條緥緊的繩索前進。

「又十五英尺……我快到了……我到露宿地了，迪克。」只要再一步踏進淺窟窿，我們就回到之前挖的洞了。我把背包甩到地上，往上頭一坐，然後開始拉動繩子。迪克又停住了。在正常的休息間隔後，他還是留在了原地。我迫不及待的只有睡覺。我不想吃、不想喝，只想睡覺。但在能安頓下來之前，似乎還有一堆事情得做。我以坐姿抓著繩索。

「喬，你照顧好自己……」

我聽不清楚後面幾個字，它們在風與霧中糾結成一團。然後我聽到的是：「我快把自己絞死了，我得把打結的繩子解開。」

我這才意識到他一定是腳纏到了繩子，但他距離我已經很近，大概只在三十英尺開外。他已經抵達山脊肩部的圓頂，那裡寬敞且幾近平坦的頂端大概有快十五英尺寬。他此時已然脫險，所以我讓他自行把打結的繩索解開，而我自己則去整理要過夜的窟窿。

我拉出了露宿用的帳篷，把我的泡棉墊鋪進裡面，墊子上再放上睡袋；羽絨外套穿上、冰爪脫掉、靴子脫掉、內靴放鬆、三兩下透過帳篷的氣孔跟迪克拍張照，然後我就鑽進了我的睡袋中，睡著只花了幾秒。

「喬，你想吃點什麼嗎？」迪克的聲音穿過藍色布片傳進帳篷。我不知道時間過了多久，但外頭顯然有著宛若暮光的微亮。

「蛋糕還有剩嗎？」蛋糕是唯一有點水分在裡面的食品，而我希望那點水分可以有助於食物滑下我乾燥且發炎的喉管。

一小塊蛋糕出現在帳篷門口。我咬了一口，結果補牙的填充物從我的一顆牙齒裡掉出。那太難咬了。我把蛋糕放到一邊，再次睡了下去。

「喬，你的那些沙丁魚，你想吃一點嗎？」

「不了，」而這在我們培養出的親密默契中，意思就是那些沙丁魚罐頭不會開了。我們凡事一定要一起。如果我跟迪克不同時各吃半罐沙丁魚，那把剩下的半罐如何攜帶就會變成一個問題。我壓根沒考慮到自己可以隔天早上再吃我那半罐，也沒想到屆時罐頭會已經凍起來，就算不吃也不難攜帶。

又在經過一段不知多久的時間後，我再度醒來；此時天色已暗，迪克仍不在帳篷裡或我的旁邊。

「迪克？」

「怎樣？」

「你在幹麼？」

「沒幹麼。外頭放晴了。今天是四分之三的月亮，真的很美。」

我從來沒想到他可能需要幫忙，沒想到他的心靈正隨著身體一起衰弱。我還以為是他向來取之不竭用之不盡的強悍與韌性在撐著他，讓他在我滿腦子只想昏睡不醒的時候，竟然還有辦法坐在外頭看星星。我不知道坐在外頭的他既像是被一種怪誕的興奮感附了體，又同時迷醉於被升起的大半個月亮照亮的銀色地景。

我只以為自己的搭檔是個比我強悍，心理素質的餘裕永遠比我多的傢伙，然後我就睡回去了。

時間來到早上了，但天還沒亮，然後迪克就又叫醒了我。

「喬，你看看這是怎麼回事？」

我勉強通過野營睡袋的層層布料看到他。坐著的他人一半在帳篷外，然後伸出了他的手。任何時候迪克的手指都應該是肥肥的、紅潤紅潤的，但此刻他把手朝我伸來，一根根穿過無指手套的手指卻看似腫脹而發青，鼓鼓的，鐵青。

「我的天啊，會痛嗎？」

「它們……我不確定。」

「你手指能正常活動嗎？」

「應該是可以。」

我傻住了。他可以表達出痛楚與不安，也可以抱怨；但他卻只像在對著某種異象品頭論足。

我們還要下降四千英尺才能回到冰川，回到平地，才能在相對安全的狀況下或走或爬，回到基地營。我們此時已經沒水兩天了，剩下的一點點口糧也在沒有液體的前提下難以下嚥。迪克是前一晚想要咀嚼一些巧克力時才意識到自己的兩手不對勁。他是在終於躺進睡袋裡時發現了兩板巧克力，然後便坐起來吃起東西，然後吃著吃著，他突然發現嘴裡咬著的不再是巧克力，而是他的手指，又黑、又硬、還跟巧克力一樣掰不斷的手指。他的指尖已經沒有知覺，而且完全凍結。

他跟我說了在發現手指凍傷的當下，他並不擔心，他說他醒來時只覺得那都只是惡夢的一部分，直到他把手從睡袋中抽出來查看，才發現那並不是夢。

他兩手都有相同的狀況，而那肯定發生在他把手套脫掉來把冰釘敲進牆裡，還有把兩條繩子綁在一起的時候，但他當時並沒有對冷不冷的事情說些什麼，而過了一陣子後，他的雙手多半已麻木到連一點痛都感覺不到。

我們通常會等到太陽從強卡邦峰後升起，替我們暖了暖身子之後，才會開始移動。但此時我們已經不再用融雪、泡茶、早餐等正常的儀式迎接新的一天，至少過去這兩天沒有。且由於水分跟食物的攝取都如此之少，所以我們也沒有什麼理由為了「解放」自己的繁複過程逗留，畢竟根本沒有固體或液體通過我們的身體。

那天的垂降大多由我領路。我們本以為自己可以輕鬆下山，但山卻比我們記得的要更加險峻。一天下來我無時無刻不在準備錨點，懸掛繩索到定位，然後等兩人都滑降到繩子底部，開始尋找下個錨點來重複這個過程時，把繩索拉下來到手邊。迪克看起來病懨懨的，被凍傷的手也讓他很不好受，但即便如此他還是感到歉疚。

「對不起讓你得一個人做兩個人的事情，喬。」

「無妨，我也想讓自己趕緊下山。」

我沿繩索而下到了肋稜的底端，然後進一步滑下一道雪坡，直到視線內出現更多岩石。迪克跟著下來，停在了雪坡的頂端。

「現在幾點，喬？停下來會不會太早？」他拉高嗓門對在下面的我說。

透過如今成為我們溝通主力的無聲交流，我知道迪克真正的意思是他必須在此停下來過夜。對此我很驚訝，因為現在不過下午三點，而敗給自己真的不像他的作風。

「上面有好的營地在你旁邊嗎？」我心想他一定是在上面物色到了方便紮營的地

點，否則他不會開這個口。

「這裡有一個營地的雛型；靠這邊有一個半的位子可以坐下，那邊也有一個位子。我們得把這些位子挖出來。」

「要值得我往上爬回去，那個位子最好好得不像話。」

那只是要爬個五十英尺的雪坡回去，難度並不高，但我途中還是休息了好幾回，也喘了好幾回，才回到迪克的身邊。然後在岩岬兩側看到兩個小不隆咚而且空間根本不夠的窟窿時，我體驗到了什麼叫做無言的失落。但此時再碎唸已經沒用，畢竟木已成舟。

我砍劈著雪與冰，撬開了一塊石頭來騰出多一點點空間。跟我隔著一處轉角的迪克也大同小異地在準備著他要過夜的地方。

「我今晚要吊掛露宿了。」我大聲抱怨起來。

「聽起來很慘。」迪克說，而我想當然耳地認為他在轉角另一頭的運氣比較好。

「你的地方長怎樣？」

「還行。」我想像中的他在隔壁坐得舒舒服服。

我往岩壁裡敲進了兩枚岩釘。然後在與這兩枚岩釘連成的線上，我先是敲進了一枚冰釘，然後再接續把斧頭砍進了雪裡。我把裡頭塞著泡棉墊與睡袋的背包掛到了岩釘上，然後千辛萬苦先把雙腿塞進睡袋裡，然後再依序把我的腰部繫到冰釘上，胸部則連到冰斧上。雖然這個岩架只有幾英寸寬，但背包固定住了我的雙腿，而連在冰釘與冰斧上的尼龍套環則靠著山側撐起了我其餘的身體。由此我準備好了要就寢。

轉角後面的迪克似乎在手忙腳亂著什麼。我問他在幹麼，他說他在背包裡找到了一根蠟燭，現正燒著蠟燭在融化一點雪。飲水是我們最渴望的一樣東西，但我想說他不是幾天前就把煎鍋給弄掉了嗎，更別說就算我們沒把爐子也丟了，我們身邊也早就用完了汽油。他說他用的是馬克杯。問題是馬克杯是塑膠做的，而在我上得山來前的另一段人生中，我確定記得塑膠這玩意兒用火燒是會熔的，但我想也可能我錯了，也許塑膠這東西並不會熔化。我們已經在山上奔波了好一段時間，是我搞錯了也一點都不奇怪。最終水並沒有出現，而我也打起了盹來。

在精疲力盡的昏睡當中，我意識到下雪了。我把帽蓋拉下來遮住臉，免得被冰冷的雪花打擾，並盼望著雪可以因為溫度夠冷而出落得足夠乾燥，我可不希望自己的睡袋比現在更加潮濕了。

不知道在忙什麼的迪克自己打斷了自己，從轉角處後伸手來取掛在我腳邊那沒在使用的露宿用帳篷。對於迪克沒有讓那使我懶得去把帳篷架起的疲憊影響到自己，我一點都不感到驚異。

我夢到各種東西，但大部分都跟食物有關；熱騰騰冒著氣的鍋子裡有蔬菜，外加砂鍋裡有肉。

迪克先我在太陽照到我們之前就醒了。他把已經打開的沙丁魚罐頭丟向我，裡頭還剩三條，很好的罐頭，有些罐頭裡一共不過只有四條。其實每個罐頭的量應該都差不多啦，但遇到條數多的，總是會有一種占了便宜的錯覺。

不得不開始動身時，我一邊打包行李一邊意有所指地抱怨起來：「昨晚的露宿睡得真爛。你那邊睡得如何？」

「還好。」

手痛也好不痛也罷，他都比我早出發，並開始勘查下方的岩況來尋找今天的第一處錨點。我懷著欣羨的心情去看了一眼轉角的過夜處，看看那兒是不是如我所想是個寬敞的平台。結果那兒有的只是一個六英寸寬的小小岩架，頂多兩英尺長。看著那個岩架上一處處冰爪尖端的刻痕，我才恍然大悟為什麼他會跑來取野營帳篷並將之打開。他昨晚根本進不了睡袋，他一整夜都只是在岩架上蹲著，連腳上的冰爪都沒有脫。尤其雪一開始下，他更是不能沒有帳篷來遮擋。我現在才知道他為什麼這麼早起，他需要趕緊動起來來回復血液循環。「還好，」他剛剛是這麼說的，「還好」！

我們誰都沒有概念我們下降了幾天。迪克已經從前一天的病體中恢復，如今妨礙他的只剩下手的凍傷，至於體能的逐漸耗損則是我們倆共同的狀況。相較於迪克，此時反倒是我陷入了一種孱弱的狀態，而且還慢慢失去了從中掙脫出來的意願。我的感覺就像是自己隨時都可以坐下來，然後永無止盡地休息。我對正在不斷流逝的生命覺得了無遺憾，也對在家等著我的人生還有可能被我拋下的人兒感到了無遺憾。我一心只想從現在的痛苦中解脫。如今輪到我依賴迪克了。要說我認識的人裡有誰會堅持要在跑道上直到倒下，那就是迪克了。我並不覺得自己還有力氣能爬下這座山，但我倒是感覺還有一點點力氣能讓迪克帶著走，他幹麼我就幹麼。我逼著自己模仿他的一舉一動，決心要追隨他直到最後一刻。

中午時分我開口請他停下來讓我喘口氣，因為雖然是下坡，但光是一步一腳印都能讓我感覺非常吃力。他翻遍背包底部，生出了一個塑膠袋，裡頭有殘存不到一份的木斯里麥片跟一顆硬糖。雖然身處這樣的慘況，但我們仍把一路吃剩的食物包裝跟空袋子等垃圾都背在身上。我們刻意把這些包裝留在身上，是不想在讓荒野變成垃圾場，但沒想到我們獲得的獎賞，竟是能找到之前看走眼或看不上眼的剩食來把肚子墊一下。迪克的馬克杯顏色黑了、形狀也變了，但並沒有完全毀於他前一晚的融雪之舉中。他把那為數不多的燕麥與雪拌在一起，然後把硬糖磨碎到馬克杯中，成果是比起純雪要稍微有味道，稍微有水分的冰沙，而那玩意而也暫時緩解了我們喉嚨的乾燥與灼熱。我們身邊有漫山遍野的雪，但不能融化的雪再多也是白搭。吸吮冰或雪去滋潤我們的乾渴的嘴巴，效果只有很短的一下下，實際上是得不償失，因為用身體去融化哪怕是一點點冰雪，對熱量的消損都太大。那一下下爽完之後，我們要面對的是寒冷讓我們的嘴巴龜裂得比之前更厲害。我們需要每日至少幾品脫的液體才能保持健康，而至此我們已經好幾天只靠幾口雪撐著了。

　　我們倆都記得山嘴的下三分之一那個岩石外觀與顏色都甚為詭異的區域，是個地質相當鬆但移動難度不高的段落。出於這點考量，我們決定循該處下行，為的是能愈快下山愈好。但結果所花的時間之久完全超乎我們作夢也沒想到的最壞狀況。巨大而鬆動岩塊沿路都是，讓我們走在其中如履薄冰。疲累讓我們一不小心就能自己搞死自己。我們兩個都走得搖搖晃晃，也都抬不起手跟腳，且動不動就要坐下休息。

「迪克，你覺得我們還需要再垂降幾次，才能到達坳部？」位於雪谷頂端的坳部是我們全心嚮往的終點。因為從那裡開始，我們估忖著就可以不靠繩子下山。

「大概三、四次吧。」

「你想停下來過夜了嗎？」

他一臉不解地看著我：「我剛剛一瞬間以為你是認真的。」

「我是啊，不過無所謂啦。」

我們又垂降了一回，這次的垂降之長、之陡與之險，讓我在滑下繩索之時根本看不見迪克，只能空盪盪地懸在岩壁邊。我在想他該不會從繩子尾端掉下去了吧。但原來他坐在一塊石頭後面。時間是差一刻四點。

「現在還剩幾次垂降，迪克？」

「最多兩次。」

「你知道我們沒辦法在天黑之前趕到坳部，也沒辦法在手電筒壞了的狀況下垂降那道溪谷。所以你會想在這裡停下來，明天再完成垂降嗎？我累壞了。」

「你是怎麼了？」

「我不曉得，我全身的精力都被掏空了。」

我們人在一處頁岩與鬆石的岩架上。我們在上頭各自清出了一片平地，然後撿了雪在塑膠袋裡，為的是將之帶進睡袋裡，趁夜裡靠體溫融出一些水。迪克還在忙著準備他的岩架，我就率先鑽進了睡袋。這裡可以供我們兩個都把手腳伸展開。

「應該有比這裡好的地方吧。」他咕噥著，然後就在我沉入蟄伏般的休眠中時，迪克開了口。「喬，你會想看看水晶礦脈嗎？」

「水晶礦脈是啥？」

「自然界的一種奇觀啊，」他的口氣一如平日在禮讚著大山與地表萬物時的尊崇。

我舒舒服服地在睡袋裡窩著，用了一整天的腿部肌肉終能第一次放鬆，至於水晶礦脈什麼的對我沒什麼用，我根本提不起勁起身去鑑賞。

「不了，我對那種東西還好。」

看樣子我們總算能活著回去了。我們那天晚上的關係緩和了一些，還簡短地聊了下天。

「你接下來想做什麼，喬？」

我知道他在想著強卡邦峰上的那道稜線。我不知道自己還信不信得過他的毅力，然後我又再一次自我質疑起我究竟是比較實際、比較理性，抑或我只是被他大無畏的決心襯托得能力不足或膽識不夠。

「對我來說，都納吉里已經讓我一整年對登山的需索得到了滿足，除此之外你兩手的狀態真的很差。下了山你得盡快捧著手去就醫。」我這最後一句話說得千真萬確，但不知為何說給迪克聽，感覺總有點像是蹩腳而心虛的推託之詞。

「你說的對。」他說，就像這是我的什麼新發想似的。

我發誓絕對不要再遠離基本的生活所需。舒適成了我承諾自己一輩子的事情，我說的是完全地寵愛自己，跟溫暖、水分、食物形影不離。安逸的生活、奢侈的生活，那才是我想要的東西，我死都不要再讓這些東西受到威脅。

夜裡我們醒來了好幾次，為的是把塑膠袋裡的水分擠到嘴裡來舒緩可怕的燒灼感。

我再次夢到了食物，我夢到了我在一家大飯店裡的廚房幹粗工，所以有各式各樣高檔的剩菜可供我大快朵頤。

迪克夢到轉角發生了意外，一架直升機來要接應傷者。為此他甚至叫醒了我，問我有沒有聽到聲音。

「沒有，但你要是真看到了誰，麻煩請他們也幫幫我們。」

我們睡在山脊的東側，而這讓我們捕捉到了清晨的第一道陽光。我塑膠袋裡的一些雪已經融化，但我克制著想要將之一飲而盡的誘惑。我們在背包底部的垃圾堆中又多找到了一些燕麥，外加在口袋裡發現被遺忘的幾顆硬糖，於是我們複製並分享了由迪克所發明的高山雪冰沙，而且這一次的水分比較多。

在確信自己百分之九十九可以存活下來，也意識到自己在這天的尾聲就可以沒有危險地想吃就吃、想喝就喝之後，我整個人堅強了起來，而這也讓我重新關心起旁人。迪克不論碰觸任何東西都不敢太大力，而我知道那是因為那黑青的指尖從未停止帶給他痛楚。那一幕看起來很突兀，正常應該是白色膚肉的地方成了不合群的黑烏，而且那還不是一般瘀血或水泡會有的表面變黑，而是到了深可及骨的程度。那就像是有他體內冒出了外來的增生之物，不得不除，問題是那玩意已經跟他的膚肉合為一體。

我試著用問題來稍微傳達我的同情：「你手會痛嗎，迪克？」

「只有這樣，算運氣不錯了。」他只回覆了這樣。他沒有抱怨，沒有乞求同情，而我則沒有再提起這話題。

迪克又一次先我出發。我們進入了一種默契是他會先安置好岩釘或在岩石突出處放上尼龍套環，然後把繩索放進岩釘或套環裡，由我負責打結，並在垂降完把繩子拉下去，好避免增加他重傷雙手的痛苦。他已經開始服用一些路宜可[11]錠來改善血液循環並幫助預防凍傷，惟似乎為時已晚。他還吃起了鎮痛新[12]來止痛。

在垂降之後把繩索拉下來，是很辛苦的工作；有時候繩子會卡到一路上大大小小的突起物或片岩。有時候我會累到讓迪克去進行所有需要進行的思考，在心理上能多依賴他就多依賴他；也就是我勞力，他勞心。我是他的手，而他是我的腦。我感覺就像我一路走來的登山生涯都為了這一刻在準備，就像是不間斷的排演，以便有朝一日有這樣的

11 Ronicol，藥名，成分為菸鹼醇，效用包括降血脂和血管舒張。

12 Fortral，成分為噴他佐辛，效果近似嗎啡的鎮痛劑，在台灣別名速賜康。

需求出現，我的每一個動作都能不假思索。

沿繩索下降的辛苦程度一路攀高到當最後一次動作完成後，我們都有點不敢置信垂降結束了，我們終於可以往下爬過一片片廣闊的台地，抵達頁岩坡與新雪，而頁岩與新雪又會通到我們選擇做為下山之路的山溝頂端。這道山溝做為我們之前用來登上山脊的山溝，已經跟稍早的感覺不一樣了。當然山溝的長度沒有變，但看起來容易了許多。只要再一千英尺，我們就可以下到水平地上，並回歸到基地營。

看起來容易歸容易，我卻感覺自己連站挺的力氣都沒有，只能一遍又一遍摩擦膝蓋長達往下一千英尺的距離。坳部的另一側看起來是低難度且距離短上很多的坡面，而其最終會通往的是拉曼尼冰川的一條上游分支。冰川看上去平坦且不存在任何冰隙。要下到那道冰川，就意味著得走更長的距離才回得到基地營，但好處是我們可以早些回到人能站直的平地。

我把我的想法跟迪克提了，但他顯得意興闌珊。突然間他焦急起自己的手來，所以希望能沿山溝而下，必要時就算得用屁股滑下山也在所不惜，他只求能千方百計抵達我們的前進營，也抵達那裡的儲糧與溪水。

就這樣我們分道揚鑣。當我往下踏出第一步時，我可以看到自己的腦海深處有登山大師在咕噥著我們像這樣在山中分手是多麼犯蠢，我可以看到聖母峰委員會那些一頭灰髮的智者在大搖其頭，那副態度就像是說「我們早就說過你們兩個是小孩玩大車了吧」。萬一我們其中一人出了事，我們在此分頭下山也分散力量的決定一定會被罵到臭頭。我自言自語著，他們必須要理解，我辯解著我雙腿已經沒有足夠的彈性可以為了走下那雪溝而一而再地一步步彎曲再伸直。

我叫住了已然轉身的迪克。

「你一個人不會有事吧？」名為懷疑的痛楚隨話語在我心中浮出。

「嗯，你呢？」

在和緩的雪坡上快速往下移動，讓我內心被注入了一股振奮之情，主要是我開始想像起再過幾分鐘，自己就能像個人一樣挺直身體走路，也能在冰河表面發現潺潺的小溪。還在冰河上方五百英尺處時我注意到一條岩帶切穿了我底下的雪坡。我抵達岩帶後望向其邊緣，才發現其尾端是一道五十英尺高的絕壁，而且無從閃避。在震驚與恐怖中陷入麻木的我，崩潰了，也被打敗了。

在山脊的頂端，已經看不到迪克的身影。想向上爬回我最後看到他的地方，得花上我幾天的時間，為此我感覺是如此虛弱。我手上沒有岩釘、尼龍繩，也沒有了繩索、斧頭與鎚子以外的任何裝備。我放下背包，前前後後找尋起岩石突出的地方，乃至於任何可供我固定繩索的位置。但不論怎麼找，眼前都是些破碎不全且靠不住的岩體。

然後我找到了一處岩隙，當中卡了塊小岩石。我將之抽了出來，然後又將之更穩固地卡了回去。我從鎚子上取下了那條將之繫在我腰際的尼龍細線，然後用那做出了一個尼龍環，套在了岩石上。接著我把繩索穿過尼龍環，然後很滿意地看到繩索的兩端都可以觸及絕壁的底部。

我滑下了繩索，然後將之回收。那之後我就拋下尊嚴不走路了。我一屁股滑下了剩餘的積雪與頁岩坡，來到了冰川的邊緣。

在較接近水平的冰川表面與我所處較陡的坡面接壤處，是一道被雪覆蓋的冰隙，而標註該冰隙之存在的，則是一條蒙著陰影的凹陷。我無從判斷覆蓋著冰隙的積雪能不能在我踩上去時撐住我的重量。我猶豫地注視著那不知葫蘆裡賣什麼藥的冰隙，納悶著那底下是個溫和的好人，還是個索命的敵人，天曉得它會將我一口吞下，還是容我安全地穿越其上。

我選擇以蹲姿前進，並一邊無用地揮舞著我的短柄冰斧；那把斧頭短到根本無法勘查雪況。我一口氣渡過了冰隙，並因為抵達了對岸而感到驚喜，彷彿像我贏得了什麼勝利。我放下背包當椅子坐，為的是慶祝剛剛的成就，但其實我人正在廣大白色冰漠的邊上，前方還有遼闊的冰川等著我去橫跨。

這片冰漠很平，平到一個不行，而且閃著刺眼的白光。腳下的雪既脆但又扎實；我原本已經放下了心，直到我陷進一塊柔軟處，冰川表面也開始一步一龜裂。但接著冰面又恢復了扎實。我走向冰川上的一條彎道，而冰川在該處繞過一座小山峰後朝著強卡邦峰而去，也朝下往我們基地營的谷地而去。強卡邦峰看起來近些；時間似乎過了很久。我停下腳步，坐在背包上回望我走過的雪坡，看起來只有區區一百碼遠。我自此就頭也不回了。

三不五時我會停下來坐一下。把背包從地上舉起放回肩上，其辛苦程度已經跟走路沒什麼不一樣，而我又頻繁地需要休息，所以在一段時間後，我索性直接揹著背包就一屁股坐進雪裡。燦爛的陽光自晴朗的藍天迸發而下，一切是如此寧靜而毫無聲響。

某個點上我的視線中游進了一道一開始鬼鬼祟祟，然後突然如同鯊魚躍出的猛烈雪面起伏，而那代表的就是隱藏的冰隙、我如履薄冰地避免著被這條鯊魚掃到，但其實牠只是無害地從我身邊掠過。

獨自像無頭蒼蠅似地這樣亂走，其實很蠢，非常之蠢，因為人在冰川上，我就有掉進隱藏在雪面下深邃冰隙，死得無聲無息的風險。走上這條路，與迪克各奔東西的決定，是那顆在飢渴、寒冷與孱弱中產生錯亂的大腦所做成。假設我們現在還是兩人一組，那我們就可以繼續用繩索將兩人繫住，小心翼翼地各走各的路，如此萬一其中一人掉進冰隙，另外一人還能拉住繩子來實施救援。但如今後悔也來不及，沒有回頭路可走了。

我僅存的一副墨鏡是廉價品中的廉價品，而且已經被刮得亂七八糟，由此我的能見度只剩十碼。我動輒得瞇起眼睛，才能瞄著前方來確認路徑；陽光在雪面的反射眩光之刺眼，讓我沒辦法把太陽眼鏡脫掉。

我來到彎道附近，也就是冰川一個大右轉進入主要山谷，朝基地營返回的地方。而也就在此時，我想起在山上時曾望見這一帶有幾道看似冰隙的形狀，其中兩道飄進了我的視野。我從左邊繞過它們，而就在我感到慶幸能逃過一劫時，突然隱隱從我右手邊前方出現了一個圓形的冰隙洞穴在一個凹碗地形的中間，那怪異的程度讓我大吃一驚。

這是我第一次遇見圓形冰隙，所以我根本無從判斷起它是大是小，或是它距離我有多遠。我費勁地繞過了它，過程中眼睛一直盯著，免得它做出什麼驚人之舉。我不由自主地被吸引、被迷惑進它的漩渦裡。我持續繞著它，直到我從眼角餘光瞥見了遠方的冰川上有一些岩石。我的大腦意識到冰川上有岩石，就有可能代表水的存在，而這一點也讓我從迷惘中回神，我的目光焦點一下子就被拉到了遙遠的岩石上。

一大片岩石平台座落在一根冰柱上。岩石吸收太陽熱度然後將周圍結冰融化而形成的積水，注入了冰柱底部的池塘。上面還覆蓋著一層尚未被日間溫度觸及的冰殼。

我當不了登山杖的短柄斧頭晃蕩在我身側的皮帶上，偶爾會卡進我兩腿之間，顯然它不太知道自己存在於冰川上的意義。但如今它找回了自己，因為他短短幾斧下去，池塘上的冰殼就破了個口子。

從我的口袋中，也從背包的底部，我翻出了一把我們還有木斯里麥片剩下時的髒燕麥、兩板巧克力，還有兩顆硬糖。這是我最後的壓箱寶了。我把一半的燕麥混入馬克杯裡的水中，磨碎了硬糖跟巧克力，然後往後靠上了岩石來品味這天堂般的美味雜燴。

冷冽、潮濕且奔放的液體灑進了我的嘴裡，然後從嘴邊噴洩。我舀起馬克杯底那較為濃稠的麥片泥，然後配上上層好幾匙較稀的液體，為的是讓這美味的雜碎盡可能延續。

我意識到距離幾步的地方似乎有一家子美國人在盯著我瞧。一名少年一臉嫌惡地對他的父親說：「他為什麼要吃相那麼難看啊，那東西很好吃嗎？」這一家人就這樣嘰嘰喳喳說著閒話。我起身去給馬克杯添水，結果毫無意外地，我發現哪有什麼美國家庭，全部都是我在幻想而已。

強卡邦峰巍巍然在我頭頂；迪克跟我原本打算爬的西南脊看起來十分壯麗，但其險峻也讓人心生畏懼，至少其困難恐怕遠超乎我們的能力，我心想，另外就是其令人咋舌且散布著冰塊的西側絕壁是如此之平滑，讓我聯想到電影銀幕，至少是上頭永遠不會出現演員身影的電影銀幕。我拍了張照片，心想有許有朝一日會有誰想從西壁挑戰強卡邦峰。那張照片不是為我自己拍的，因為都納吉里峰已經讓我封頂。為了都納吉里峰，我已經不得不鞭策自己到此生再也不想重返的極限，由此我確信自己再也不會上任何一座山了，尤其是不會上喜馬拉雅山脈，更別說像強卡邦那樣有著冰從山頂滴下來的一片壯闊岩石巨浪。我又多喝了幾杯水，然後又坐回去休息，羽絨外套是我這段期間的陽傘。

在第二杯水跟最後一點「綜合燕麥」下肚後，我知道我得救了。我剩下要完成的只有肢體上的努力，純粹地再努力幾個小時就好。我知道我做得到，我知道自己或許一點也不喜歡拚死拚活地勞動，但論能力我是做得到的。長年在神學院的自我要求，讓我知道了一件事情，那就是我有能力忍受自己不喜歡的東西很久很久。大的難關已經沒有了。我可以活下來了。

下午一點，我重新出發，心想五個小時的白晝應該足夠我抵達基地營。愈來愈多各式各樣的人物，包括剛剛的一家子美國人，都開始跟著我同行，他們全都饒富興味地對我進行著貼身觀察。

來到沿著冰川邊緣那既長且低的岩脊，我回想起迪克提過他看到過一條顛簸的山徑就在那些岩石邊。我於是脫離了冰川，踉蹌著跨過了大石，踩進了坑洞又踏上了小丘。休息鮮少是我主動的決定，而是自然而然就發生了。我無法強迫自己持續走超過十分鐘，甚至要是我答應自己走多久就可以休息多久的狀況下，我連五分鐘都撐不到。我會走也許五十碼，就發現自己的背包靠在岩石上，然後一想到要再把背包揹起來就萬分驚恐。

我好幾回閃過要原地過夜的念頭，但我行過的山牆卻不斷吐出落石，而雖然我完全可以和諧地融入自然、融入山脈、融入世界，也融入那些落石，但我也本能地知道那些落石的來處絕對不宜久留。

我可以聽見那一家子美國人在抱怨我動作慢，而我心裡想的是既然如此，他們為什麼不來幫我揹背包，因為就是背包害我快不起來的啊。他們從來不會出手相助，而且不知出於什麼原因，我跟他們之間好像有著一層不透聲的隔閡。

關於這場鬧劇，我可以聽見莫里斯那完全不打高空的務實建言。莫里斯是我們結識於伊朗，一個久經世事的貨運司機。他曾建議我們要是廂型車壞了就一把火燒掉，然後去領保險金。

老威利也加入了我，那名丹地的蘇格蘭清道夫。「萬事小心，年輕人，但你們會沒事的。」他說著。

然後是那一家子美國人的評論讓我又想起了我的背包，而就像休息的決定一樣，主導權仍舊不在我手上。我把背包跟繩索留在一顆岩石旁邊，並在那裡疊起了石頭塔來標註地點，好方便之後回來取。背包裡沒有我需要的物品，因為睡袋基地營有。時間是下午四點，重新出發的我就像火車頭，後面拖著各種思緒跟幻想，就跟飄揚的旗子一樣。

模模糊糊地，我知道自己身在何處，我如今可以看到都納吉里這個老對手出現在我稍早繞過的小山峰後方。我始終沒能如願找到一個能確切讓我掌握方位的位置，直到我無意間跌跌撞撞走下了一處岩石坡，進入了一個草灣。那個草灣就位在直達基地營的峽谷頭部。

由此只要再一路下坡半小時，我就能回到基地營，也能再見到迪克了，前提是迪克沒有在前進營的帳篷處停下腳步。我在想那讓他苦不堪言的傷不知道怎麼樣了，希望他能沒事才好。

抵達基地營後，那兒並沒有迪克的身影，所以我姑且認定他是停在了前進營的帳篷處，畢竟那裡有食物也有流水。我還沒能找著火柴，天色就暗了。我對著冷罐頭水果跟米布丁大快朵頤起來，它們都是彼得來去匆匆後留下的存貨。我無差別地狂嗑起來，一因為牙齒接觸到冰冷的內容物而犯疼就把吃到一半的罐頭丟棄。吃完後我便進了我們之前用石頭搭成，有著透明塑膠布屋頂的棲身之所裡歇著。

我睡不著。我在身邊擺著一鍋水，並光憑觸覺就找到了其他的食物與糕點來解饞。我閃耀著生命的狂喜。各種想法在我心田四處滋滋作響，快速碰壁亂彈而將爆發閃光的足跡留下。我掙扎著從幸福的睡袋中爬出來，感覺到腸胃止不住地在表示不滿。然後突然我衝出了棲身處，並撕抓著皮帶與拉鍊，只可惜為時已晚。尷尬之餘我發現自己渾身糞便，我的身體面對長期斷食後突然的進食不知所措。我已經沒有力氣脫衣，就這麼拉上拉鍊又回去睡。

我躺在草地上汲取晨間的日光，期待著迪克會在下一刻現身。他從來不是那種會賴床的人。我知道他人要是在，肯定一破曉就起來了。慵懶的我一杯接一杯地喝，放肆地吃，然後去勘察了我預期他隨時會從中現身的狹窄山谷破口。

懷疑開始啃食我的內心。從前進營過來頂多兩個小時。如果他昨晚在那裡過了夜，加上有吃有喝，他今早應該會有力氣在九點之前下來。我很難想像迪克躺在那兒好整以暇地賴床。上午十一點，我已經不是普通擔心。我開始想像他人躺在山谷的底部，斷了一條腿——我接受不了他已經遇難的念頭。

我決心在中午時分出發，帶著背包裡的食物、燃料、爐子、衣物，還有一樣樣能讓他在谷底活下去，我衝去最近的村子搬回來的東西。我在內心重建起我擔心已經發生為現實的場景。

我每裝一樣東西到背包裡，就抬頭確認一下，希望再希望人會突然出現，同時我的心被黑色的不祥預感扣著。但就在這時我看見了他，或者應該說看見了不是他還能是誰的動靜。我嘗試跑起來，但實際上只是上氣不接下氣地跌撞蹣跚，最後我在沿山谷而上的半途與他重逢。我主動把背包拉下了他的肩頭，抱了他一個滿懷。

「猴急什麼啦，喬，你這是在興奮個什麼勁啊？」

「我以為你出事了，我擔心死了。你下來得也太慢了。」

他一副壓根不覺得有什麼壞事會發生的表情。然後我注意到他拿著我帶到前進營上的一根手杖。我隨手買下那根手杖是在要前往基地營的路上，後來我便變得不能沒有它。

「你把我的手杖帶下來了。」

「嗯，是這樣，我在谷底滑了一跤，腳踝好像扭傷了，所以就用起來了。」他這麼一說，我才留意到他走起路來一跛一跛。

我們在石造棲身處外的草地上席地而坐，由我接二連三遞了喝的給他。他告訴我他天一亮就起來了，但他的靴子凍住了。等他脫掉靴子，腳踝已經腫了，靴子根本穿不回去。後來是等太陽真正出來了，靴子解凍了，他才又把靴子穿回去。接著他花了一個小時，才用他被凍傷的手指把靴子繫上，而真正上路後他的速度也快不起來，主因還是那疼痛的腳踝。

「從山溝到帳篷好走嗎？」

「難走死了。有個真的很惡劣的區塊我根本不知從何過起。然後我就聽到你的聲音在跟我說要從哪裡過，結果真的被你說對了。」

他對手的傷勢十分焦慮。他的指尖已經發黑，而我可以稍微感覺到他的沮喪，畢竟萬一有幾根手指需要截肢，他最鍾愛的登山運動勢必受到影響。

我裁掉了還黏在他手上的殘破手套，把手套剪鬆，也把他發黑指尖周圍的死肉修掉，最後再把手指一根根清乾淨，這包括我先在他手指上撒上了殺菌藥粉，然後才用紗布跟指用繃帶把傷口包紮好。在左右手都包紮好手指後，我輕輕給迪克套上了兩只絲質的大手套。

還剩下的一些抗生素片，我們讓迪克拿去吃了來預防感染。我們其實也不確定這樣做對還是不對，但我們也想不到還能怎麼辦了。

他想要隔天啟程下山以便儘快就醫。我知道他在受苦。我們車子的鑰匙跟錢都在上頭的前進營。午後稍晚，我離開前往前進營的帳篷。我並不是很想去，而這一方面是因為我已經剩沒多少力氣去從事這樣的往返，一方面是因為我捨不得打破跟搭檔好不容易會合，鬆了一口氣的狀態，也不想打破眼下的蜜月期氣氛，畢竟我們平常完全不會對彼此這麼體貼。我們就像是床頭吵完床尾和的一對戀人，突然在對方身上看到了從沒想到過的情感深度。

我返回基地營，已經是天黑之後的事了。我帶回了帳篷跟所有我拿得動的東西，免得之後還得再跑第二趟。我還是沒有恢復對身體動作的全盤掌控，而我的一顆心也持續在胡思亂想，就這樣我在無法言喻的惡地上步步為營地前進，滿月下的我心裡惶恐難安，直到我終於下到熟悉的草地與山谷，才感覺像回到了家。

迪克當晚刻意不跟我睡在一起，免得我會被他的輾轉難眠與痛苦呻吟吵到。他隔天早上在我替他換完藥之後，便搖搖晃晃地攜著他帶來要給聯絡官當手杖用的長柄冰斧，動身出發了。他走時答應會回去組織三名挑夫上來把裝備通通搬走，我就負責在那之前把東西整理打包，等著他們來到。

我無從掌握日期的流逝。每天我會嘗試在口袋日記裡寫下一個句子來標註一天的經過，但我對每天是幾月幾日毫無概念。有時候我也會忘記自己到底有沒有標註某天。

我預期挑夫最快也得四天才上得來。於是在我認知中的第四日，我記下了：「挑夫沒來。」

第五日：「挑夫還是沒來。」

我讀完了我們帶上來當消遣的少少幾本書。某日我回頭往上朝強卡邦出發，拍了些照片，但我的腳很痛，喉嚨也極度不舒服。我沒能走得如打算中遠。我野營了一晚，靠月光又拍了些照片，然後隔天取回我數日前放下的背包後回返。

我在棲身處的外頭坐著。

第六日：「仍不見挑夫。」

我這段期間並未感到孤獨。而我之所以能免疫於寂寞，是因為我不是沒被人拒絕過。我處於此時此地是有原因，有目的的，所以即便那會延伸出我的形單影隻，即便那代表我得忍受枯燥，也不至於造成我的焦慮或自我懷疑。

我花了幾個小時想設陷阱捉住某個我沒親眼目睹的生物，因為牠會夜襲我的食物。牠啃食了我原本想留到隔天的半罐美味豬肉，還叼走了我當成餐後甜點要分配給每晚好好享用，剩下的水果蛋糕。我與這生物的交手延續了數日。懷著危如累卵的脆弱心靈，讓我開始感覺到自己四面楚歌。我的牙刷也憑空消失了。

我躺在草地上，瞪著天空，然後感覺好像聽到了什麼。我一躍而起，掃視起山谷下方的入口，想像著親切的山民一行三人前來搭救於我。結果半個人影都沒有。我放聲咒罵起在幻聽的自己。

我第二次覺得聽到什麼時又再次一躍而起，但還是什麼都沒瞧見。六天份的孤寂，我心想，無怪乎我會自言自語且接連幻聽。我於是忽視起我以為我仍不住聽到的對話聲。但就在此時，我看到數個身影走下岩丘的山坡，來處跟我一直在看的方向完全不同。

說是數個，其實只有兩人。他們還在等第三個人來會合。我好好招待了他們，拿出食物給他們吃。有些罐頭原封不動揹回去，完全沒有意義。於是他們把這些罐頭通通打開，大吃特吃起來，浪費了這頓大餐。

第三名挑夫放了我們鴿子。為此我不得不拋棄一些裝備，重新打包行囊，並比手畫腳地承諾會多給些工資。

在場的兩名挑夫似乎是親戚。一人強壯且能幹，另一人則偏瘦，穿得比較雅致，並劈頭就是一堆問題。隔天我們出發時，瘦子扛不了太多東西。我自身非常虛弱，背包裡已經是我能揹得了的全部。壯漢一面分攤了不少他搭檔的重擔，但也一面嘀咕著要多一點衣物當禮物。

這趟路走得讓人十分氣餒。我們因為瘦子不斷的埋怨而浪費了不少時間；他說他走在陡峭的山邊路上會感覺頭暈目眩，所以不能負重。我開始累積起對這兩人的不滿，但當瘦子拿著從我背包上掉落的安全帽，從後方跑上來遞給我時，我又心軟了。

他們動輒就會停下來吞雲吐霧，所以我們無可避免地沒有走太遠，並最終只能被迫紮營在山徑邊很不理想的位置。隔天還是一樣走走停停。他們一早就開始抽大麻膏，走起路來意興闌珊。我催促著他們前進，但最終仍得在我之前忍著牙痛在爬的陡坡腳邊紮營。

夜裡下起了雪。帳篷上的積雪厚達六吋，而隔天我們還沒有抵達山坡頂端，山坡上直至山口處的積雪就已經深及大腿。兩名挑夫堅持要拋棄負重；他們在重壓下連腳步都站不太穩。他們在廣大而顛簸的丘麓中間找了個地方，把行李埋在了一塊岩石下方。

在山坡頂端的高原上，狀況還要更糟。雖然高原上坡度不陡了，但雲層頗厚，且落下的雪片甚是稠密。我試著帶頭開闢一條路徑，主要是我腳上的裝備比較像樣，但我完全不知道前面是什麼在等著我。高原重新轉陡，接替的是連綿不絕的山脊。壯漢挑夫模糊地叫喊著，並伸手指向了一處不是很明顯的岩石地形。我試著要按照他的指示前進。他再一次咕噥起來，但這一次他沒有等我，而是自顧自就往前去了。偶爾我會看到他停下腳步並望穿旋繞的霧裡。霧色變暗處，代表的就是山坡上的岩石所在位置。不知他是如何靠著視覺判斷方位，但總之他會在停下之後重新向前挺進。我恨死了這場枯燥又讓人疲乏的戰鬥，須知我既不確定自己的前進方向，也無從推測自己究竟走了多久。壯漢挑夫以他所選擇的方向，帶著我通過了一系列益發險峻的山脊。我只能猜想他是久經在這裡牧養綿羊或山羊的歲月，所以對這裡的每道輪廓跟每塊石頭都瞭若指掌，即便環境被雪覆蓋住他也不受影響。最後我們終於翻過最後一條稜線，開始往下走。我猜不出他是怎麼找到這個點，且等我們開始下降時天色已黑。

我們在若干塊巨石邊停下腳步，在其下的積雪中挖出兩個窟窿。我們沒有帳篷，但我還帶著睡袋在身上。我保暖的程度還算過得去，但整夜我都得聽著兩個挑夫嘰嘰喳喳，他們只用一條毯子裹在身上，折縫處都卡著降雪。晚餐我跟他們共享了我身上的一顆肉罐頭，外加一些甜食。

第一道曙光一出現，我們就接著下山。壯漢挑夫的「山性」突然拋棄了他，結果是跟著他走，按他說前往他居住村落最好的方向前進，讓我們陷入了濃密的灌木中，甚至被荊棘叢卡住。由此等我們在剛進入午後時分時抵達村落時，我身上的衣物已經破爛不堪。

兩名挑夫消失無蹤。有人給了我一些茶跟印度烤餅。村中的頭目帶著一名通曉英語的村民前來。我本已打消了去取回裝備的念頭，畢竟第一波冬雪已經降下，但該村民卻大張旗鼓地宣稱他要率人去拿。我同意了支付費用，而頭目則提議要宰頭山羊來祭天，做為我們能從山中平安歸來的感謝。我對這樣的提案銘感五內，但也沒忘了先確認一下山羊的部分誰來付費。骨感的手指堅定地指向了我。頭目以手勢搭配失落的眼神，表達了對我搭檔迪克的同情，相信他們應該已經見過面了。他一臉愁容地做出剁掉自己指尖的動作，那是他對未來的預判。

我走訪了軍營中的醫師，他曾經治療過我的牙齒。

「可憐的傢伙，」他說，「我跟他說了他得截肢。他的手指已經基本上回天乏術了。」我可以想像這些話對迪克的打擊會有多大，也能想像他肯定還在質疑一旦指尖被切除，他還能繼續登山的機率有多大。我不知道他此時人會在哪，但我還是在裝備終於取回後，啟程前往了德里。

我在喬希馬特生了病，劇烈的胃痛讓我在許多週前捱過牙痛的同一個房間裡，無助地倒臥不起。在開車沿恆河河谷下，穿越北印度平原的過程中，我完全沒辦法停下來吃東西，因為食物只會加重我的病情。

在德里我打了電話給傑迪．卡普爾，而他告訴我說迪克人在軍醫院裡。我在軍醫院見到了迪克，他人躺在一間寬敞乾淨的病房內。好消息是他還沒有被切掉任何部位。

他看起來蓬頭垢面，對此他解釋說護士似乎不太想照英國的慣例替他在床上擦澡。我們猜這是因為在印度教的傳統中，由護士洗刷男人的身體是一項禁忌。擦澡一事他所以沒辦法自理，是怕手指傷口會感染到細菌。

他們讓他打起了葡萄糖液的點滴，目的是促進他身體組織的恢復。針插下去後他已經躺了數小時，期間他感覺手臂隨著溶液的輸入而愈來愈重，也愈來愈腫。事實上他的手臂重到他想抬都抬不起來。他叫來了護士。原來針插得不對，葡萄糖液在他的手臂上囤積而沒有被吸收到身體裡。

雖然對節儉成性的他來說很痛，但他還是咬牙買了機票回英國就醫。至於對我來說，想到還得開三週的車才能回到英國，就像是要進入一條長長的隧道一樣。

五

我跑到德里市中心旅人薈萃的康諾特圓環，在那兒的一間間茶室裡登起了廣告，我想拿一個搭廂型車回英國的座位賣七十英鎊或一百五十美元。我錢已經花得差不多，靠自己根本湊不出回英國的油錢。在為返英之路進行檢查的時候，我的廂型車還被發現有一枚活塞斷裂。店家並沒有現貨供我更換，就算有，也一定貴到我換不起，於是師傅只能幫我把斷掉的活塞焊接回去，我便載著乘客踏上了返英之路。他是一名叫作唐諾的紐西蘭人，要去卡地夫的一個交響樂團中演奏小提琴，想周遊列國是他選擇走陸路的原因。

此時正值十一月，夜裡偏涼但白天熱得很舒服。唐諾對於廂型車上的各種設施都感到很受用，那包括我開車的時候有書可以看，有迪克的古典音樂可以聽，晚上還有帳篷可以睡。

有了來時的經驗，我對這段路程上的各種詐術跟陷阱都胸有成竹多了。要爬坡通往開伯爾山口的時候，我們被要求支付一筆過路費，但因為我們身上已經不剩任何巴基斯坦的錢，所以我拿出了美金，但被官員拒絕，而現場又沒有換匯處。我承諾會在可以換錢的邊境繳這筆錢，然後就獲准通行而沒有再被找麻煩了。在阿富汗，我把烏爾都語的一到十學了起來，為的是能盯住油表，並確保我們沒有被敲竹槓。當地很流行的一招就是加油站員工會先跟我們說油錢是多少，然後等我們遞過錢之後，他們再用魔術手法偷天換日，把大鈔換成顏色近似的小額鈔票。而在對外國貨幣陌生的情況下，人很容易就會相信是自己弄錯了數字，然後按對方說的金額被噱。自從迪克的鷹眼注意到了這種騙人的手法後，每次預料中的衝突就成了我的一項樂趣。每次我們在阿富汗把油加滿，並付了剛好的數額後，換來的就會是幾可亂真的補錢要求，出自某個一臉無辜而受傷的加油站員工，且對方還會作勢要訴諸在一旁面無表情但又虎視眈眈的警察。唐諾覺得我是集精明與正義感於一身，所以才會挺身而出力抗這些拐人的手法，但其實那單純只是過來人的經驗罷了。

我們在晚間抵達了喀布爾，並一路驅車前往了迪克跟我下榻過的旅店。駛上主街之後，我被一名警察攔了下來。他指著一個標誌，然後從瞬間聚成的人潮中冒出一個人解釋說我們在單行道逆向，要被罰二十元。唐諾說他不記得在街的另一頭看到過這個標誌。我抗議說烏爾都語我們看不懂很正常吧。此時我被告知繳十元就行了，但我堅持要見見他的長官。於是那名警察擠上了我們的廂型車，帶我們把車開進了陰暗的巷弄，來到了四面由牆圍住的警局。我拒絕把車開進去，並在進警局之前交代了留在廂型車中的唐諾說，要是我一個小時內沒有回來，就去找英國大使館。

那名警察的長官一副從被窩中找來的模樣。通譯也被叫了來，於是他們跟我就隔著一張積著灰塵的桌子，在陰暗的房間內楚河漢界。交警用阿富汗語解釋了他的立場。我的「罪狀」則由通譯對我完成了說明。

現金被我藏在上衣底下的錢帶裡。我問了他們收不收旅行支票，但問之前我就知道他們不會收，然後我說既然如此，就得等我隔天去銀行換點錢，才繳得了罰鍰。這時他們跟我要護照，但我說我沒有護照就兌換不了旅行支票。感覺就像雙方在對弈似的。我提供了我的國際駕照，做為明天會回來繳罰金的保證。但我們彼此都知道駕照是廢紙一張。雙方陷入了僵局一場。

「你身上完全沒有現金嗎？」

我很誇張地把像聯合國一樣的零錢往桌上一甩，總共也只值幾分便士而已。而且我還把口袋翻了個底朝天，好證明我真的是身無分文。

對方手一揮打發了我走，顯然是已經玩膩了這遊戲。離開了警局的我驅車與唐諾一起回到了市區。後來經過確認，我們發現車流根本就是雙向的，而且路口根本也沒有任何的標誌。

廂型車在我們要離開喀布爾的時候出現了麻煩。我不得不花四十英鎊買了個新的發電機。但車子在嚴寒的早上還是發不動。我又不得不租了一台計程車來幫我們拖一下車。結果其中一個司機獅子趁火打劫，一開口就要二十英鎊。我不答應，他就連同我用來當拖車繩的登山繩都一起開走了。我們三次嘗試要接續行程，三次都落得一跛一跛地回到起點。引擎從發動前到剛發動一會兒時，都會傳來聽起來就很不妙的刮鐵聲。漸漸地我接受這輛廂型車不會陪我們回到英國了。對此唐諾表現得是個十足的君子。我把收的車錢還給了他，但他又借了我九十英鎊，因為至此我身上已經一文不名。

有些國家會因為你護照上蓋著你是駕車入境的章而在你要出境時擋下你，主要是為了遏止其國內機動車輛的黑市盛行。在阿富汗，你是有可能把還能動的車子送給政府當禮物的，而我也決心要這麼做了，但前提是引擎要是熱機狀態，而且不能有讓人聽不下去的怪聲從車裡面傳出，而我想我應該還蒙混得到這個地步。

我所住宿旅店中的一名土耳其人被我的這個決定嚇了一大跳，他不敢相信我會對政府這麼大方。他跟一家叫做阿卡爾旅遊的巴士公司有些聯繫，那是一家一路從喀布爾到倫敦都有客運路線在經營的公司，於是他答應我只要我把廂型車給他，他就會幫我安排到客運上的一個位子，並且也會一手包辦把廂型車過戶到他護照上的繁瑣流程。

歷時兩天的賄賂與規費繳交，才讓這個安排塵埃落定，但事情總算是辦成了。我只希望他能不要在我離開前興起去發動車子。我去了一趟喀布爾最大的醫院，用五英鎊的價格賣了一品脫的血。那感覺就像來自天堂的嗎哪（以色列人出埃及時獲上帝贈與的神奇食物），我賺過最輕鬆的五英鎊。事情終於開始慢慢上軌道了。

在把東西從廂型車中清空的時候，我發現自己一共有十四件行囊，當中包括我所有的裝備、迪克的裝備、各個帳篷，還有一只沉重的工具袋裡裝著一名英國山友的裝備。這名山友開口要我替他用廂型車把東西載回英國，是因為他回程要搭大眾交通工具，不想揹這麼多這麼重的東西。結果變成我在搭客運的時候得多付一個位子的錢來安放這些東西。

客運在我們離開喀布爾的時候只坐到半滿。可以伸展跟放鬆的空間還很多，登山裝備都存放在車地板底下，並且還有別人代替我駕駛車輛。所以綜合起來，一輛直達倫敦的長途客運算是回答了我所有的祈禱。我最後把廂型車停在了一處庭院內。土耳其人對能從我手中購得車子滿意到不行，但我從來沒有看到過他嘗試發動引擎的樣子。我在客運緩緩駛上路面而確定能全身而退時，內心湧上的是一種犯罪者得手的寬慰與興奮。

返英的這趟客運之旅，由三樣東西交織而成：跨越沙漠的落日餘暉、長時間望穿遼闊的空間作著白日夢，不然就是與萍水相逢的同車夥伴進行悲喜交加的互動。而就是在這樣一種旅程的某個片刻，我開始想起了強卡邦峰那面不可能征服的山壁。此刻的我已經與之相隔千里，空間與時間的距離柔化了那片山地的形貌，使那絕壁的角度也在腦海中變緩了。純粹以探索的角度觀之，那絕對是一片非常引人入勝的山牆。我發現自己好奇起身處於那片牆的中間會有什麼發現；究竟那山牆會像看上去一樣光滑，又或許是山牆的尺寸模糊了上頭的地形地貌，或許其實那只是一段巨大的台階罷了。但另一方面，也有人告訴過我說「強卡邦」這名字的本意就是「滑溜」或「平順」。

就在這段歸鄉之路的某個點上，我遇見了一些來自老家蒂斯賽德的朋友，而他們告訴我說有些我們共同的朋友要在隔年去爬強卡邦峰。這個消息讓我突然很急於回到英國去看看他們有什麼打算。我推測他們就是想要去嘗試強卡邦的那片山牆。

我在巴士上與唐諾攀談，為的是讓他放心自己的錢沒有丟到水裡，我希望他相信我一回到英國就會還錢給他。事實上我家裡也沒半毛錢，但到了英國我就是借，也會把錢借來還他。

一開始我們坐在倒數第二排。我可以聽到我們身後有人用激烈而奇怪的語言在進行著對話。我轉頭想看看是什麼樣的人在聊天，並想要猜測他們的國籍。但我一轉頭卻只能看見一人，我猜另外一個人是橫躺在座位上。

巴士入夜也繼續著行程。我們被保證過車上隨時會有兩到三名駕駛輪班，所以車子可以一直開下去。同時車上也空到有位子讓每個人都躺平。像從喉嚨發出的閒聊聲持續傳來。一名上身魁武的金髮年輕人似乎在喋喋不休地自言自語。我攤開手腳躺在巴士地板上，睡得非常香。我身邊會有東西掉下來，而我猜它們是從座位上滾下來的。我被某人的抗議聲吵醒：「斯凡，不要再亂丟東西了。」斯凡就是那個在自言自語的金髮青年，而我們也才意識到他並不單純是大麻膏或鴉片抽太多而已。

過境時我們得清空巴士。我專注在自己的十四包行李上，將它們一一交由海關人員檢查。阿富汗的邊哨是一棟用陶土砌起來的磚房，位在四周都是沙漠，塵土飛揚的院落當中。就算一切順利，過境也可能是得兩個小時才能完成的手續。我們的巴士旁邊起了一陣騷動。兩名美國人被請來幫忙。原來是一絲不掛的斯凡躺在巴士內死活不肯下車。那對美國夫妻替斯凡穿上了衣物，把他從巴士上搬了下來。斯凡走路只能一跛一跛，癱軟的身體得由夫妻攙著。但接著他突然挺起身子，展開雙臂，並用咬字非常清楚的英文宣布：「我是光，我是來要拯救世界的光。」他轉頭望向自己的兩名幫手，告訴他們他已經沒事了，可以放開他了。夫妻檔如其所請鬆了手，沒想到他依舊舉著手臂，直接向前摔了下去，搞得一臉都是沙。穿得破破爛爛的阿富汗士兵手牽著手站著，完全被這一幕逗樂了。美國夫妻至此只得徹底控制住斯凡，領著他在各海關各處室玩起闖關遊戲，還替他把行李送檢。

等巴士離開邊哨，車上的大家開始共同擔心起一件事情——那就是斯凡。伊朗邊哨就在五英里的無人地帶之後，那裡有陳列櫃裡展示著有些人想走私毒品進伊朗的手法，上面還附有所有涉案者跟他們被逮後被大刑伺候的照片。做為嚇阻走私販毒的工具，那些怵目驚心的照片極具說服力。我們全都認定斯凡的行徑會立即引發懷疑，我們所有的行李都會被查個鉅細靡遺，這輛巴士也會落得像鐵絲網圍欄後面那些車子一樣，儀表板被鑽洞而車頂被切開的下場。所幸出於某種奇蹟，我們多慮了。伊朗警方接受了斯凡只是個病人，而且我們保證會將人帶到德黑蘭他母國的大使館去遣返的說詞。甚至連我大包小包的行李都沒怎麼被刁難，只是說我得一件一件獨立把東西扛進檢查室，因為幾乎沒有來自東方的旅人願意冒險拿起裡面可能藏毒的行李。

在德黑蘭，我們找不到有冰島大使館。同時因為這一天是假日，丹麥大使館也不願意處理。斯凡就這樣繼續跟我們耗著。

巴士開始坐滿了人。我們再也無法伸展或睡覺。我們困在同一個位置上，不分日夜地進行巴士之旅。慢慢浮現的真相是我們就只有一名駕駛。車上的美國女孩跑去他身邊站著，低著頭要幾乎已經連開四天車的他停下來，須知他在這四天當中只在馬什哈德與德黑蘭短暫休息過。如果從德黑蘭算起，那他已經連開三十小時的車，人在方向盤上已經搖頭晃腦了，而人在晃，車子也就跟著蛇行起來。場面變得有點難看是因為他後來拿出了把刀，但幾小時後我們停在了一間小旅館旁，睡了整趟旅程中唯一躺在床上的一覺。

旅程愈往前走，斯凡就好像愈來愈失控。這包括他很顯然大便失禁，衣物上的臭氣瀰漫著車室。一對看不下去的瑞典夫婦趁著暫停買飯時把他架去沖洗，之後也一有機會就盯著他去上廁所。

另外一對來自海峽群島[13]的夫婦跟我分享了他們的悲慘遭遇，好讓我明白對於他們憧憬了一輩子的這次假期，這趟客運為什麼是打垮他們的最後一擊。原來多年來，他們

13 Channel Islands，位於英吉利海峽南部，距離法國北部不遠的英國皇家直轄地，又稱盎格魯—諾曼地群島。

都一直計畫著要一訪加德滿都，為此他們也付了客運的錢要一路從伊斯坦堡東去。但到了阿富汗西邊的赫拉特，司機就不肯再前進了。他把乘客通通趕下車，然後叫他們自行去喀布爾退錢。但到了喀布爾，得到的回覆卻是他們得自行回到伊斯坦堡去把事情釐清，而且他們得以搭上現在這班巴士，客運公司表示他們只是出於道義而給這對夫婦方便，不然蛙蛇旅遊賣的車票，他們阿卡爾旅遊根本不需要管。斯凡的狀況是最後一根稻草，而他們之所以選擇向我傾訴，是因為我畢竟是他們的英國同胞，應該比較能站在他們的角度思考。他們唯一感到安慰的是斯凡沒有把他們當成沙包。

晝夜晨昏在車窗外如白駒過隙。之前在漆黑的車子前端，約莫在斯凡乘坐的位置附近傳來了騷動，車內燈打開後，我看到站著的斯凡轉身面對著他身後的一名瑞典乘客。斯凡在爆打那名男乘客，而兩名在一旁的乘客跳起來拉開了斯凡。我注意到斯凡座位的扶手不見了。然後車內燈熄滅，我們又繼續起旅程。

等喧囂聲再度響起，車內燈一閃而亮，這一次他們逮到了斯凡挺立在那兒，拳頭舉在空中，拉著弓作勢就要打下去。那名瑞典人直白地懇求說：「不，斯凡，你不能再打我了，這是最後一次了。」

但還沒來得及被攔住，斯凡就已經朝瑞典人衝了過去。瑞典人蜷縮起來準備挨揍，但那揮出的拳頭卻張開成五根手指，停在了空中。斯凡露出笑容，空氣中的張力一繃而斷，整輛巴士歡聲雷動。他終於放棄使用暴力了。

在土耳其，我們必須從一個個茶攤老闆手中救下他，因為攤子上那一排排裝滿土耳其紅茶在等待客人的杯子，都被嘻皮笑臉的斯凡一一弄翻。

我最後一次看到瑞典乘客在伊斯坦堡各處當他的保姆，是我在那兒想辦法回到英國的時候。巴士到了伊斯坦堡就不肯往前走了。山米做為一個滑頭的黎凡特人，抗議說他過去兩個禮拜都一直在嘗試用電話聯絡喀布爾辦公室，就是要告知他已經一個月沒有派車前往倫敦了。他這麼做是想爭取把錢要一些回來；他主張因為我拿不出公司開的收據，所以廂型車的買賣只是我跟那名在喀布爾的土耳其人私相授受，於公並不成立。最終我沒讓他得逞拿到錢，也沒接受他開出讓我搭車到慕尼黑的餿條件。海峽群島的英國夫婦在敗興而歸之餘也想拿回車錢，畢竟他們的車票就是跟山米買的，但山米說他賣出票時任職的是前公司，所以這事已經不歸他管，應該要去找前公司才對。

在藍色清真寺[14]附近那間好像老闆也是山米的「布丁店」[15]裡，我巧遇了一名大學時代的朋友，他隔天就要飛回倫敦。我對這種移動效率真是羨慕到不行！我訂了東方特快車上的位子，然後巴士上的美國女生說她要陪我一起，她說巴士她已經坐夠了。她這會兒要回美國去跟睽違九個月的未婚夫完婚。

來到火車站，我在想把行李弄上車的時候遇到一些麻煩，這時突然一名白髮的女士跳出來說了一堆土耳其語，算是拔刀相助，然後我的問題就迎刃而解了。

「這些人一堆都是郎中，你知道，」她改口對我說起了英文。「你往哪兒去？我們說不定可以一起走。」

就這樣，我們的火車三劍客正式成形：以六十歲的年紀又一次獨闖完土耳其要回家的薇拉，要回家當新嫁娘的美國女生，還有我，這個想不太起來自己為什麼會什麼如此大包小包，也想不太起來自己是怎麼來到這裡的男人。

我們隨鐵軌穿越了冰封的東歐，一路上三人共享一個包廂的小天地。

薇拉會過濾每一個想要進來的人。她放行了一個臉蛋紅潤的南斯拉夫人。那人說他已經七十歲了，並指著窗外經過的一個地方說是他的農場。他用他隨身的陶瓶供應我們源源不絕的斯利沃威茨（slivovic，東歐特產的果釀白蘭地）。

「我就覺得他瓶裡裝的是那玩意，」薇拉輕聲說，「所以我才讓他進來。」

我們不得不在盧布爾雅那（Ljubljana，今斯洛維尼亞首都）下車，是因為火車拋錨了。等我們六小時後重新上車時，位子已經沒有了，我們三個只好靠躺在我鋪滿整節車廂內的行李上。每到一處邊境就代表要檢查一次護照跟行李。迪克放在黑色盒子裡的長笛做為一段段光亮的金屬管，最是啟人疑竇。

在巴黎，位於城市兩端的兩個車站並無鐵軌聯繫。我說服了一名計程車司機連我的人跟行李一起載過去。他每件行李收一塊法郎，並費盡唇舌想說服我，就是要我承認自己有十六件行李。

14 即蘇丹艾哈邁德清真寺（Sultanahmet Camii），鄂圖曼土耳其帝國時期古蹟；始建於一六〇九年，竣工於一六一七年。

15 布丁店做為一個綽號，指的是土耳其伊斯坦堡藍色清真寺範圍內的鬱金香餐廳（Lale Restaurant）。此處在一九六〇年代竄紅，是做為披頭族的聚集地，後來又演變成嬉皮與往返歐洲與東方（印度、尼泊爾等亞洲國家）之間的旅人休息站。

來到多佛，我必須請挑夫用手推車替我把裝備帶過海關。

「你們要收多少？」

「不要失了您紳士的身分就好，先生。」

在倫敦，肯．威爾森來到了車站接我，而我開口閉口都是這趟旅程。我打了電話給爸媽報平安，打給唐恩跟珍妮則是要問他們肯不肯再繼續包涵我當他們的房客，至於聯絡穆莉兒則是想知道她還要不要我。我占著電話一直打，讓肯擺起了臭臉，但他不高興不是因為電話費——我都是自費打這些電話——他只是覺得電話占線多久，就代表他與全球的登山界脫節多久。

4

強卡邦峰：銀幕上的身影[1]

Figures on a Screen: Changabang

一

強卡邦已像蟲身一樣鑽進了我的潛意識；在都納吉里峰上的每一天，都讓我無時無刻不感染於那座龐然大物之超凡存在。她是一種伸手而不可得的美麗，是一堵我們能力無法克服的高牆；她遮擋了清晨的溫暖陽光，也默默見證了我在譫妄中的四處晃蕩。她曾數日間徘徊在我眼角餘光的視線，而等我回到家中，她又重新浮現在我想像力的邊緣。

我曾經很坦率地排除了從西邊攀登強卡邦峰的可能性，尤其是不可能靠小隊伍上去。我趁回程途中進行的計算與評估，都只是內心的一種自我練習；畢竟獲准前往強卡

1 此趟攀登亦由彼得·博德曼撰寫成《輝耀之山》(*The Shining Mountain*)一書，繁體中文版於二〇二〇年由本書系出版。

邦峰的團隊都不曾選擇西邊，但那卻是我內心最有驅動力的目標。不知道是從什麼時候開始，我的心態有了轉變。我原本只是把像強卡邦峰西壁那樣的地形要用什麼方法或途徑去攀登當成一個學術性的問題去思索，但在某個點上我變得積極起來，我開始自問打算怎麼爬，跟誰爬。有段時期那是一個孤獨的夢想，一個我掌握不到實質內容的夢想。我對著一名在找山爬的朋友，把一張強卡邦西壁的照片投影在起居室的牆上。我讓他看著山，然後沒有多加評論地指出了西壁的存在，希望從友人處得到一些客觀的評估，好藉此判斷出自己的夢想是癡人說夢，還是真的有可以築夢踏實的空間。

走到這一步，山已經是我心靈與人生當中無法切割的一環，以至於我已經做不到超然的判斷。我不知道想爬強卡邦西壁的念頭究竟是個百分百理性的決定，或者只是有夢最美，但毫無事實根據。我沒辦法帶著這想法去跟迪克商量。他正在接受手指凍傷的治療，還不確定得截掉多少。現在就想跟他籌畫下一趟大山行程，還為時過早。

重返強卡邦峰已經從我在腦海中把玩的玩物，變成了一個我割捨不下的願望，一個我急於去實踐的志向，由此我的念想轉到了實務面的條件上，這包括我需要一個搭檔，還需要獲得當地政府的允許走這一趟。

這時期我的時間算是自由。我在一家食品冷藏庫找到了聖誕節期間的工作，負責在夜班把冷凍食品上貨，好讓卡車可以在白天把貨送到各個專賣冷凍食品的超市。這份工作很適合我。我一方面可以賺到足夠的錢去償還在遠征都納吉里峰期間欠下的債務，一方面不需要做下長期承諾就可以得到這份工作。

有天我去了趟英國山岳協會的辦公室見彼得・博德曼，那是他工作的地方，而我見到的彼得就像是隻被困住的野獸，辦公桌就是他的牢籠。我提到強卡邦峰與其壯絕的西面，為的是試試水溫，看看他感不感興趣，有沒有把強卡邦的西壁當成是憧憬的目標。

我跟彼得的第一次接觸，是在法國的阿爾卑斯山上。那次的初見面深植在我的記憶中，是因為當時我們共同歷經的狀況。一大早，當他跟他的搭檔馬丁瀟灑地超車迪克跟我時，我們還在掙扎著要從冷冽的野營地中奮起。那一整天，我們都是相隔一百英尺的兩組人馬。我們在同樣令人不適的夜裡待在地方不夠大的岩架上，撐過了同樣漫長的風暴，然後隔天一起為了避雪而撤退。我們分工合作把垂降的設備架好，也一同在每次滑降完拉下繩索續用。我們幾乎是從整座山最陡峭的部分下來。我站在一個超小的立足點上，另外三人在我上方幾英尺處，他們身邊已沒有空間供第四人存在。就在馬丁在把繩子往下拉回來的同時，我看到上頭的三人進行起閃避的動作。出於本能我讓自己貼近了山體，接著我便聽見了某種來勢，並體察到那正掉落過我們身旁的大石非同小可。也的確，那巨石不僅拂掠過我的背包，還扯開了我的冰斧。原來是馬丁在拉繩的時候卡住了那塊石頭，導致其鬆動。我們奇蹟似地全員生還。

那是一九七一年，我們還在阿爾卑斯山上當學徒的歲月。後續我又偶遇了彼得數次，並在他南遷到曼徹斯特後更常跟他打上照面。南遷之前他在蘇格蘭的葛蘭莫爾旅店擔任「戶外遊憩教練」一職。我知道他在阿爾卑斯山間已經成績斐然，但仍有所不滿；我知道他對攀岩有愛；我知道他在一九七二年的大學時代就勇闖興都庫什；另外我當然不會不知道在我人在都納吉里峰上的時候，他登上了聖母峰頂。但彼得會成為我眼中最想邀請的強卡邦峰搭檔，並不是因為這些東西。我在他身上看到的，並不是這些豐功偉業，而是我察覺到他內心的那種態度。在某些人身上，你不用非得跟他們一起爬過山，也能知曉他們與你志同道合。

一九七五年十二月，當我跟彼得談起強卡邦峰時，我可以看出他內心的掙扎，而造成這份掙扎的主因，便是他在聖母峰探險這台巨大機器中所扮演的角色，須知在登頂成功之後，這次探險行程仍繼續是世人矚目的焦點。巡迴演講加上有頻繁的公開場合需要出席，讓他的行程滿檔，由此他感覺自己的生活已經遠離了單純想要爬山的初衷。

做為登山者，他對我口中的那座妙不可言的山峰饒富興味，但他很懷疑自己有辦法在第二年就從聖母峰探險隊的職責中抽身，去爬一座沒辦法像爬聖母峰一樣籠罩在必然的關注中，也因此無法讓參與其中的探險隊享受到光環的山峰。

但話說到底，他確實十分神往於能夠攀爬強卡邦西壁的想法，而且這個夢想已經開始在現實中逐漸成形。

讓人想不到的是，他的上司們都寄予他祝福，於是他便拋下了後顧之憂，遵從內心擁抱了強卡邦的計畫。他來看我手上寥寥幾張的強卡邦峰照片，讓我很自責自己沒有能多拍一些。他提出的問題都既具體又務實：我覺得哪一條路線可行？西壁的高度是多少？

我在滿腔熱血要激發他想攀爬西壁的念頭之餘，並沒有深入去分析我們可以採行哪一條路線。讓我受到吸引的，是那種面對好像不可能爬上去的山壁，有點明知不可為而為之的概念，但面對到彼得連番來自實務面的質問，我只感覺眼前一片模模糊糊而拿不出有說服力的答案，整個計畫聽起來簡直搖搖欲墜。

我心虛地指出了幾處冰面與陰影的摺線，藉此我想表達的是，我們看到的西壁並非完全沒有地形或起伏可言。但彼得並無質疑我的意思，他的問題不是在試探我，而是反映出他實實在在對這個提案懷抱著興趣與憧憬。他還沒完全相信我們有可能真正爬上這面絕壁，但這並不妨礙他有興趣牛刀小試，可不可能到了現場便知。這種態度完全就是我需要的肯定，我需要這樣的回應來證明自己沒有完全與現實世界脫節，除非我們只是一個瘋子遇到另外一個瘋子。

我們去徵詢了其他我們看重的意見，而聽到許多人說這叫做異想天開，說我們一點成功的機會都沒有的時候，我們很配合地被震懾住了一下，但還是表示我們無論如何想去現場看看有沒有什麼辦法再說。惟我們的堅持似乎也震撼或感召了某些人，因為像道格．史考特[2]就打了電話給我說要加入。他說他親眼見過強卡邦的西壁，而他的感想就是不可能，但他就是想要挑戰一下不可能。

我從來沒想過要跟兩人或以上組隊，而一旦有了這樣的機會，我意識到自己欠缺足夠的自信去在德高望重的登山前輩身邊表現，在他們面前我只會感覺到疏遠與渺小。不論成敗，我都寧可旁邊沒有第三雙眼睛。在彼得身上我察覺到了同樣的靈魂。這趟探險將是專屬我們倆，私人而傻氣的天兵之旅。

都納吉里峰之行花了我一千六百鎊。其中三分之一的財源來自我們獲得的補助，其餘則是我們靠當老師的薪水補足。事實證明買廂型車想省錢得不償失，所以這次我們決定搭飛機，因為如果把省下來的時間去工作賺的錢算進去，這樣的旅費反而比較便宜。整個算起來，我們估計這一趟的成本會比上次高一點，大概一千八百鎊，多出來的部分主要來自機票錢跟這次要帶去的重型設備。為了爭取經費，我們得懷著自己並不具備的自信，抓著自己的計畫侃侃而談。為了反駁外界對這次登山難度之高的質疑，我們表示我們起碼要先去碰一鼻子灰才願意認輸放棄。為了合理化我們僅以兩人組合要去如此鋌而走險的大言不慚，我們發展出了一種理論是，我們倆是一個自給自足的小宇宙，當中已經不假外求地蘊含了我們生存所需要的一切，同時也排除了依賴第三人所可能造成的

2 道格．史考特（Doug Scott，一九四一～二〇二〇），英國登山家。一九七五年，他成功登頂聖母峰西南壁，從此聲名大噪。在他多年登山生涯中，遠征過四十多座亞洲的高山，留下三十多次的首登紀錄。

失誤與溝通不良。

從聖母峰基金會跟英國山岳協會處，我們合計獲得了六百五十鎊的贊助。從大曼徹斯特郡議會處我們領到了兩百英鎊，主要是我們倆人都常駐曼徹斯特，而郡議會處認為我們這趟探險能為城市加分。我們自掏腰包了剩下的一千英鎊左右。

我平日在冷藏倉庫輪著孤僻的夜班，週末則卯起來爬山。我把生活分成兩大塊，一塊是睡覺，另一塊是籌備探險。為了讓新的探險旅程可以順利展開，我似乎讓自己先陷入了一種枯燥的日常中，而這種生活讓我既不用動腦，也沒能與人建立起任何讓人感覺滿足的關係。我活在孤單之中。我與穆莉兒的感情沒有能在都納吉里之行造成的長期分離中存活下來。剩下的我只為了自己而活。有時候我覺得自己的日子空虛而莫須有，畢竟我凡事都沒有人可以分享；這樣的生活裡不乏各種冒險跟變化的妝點，但我說服不了自己的是，如果這些冒險與變化都只是為了我自己，那它們究竟有沒有意義。有時候我在想，自己之所以繼續騎在這我選擇踏上的旋轉木馬上，是否只是不想在同儕之間失了面子。有時候在意識的最深處，我會在想自己是不是暗暗希望著我們的入山申請可以遭拒，這樣我們就可以體面地打起退堂鼓，從自己挖的洞裡跳出。只不過外界與我內心各種質疑的夾擊，並沒有匯聚成一股夠強大的力量來攔截我的前進，我依舊努力地在克服四面的阻力，依舊拚命在讓探險計畫順利成行。我們在印度的朋友再次出手為我們遊說印度政府，但印度官方一開始可以說徹底不認同我們僅以兩人一組就要去硬闖難如強卡邦峰西壁這樣的魔鬼關卡。最終他們終於軟化了反對的立場，而這讓我又重新感受到了肩上的責任重大，而波盟女士等盟友對我們的信任又是如何辜負不得。

漸漸地，忙亂的各路準備工作開始朝著最終的出發日匯集；要前往強卡邦南壁攀登的坎布里亞登山隊同意了用他們購置的卡車替我們以陸路載送兩大箱沉重的食物，藉此替我們省下了一些空運的經費。坎布里亞登山隊的人都是好朋友，也將與我們同時身處於強卡邦峰上但完全無從聯繫。我們頭兩天的行程會一模一樣，但那之後他們就會跟我們分道揚鑣，繞過一個大弧去到強卡邦的另一面，與我們山各一方。我們各自的基地營會相距僅僅數英里，但卻被連結強卡邦到其他山峰的巨大險峻稜線分隔兩地。要從其中一個基地營抵達另外一個基地營，人將需要大費周章地或爬或走兩到三天。

隨著我對彼得的認識日深，我不可免會拿他跟迪克相比。我們在登山這件事上會互爭高下，相互掂量彼此的斤兩。彼得在人生的進展上似乎要比我少了些曲折。在主修英文並拿到學位後，他順利取得了戶外遊憩的教練資格，並隨之開始在蘇格蘭的葛蘭莫爾旅店任教，而那兒可是全英國名列前茅的戶外遊憩教學重鎮。他現職是在英國山岳協會擔任全國事務官，而這個身分也讓他得以在一場場開不完的會議中，涉獵到安全標準、入山資格等一系列與登山有關的課題。他在從事這份工作時所展現出來的穩重與圓融，是我相信我這輩子都不可能有耐性去養成的特質。我甚至連那些會議在討論的主題都一無所悉。做為一名現役的山友，他擁有的恐怕正是在這項運動中最受尊崇的職務。也正因為如此，他似乎會在身處於相對屬於「化外之地」，體制外的日常山友世界中時，對自己的身分抱持幾分敏感。他不時會對身邊那些不按牌理出牌的奇人奇事表達讚嘆，並會帶著一種能讓人卸下心防的真誠，進入那精采絕倫，且他認定除他以外的大家都如魚得水的世界中，天真地向人請益。

當然我們每個人都會對身邊的人事物抱持某種成見，而彼得眼中的我就屬於那群無法定義的「野孩子」，彷彿我比他所感覺到的更入世，更懂得如何在社會上打滾。他會仰賴我介紹女孩子給他認識，但到了女孩堆中他又總是宣稱自己害羞，所以只敢跟女生無害地聊聊天。不過，就在這紳士般的禮數與優雅的應對進退底下，其實掩藏著不為外人所知的悍勁與決心，而山就是此一變身的催化劑。他可能要搭便車或想借本書都會不好意思，但要在困難的登山路段一馬當先，他可是當仁不讓。應該很多人都是這樣，挑戰自我極限的時候愈挫愈勇，但日常與人的互動卻像個孬種。

他的女友一氣之下回到澳洲，是因為她無意間聽到他跟一個朋友討論要去爬強卡邦峰的可能性，原來他一直瞞著女友這件事情，結果被女友解讀為他完全不把她當回事，而且一點也不體貼，但其實他只不過是忙到忘記了，畢竟他行事曆上有多到滿出來的會議、出差、討論與例行公事要進行。

我就是那個要把他帶走的惡魔，由此我也成了他好朋友圈審核的對象，他們就怕彼得會上了我什麼當。我同時也感受到了彼得雙親的不安，主要是我偕迪克找上了門來，說要跟彼得分享更多山的照片。彼得表示他拿新買的幻燈片投影機完全沒辦法，而我憑著一股自己可以降伏各種實用器物的莫名自信，立刻就跳出來要把投影機搞定，但最後我卻搞到一條保險絲燒斷了，熔化的塑膠從投影機滴到了桌上。到人家家才沒幾分鐘，我就表現出了自己的衝動與笨拙，而這也讓我更強烈地感受到了彼得爸媽的不信任感，畢竟我們在這之前可謂素昧平生。並且我還注意到他們會頻繁地在沉默中盯著迪克，因為迪克已經養成了一個習慣是會把他依舊發黑的指尖藏在腋下，免得被人看見。我在彼得爸媽的臉上看得清清楚楚，他們就是在擔心我們這趟出去會把他們的寶貝兒子怎樣。迪克身負重傷我卻毫髮無恙所造成那不理性的罪惡感，在我身上一覽無遺。

彼得跟我堅持進行著準備工作。從所有可以供我們進行判斷的證據看來，強卡邦峰中央的陡峭區都不會有岩架大到夠放帳篷。於是我們計畫要睡在吊床裡。我們誰也不知道自己該認真看待這計畫到什麼程度。我們沒聽說過有誰曾試過在這麼高的山上使用吊床，更別說我們預期溫度會非常低。我們不斷糾結在內心的問題是——這座山如此難爬，我們真的有勝算嗎？那就像是一場看誰是「膽小鬼」的競賽——所有人都要盡可能朝選定的危險處愈跑愈近，誰愈早放棄分數就愈低。我們兩個誰也不肯先在對方面前動搖。

我們在我工作的冷藏庫裡測試了吊床，由此我們在評估中與山上相近的低溫中度過了慘烈的三日。此後根據在冷藏庫中所學到的教訓，我們對吊床進行了升級改進，但我們究竟真心相信自己在做什麼，或者是被自己的煞有介事唬弄到什麼程度，真的不好說。

挑戰「異想天開之舉」的計畫只要繼續執行下去，總是會帶出一些可信度；看著探險前的豪語與宣言被想多賣幾份報紙的記者公諸於世，而且其撰文的根據還就是我們為合理化自身意圖所提出的簡報，你總是會忍不住想要相信自己說的都是真的。可以的話，我寧可安安靜靜地在沒有人知道的地方成功或失敗，但我們就是需要拿出一套說詞，來爭取入山的許可跟官方機構的支持，同時我們也需要設法證明我們值得支持，並為此仔細評估了自己做出的各種努力。但不論別人眼中看到的是什麼，我都未曾稍忘橫在我們面前的是空前巨大的挑戰。在這項挑戰面前，我們兩人之前哪怕貪圖那一點點肯定與虛榮而進行過的任何一次攀登，都不值一提。這一次，我只因為各界對我們抱持的信心而感到戒慎恐懼。

我回家看了爸媽，他們已經坦然接受了我一次次遠征高山並非一時衝動，而是真正為我看重的一種追求。我知道在我前去都納里吉峰之前的幾個月，兩老曾短暫地享受過一點能介紹自己兒子在當老師的滿足感。但不論他們內心有多少的懷疑與焦慮，他們都不曾因為大學畢業後的我換過一份又一份的零工，只為更充分滿足登山的渴求而表達過一絲不悅。確實一開始他們曾對於我對登山的執著無法理解，他們惴惴不安地要我去從事別種正常一點的運動。但漸漸地，他們也習慣了我能從山上平安歸來，並看著我因為這種不尋常的興趣而將足跡拓展到許多地方，將許多友人納入我的生活圈，也讓我累積了豐富的人生經驗。就此，我慢慢開始仰賴起他們的加油打氣，那成了我的信心來源，因為我知道他們對我所做的事情有興趣，而且也會盡他們所能給我一切協助。

但他們從來沒有誤以為我們去登山不危險，對此我只能不斷地嘗試讓他們放心一點。有次經驗讓我體會到他們平常在我去爬山時，是以什麼樣提心吊膽的心情在收聽新聞報導。那次迪克跟我已經出發去攀登馬特洪峰，結果我們聽說兩名英國山友前一天才在山上罹難。於是我們一下山到策馬特，就立刻打電話報平安，若無其事地告訴他們我們已經爬完了。我並沒有反應過度，而我母親也多半猜到了我來電的用意。她直說：「那兩個人就是死在你那裡，是吧？」而我則輕描淡寫地說得好像那離我們很遠，好像那只是數百英里外有人出了場不需要大驚小怪的車禍罷了。

我向來的習慣都是要在出發登山前回家一趟，為的是說一聲我們都沒有說破，但確實可能是訣別的再見。同樣地，只要一下山，我也會在狀況允許的前提下盡快回家一趟，為的是把我帶回來的紀念品拿給爸媽，跟他們分享我旅程中的故事與體驗，讓他們知道我去爬山不是只有涉險，也讓他們多少了解一下我的生活品質是如何因為行萬里路、登萬丈山而更加充實。此外，我就是想活生生地站在他們面前，讓他們放心。

二

我們在八月二十二日動身前往印度，而這也是我生平第一次搭飛機。我忍不住想起前一年在路上移動了好幾個禮拜的艱辛，相對之下搭飛機真的是輕鬆到不行，外加也不會比較貴，就可以用區區幾小時回到進入季風季尾聲那溽熱的印度。我壓根沒想到自己會再重返印度，但事實是相隔不到十二個月，我就像是要去度個很正常的長週末一樣回到了德里，而那兒似乎也一切如舊。路街上依然是熙來攘往，一處處集市中的小販依舊會鍥而不捨地扯著我們路過的衣袖，索尼先生也依舊在他那間招待過迪克跟我的旅店外頭坐著。他的店已經住滿了，所以我們只好入住了旁邊的另外一間，一樣便宜，且一堆常客都是來往於東西方路徑上的窮酸嬉皮。我感覺自己就像是在介紹印度的另一面給彼得，那是他在爬完聖母峰的回程中途經德里並下榻在奢華的洲際酒店中，所看不到的另外一個印度。

GKW[3]辦公室裡也看不出任何變化。員工們都向我打招呼致意，傑迪則一如往常在他超大的辦公桌前指揮若定，好幾名隨扈前呼後擁，有的在寫筆記，有的要飛奔去執行他的指令。

傑迪最讓我尊敬的一點，或許就在於他與我們交流不帶任何成見。在一個大就代表美麗跟闊綽，小跟隨便就等於窮酸的國度裡，傑迪在我們面前可謂不卑不亢。他讓我們感覺他為我們排開了所有的事情，同時只要我們有需要，世上彷彿就沒有他解決不了的問題。做為一個樂天豪爽的印度人，他笑說他應該跟我們一起去爬山，因為這樣他可以減肥，還可以讓血壓降一降。他對我們為什麼想爬山完全沒概念，也不知道我們爬了山能如何，但一連兩回都沒有人比他更用力向我們保證我們能獲准入山，並藉此得到實現夢想的機會。他不要我們的感謝，收到禮物也十分尷尬靦腆。「這是我的職責所在，」他抗議說，「我是受在英國的同事之託，要滿足你們的這些需求。」

在他的安排下，我們搭起了火車跟不能以貌取人的強悍巴士，從濕熱的平原移動到了天氣宛若瑞士的喬希馬特。能與前一年的故人重逢讓我們十分歡欣，這包括尼爾坎斯汽車旅館的老闆布帕爾．辛格，還有一名叫做亞蘇的健壯山青。我們跟要爬強卡邦峰另外一面的幾個朋友在那裡耽擱了一會兒，主要是跟他們一起等待卡車抵達，畢竟卡車上也有我們的兩箱食物。注意到他們僅僅六人的隊伍中竟還能形成一個小團體，讓人不禁感覺莞爾。他們的隊長跟他們同齡也同背景，但領導能力賦予了他理性無法解釋的個人魅力。先行搭巴士前來的三人小組一臉逃離上司監督的表情，而且還因為身後的道路坍方導致車輛推進延誤而多放了一天假。

我們在卡車抵達後拿到了箱子，然後就偕十五名挑夫跟我們的聯絡官——英國皇家空軍上尉帕爾塔先走一步。

我們花四天抵達了基地營，而這段旅程也讓我懷念起了在不到十二個月前，我曾如何在深雪中掙扎著前進。彼得覺得很新鮮、很開心，畢竟他已經在書中久仰了號稱「喜馬拉雅花園」的加爾瓦爾（Garhwal）地區。他對當地花卉展現出的興味盎然，讓我也加入了拍照的行列。他同時也對我們的聯絡官展現出耐性與興趣，但這點我就沒什麼共鳴了。我曾大聲抗議愚昧的官僚強加給我們這第三人，徒增我們成本，又提供不了我們自身不具備的功能，而且這人才在登山學校惡補一個月，就自以為我們會邀請他一起登山，但彼得卻用異常的平靜讓我的抗議洩了氣。他甚至還跑去跟帕爾塔上尉聊起了對人

3 傑迪公司 Guest Keen Williams 名稱的縮寫。

生、宗教與政治的看法。

我們的行程並未呼應帕爾塔在志願擔任聯絡官時對高山探險所抱持的想像；他的心態似乎架構在階級與種姓的概念上，由此他對像他跟我們這種身分地位的人該以怎樣的方式在山區裡生活，也有特定的成見，而這種成見也進而影響了他對我們此次探險的評價。

我一點也不想去為我們做事的方法進行辯護，也沒空像彼得那樣圓滑地去遷就帕爾塔，畢竟這傢伙可是才上了個把月的學校，就以為自己適合去爬我們有多年經驗護體但依舊膽戰心驚之大山。

我隱約感覺到彼得有點責怪我的意思，是因為帕爾塔宣稱他希望我們能在行至基地營後就遣他回去，理由是他覺得我們帶去的食物太噁心，另外就是他很失望我們竟然期待他能在我們在爬山的時候枯坐基地營。但夠冷血的我只覺得這反而能讓我們徹底鬆了一口氣，這下子我們終於可以專心與山的問題較勁，而不用去多費精神去想要怎麼哄一個膚淺的跟屁蟲開心，更別說我痛恨那些我們得配合演出的繁文縟節，所有我們為了達成登山這個單純的目標而不得不裝出的門面。

就這樣，帕爾塔帶著一隊挑夫中途離開，而我則偕彼得上行到小山谷頭部的制高點上進行瞭望，我就像獻寶一樣讓他見過了強卡邦。

代表我過去一整年夢想的圖騰，在此與我們打了照面，且一如記憶中的奇險，也一如我第一眼看到她時的讓人退卻。朝思暮想了她一整年，並沒有讓她以比較親和的面貌出現在我面前，我依舊在她赫然出現之際被殺了個措手不及。我的決心在那一剎那變得孱弱無比，只因我們站在制高點上看見的是一體成形的光滑花崗岩面，且硬是有五千多英尺高，上面還抹著一層冰。如果最早帶我來到這個地方的人是彼得，那我可能就不至於如此畏縮於要攀爬強卡邦西壁的前景；如果是他帶我來的，那我就會心想，他要麼是腦子壞了才會認真考慮爬這麼個玩意兒，要麼就是他知道什麼我不知道的事情——總之不論如何錯都有他扛，不會有我的事。但現狀是反過來，是彼得在仰賴我的判斷，相信我對山的直覺，由此，面對著這個我已經念茲在茲了許久的攀爬目標，我絕不能不小心流露出內心的恐懼。

彼得或許在私生活上顯得羞赧，在會議上像個外交官，在應對進退上完全不出格，但當面對的是他要爬的山峰，當這一切主要只是他與他自己的競爭時，他可是寸土必爭，絕不妥協的。不論他內心有多少自我懷疑，他都不會表現出來。或許即便在已經沒有第三者需要說服的此刻，我們都還是沒有卸下自己過去一年來建構起的堅強表現。我們並沒有選定一條要試著從頭堅持到尾的登頂路徑；事實上我們根本沒有思考到要如何登頂。我們討論出了一個辦法可以抵達一處小山脊的頂端，而那道山脊會通往冰川上方一千英尺處，強卡邦峰最陡峭的部分。順利的話，我們可以再從那裡去更仔細地觀察前方的難關。我們並沒有一下子就把事情想得太遠，免得整次攀登的規模會讓把我們嚇到喪膽，進而導致我們連第一步都踏不出去。

一名獨行的奧地利人漢斯與我們同時步行到了我們的基地營所在地，而這也完全打臉了我們聯絡官做為印度邊境安全守護者的定位。漢斯把在山中漫遊跟為群山拍照當成興趣，由此他很顯然享受著孤獨，一處待夠了就前往別處繼續遊山玩水。他在兩日後離開了我們的基地營，自此我們就只能相依為命面對前方的考驗了。

三

我們花了一星期把食物跟裝備搬到接近山腳處的一個營地。從一萬五千英尺處走到一萬七千英尺處，需要沿著我之前在譫妄中走下都納吉里的原路，耗上四個小時的腳程。我們的負重落在三十到四十磅之間，在高海拔需要費點勁，但也給了我們很實用的機會去適應稀薄的空氣，也慢慢習慣體能活動的艱辛。這趟路也讓我們得以慢慢熟悉山區，並能在一天當中不同的時段觀察大小地形。

我們慢慢接受了山上只有我們倆的事實。迪克跟我之前是二話不說就直接上山，以至於我沒有時間去放大自己的孤寂。我對彼得的了解不若我熟習迪克，而且我們各自都要彼此遷就的許多怪癖。我注意到彼得一篇篇日記都寫得落落長，篇數多到我簡直無法想像他在做每件事跟說每句話前，能不想到自己稍後得寫多少字的日記來交代這一切。在爬過都納吉里峰後，我已經發現了記錄每一天的過程是有價值的，因為那可以幫助我掌握時間的流動，於是我以日記的形式開始進行每次一行的紀錄。但彼得似乎對我這種做法不以為然，他很懷疑短短一行的日記能幫助我記住什麼事情。對此我以其人之道還治其人，跟他一樣引用起了權威作家的發言來壓他。我搬出了格雷安·葛林（Graham Greene, 1904-1991；英國偵探與間諜小說家）說他曾寫道，身為一名作家，難的不是記住事情，而是把它們忘記。這是我唯一想得起的金句，而彼得對其真實性深表懷疑。

我們在前述可通往強卡邦西壁最陡峭處的山脊頂端挖出了一塊岩架來搭帳篷。岩架上方就是讓人望之生畏的山牆，但其一開始的前幾百英尺還不到垂直，看起來還是爬得了的。來到山脊頂端為我們打開了群峰的全景，多少稀釋了我們共同在冰川上感受到的拘禁感，畢竟當時我們四周都圍繞著游冰或岩石構成的陡坡。我對那倒是不如彼得在意，須知他可是親口說出他有多挫敗於地平線變得如此受限。而我之所以沒那麼介意，或許是因為我在爬都納吉里峰時已經長時間勘查過這一帶，所以我就算肉眼看不到地平線，心裡也有個底。彼得因為讀了書，做過功課，所以對於這些他未曾來過的山峰所知比我更多，為此他覺得沒能看上一眼楠達德維山，感覺就像被詐騙了一樣，但那也沒辦法，因為當我們步行到楠達德維山肉眼可見的範圍內時，她正好被雲山霧罩了起來。一部分的我對他的抱怨產生了防衛心態，因為我感覺他好像在拿「我的」山去跟「他的」山做比較，所謂他的山就是他爬過的山；一部分的我則有點緊張，我怕的是這些抱怨只不過是彼得開始幻滅的起點。

我們以帳篷為起點忙碌了數日，其間我們增進了對攀爬環境還有對彼此的了解，而這幾天的攀爬也算有些突破，因為我們得以暫時放下了對整體成功機率的基本質疑。隨著山牆逐漸變陡，我們攀爬的速度確實開始變慢，但依舊保持著穩定的進展，這包括我們從帳篷處拉了一條繩索線上去，並隨著每一天的往上挺進又添加了更多繩索，晚上就沿著繩索滑下來，到避風港般的帳篷裡休息。這樣的日子苦歸苦，但當它們變成一個常態後，也就令人可以接受了，因為例行公事讓我們每個動作都不用太傷腦筋。

那兒的岩石是扎扎實實的花崗岩，跟在都納吉里峰上那些鬆垮而不可靠的石頭不一樣。一道道流冰牢牢巴在岩石的縫隙中。決定要走哪一條路是很複雜的過程，逐個段落解決問題更是讓人身心俱疲。剛開始我會在某一段領路時，深深感受到彼得的批判目光。我注意到他在各種實作表現上自認高人一等，在攀登的技巧與謀畫上也儼然一副權威的姿態，對此我估計跟他的戶外教練生涯有關。我每次停下來評估某處該怎麼爬，或是停下來做好要孤注一擲的心理建設，都會想像著他在一旁躍躍欲試，心理多半嘀咕著這一段要是由他來帶就不會這麼困難，也不會這麼慢。

只有在沒在真正爬山時，我才能注意到他的不足之處。他總是磨咕個老半天才能給自己弄出一個舒服的環境，還總是覺得我擁有或能ＤＩＹ出某樣他沒有的寶貝，比方說我會用繩圈或堆起來的靴子充當枕頭，然後他就會一副被欺負了的模樣。還有就是我只要知道我們已經盡了全力讓自己安全一點，再多擔心已經沒有意義，我就會放鬆下來，但他還是會緊張兮兮。彼得最終睡在了帳篷裡最靠岩架的那一邊，同時他還動不動就會表達出對距離他只有幾英寸，那千尺深淵的惶惶不安。

我們落進了固定分工的模式。彼得早上會先爬起來做早餐，而我則會繼續賴床，盡可能逃避新的一天到最後一刻。晚間我會忙著做正餐，而彼得則拖著沉重的身體躺進帳篷內，靠著山牆享受累了一天可以直接休息的痛快。

攀爬過程大致稱得上是享受，累歸累但遠沒有到達我們的極限，所以反而讓我們覺得十分振奮。我們輪流負責帶頭，四段繩長換一次手。但困難的關卡十分耗時，所以我們頭一日只勉力爬了四段繩長多一點，所以幾乎全程都是彼得在帶。那之後我們的常態就變成了一整天全由一個人帶領，另一人只負責餵出繩子，並在繩子就定位後快速跟上。

那天我一整個下午都待在一處長寬分別為兩英尺跟兩英寸的岩架上，而彼得則在向上移動，緩緩地朝著一處由懸岩構成的障礙處逼近。這時霧氣飄近，他消失在了我的視野內，雖然他明明就在我的不到一百英尺處外。幾個小時過去，我已經想到沒有東西可以想了。強風完全中和了我的喊聲。我奮力想用吼的向霧裡傳遞訊息，但完全沒聽到任何回應。我手邊已經不剩多少繩子可以餵出去，如果他再不暫停，來到盡頭的繩子就會逼著他停下來。我能聽到的只有金屬摩擦岩石的微弱聲響，外加在狂風中斷斷續續的隻字片語。我覺得我好像在霧氣短暫變稀薄時看到了在懸岩處有個人影。由此我解開了用來把自己繫在岩釘與岩尖上的一部分繩索，讓自己多了幾英尺的活動空間。用完這幾英尺，繩索再次變緊，但我這下子清楚聽到了鎚子敲在岩釘上的聲音，確認了他平安無事。此時天已經將晚，彼得脫離了霧的範圍，並且已經將繩索固定在位於他身邊最高點的岩釘上。他跟我說了他在霧裡有多辛苦又多擔心，主要是岩壁變得愈來愈陡，岩縫變得愈來愈模糊，還說他咬了多久的牙，才在像瞎了眼的狀態下撐到可以休息的地方，更別說他知道繩子已經所剩無多。但這種憂心與恐懼是他可以匹敵的。當他只有自己能靠的時候，當他面對到他可以用卓越的技巧去化解的難關，或是遭逢到他可以用解決問題所不可或缺的專注力去忽略，或是用他可以用自己就是為了技術的考驗而來的信念去忍受的凶險時，他就會歡迎這些憂心與恐懼。簡言之，爬山時的彼得是一個他，睡在萬丈深淵旁明明綁得很牢固，卻還是輾轉反側難以成眠的彼得又是另外一個他。

很剛好在這個點上，我們已經經歷最困難的兩個段落都是輪到彼得領路。隔天我花了三小時在懸岩的陰影下，發著抖當彼得的觀眾，看著他在幾英尺外的日照下拚搏，只求為我們迄今遭遇最大的難點尋求突破。懸岩構成的阻礙橫跨了我們頭頂的整片區域。我們若是不能從中找到破口，就只能退回起點從零開始。前一天彼得已經右移至懸岩形成一個缺口處，也就是在山牆彎到視野外的圓角處頂端。他自然看不到轉角後是什麼光景，他只是迫於形勢而不得不往右而已，畢竟往左跟直上都毫無可能。

這代表他開始在探索著未知的領域。我能看見的只有他的下半身，能聽見的則只有他的呻吟與咒罵。他能告訴我的只是他能看到前面幾英尺可以過，哪怕並不好爬。至於相隔幾英尺還在懸岩彎後好幾步的地方，他就看不到了。我看著他的腿在我視線上方的餘光處顫抖，還聽到他不停敲著岩釘在輔助他的前進。身為被綁縛在陰影中的囚徒，我把腿伸到觸及我所站斜面的陽光之內，希望一部分暖意可以從腿部爬上到我冰凍的身體。我有點不開心於又是輪到我在繩子的後面，既被剝奪了開疆闢土的刺激感，又不能獲得身體活動會產生的熱能，但我們倆都必須接受每隔一天就得輪到在繩子後面的安排。我從許多年前就已經將一件事情吸收到我的潛意識裡，那就是吃苦就是吃補，但我也不時會懷疑我們吃的苦跟修行般的生活是否真的有益於我們的靈魂，是否真的能讓我們出落成更好的人。

我開始因為不知道彼得在忙什麼而充滿挫折感。如今連他的下半身都看不見了的我，開始不滿於他對於我忍不住連珠炮的問題那敷衍的回應。我一方面很想親自上陣，一方面無法理解如果前路真的如他所說的是可以走的，那他速度為什麼會慢到這種程度。

當終於可以移動的時候，我已經快凍僵了。我笨手笨腳又很不順暢地做著各種身體的扭曲，方得以沿著像在刑求人似的繩索線路前進通過一段段懸岩，並往上加入位處一冰坡頂端的彼得。沒有意外地，他非常自豪於自己突破了這個障礙，畢竟他找著了關鍵的連結，讓我們得以直指位於強卡邦峰中段高度的廣大冰原。同樣沒有意外地，他期待得到褒揚，但就事論事，我覺得他只是把該做的工作做好了而已，跟他做早餐而我煮茶沒有兩樣；改天立功的也可能變成我，所以最終我只擠出了一句：「路帶得不錯，兄弟。」能夠抵達冰原對我們的士氣有很大的助益。我們已經在自己原本覺得不可能到達之地的半路上，而且等到我們繞過冰原左邊最外側，將繩索錨定在其頂端的邊緣後，我們已經放下「這不可能」的念頭，轉而認定自己可以做到了。冰原上方的山牆看來也不容小覷，更別說還有一座難度顯然更高的巨塔在虎視眈眈。惟此刻的我們已經從迄今的進度中斬獲自信，不再像行程一開始那樣內心充滿懷疑。

我們爬了幾乎整整一星期，才抵達位於山牆中段的冰原上方。我們在彼得的建議下帶上了一千英尺長的繩索，為的是將之固定在山上。他會做此建議，是因為他針對山的問題進行過深思熟慮，同時他在聖母峰上所體驗到固定繩索的價值所在，也是一項重要的依據。

在冰原的上緣，我以立姿拉回著繩索，而同時彼得則向上朝我而來。我已經繞過了冰原那又綠又硬的左側，弄出了一條路可以向上突破旁邊平滑岩石斜面上的小小皺褶。我這一路上都是踮著腳，如履薄冰地用腳趾在玩命，但我玩得很盡興，因為我做為賭注的每一步最終都得到了報酬。比起之前由彼得帶頭的繩距，我的辛苦程度完全不能跟他比，但我每往上動幾下都會累到氣喘吁吁。我一邊看著彼得沿著我身後的繩索跟上，一邊把錨點第一時間收回來，只留下主要的錨點在下方，畢竟我們的岩釘與鉤環都需要回收再利用。我手握照相機，用眼睛瞄準了觀景窗，在那兒構著圖，就等著彼得移動進入一個充滿動態的姿勢。我抓緊一個不算特別理想的姿勢先拍了張照，就怕等會兒有個萬一就拍不成了，所以我也不敢太挑。拍完一張我再次讓相機就位。彼得繼續往上，這次進入到了一個比較理想的位置，於是我按下了快門，但正好遇到他因為喘氣而讓頭一低，陷到了手臂下方，所以我追求的景象又沒了，但起碼那一幕充滿了真實感，高海拔登山的痛苦在那幅畫面中一覽無遺。彼得抬頭一看，聽見了快門的喀嚓聲，接著就大喊一聲：「你再給我拍一張這樣的照片看看，看我不上來扁你。」聽他有此一言，我這天都給毀了，我極為反感於這種我眼中幼稚到不行的脾氣；我在想他是不是只想拍帥氣的照片，但其實他也拍過我類似姿勢的照片。至此我們之間那相互怨懟的薄弱關係已經無法將我們繼續連繫在一起，那關係於我已經毀於一旦。一股漫無目標與無力感席捲了我；雖然我們一路爬到現在表現可圈可點，但我們相互根本離心離德。攻抵冰原上緣這個中繼站固然確認了我們有不錯的機會可以攀上強卡邦峰，但那帶來的一點點喜悅就因為剛剛發生的事情而蕩然無存。我感到空虛，感到被拒絕。我已經失去了對山壁更上方的憧憬，我只希望這次攀登趕緊告一段落。

彼得看似有悔意，所以我便沒有再讓這次事件繼續發酵下去，由此我在日記中寫道，「這裡不是鬧彆扭的地方。」我見識到了我沒預期到的另外一個彼得，一個怒火隨時會爆發的彼得，我得知了就算是彼得，就是那個看似懂得顧全大局且斯文有禮的彼得，也不能免疫於身處於高山環境中的身心壓力。

一種故意找碴的冷戰元素，開始浮現在一些無足輕重的小事情中，比方說我們會誰也不願意去多泡一杯茶，但這並不表示我們沒意識到自己生活在多麼奇怪的一種氣氛裡，我們確實知道這不可避免地會把兩人的關係繃得很緊。至此我們開始養成了一個習慣是隨口評論一下山下的尋常生活，好讓我們能用更宏觀的眼光去看被高山環境所制約出的衝突。「別擔心，等我們下到山谷（基地營）之後，這些就都不是個事了」成了我們的口頭禪。

至此我們的日子組成便成了幾小時在疲憊與焦慮中沿我們固定好的繩索單行道向上前進數百英尺，接著是幾小時刻苦攀爬新的進度，最後再艱辛漫長地垂降數百英尺，在一天的尾聲回歸帳篷。在當下的處境中我們無從從壓力中逃脫；那點燃雙方口角的張力來自於高度緊繃的心境，但我們就是靠著這種高度緊繃的心境，方得以維持解決攀岩問題需要的高度專注，否則解決不了問題，我們又會陷回一開始的自我懷疑。我們身處環境的宏偉壯闊，夕陽落下在頭戴雲環的宿敵都納吉里身後的美景，深藍色的晴朗天際，還有伴著我們垂降的紅霞餘暉，全都只能是深藏在我內心一隅，此時無暇欣賞的驚鴻一瞥，我只能先將之記錄在底片上，留待日後的好整以暇。

我們並沒有妄想靠一條繩路直達天聽，而是盤算著我們可能要先把困難的段落處理好，固定好繩索，然後第二趟時再靠吊床進行機動的攻勢。這整座山都沒有容易的地方，為此我們巴不得自己可以多鋪設一些繩索。我們湊齊了所有帶在身上的備用登山繩，結果發現將近有兩千英尺長。最終我們用盡了這些繩索，但只設法從在山脊上的一號營延伸到冰原的頂端。從冰原頂端，我們再次垂降下去休息，並在回返時帶上了更多食物與吊床。

四

基地營只是我們過夜睡覺的地方，隔天我們就回到了山上。喬希馬特之前有傳言說一支美國探險隊要來挑戰都納吉里峰，並會在我們附近建立基地營。我們下降時已有心理準備會跟他們打上照面，但最終我們連半個人影都沒看到。我們之前留在孤零零帳篷外，供萬一有人路過時參看的便條完全沒被碰過。我重寫了一張紙條，更改了出發了日期跟預定的歸期；我另外還寫上了我們在山上所攻抵之地點的細節。當然沒人經過也不意外，畢竟我們紮營的山谷是條停在強卡邦峰前的死巷，但萬一我們就此永遠消失了——我真的沒有想要小題大作——這字條可以證明我們最後去了哪裡，而這就代表山難的謎團將帶給我們身後親友的額外痛苦，可以靠這張字條降到最低。

我與彼得迄今已有三週的時間沒見到地球上的其他人類了，由此若有某個李四張三能行至我們的營地並留下個隻字片語，我們都難保不會喜極而泣；若能發現有另外一支探險隊與我們為鄰，我們肯定會覺得我們的二人搭檔縱然感覺關係緊繃而倦怠，但仍不失成就斐然且絕對可以良好運轉。第三者的滋潤絕對可以讓我們封閉的二人世界多少回歸常軌。

我們帶了吊床回到山上，因為一如我們所推測的，上面完全觀察不到任何岩架可供帳篷架起的蛛絲馬跡。話說在要回山上的時候，我們在對天氣的預測上產生了歧見。彼得有著類似迪克的衝勁，由此他似乎對氣候的走向並不放在心上，也不介意回程時恐怕會遭到耽擱。最終我們在暫停下來評估積雲與飄雪的時候，勝出的是彼得，畢竟我多少有點心虛，我心知自己之所以建議延後出發，至少有一半的用心是出於惰性。但最終壞天氣是真的直撲而來了，卯起來想重返冰原上緣的我們因此在午後近晚時受困。

負重過重的我們繞過了一號營，並在黃昏跟風暴席捲我們之際只來到架設好之繩索的半途。我們花了足足三小時，才用聳立在風勢中的火爐產出一人一杯熱水。我們對起話來只能言簡意賅。至於在風雪中開伙實在太過狼狽，我們連試都不想再試。總之看是時候了，我們就開始認真把吊床繫緊。我們各自把一張吊床用其單單一條懸掛點連到我們前一週固定好，如今也做為返回山腰之路的繩索上。彼得吊在我下方幾英尺處，而我欣然地注意到我底下突出了一大片岩板；我開心的是，萬一冰塊在我睡覺時掉下來割斷了繩索，我有機會被岩板接住而不至於一路掉落。

我們的吊床長度符合我們的身長，兩端各設計有三條吊帶可以在水平狀態下穩穩撐住一個成人。這些新設計的吊帶會匯集到同一個點上，所以我們可以只靠一個點就掛好吊床，畢竟像在山壁上這樣的地方，你很難能一口氣找到兩個適合的掛點去承載傳統的吊床。吊帶使用的材質是尼龍外加薄薄一層隔熱用的泡棉。我們帶了合成纖維的睡袋要在吊床中使用，理由是羽絨睡袋在壓力下會擠壓太過，因此隔熱效果反而比較不好。為了蓋住吊床，我們準備了尼龍罩子用來披在吊帶上，同時這些罩子還可以用有彈性的帶子夾好在吊床本體下方。在冷凍庫模擬的時候，我們已經發現體重造成的效應會把我們夾扁，畢竟體重往下壓，會導致吊床的吊帶被扯在一起，而我們想到的辦法就是用一些輕量的合金棒子去撐開吊帶，但認真要使用吊床的頭一晚，我們手邊並沒有這些要緊的金屬棒可以使用，它們被留在了我們的之前去到的高點。

那一夜我們睡得既尷尬又欠缺協調。山上那種貨真價實的寒冷與不適，就像是在嘲笑著我們使用吊床的決定。光是要把自己塞進吊床裡，我就費盡了全力。事後我躺著喘氣，然後又掙扎著要把靴子褪去。其間我每個動作都會導致尼龍布的天頂與吊床的底部分開，讓夾帶大量飛雪的冷風從黑夜中猛灌進來。我把靴子綁在吊床上，免得搞丟了它們，然後繼續以躺著的姿勢拉起腳邊的睡袋，一路把身體套進去。我吃了一顆安眠藥來阻絕不舒服的感受，但幾小時後醒來卻發現睡袋的腳部外懸在冷風中，搞得我真正的腳都麻了。這一夜就這樣無止盡地延伸下去，只有黎明是一些動靜跟溫暖的希望所繫。任何改變都讓人歡迎。我們的狀態就是這樣糟到不能再糟。噴進來的雪就像能見縫插針似地不會放過任何一絲空隙；我感覺快要被撐不開的吊床給壓扁，連呼吸都相當困難。

我瞄了一眼黑暗中微弱的閃光，因為那代表的是破曉。這漫長的一夜終於被我熬過去了，但在吊床與天頂的紅色蠶繭之外，仍是強風、旋雪與積雲構成的世界。我一想到要進入那個比繭外更冷的世界，人就龜縮了起來。

就這樣直到上午十點鐘，彼得才從下方喊聲：「你要起床了嗎，喬？」

「好喔，」我說，然後才開始了躺著褪去睡袋並穿上靴子的複雜程序。只有做完這些事情，我才能完整換裝來面對新的一天。彼得跟我已經十八個小時沒怎麼聊天了。我解讀他夜裡的沉默代表他睡得比我舒服。

他又喊了一聲，催促的口氣讓我認定他已經準備就緒，多喊這一聲是在指責我的懶散。

就在我拉起最後幾道拉鍊，並把手套重新戴起來之時，他又真正聽得出怒火地喊了第三聲，質問我為什麼還沒起床。我一邊用回覆聲安撫著他，一邊拉開天頂與吊床，踏出到了吊床底下的岩板上。彼得在我下方十英尺處，還沒有完全整裝完畢。他彎著腰，兩手插在鼠蹊處，難掩的痛苦哀號聲從他低頭蓋著的頭套中傳出。

「你怎麼了，彼得？我還以為你準備好了？」

「我一直在外頭想把靴子穿上，我手指現在全都沒感覺了。」

他為了給我看了他發白的手指，舉起了一隻手。他的手指已經不太能移動，綳緊的臉上則寫滿著痛楚。

我立刻就原諒了他稍早的出言不遜，同情心替我抹去了之前兩人種種衝突的點滴敵意。我毫無保留，也忘了尷不尷尬地擔心起彼得。

「你現在手指感覺如何？」

但他誤以為我擔心的不是他，他覺得我只是擔心自己會少了一個登山的搭檔。

「它們慢慢恢復了，但還是會痛。別擔心，這不妨礙我爬山。」

在外頭頂著風穿靴子，讓他的手指失去了知覺，所以直到他發現手指不聽使喚時，他才意識到手指已經凍僵了。隨著血液循環恢復，血流重新注滿了他手指上受傷的細胞，而這也讓他痛到縮起了身體。彼得的手指變了顏色，而且用一次痛一次。

這次事件讓我們重新想起了自己這趟上山所為何來；不論我們之間掀起什麼樣的摩擦，一旦我們的決心遭受到真正的考驗，我們毫無疑問都不想半途而廢。我毫不猶豫地把擔心之情展現在他眼前，為此我不但親自確認了他依舊可以做得出各種必須的動作，同時還親自替他收拾了吊床，免得他的手指瘀血繼續惡化。我感覺與彼得累積了幾星期的冷戰敵意，就是要靠這樣的一場意外來打破僵局。

我們沒有嘗試融雪來喝水，而是懷著能為下一晚找到更好營地的希望挺進。我們不是不知道水分攝取與進食不夠的話，自己的體能會下降得很快，耐寒能力也會掉得很快，但我們被自己曾經於幾小時內攀上那些固定繩索的記憶給騙了，所以才寧可先擱下融雪喝水的工作，等我們抵達冰原頂端再說。我們打的如意算盤是只要到了冰原頂端，就可以有夠大的岩架可以坐下，也會有不受風雨影響的地方可以安放火爐。但我們沒算到的是沉重的背包拖緩了我們的腳步。

早上放晴的天色鼓舞了我們的前進，但最終我們還是花了一整天才抵達冰原的頂端，而此時風暴早已捲土重來。

我們期盼中的岩架落了空。我試著再往上爬一點，但雨一般的冰雹抹除了所有能用的立足點與手可以攀抓的地方，不得不放棄的我們只好讓自己再重溫一遍前一晚的慘烈。我們再一次只勉強做出一人一個馬克杯的溫水，灰頭土臉地爬進吊床與睡袋裡面，然後在比昨晚好不了多少的狀態下熬起了枯燥的一夜，只能等數小時後的黎明才能為這一切畫下句點。

沒怎麼吃喝的第二日就這樣結束了。無可避免地，我們在脫水與飢餓的危險狀態中入眠，但在沒有地方可坐跟沒有地方幫火爐擋風的狀況下，我們也無能為力。我們沒辦法在吊床中使用火爐，主要是擔心吊床的布料會燒起來，或是鍋子裡的東西會打翻在我們身上。彼得倒是沒怎麼在抱怨手痛了。

我們的追求開始不斷貶值。至此我們心心念念只渴望有個地方能坐下，有空間讓火爐能擺放，我們已經不奢望像在下面那樣有床或帳篷睡了。我們也已經不求大餐，只希望能有熱飲就好。隔天我們爬到固定繩索尾端再加上一百五十英尺的高度，並從冰面上砍出了一些立足點。我們在有限的時間內已經盡了全力，然後天就黑了，而我們也迎來了苦哈哈的第三晚。

隔天能在風暴中醒來其實是福不是禍，因為這讓我們作起決定來不用再三心二意。過去這三天，我們把進度在已有的固定繩索基礎上推進了一百五十英尺，我們鮮少能一天喝滿一品脫水，吃的方面更是幾乎零進帳。我們兩個都苦於風吹跟天寒地凍，想要爬完剩下的兩千五百英尺而順利攻頂，機率可說是微乎其微。

撤退是很吸引人的選項。有了能從這種苦頭中逃脫而鬆一口氣的調味，失敗似乎也變得不那麼難下嚥。我無意美其名為某種戰術性的收兵，我只是單純想要得到解脫，單純想要回到暖和而且有吃有喝的下面。

於是在回到一號營的帳篷後，我躺進了帳篷裡，外頭的強風再也吹不到我，慢慢穿透雲層的陽光也射來了讓人平靜的暖意。就在我昏昏欲睡時，彼得也回來了，而他氣炸了我只顧著睡，沒有先把爐子點上，也沒有先融化好要喝的水。我們有個固定的默契是先回來的人要準備飲水，畢竟那是我們一整天最期待的事情。我明知道自己理虧，但還是搬出了沒有煎鍋當孱弱的擋箭牌。對此彼得直言我應該想到身邊有空罐頭可以用。

夜晚在吊床裡受的酷刑，還有連日在沒有遮蔽的狀態下任由風暴肆虐，讓我們體悟到了之前所沒有留意到，這座山的狠勁。在趕忙朝基地營下行的時候驀然回首，我們感覺自己就像不明所以但又惶惶不安的孩子，在看著身後那場造成了莫大痛苦的烈火。直到冰原之前那一天天穩紮穩打累積出的自信，就此毀於一旦；堅毅不放棄已經不再是成功的保證。冰原上方是岩石的世界，陡峭程度更甚下方，而在無處紮營來當作根據地的狀況下，我們實在看不出自己可以如何顧好氣力去攻克那片岩壁。

我們在基地營待了整整兩天，但感覺像一個禮拜。在接連拚搏了三週之後，這是我們第一次放假。我們放鬆、吃東西，拋下了從寒冷中歸來之人的那種自我封閉與一板一眼。我們漫天聊起了家庭生活，聊起了我們認識的女生，也聊起了我們在自找的單身生活中夢想的女神。我用相機捕捉了黎明時溪裡的冰晶，還有小花花瓣上那閃閃發光的露滴。我們在恐懼慢慢鈍化後聊起了山，而彼得建議我們之後可以帶上內帳，如此我們若是能切出一個夠大的岩架，便可以一起在山上一起坐著。我替他包紮了手指，主要是他的指尖現已龜裂又發炎。

他的手傷遠沒有前一年迪克的嚴重，但彼得比任何時刻的迪克都更願意把痛說出來。相較之下我覺得彼得的反應比較合理。他的手指確實看起來很嚴重，而比起在壓抑中按捺自身痛苦的人，我更能與說出自己有多痛苦的人產生共鳴。迪克想要活下去只能無奈地繼續前進，而彼得跟我的情況則是我們可以自行決定要不要繼續回到山間。如果我們覺得窒礙難行或如果他的手指痛到不行，我們是可以不回去的。但我從不曾須臾聽到他想爬上去的決心有所動搖。

再接再厲是我們沒有說出口的默契。為此我們免不得將會錯過返鄉的班機，而且彼得還會因為曠職太久而不得不做好丟掉工作的心理準備。但我們已經走了那麼遠，眼看著強卡邦峰究竟是能爬還是不能爬就要見分曉，我們實在沒辦法為了不錯過飛機就一走了之。爸媽與朋友當然會擔心，但我們跟平日的生活已經徹底脫節，所以沒有外界的刺激能改變我們的決定。登山做為動機在我們面前沒有對手，而最終它也確實贏了。

我們打包準備啟程，並再一次更新了「致路過者」便條上的用字。此時基地營外的小山谷中傳來了生命的動靜，但那不是動物，而是個人，而且隨即又冒出兩人。我們嚇呆了，我們的行星竟然又有人類抵達了。他們屬於我們之前聽說的美國探險隊，身分分別是兩名成員加上連絡官。彼得跟我倒出了一大堆雜七雜八的問題，能跟彼此以外的人類溝通的興奮感讓我們欲罷不能，由此我們等不及他們回答就連珠砲問個不停。所幸最終我們還是從他們的回應中蒐集到一些訊息：沒錯，他們要挑戰都納吉里峰，而且要走一九三九年的原始路線。他們一共有十名成員。連絡官這會兒是因為身體不舒服，所以便由其中一名因故得提前返家的成員陪著下山。至於另外一名成員則還是會在事後回去跟隊伍會合。沒錯，他們看到了我們留下的便條（我們現在打算什麼時候回家？或許我們的挑夫可以一塊兒找）。沒錯，他們的營地就在附近，距離大約十分鐘腳程但從這裡看不見的一個洞穴。他們還告知了我們一則不幸的消息，是楠達德維山上死了一名二十一歲，而且與山同名的妙齡女子。多年之前，這名女子的父親就是第一批登上楠達德維山的一名美國山友，而他這次帶著女兒舊地重遊，就是想讓名叫楠達德維的美麗女孩登上名叫楠達德維的美麗山脈，進而成就一段佳話。但沒想到她在山上患病卻硬撐，終至力竭而亡。這是個聽了讓人很不忍心的故事。我們互道「祝好運」之後就各奔了東西。

這段不期而遇其實有點耐人尋味，因為明明可以意義重大的互動，最終卻顯得有點雷聲大雨點小。確實，要是我們知道有他們的存在，我們會多少感覺自己跟這個世界還有一些聯繫，讓我們因為自己在人類之間還有一席之地而感覺安心一點。但事實上，彼得跟我都覺得那兩名美國探險隊的成員有點不對勁。他們年齡都明顯偏大，我們覺得啦，大到似乎不太適合在喜馬拉雅山脈擔任現役的登山隊員，再者就是他們的裝備好像都是新的，就好像是專門為了這次的場合才買的一樣，上頭完全沒有慣用且稱手的登山工具會有的那種宛若個人標籤的痕跡。退一萬步說，從前進營下到基地營卻還把冰斧帶著，冰爪也沒有脫掉，感覺怎麼看怎麼怪，畢竟那段路主要都只是碎石或泥土的坡地。他們給人的印象是那種單純喜歡山，所以就在推薦之下買了一堆裝備，但其實他們根本不具備相關知識，也不清楚這些裝備各自要在何時使用。要是美國全隊都跟我們遇到的那兩名成員一樣，那就可以進一步證明印度政府審核登山隊的標準是年紀大等於經驗豐富，人數多等於相互有照應所以比較安全。美國隊的申請過程應該相當順利。

在我們往自己的前進營回歸的路上，彼得表達了他的困惑，而這也讓我們共同的憂心浮出了水面：「要說誰會在這裡發生山難，恐怕非他們莫屬了吧，你不覺得嗎？」但我們也知道這些來自美國的強卡邦訪客恐怕也是這樣在看我們。

我們人不在山上每一分鐘，都能感受到自身的未竟之業在身邊虎視眈眈。我們在前進營待了一天去策畫可能的下山路徑。還在前方等著我們的挑戰，隱含著壓力，也在我心中注入了抑鬱，讓我忍不住把所有的差錯都怪到彼得頭上。一起睡過頭時，我怪彼得沒有做他該做的早餐。我怪他晚出晚回，恨他因此壓縮了我做晚餐的時間。我覺得自己被騙走了我可以放鬆的珍貴時光，畢竟我需要那些時間去品味還活著的每一刻，畢竟等隔天一頭栽入與山的鬥爭中，誰都不知道最後會是什麼樣的結果。

我們很大部分的焦慮來自於之前與吊床交手的恐怖經驗。我們嘗試要用理性去面對自己的恐懼，嘗試要重新檢視我們迄今的進度與所耗費的時間，並參考前一年迪克跟我是如何在準備更不周全的狀況下連過了十夜，心想當時都撐過去了，這次至少不會更差吧。

我們在山脊上的一號營遭到暴風雪的耽擱，心理壓力也因此增加了。那感覺就像我們對彼此的一舉一動或一個念頭都無法不鑽牛角尖。我們沒有爭吵，甚至連話都沒說幾句；我們在退縮中保持著沉默，剩下的只有刻意裁切簡短，非不得已才開口的回應。有長達一個月的時間我們得逼著自己拚盡全力，但緊繃的身心卻完全沒有人能分攤。我們誰也無法休息一天來讓誰替我們把工作做完或把壓力卸除，問題永遠都在我們上次停下的地方等著我們收尾。我們知道這是我們最後的機會。我們的存糧已經不足以再一次下去再上來了。大雪與強風掏空了我們的預期。

但天際卻於此時放晴，風勢清掉了山上的積雪，我們也得以收復了之前在吊床中受苦的地點，並從山壁較低處把原本固定好的繩索給帶了上來。我們忙碌了幾個小時，終於在冰面上砍劈出一處大小更能讓我們兩個人並肩躺下的岩架。就此在這兩萬英尺高的地方，我們建立了二號營。我們用細尼龍繩將內帳的兩角固定在岩釘上，而岩釘又固定在冰面與岩壁上。我們倆得緊貼著才能擠進帳篷而不從岩架掉下去，須知帳篷的其中一側已經超出岩架，所以是懸空的。這晚輪到我睡外側。我們必須輪著翻身，而且每個動作都要先跟對方確認，否則我們隨時都有踢落靴子或爐子等重要物品的可能。

二號營以上的攀爬要更為困難，而且更為耗時。我們不只一次對自己牛步的攀登速度感到失望，但我們確實在解決一個具體的問題。我們花了好幾天的時間爬上陡峭的山壁與冰川的細流，有時為了迂迴繞過角落就得耗時數小時。我們會來到一片空白的地點，然後像瞎子一樣奮力抵達其他斷層；我們曾被嚇得一身冷汗，只因為鋒利的山壁邊緣曾切斷繩索，差點影響正在攀爬的我，也曾在結束一天的工作後歡欣鼓舞，只因為我們能邊著固定好的安全索，下降到我們窘迫狹小，但在日落餘暉中閃耀如紅焰的帳篷。

緩慢的進度讓人心中受挫，惟每進一步都能讓我們的成就感更上層樓。我們每一天都會弄到氣力放盡，也無時無刻不與危險二字摩肩擦踵。有天夜裡，因為不小心爬到天黑，我因此不小心讓自己脫離了繩索的確保而差點摔落山巔。要是我真的掉下去了，彼得將完全不會知道我發生了什麼。日子變得愈來愈像例行公事。我先回來，彼得搞丟了他的工具，不得不在長長的繩索線上用較慢的辦法下降。回到帳篷後的我會先切出一方方冰塊先置於帳篷的前方，然後再鑽進帳篷裡，這樣等我聽到彼得嘿哩哐啷下得山來，再用繩索盪回來的時候，冰就會已經在融化了。

我們奮戰了四天才在二號營的基礎上爬了一千兩百英尺，而在這新的高度上，我們確信自己可以抵達那橫切上方壁面的寬廣雪坡，從而通往難度較低的地界並最終攻頂成功。我們戰戰兢兢，連個大氣都不敢喘地休整了一天，就怕這座山察覺到我們攻頂的信心又起來了。我們舒舒服服地躺在被太陽曬暖的帳篷範圍內，吃著、睡著、透過帳篷的入口享受著那無於倫比的全景，還有在冰川上方三千英尺處，我們迎風落腳處的璀璨輝煌。一掃過去幾日的焦慮緊繃，我在一張紙片上振筆疾書：

十月十三日星期三。今天我們都累壞了，所以休息一天。飄自美國隊營地方向的煙霧清晰可見。他們肯定是在整裝要回去了。他們這趟探險好像已經來了幾百年。終於能回去了應該鬆了口氣吧。上頭的狀況真的非比尋常。希望好天氣能再維持一下，家鄉的親友此刻應該很擔心吧。

用行動去與正面衝撞已經威脅了我們許久的問題，要遠比枯等的酷刑要令人能接受多了。行動中的我們不會因為被問題鋪天蓋地地壓制而一點一點削去自信，流失士氣。我們將問題的不同部位各個擊破，並在不畏困難找到一樣樣解決之道的同時尋回了信心。我們還差一段大約一百英尺的段落才能抵達之前說的雪坡，而從各種跡象來判讀，雪坡與峰頂之間將是一片坦途。

在太陽還沒能繞過來，強卡邦西壁還很冷的早晨，彼得領著我們攀上那最後一段繩距，朝著雪坡而去。他暫停了一下來暖手，主要是他的手指還在痛。他抵達雪坡時，正值太陽推著一輪彩暈過了峰頂的山脊。這是要變天的徵兆。

這之後我們並沒有沿著雪坡走，而是直線往上爬，而這也代表我們誤判了情勢。高於想像的難度使得我們到晚間才克復平順通往峰頂的坡面底部。

終於能停下腳步、讓風被什麼擋住、並享受起食物與克難的床鋪，完美詮釋了什麼叫幸福。我們真的累斃了。

隔天早上我忽視了兩人的嚴格分工，在出發登頂前生出了熱牛奶。接著我們就展開了上攻，連在繩子兩頭的我們開始連袂移動，我走前面並一次都沒有回頭，所以就算繩子在我腰上像在拉著我，我也不知道是彼得走慢了，還是繩子卡進了雪溝中。我們手腳並用地朝峰頂愈爬愈近，高海拔處的疲憊與艱辛此時已像個老朋友，動搖不了我們。我模模糊糊地意識到歷經千辛萬苦，我們終於連滾帶爬地要來到巔峰，那個壯絕聳立在強卡邦西面絕壁以上五千呎處，位於坡面頂端的巔峰。如今我們能在上頭矗立，全靠我們靴底的那幾枚鐵釘，還有我們手中那些用來登山的工具。

我曾想一鼓作氣衝刺完最後的二十步，就此順利登頂，但最終還是功虧一簣，搞得自己氣喘吁吁。我小心翼翼地接近峰頂。要知道強卡邦的峰頂十分銳利且另一側會毫無緩衝地直墜下去。彼得加入了我，並移動到五十英尺外一個看起來稍高的地點。

來到山頂只是讓我們無須再艱辛地往上爬。楠達德維現身了一會兒，讓彼得過足了想一睹其丰采的癮。一道逼近的雲堤帶來了前一天太陽周遭彩暈預示的壞天氣。我腦中沒有頌歌響起；我只想下得山去。登頂只是整個登山過程中的一個階段而已。我一不為我們的成就欣喜若狂，二不因三百六十度的全景感到舒爽。下山的實際問題跟我們還得辛苦好幾天才能脫離危險的前景，都讓我無從徹底放鬆，我頂多只因為不用再往上爬而感到一絲安慰。對我來說，雀躍跟滿足都可以等到我們回到堅實的平地再說。我們尋找著被我們美國朋友留下的蛛絲馬跡，因為搞不好他們已經登頂過了，但因為雪太深所以我們什麼也看不到。我們只在山頂停留了半小時不到，一起喝了點巧克力還拍了些照留念，就啟程下山了，畢竟第一陣吹雪已經降臨，底下各片山谷已經滿布烏雲。

我再次感覺到彼得言談中的優越感，是因為他看到我在要展開漫長陡峭垂降回雪坡時，一開始敲下的岩釘。那根岩釘有半根的長度露在外面，而且還在我施以全身重量時有點彎折。

「你不會想要靠那玩意兒下去吧？」

我回答得有點嗆，因為我覺得他暗指他不會這樣做的批評口氣很不中聽。

「你有別的辦法嗎？」

他沒有，而我可以感覺到他有點幸災樂禍於這段是我走前面。不知道是犯蠢而放鬆了心情，還是因為相信在試探了所有的可能性之後，信心可以讓錨點在無形中變強，我戒慎恐懼地滑了下去。在盡了人事之後，我們需要的是一點運氣，所幸那枚岩釘撐住了。

暮色降臨在我們重返在雪坡底部那些固定繩索的時候。那些繩索是我們的生命線，我光是把自己扣到繩索上，開始較為機械式地朝帳篷滑降，心情就已經篤定多了。在兩次使用這條繩索中間的三十六個小時裡，風勢已經將其吹得七零八落，有個錨點已經鬆脫，逼得我不得不把自己拉回正軌，並重新把繩索固定歸位，好讓等一下彼得能好滑降一些。在夜色中，所有事情都得靠觸覺跟記憶完成。等到要像鐘擺一樣盪回帳篷時，我的雙手已經因為抽筋而僵硬掉。我照例劈出了冰塊，然後才爬進帳篷躺下，並在那兒任由自己得意忘形一下，彌補一下在山頂時的缺憾。我已經下了一半的山，來到了正式脫險的半途中。懷著這種心情，我等待著彼得鏗鏘作響地回歸。

窩在溫暖的睡袋中，我縱情於放鬆所帶來的極樂，並開始融冰來製水。冰融了，水熱了，但彼得還是不見影蹤。我把火爐關掉，也不急著喝水，我想等彼得回來跟他共享這份快樂。

我把自己從瞌睡中搖醒，才意識到我聽到的不是彼得的聲音，而是鍋子還在不斷冒著泡。我望著黑暗的外頭，什麼都沒有。我大喊了一聲，也得不到回應。

我躺了回去，仔細打撈起我過去一兩個小時的潛意識，看當中有無可能是彼得摔落的聲音，而此門一開，我就開始覺得他恐怕是真出了意外。絕望開始入侵我的身體，鍋中的水不停悶燒著卻毫無意義，因為我燒水是為了想跟彼得一起喝一杯，而如今我渴歸渴，卻一點胃口都沒有。我的心在行動方案的巷弄裡跑上跑下，一一排除掉慘劇萬一已經發生，我能夠力挽狂瀾的可能。我多麼希望聽到彼得回來是那唭哩哐啷的聲響，好讓窮擔心的我看起來像個笨蛋，問題是此刻我已經先回來兩個小時了。

但說曹操曹操就到，那裝備碰撞的響聲，那冰爪在岩石上的摩擦聲，原來慘劇並沒有發生在一瞬間，發生的只是他控制自己下降的速度過慢。我放下了心中的大石，但那開心迎接搭檔回來的心情卻回不來了。

「喬，你看得見那些燈光嗎？」

我看了出去但一無所獲。

「喔，他們已經走了。那你聽得見聲音嗎？」

我什麼也聽不見，並心想他是不是產生了譫妄的症狀。

「你拖了好久才回來。我還以為你發生意外。」

「我是發生了意外啊。一枚岩釘掉了出來，我差點就摔下山。我頭下腳上地吊著，只靠一隻手撐著。」

我們已經習慣了在最短的時間內冷靜下來；再一次我們開始一起吃東西，一起製作熱飲，不再需要活在隔天得嚴守紀律，繼續奮力往上爬的陰影下。我們稍微過早地沾沾自喜起來。就算現在遇難，我們也已經證明了要沿著強卡邦西壁這樣的路線攻頂，並不是不可能的事情。

最後一次從這座山下去，我毫無疑問地是懷著欣喜的心情。確實，我們已經征服了這座山，但我從頭到尾都如坐針氈，須知不論任何時刻，這面巨大的山牆都散發著懾人的氣場。我們沒能早點從二號營出發，結果又是距離一號營的帳篷還有五百英尺，夜幕就降臨了。

我用力注視著黑暗，希望從中辨識出一些細節。我們身處在雪與岩的混合地面上，憑藉記憶摸索著想找到我們曾經留下岩釘或綁上路條的石頭，須知我們在黑暗中偏離路線哪怕只是區區五十英尺，都會讓我們徹底錯過帳篷。

結果這演變成了又一場集寒冷、強風與疲憊於一身的嚴厲酷刑，期間我的身體嘶吼著「我受夠了」。思考變得異常困難。我們什麼路條或岩釘都找不到，甚至於我們兩個覺得應該根據記憶而瞄準哪個方向，也有著不同的意見。夜視力較強的彼得藉著一條由我餵出的繩索下降，希望萬一摔落還有這繩子能撐住他的體重。在經過一百五十英尺的下行後，他一無所獲。此時我接上另外一條繩子，也給餵了出去。我們說什麼也得在這最後一段冰冷的岩石上找到最後留下的路條，否則我們就不用想找到帳篷了。他已經在黑暗中下行了三百英尺，才終於用他那悶沉的喊聲上傳了好消息，那就是他找回正確的路線了。我的腳已經凍僵，雙腿則已經冷到在顫抖。

此時我也開始沿著雪坡往下爬，其間繩索鬆鬆地掛在我的腰際。我不斷呼喊著要彼得指引我方向。我害怕到不行，主要是我什麼都看不到，只能靠雙腳去感受雪與冰的質地變化。

整段下行成了災難一場，但這並不妨礙我讚嘆彼得能用宛若第六感的能力找到之前的錨點與路條，進而讓帳篷回到我們可以達到的距離範圍內。我滑下了繩索，並慢慢認出了雪坡的輪廓；隨著坡度慢慢變緩，我的雙腿也得以折彎。然後再多走沒幾步路，我果然回到了家，癱倒在我們之前清出並弄平的平台上，然後隨著我感覺到自己脫險了，一股滿溢的欣喜油然而生。至此我們在黑暗中摸索向下，已經整整三個小時。

我們的行動暫時沒了急迫性。隔天我到了午後向晚才抵達了前進營的帳篷。那裡什麼吃的都沒有，但我們還是在那過了一夜，為的是把我們之前扛不動而得從一號營丟下來的一綑綑裝備取回。這天是十月十八日，我們原本已訂好這天的機位，但由於想趕上班機顯然已然無望，所以我們也就沒什麼好趕的了。我們就按照疲憊的身心所希望的，好整以暇地處理著每一件事情。

當天稍晚我們負重踏上返回基地營的路途。僅存讓我們想趕路的動機只剩下與家鄉的聯繫，但即便是這種聯繫也加快不了我們的速率。基地營本身沒有多大吸引力；美國人說過他們會在十月十日或十二日前後離開，所以我們無法期待會有人歡迎我們並獻上恭喜與慶祝。我們前所未見地動輒就會停下來，在彼此的陪伴下休息。我們會把背包挨在方便的大石頭上，這樣就可以省下放下又要背起的力氣。我覺得自己好像聽見了什麼，但彼得什麼也沒聽到。等又一次覺得聽到聲音時，我還是沒有警覺到自己可能是因為飢餓與疲憊而被誘發了幻覺，但明明一年之前爬都納吉里峰時，我才在同一條路徑上進入了譫妄狀態。

我們在可以最後一眼看到強卡邦峰的制高點上暫停了一下，然後才下降到可通往基地營的小山谷。雲層像旗幟一樣飄過了山崗，每隔一段時間就顯露出在落日餘暉中閃耀著紅光，那山頂的錐狀。

我們讓相機快門工作到色彩離開了山巒為止，然後便在快速降臨的夜幕中蹣跚走下狹窄的谷地，不時會在沙塵中滑跤或是在石頭上絆倒。

淡淡的狼煙味道伴隨人聲傳來，但這次我們有了共識。

我們發現了火光，細看那是一處營火。我們快步上前，驚喜地得知那兒有人存在。我們大喊了起來但得不到任何回應；我們小心地接近了我們的帳篷，那裡一片昏暗，沒有被翻動的痕跡，紙條也還在原地。我們放下了背包，忐忑且有些不知所措地在黑暗中朝著營火而去。沒想到一頂偌大的帳篷赫然拔地而起，裡頭嘈雜的人聲說著一種陌生的語言，而且似乎沒人意識到我們溜進了帳內。

我們探頭到帳內。做為一個巨大的帳篷，那裡頭滿滿的是人群、溫度、顏色、吃食與喧嘩聲。他們似乎知道我們是誰，而且有點在等待我們的意思。

「強卡邦西壁？博德曼、塔斯克？」

「是？」

用馬克杯裝著的檸檬茶被塞到了我們手中，此外還有一塊塊帕馬森起司；我們被招待得很周到，並得以沐浴在他們景仰的榮光中；我們不能自已地因為所成就的一切而感到自豪，飢渴地暢飲著他們的讚美。

他們是一群來爬卡蘭卡峰的義大利人，但因為搞錯了方向而來到了錯誤的山谷起點。但這似乎並沒有影響他們的興致；他們另行攀登了一座小山峰，甚至還踏足了強卡邦峰的低坡，只不過有名成員在石頭上摔斷了腿。帳篷裡很舒適，迎面而來有太多事物與太多面孔需要消化吸收；但那都無所謂，我們被接納到了登山同志的大家庭裡面，也被簇擁著加入了朝氣蓬勃的經驗交流中。

彼得比我更能打入核心的團體，由此他成了我們倆的發言人，畢竟他因為在英國山岳協會的工作而在義大利結識了不少人。我在欣喜、疲累與脫離險境等多重因素作用下感覺飄飄然，加上帳篷內的溫暖引我昏昏欲睡，所以我也樂得讓彼得代表我開口。

此時我注意到自己身邊坐著團體裡唯一的女性，一名看來疲憊而憔悴的女子，而後我驚訝地意識到她英文十分流利。在不需要費勁與彆腳英文戰鬥的誘因下，我開始與她交談了起來。

她告訴我她是美國探險隊的一員，於是我納悶起有什麼或哪些理由會讓她在其他人早在幾天前就安排了挑夫協助下山後，還一個人留在這裡。她告訴我探險隊發生了一場意外，而我推測那就是行程延誤的原因。我想像中有某人摔斷了手，所以得緩緩地在旁人的協助下下山，而她很快就會隨著剩餘的裝備離開。

我這才意識到彼得跟自己太過自私地沉浸在了我們的成功裡，忘記了其他人可沒有這麼幸運。我於是對這場讓他們壯志未酬的意外表示了一些關心。

「很遺憾發生這種事，有人受傷嗎？」

「嗯，死了四個人。」

原來如此，我原本好好行在軌道上的思緒來了個大翻車。這個回答既離譜也讓人意想不到，簡直像在跟一個瘋子對話。而這下子球就等於來到了我這邊，我得設法去接下這個殘酷的事實，包括去內化、去理解這項資訊。死了？她怎麼說得出死了這兩個字？為什麼這麼可怕的事實沒有明明白白展現在每個人的臉上？為什麼身邊這些人都毫無異色？為什麼四個人的死不是眾人討論的話題？這樣的悲劇為什麼可以被她陳述得如此平靜，如此隨興？我看著她，希望她能拯救我於我快要無法承載的思緒中。

「罹難者裡有你的親屬嗎？」

「有，我先生。」

她把這話說得如此毫無阻礙，如此冷靜理性，她憔悴的臉上竟看不出任何特殊的表情。彼得跟我歷經了一個多月的死亡關卡而得以逃出生天，為此我們發出了勝利的呼喊。而如今我面對著的卻是那些關卡的另外一種結局。這個女人告訴我的，是她的丈夫如何跟我參加了同一場遊戲，而連同三名友人一起敗下陣來。我的言語，出自一個從未退出這場遊戲的人口中，顯得如此輕率。我逃到了帳外，逃離了溫暖與各種對談，只求仰望星空並感受沁涼的晚風。

據她說我在喬希馬特認識的朋友亞蘇人在主帳外的另一個帳篷。我去找到了他，而他溫暖地擁抱了我。

他用震驚而壓抑的語調說明了露絲，也就是剛剛的女人，在意外發生時人也在山上。當時探險隊已經有五名成員返家，剩下的五人則上了山，露絲最遠到達了一處位於山肩上的帳篷，並在那兒等待著她的丈夫跟另外三人攻頂歸來。這四人攻抵了山脊頂端，並上頭宿營了一夜。隔天她看著他們下山。她不確定他們是否有成功攻頂。她從帳篷的門口觀察著他們四人，然後只見其中兩人失足摔落了三千英尺，掉到了山腳。等她再度定睛望去，另外一組人也摔了下去，並落在了之前兩人的附近，那地點在她下方有很長一段距離。她有意自行下山救援，但全身發抖讓她心有餘而力不足。她一整夜在帳篷裡望著前進營，希望能看見亞蘇的蹤跡，主要是他們曾請亞蘇在特定的日期上來清理營地。等她終於看到亞蘇的小小身影接近起營地後，她第一反應便是揮手呼救。他立刻就明白了狀況，因為他看到了山腳下的人體輪廓。此時以卡蘭卡峰為目標的義大利隊伍已經抵達基地營，於是亞蘇便掉頭去找他們幫忙救援這名女子。露絲不知道有義大利登山隊的存在，便以為亞蘇認為她是在說他不用打掃營地，而應該返回基地營去等候召喚。隔天一早，也就是今天早上，亞蘇重新帶著一些義大利人上山，把受困在營地中的女子帶了下去。

彼得跟我在從另外一個方向走下冰川時所聽到的人聲，就是他們的聲音。亞蘇明天要偕他的搭檔巴魯上山去檢視那些遺體。

彼得跟我有裝備留在前進營，打算隔天去取回，因此我向亞蘇表示說我們會在返程時過去都納吉里一趟。這整件事令人震驚而難以理解，我的反應說明了我是如何地不知所措；這悲劇就這樣毫無徵兆地撲到我們身上，我完全沒有時間思考自己該扮演的角色。黑暗的夜色讓我完全無須擔心自己臉上的表情顯露出了什麼，抑或沒有顯露出什麼。

我餓得快昏了；彼得跟我一整天幾乎什麼都沒吃。亞蘇用火烤準備了一頓超大的餐點，彼得咚咚咚摸黑跑出帳篷，他覺得我會找到些食物的直覺是對的。

彼得得知慘劇後，我們當晚在帳篷裡商議了一番。事情到底需不需要我們的幫忙尚不明朗；毫無疑問地那四個人在摔得這麼深以後，已經不可能生還了，所以沒有救援的問題，但總不能讓他們曝屍荒野。另一方面，義大利登山隊當下的體能調整狀況應該比我們更適合上山去收屍，惟他們完全沒有這樣的打算。彼得跟我都知道山難死亡會衍生出多少麻煩事，死亡證明開不出來會在親戚間造成的無窮問題，乃至於與保險公司跟政府部門間曠日廢時的纏鬥。最終我們下定決心，若是義大利人沒有動靜，我們就要在隔天隨亞蘇跟巴魯上山處理。

我們都天沒亮就起了床，數週以來的亢奮活動讓人想靜也靜不下來。曙光中彼得去找水，我則去到了露絲的帳篷。

她一從帳篷現身就能看見淚痕，那是她在哀痛中獨自撐過一晚的明證，而在我說明我們的打算時，她的沉默中則透露出無聲的謝忱。我們要去認屍，而我感覺我在請她提供可辨識之特徵時真是冷血無情。我不得不告訴她從這種高度墜落，人的顏面骨架有可能會受到重創而導致面貌無法辨識，屆時要根據護照來辨別身分恐有難度。她說她先生戴著枚金戒，而且就她個人而言，她寧可他的遺體就此在山中長眠。

我們揹著空背包跟向義大利人借來的長柄冰斧出發。彼得跟我隔著大老遠追著亞蘇與巴魯，硬推著抗議要休息的四肢前進。

亞蘇利用前往其冰川營地的途中說明了美國登山隊的路徑細節，而等我們到達營地後，他指出了冰壁上方一處冰架上的一個個小點，那些就是美國隊員的遺體。我們用雙筒望遠鏡觀察了一下，暗暗希望那些散落在隊員四周的東西不是他們的斷肢。

我們爬上了冰川上一處斜度不斷加大的坡面。我可以看到不遠處的山脊，那正是迪克跟我一年前曾待過許久的地方。此時的我並無法建構出意外的來龍去脈。但我感覺到自己的力量，自己的能力，也感覺到有足夠的體力儲備去幫助那些不幸的人。

幾具遺體橫在一片冰架上，排成一條直線，距離他們墜落前所在的冰坡足足有三千英尺遠。從我遠遠做出的判斷，那片冰坡跟迪克跟我前一年一起摔落過的冰坡很像，而這兩處冰坡儘管相隔數千英尺，我卻高度懷疑兩起意外有著共同的成因，那就是疲憊與冰面過硬。

在往上爬的過程中，一開始狀況極佳的亞蘇跟巴魯開始落後，其中巴魯抱怨他感覺人不舒服。在我們抵達接近山腳處，兩萬英尺處的斜坡冰架時，他們兩個已經看不見人影了。好消息是罹難者都留有全屍，散落在四周的物體來自他們爆開的背包。某些物體卡在了我們頭上的拱壁上，顯示出他們下墜途中撞上了哪些地方。

我們把四具遺體檢查了一遍。他們兩兩一組用繩索繫在一起。某具遺體邊上的斷裂冰斧顯示了他們沒有能在墜落途中煞住車的可能原因。我們切開了他們冰凍的口袋，並搜索了內容物，尋找著任何可資辨識身分的東西，但誰都沒有戴著護照或皮夾上山。我們找尋著相機，希望裡面的底片能讓我們判斷他們是否成功攻頂，但這方面我們一無所獲。我們尋獲了手戴金戒的露絲先生，然後我強忍著內心的反對拍下了每一具屍體的照片，我深知這種行為難保不會遭到病態的錯誤解讀。為了取得死亡證明，每具屍體都必須經過親屬指認再由醫師確認死亡。我們既非親屬也不是醫生，但我們也不可能把屍體扛回去讓人指認，由此我們想證明這些人真的死了，就只能靠這些勉強算是「證據」的照片，否則就只剩下我們的一面之詞了。

彼得告訴我說他覺得想吐。我則感覺好像被麻醉了一樣。我讓自己什麼都不去感覺，以便把手邊的工作完成。彼得對埋屍的決定有點質疑，他擔心我們這樣會有點自作主張。但我沒有時間去等待官僚流程，因為那順利的話也得等幾星期，到時候烏鴉早就把遺體吃得精光。我堅持要讓罹難者入土為安，於是我們各取一條繩子，把兩兩一組的遺體拉到冰隙邊緣。他們凍成了很尷尬的形狀。我察覺到彼得無聲的哀傷，也瞥見了他眼中的淚水。我讓兩具屍體滑進冰隙深處，讓他們落到距表面有一些距離的冰橋上。然後我接手了彼得的部分，因為他看起來好像有點迷迷糊糊。

「喬，你在冰隙邊緣小心一點。」

我把第二對罹難者也送了下去加入前兩人，然後從冰隙邊緣跑開，癱倒在彼得身邊。

「你相信神嗎？」

「我不知道，你呢？」

「祈禱如果要有個對象，那就為這些要留在這裡的人祈禱吧。」

「祈禱不一定需要文字，讓我們在這裡默哀一下吧。」

冬雪會在數日後降下，屆時這些遺體就會被徹底覆蓋。假以時日這道冰隙會闔上，這些罹難者也將永世與高山冰川融為一體。

我們盡可能把現場遺留的裝備蒐集起來，塞到了空背包中，主要是我們模模糊糊地不希望讓事情結束在一片凌亂之中。在下山途中，我們可以看到強卡邦的山巔突出在前景一座小山峰之後——能踏上強卡邦的山巔並安全回返，是我們生而有幸。

回到冰川營地後，我們發現亞蘇跟巴魯在爐子上溫水，我們一邊喝一邊覺得感激。他們明顯因為看到我們回來而鬆了口氣，而我們如今也明白了他們剛剛是因為害怕而不敢再往前，並瞥見了他們此時眼神中的一絲讚嘆，他們讚嘆的是我們竟敢上到冰架上與死屍打交道。

他們把所有能揹能扛的都弄到了身上——亞蘇邪惡地問我們有沒有找到手錶或相機之類值錢的東西——然後我們四個就一起開始跋涉下山。

我們抵達基地營時已然入夜——營火邊圍著人群並傳來喧鬧聲。義大利登山隊的挑夫已經抵達，眾人正在上演著大合唱。露絲人也在圈圈中，彼得跟我擠了進去跟她報告狀況，而這讓我們感覺格格不入，竟要在一群尋歡作樂的人群中扮演不受歡迎的噩耗使者。

我們都對現場的歡愉感覺到太過疏離，所以沒有加入，而是去找到了我們的帳篷，煮起了晚餐。我跟義大利人借了個大空罐去取水。此時的氣溫要比幾週前我們初來乍到時冷得多。我們帳篷邊的溪水已經乾涸。我摸黑往山丘上走，追蹤著潺潺溪水聲的方向。我走了好長一段路，才找到夠粗的水流能讓我把水舀進桶裡。我跌跌撞撞，一路絆著踉往回走，水都灑到了腿上，心中巴不得趕緊得到我覺得我跟彼得太應該得到的休息。悶不吭聲的我心想著彼得已經把爐子燒上了，正等我取水回來等得不耐煩。

但等我重新回到帳篷時，那裡卻什麼聲音也沒有。彼得在帳內穿得很暖，而且整個人已經鑽進睡袋。我沒問就想說這代表他爐子點不起來。

「爐子壞了嗎？」

「沒壞。只是我剛剛在準備就寢。」

「就寢？你知不知道我剛剛花了半小時摸黑在到處找水！」

我真的很氣自己幹嘛要忍著不休息直到一切就緒，我還以為彼得會跟我一樣有彼此各該做些什麼的默契。讓我心中為之一震的是，我一直以為我們是個互補的整體，但原來這種印象只是我的幻覺。多餘的客套在這幾個禮拜以來不斷地凋落，以至於我莽撞且直率地表達了我的怒火。

「我想，你不會是在被窩裡等我煮飯給你吃吧？」

他抓起爐子，氣沖沖地開始操作。不一會兒他已經在煎鍋裡熱起一些水，我們的晚餐也正式開始準備。

亞蘇與巴魯跑來坐在了我們帳篷前的一個小火堆旁邊。我加入了他們。這是很單純的片刻生活，時間慢慢流逝，一點點溫熱被火焰拋到空氣中，而我們是三個共享著那股暖意的人影。

亞蘇抬起頭說：「你知道猴神哈奴曼嗎？他們說他有也是猴子的僕役替他跑來跑去完成所有事情。」

語畢他望向了我們的帳篷。

「就像彼得為你做的一樣。」說完他目光閃動了一下。

挑夫的數量不夠分配給彼得跟我，所以我們倆商量後，決定由我先跟義大利登山隊與露絲一同下山，然後我再找五名挑夫上來。同時間彼得返回我們的前進營去取回剩下的裝備。我很開心可以成為那個先離開的人。我前一年花了太多時間在一個人等待挑夫，那個經驗我實在不想再來一遍。彼得那邊倒是挺開心他能留下來，因為帶著雙痠痛的腳，他可以先休息個兩天再有所行動。

我收拾了幾樣要緊的東西到背包裡便匆匆上路，追趕起早一個小時啟程的主隊。這天是個大晴天，狀況很好的我感覺充滿力氣，也在自信中對一切都很滿意。我穿越了一片草色正因秋意降臨而轉棕的高地，並開心於我的前進不費吹灰之力。我想讓這種力量與能力隨傳隨到的感受持續下去。我登上了一處丘頂，遇到了在等我的亞蘇與巴魯。魔咒打破了，我又在人群之中了。

我配合起露絲的步伐前進。義大利人在他們的小團體裡竊竊私語，而我察覺他們似乎感到自己半吊子的英文不足與跟深陷悲傷中的露絲溝通。在遇到山徑上一些跨越陡峭稜線的地方，不符合人體工學的步伐會讓她足下有些晃蕩，為此我放緩了步伐去陪伴她。她從來沒有開口求助，但我總覺得自己有不能不管她的義務，為此我開啟了各種話題，都是為了轉移她的注意力，希望她別一直沉浸在一個人兩天兩夜獨守山中並凝望著丈夫遺體，還得擔心自己也會殞命的記憶裡。我不住地請她節哀，並天南地北地亂聊，好讓她在一群陌生人中還有一個人能互動。我聊起了我的過往與未來的志向。我跟她說了我的神學院生活，還有我如今的日子有多麼不同。她則跟我說了她是如何熬過獨自一人在帳篷裡的時光，包括無人來援的她是如何在閱讀中苦等，又是如何因為看到亞蘇掉頭就走而心灰意冷，還講了她跟丈夫做過哪些事情，下山之後有哪些要一起遍遊印度的計畫，最後更提到她為何得趕在事情見報之前下山，免得宵小得知她人不在家會前往搜刮。我在驚嘆於她的冷靜泰然之餘，也提醒她要盡快通知另外三名罹難者的家屬，否則嗜血的媒體恐怕會巴著這個消息到處廣播，他們不會擔心別人要為此承擔何種苦果。

我們一起在深夜裡跌跌撞撞地穿越森林，進入迪布魯格達山（Dibrugheta）裡的空地，接著隔天我又偕她一起登上了達朗希山口，穿過了高原。我跟她說了迪克跟我一年前在都納吉里峰上的遭遇，但說著說著我有點內疚，因為我意識到我跟迪克在都納吉里峰上活了下來，但她的丈夫跟朋友卻沒有。

我在路徑豁然開朗並進入下坡後離開了她，然後我遇見了來自強卡邦峰南壁遠征隊的吉姆．達夫（Jim Duff），還有他的女友蘇（Sue）。他們在爬完南壁後留了下來，繼續在周遭的山丘倘佯。他所屬的南部登山隊比我們早一週攻抵了強卡邦的山頂，走的是一條花了他們兩天時間的路徑，且顯然在我們抵達山頂前，降雪已將覆蓋掉了他們所有的足跡。我拜託吉姆跟蘇照顧露絲，然後就開始往下衝，我的目標是我知道下午四點會有巴士經過的那條路。

我在距離道路還有幾分鐘腳程的地方看到了那輛一天只有一班的巴士，所以我最後是隔天才抵達喬希馬特，發出了我希望能讓老家親友安心的一封封電報。「強卡邦西壁克復。我倆皆平安。喬。」

我給兩人的雙親都各發了一封電報。我知道彼得的爸媽會好奇為何最後放的是我的名字，但我還是決定不想讓電報看起來像是彼得發的。他還沒從基地營來到喬希馬特，而在他抵達之前，我沒辦法假裝他人已經在此。

兩天後，第一波冬雪抹白了一座座丘頂，而這也點點滴滴加深了我的焦慮，畢竟我十二個月前的同一時節才從深雪中掙脫，逃出了基地營。我很慶幸自己沒有在電報中作假。惟彼得也確實在數日後的午後向晚平安歸來，大步跨進了旅店，身上還滿滿的是山居生活的野性，外加一種重新回歸人群者的光環。

我們此時已經身無分文。因為早預料到這種可能性，我們已經發電報回家要錢，但錢一直沒有匯來。汽車旅館老闆布帕爾．辛格借了我們一千盧比，主要是我們承諾一到德里就會把錢寄回給他。但他非常信任我們，所以他說我們等回到英國再還就好。一千盧比大概就是五十英鎊，但以那樣一個小小山城的物價而言，這就等於是一千英鎊的意思，而老闆只因為信得過我們就借了。經過與他的兩面之緣，我已經把老闆視為推心置腹的好朋友，對他我是又敬又佩。

我們拿這一千盧比買了巴士車票，然後坐了二十四個小時的車子，筋骨都要散了之後，腰痠背痛地回到了德里，雪上加霜的是一離開無菌的山區，日常的胃痛與腹瀉又接連來襲。

在德里，我們針對把羅難者就地掩埋一事做出了聲明，然後只見壓力在露絲的臉上浮現，主要是歷經了來自官員、媒體與熟人那一輪又一輪的追問，她原本為自己築起的自制與冷靜也開始消磨殆盡。

我們道了別，登上了飛機。彼得在長期缺席被包容之後終於要重返他的職場，而我則沒有什麼大志向，只想找份工作餬口。冒險至此告一段落。

我花了近兩年的時間專心爬三座山。每一座都代表著不一樣的東西，每一座都在特定的瞬間以其獨特的方式，扮演了我能想像到最艱鉅的考驗。在這些考驗一一通過之後，留下的是一個疑惑的我。成功讓我感覺到驚駭莫名；就某方面來說，失敗可能還會讓我感覺比較安心，反倒是成功把我搞得惶惶不安，讓我不斷質疑著下一站該去哪挑戰；也許去更難的山？也許去更大的山？這一切會通往何處？如果如今留在我身上的只是一種無可名狀的不滿，那這兩年的光陰究竟給了我什麼？我難道註定要永無止盡地努力、尋求，卻永遠也不能找到內心的平靜與滿足嗎？

我們與死亡打了照面，還親自出手協助處理了意外，就好像死亡在我們所從事的運動中是一種日常一樣，而我阻斷了那些遺體所提出的問題。一如我為了完成讓他們入土為安的任務而封鎖了所有的情緒。我也針對自己投身這項找死的運動，封鎖了所有的懷疑與不確定性，我不想讓其影響我對這項遊戲的參與。我確信自己沒有尋死的念頭，但我也知道賦予登山運動價值的，正是其危險性。那種身心都被延伸到極限的感覺，正是我滿足感的來源，而如果這會造成危險，那我只好另行想辦法去解決。危險會讓我更加謹慎小心，讓我發揮最大的潛能，也會讓整趟登山經驗變得更加獨特。如果說登山需要勇氣，那我只能說人生中所有的問題都需要勇氣，不論你是要去面試工作，要帶新生命進入這個世界，要向女孩求婚，或要踏出各種新的一步。如果說我們在上山掩埋四名山友時展現出了勇氣，那其與日常生活的差別只在於平常的問題不在山上，我們不用跑那麼遠，而且事情處理起來不用那麼勉強自己而已。

如果死的是我，我不會希望世界憂傷，因為我會到死都還在追求自己的志向，我會到死都在貫徹著那份讓我在平日的生活中與人為友或結仇的驅動力與生命力。如果我沒有為了某件事拚盡全力，如果我沒有把所有的能量都灌注到登山上，那我身而為人就不會有人喜歡、有人不喜歡，我只會是個平庸的存在。聽說朋友在山上罹難，我遺憾的只是他沒有能實現自己的夢想；遇到朋友習慣性開快車而酒駕身亡，我的哀傷會是出於自私的理由，我會怨自己沒有在他生前多跟他聚聚。追求速度快是他的生活，挑戰極限也是他的生活，他不在了，世界對所有認識他的人都會變得比較不好玩，但畢竟他死在自己選擇的生活方式中，死在他許多次的千鈞一髮中。

這一次有四個人失去了生命，而我們都知道這對他們的親友而言有多痛苦。對他們而言，我們埋葬了死者，並且致函給他們，讓他們知曉這不全然是一個失去的過程，因為他們得到了我們的同情，他們聯繫上了看見他們摯愛最後一眼的我們。

彼得跟我是合為一體的兩個人，必要時任何一人都可以代表雙方發言；我們共同歷經了為時六週的禁閉考驗，這樣的一份友誼無需多言。那段期間的敵意與疏離，事過境遷便煙消雲散，且就事論事，那不過是肇因於環境過度極端。歷經一切後得勝的是團結，那份想成功便不可或缺的合作精神力壓一切歧見。

不再是陌生人的我倆，不再如彼得一開始所覺得的需要「閒聊」；我們已經熟識彼此到連嚴肅的討論都沒有必要。我可以精準地猜到彼得的看法，準到我有時候會納悶自己是不是根本就跟他討論過而忘記了，還是我已經在內心像破案一樣把他的心思給破解了。我聽一個女孩氣呼呼地拿彼得的事情向我抱怨過：「你們兩個的問題就是你們不用講話就有默契。」

他騰出他家一個地方讓我住，讓我有時間思考人生的新方向，於是我開始找起了工作。

5

K2：「我們來抽火柴吧」

'Let's Draw Matchsticks': K2

一

前往攀爬世界第二高峰K2的遠征邀請，為我面對登山的天真態度畫下了句點。這項邀請帶我認識了何謂遠征登山，須知其規模對比我此前所知的任何挑戰，都是一種巨碑般的存在，同時這也讓我見識到了克里斯．鮑寧頓強大的組織能力。另外因為要遠征K2，我們還有兩件事不得不做，一件是得開始尋求規模大到去都納吉里跟強卡邦峰時想都不敢想的贊助，另一件則是要去爭取曝光，為這趟冒險建立起重要性與崇高的定位。一瞬間爬山這件事異常複雜了起來，環顧四周盡是各種外務，而且還有來自眾人的目光壓力必須承受。

此時是一九七七年的秋天，與強卡邦之行相隔一年。此時的我比之前任何時候都寬裕，生活也比以往更舒適。我在一家生產登山靴的公司任職，希望能把興趣跟工作結合起來。我會去爬阿爾卑斯山，回來之後繼續上班。但這樣的生活讓我感覺到空虛與不滿足。曾經得讓我全神貫注去應付的阿爾卑斯山，如今對我而言卻太客氣，太進出自如了。客觀來講，那些山還是困難與艱險不減，但我一想到它們也不過就是幾小時的纜車或火車路線的終點，我就不怎麼能覺得自己在冒險。我去阿爾卑斯山爬了幾回，也幾次在驚險的過程中把命撿回，但最終我還是得回到公司，回到英格蘭，開著我的車，跟人碰面，也跟人聊天，所以我完全沒有離開的感覺。人在歐洲的阿爾卑斯山六個禮拜，感覺就跟登山套裝行程沒有兩樣，我完全感覺不到那種浸淫在異國文化中所帶來的淨化，感覺不到每天的行程都有賴於一個個基本的決定與策畫，感覺不到什麼叫在一片荒地中計畫每天的生存，也感覺不到外界的協助不可能召之即來。

從強卡邦回來之後，我心中一直沒有一個強烈的目標在推動著我。彼得有他的工作要回去報到，同時在一個以Ｋ２為目的地的登山隊上也有他的一席之地。而我則浮沉於求職的過程，沒有什麼明確的打算。然後我開始跟朋友討論起喜馬拉雅地區有哪些山可以爬，並已敲定了一個計畫。但就在此時，我收到了要在一九七八年去攀登Ｋ２的登山隊邀請。我感覺到對我原本的計畫有一份責任，但也對能有機會去挑戰高度與美麗都屬於世界級的K2感到興奮不已。

矗立在二八二五三英尺的高度上，K2是僅次於聖母峰的世界第二高峰，但就難度而言卻被認為更勝聖母峰一籌。K2的攀登史可以寫成一部悲劇史，事實上截至一九七七年，K2只被成功攀登過兩次。她的鄰近四周看不到任何人類聚落，因此沒有地方民眾為她取過任何的俗名。也正因為如此，當這座高峰被測量為世界第二高峰時，她的代號K2（K代表喀喇崑崙，K2就是喀喇崑崙山的二號峰）就被當作名字沿用了下來，為世界各國所接受。

喀喇崑崙山脈延伸過巴基斯坦北部，形成了巴基斯坦與中國的邊界，而K2就坐落在國界上。比起喜馬拉雅山大部分其他的區域，喀喇崑崙的群峰比起喜馬拉雅山脈的絕大多數區域都更加粗獷、更加荒涼，也更加偏僻，要進入K2，若從最近的吉普車路徑出發，得步行十四天才到得了。要在喀喇崑崙山區發動對任何一座高峰的遠征，其成本要遠高於在印度或尼泊爾發動規模相當的行程。單個挑夫的收費比較貴，需要的人數也比較多，畢竟要走的距離比較遠，需要揹負的補給量也比較多。對一九七八年的英國遠征隊而言，克里斯是把成行的預算抓在五萬到六萬英鎊之間。

這隻遠征隊的構成將包括八名成員，其中的一位吉姆・達夫受邀，是因為他有在遠征隊擔任隊醫的經驗，而另外一位東尼・萊利（Tony Riley）獲選則是因為他的拍片專才被看上。至於另外六個人則純粹是因他們是登山好手而得到青睞，當然克里斯還被公認具備組織遠征隊與替遠征隊募款的能力。

我在尼克・艾斯考特的住家參加了一場全員出席的會議。在歷經了前兩次有任何問題只消跟搭檔通個電話或小聊一下就可以搞定的登山之旅後，我花了一點時間才習慣爬山前還要煞有介事地開個會來統籌八個人的行蹤，才習慣川流不息的遠征隊內部通訊把信箱塞滿，才習慣會議中的討論與決定都要做成紀錄，也才習慣大家一天到晚把需要多少錢跟要怎麼籌錢掛在嘴上。

我對彼得自然比我對其他人都熟，這點不在話下。但此外還有六個新隊友等著我去破冰，他們相對才剛冒出頭來的我而言，都已經是在登山界享有盛名的前輩。克里斯比我想像的還要更加有條不紊跟配備齊全。他的辦公室雖小，卻五臟俱全地擺著打字機、幻燈片複製機、電話答錄機、對講機、電腦、記憶體打字機（具備少量記憶體可存儲常用內容的打字機，盛行於一九七〇年代），此外還有滿架子經過精心整理的幻燈片、內容物滿出來的書架，再來就是分別給他跟他的祕書路薏絲小姐坐的兩個位子，他不諱言要是沒有路薏絲小姐，他的生活一定會天下大亂。他承認自己是個機械迷，並會以像小朋友拿到新玩具那樣的熱情鼓勵我們都去找他，然後用電腦自行試算出要攀登K2的後勤需求，或是我們能夠成功攻頂的機率，畢竟他向IBM借來電腦就是為了這些目的。

克里斯在過去幾年中所扮演的角色，被認為是遠征隊的隊長，隊上比他年輕之成員都靠他在統籌隊務。他的名字比起任何人，都更成為了家喻戶曉的登山代名詞。確實，四十出頭的他比我們每個人都年長，而且他不只登山的生涯比我們長，成就也比我們顯赫。至於你要說他自身沒有在他所率的兩大高山遠征行程中攻頂成功——安娜普納[1]與聖母峰——那並不是因為他欠缺經驗或衝勁，而主要是因為他必須分心去統籌其他每個人的動態，並確保整台遠征隊「機器」運作得當，行有餘力才能衝到前線。

他住在湖區的北部，家中還有妻子溫蒂跟兩個孩子。比起其他我認識搬進山裡的

1 指一九七〇年同樣由鮑寧頓領銜的安娜普納南壁遠征隊，完整紀錄可參見由鮑寧頓所著《靈魂的征途：安娜普納南壁》(*Annapurna South Face*)一書。

人，他更加保持住了那種素樸且取之不竭的登山熱情。我曾為了確認一些遠征隊的細節去拜訪他，結果他堅持要跟我一起騰出點時間去爬個山，只為了讓他在填滿他其他時間的成堆文書與計算工作之中能透透氣，看看遠方。

你能感覺到他這人有點獨來獨往，這包括他生活在跟我們大部分隊員都沒有交集的地方，也不加入有助於熟稔的主流社交圈。家庭是他自給自足的小單位，時不時會爆發出激情的他，在此與妻子溫蒂形成恰好的互補。但他同時也有一種拒人於千里之外的氣質，會在被要求簽名時被顯著放大，此時他會意識到自己已經不再是可以隱姓埋名的個人，而是活在眾目睽睽下的公眾人物。由此他的聲音會變得堅定，不再聽得出任何的不確定性，他會拿出好像在對一群觀眾宣布事情的口氣。

做為隊長，遠征隊大部分的責任都落在他的肩上，同時他身上也集合了來自贊助單位跟媒體的目光。另外就是對於他精挑細選出最有機會挑戰Ｋ２成功、來自五湖四海的好漢，他好像也責無旁貸地得把跟大家培養感情的工作攬在身上。

跟克里斯關係最近的是尼克．艾斯考特，畢竟他陪克里斯在英國爬了很多年山。這樣的尼克在眾多場合中，都對遠征隊整體提供了無私而可靠的支持。尼克怎麼看都不像個登山者。他那股狂野的熱情與那種激烈的口吻，都跟登山這種運動給人的印象形成強烈的對比，畢竟冷靜與自制才符合一般人對於登山的想像。他嗓門大，發表起意見也是一條直腸。惟倘若他發現錯的是自己，他自責起來的力道也很強。他的外表看上去不修邊幅，一頭像拖把的亂髮外加銳利的眼神搭配豐富的表情，讓人很難猜到他的正職是電腦分析師。尼克是克里斯的支柱，同時做為在登山現場一名活躍的參與者，尼克也是有點離群索居的克里斯跟這個世界的橋樑。

尼克跟妻子卡洛琳住在奧爾特林恩（Altrincham），而他們的住處做為一個大家的中點站，是我們開例會最經常的集合點。

道格・史考特做為一個強大而充滿決心的個體，我所知不多。他輕鬆的態度容易讓人誤會，但他其實是個個性很強韌，意見也很有分量的隊員。就身體條件而言他勝過我們所有人一截；他那身材根本就應該去打拳。那股把他帶上聖母峰頂，也讓他拖著兩隻斷腿也要爬下「食人魔」（Ogre；拜塔布拉克峰〔Baintha Brakk〕的別稱，因其困難得名）的衝勁，自帶著一種難以忽視的個人魅力。

保羅・布羅斯韋特（Paul Braithwaite）有個廣為人知的外號叫「圖特」（Tut），他是道格堅若磐石的好友。他們並肩參加過好幾趟遠征，且似乎已經培養出一種相互合作的革命情誼。此時的圖特已經藉其攀岩與攀冰的高超技巧享譽英國，並於近幾年把注意力轉移到更遠的山間。住在曼徹斯特以北的他，一方面不為這種大型遠征的排場所動，態度顯得相當腳踏實地，一方面也兼具克里斯在對外宣布事情時那種煞有介事的正經八百。在籌備遠征期間，他跟一個他嘴上不跟我們說，但心裡很在意的女孩訂了婚。圖特被賦予了規畫遠征隊裝備的工作，而我則被叫去幫忙。

東尼・萊利參與過兩部登山電影的製作，這次是以高山攝影師的身分受邀隨行。拍攝影片並寄回新聞報導是我們募資的其中一個管道。我在威爾斯跟萊利一起爬過山，並覺得他是個可親的旅伴，或許可以說我感覺在遠征隊上一個個名氣響亮的成員當中，他跟我比較能心靈相通。他有種傾向是會去看生命中最壞的那一面；他喜歡的歌曲有一些是出自「虎克博士與醫藥秀」(Dr Hook and the Medicine Show）這個樂團，而那些歌所表達的是一種與生活的病態疏離感。遇到卡帶播放到一首歌的歌詞部分時，他會把音響的聲音轉大，「好像有什麼東西要死了的一股冷冽」或是「這是我最後一次留在這個骯髒、鼠患肆虐的公寓」，然後他會尖銳地咯咯一笑，彷彿他深知那些歌曲想表達什麼心情。

他其實待人接物非常慷慨且好合作，但因為他表現出一種幻滅的氣質，所以你很容易就忽視了這一點。在威爾斯，我們在極冷的天氣中走了一條路線，而他因為沒有把相機帶出來而滿懷歉意，理由是溫度太低了。我就在想他上了Ｋ２要怎麼辦，他該不會覺得Ｋ２上頭會比較暖吧。隔天我們在另外一趟登山路程中一起站著發抖，兩人都恨不得自己能在家裡看著週日版報紙並溫暖地烤火。我慢慢學會不要把他的憂鬱那麼當回事，結果我發現他這個人相處起來其實滿有趣的。

吉米·達夫具有登山者與醫師的雙重身分，我認識他幾年了。他說起話來那種悠閒的態度，加上貼心的氣質，讓他給人一種他在床邊哄你睡覺的安心感，也難怪他能靠著斯文的帥臉跟優雅的禮數在女性之間那麼吃得開。他在一九七五年參加過聖母峰遠征，並在一九七六年從彼得與我所走的西壁對面登上了強卡邦峰。在所有我認識的登山者當中，吉姆的特別之處在於他自帶一種縱情享樂的光環，以至於我無法理解他為何一路以來要選擇上山，用各種考驗與不適來折磨自己。

我以前從沒想過去爬山要有醫生跟著，但在巴基斯坦，規定就是登山隊規模只要大於四人，就不能沒有醫生。而一朝隊上有了醫生，大家就莫名地開始擔心這擔心那，然後不斷建議吉米的藥物、藥丸與藥劑清單上這樣不能少，那樣也不能少。

關於彼得，我們經過強卡邦漫長考驗的革命情誼仍舊頑強。這期間他拋棄了他在英國山岳協會的工作，跑去瑞士接下了經營登山教學課程的角色。這個選擇很適合他，因為這讓他免除了跟女友兩地相思之苦，他的女友也在瑞士工作，而且距離他不遠。此時他正在忙著書寫我們的強卡邦紀行，同時他還自動請纓要負責估計跟收集我們此行三個月所需要的食物。

關於我們的勝算，各界看法分歧。我們敲定要挑戰的是K2還沒有人爬過的西脊。這比起K2此前被爬過的方式，看起來是要困難得多。一九五四年義大利遠征隊第一次攀登K2，其進行宛若一場軍事行動。第二次在一九七六年由日本隊所進行的攀登則是有史以來第一場耗資百萬美元的遠征。重點是這兩趟行程都走的是東南山嘴，也就是阿布魯奇山脊。另外兩次攀登都有為數眾多的隊員參與，氧氣用量也很大。

我們所選擇路徑之難度似乎是落在較高的山區，但我們卻只規畫攜帶十六瓶氧氣供整趟行程使用。當時登山界正好開始論戰起不論要爬的山有多大多高，額外備氧到底必不必要。討論的重點有兩個，一個在於人在超高海拔是否總是能以某種方式運作下去，另一個則是這種運作是否會使人蒙受永久性的腦部損傷。有報告指出，某支中國遠征隊未帶氧氣爬上了聖母峰，但相關的資訊可謂付之闕如，整件事也基本上無人關注。可以確定的是沒人挑戰過在K2西脊的高度上不帶氧氣筒，而可以想像的是任誰這麼做，其前進都會牛步化到趕不上體能的流失，由此登頂將難有實際的進展。

這些懷疑的聲音一面攻擊著我們，一面也滋養了我們的批判者。我們決定折衷攜帶有限的氧氣量，來給自己一點成功的餘裕，但又不會讓隊伍笨重到拖緩我們的步伐，畢竟要帶大量的氧氣筒上山，需要的搬運人力會相當可觀。

《山岳》雜誌編輯肯．威爾森一貫有其強烈的主見。他認為我們沒有任何機會可以爬到三分之二以上，並覺得既然我們沒有機會爬上去，那我們就連去都不應該去。他堅持認為人一定要有百分百的把握，才有可能把一件事做成功。這種觀點與我大相逕庭，我認為就是要爬爬看才知道，看能爬到哪裡再說。登山做為一場遊戲有太多的可能性，如果你理性坐下來分析一個人在做什麼或他打算做什麼，那結論可能會是登山不但沒有可能性，甚至還完全沒意義。

我還記得肯曾經大肆撻伐過許多非常大規模的高山遠征，所以我此時有點困惑聽到他批評我們的隊伍太小，所以沒有成功的機會，反正大也沒有用，不是嗎？做為登山運動中的權威發言人，他讓我驚訝的是，他似乎不了解在一項計畫當中留下一絲不確定性具有何種根本的吸引力。

克里斯拿到了一家大企業倫敦橡膠公司（London Rubber Company）的贊助。這筆贊助金，加上新聞報導的授權費、事後的出版書約、一家初出茅廬的「變色龍」（Chameleon）影業買下的電影版權，外加隊員每人分攤八百美元，遠征隊所有的費用算是湊齊了。

配合遠征隊進行公關活動變得前所未有地重要。因為既然已把各方的金錢交易答應下來，登山這事就不可能再像我們在都納吉里跟強卡邦那樣私了。如今我發現，自己不論內心有多少保留跟焦慮，開口閉口卻都是我寧可藏在心裡的希望，我發現自己在合理化一個我追根究柢覺得並不理性的活動。

必須這樣幫自己找遠征的正當性，感覺並不自在，但我們當中似乎以道格最適應不良。他讓我感覺陷入了進退兩難，主要是曝光與名氣讓他得以參加遠征在前，靠演講與寫作生財在後，但他這人對媒體避之唯恐不及，而且對誘人的名氣充滿猜忌。他對媒體人的動機永遠有著一分懷疑，他就怕一個不小心被斷章取義。

比起他，我看媒體比較沒有那麼不順眼，我反倒覺得我們投身的是一項會在眾目睽睽下進行的活動，所以我們其實有最好的機會可以控制好外界對我們一言一行的解讀。我怕的是我會被語不驚人死不休的誇大記者用語反覆洗腦，把捧人的話聽一百遍就信以為真。只要我能保持好自己真實的價值觀，牢記住自己並不是萬中選一，而只是許多能人中的幾個，而且還是很幸運的幾個，不誤以為自己真的所向無敵，知道這些名氣來得快去得也快，那我就不覺得別人怎麼誤解我們有什麼好擔心的。不論是好是壞，過眼雲煙都不需要在意。

對比我在其他登山之行中所見識過的各種安排，我發現自己面對在籌備過程中慢慢浮現出的各種問題時，竟然懷抱著一絲疏離的態度。在各司其職的分工中，我總感覺任何地方出錯，都只是負責人一個人的事情。要是氧氣套組沒備齊，那就是吉姆該處理；如果該送達的食物沒送來，那就是彼得要去確認；如果想帶對講機走陸路會有問題，克里斯會去搞定；就算兩輛載著裝備的廂型車在走到阿富汗的時候不巧遇到政變，就算車子遇到劫匪，都有克里斯兵來將擋水來土淹。

不少人先前都認定一九七五年的聖母峰之行會是克里斯的最後一次大型遠征，但如今看到他如火如荼地在籌辦這次的K2行程，眾人又紛紛說他顯然想把這首他告別登山生涯的「天鵝輓歌」演出得轟轟烈烈。克里斯無疑有他的權威性，遠征隊由他掛帥確實吸引到了贊助，而他也的確靠一己之力撩起了大眾與媒體的興致。克里斯跟道格是兩個極端；克里斯知道如何把知名度榨出最後一滴好處，而也正是這種算計的能力，這種無所不在的控制慾，讓他看起來無法真正放鬆，也無法像隊上某些人那麼「笑逐顏開」。他打電話來問我為什麼還沒把遠征隊的合約簽好寄給他時，我能感受到他帶刺的口氣，跟他權威的力道。其實我只是對簽約這種事沒有經驗，所以想把合約內容仔細讀過，了解一下什麼叫「同意在遠征隊的書出版之前暫緩用日記內容進行自身寫作」，什麼又叫「同意在遠征隊官方演講結束之前不以個人身分發表演講」，乃至於合約裡的各條款是什麼意思。但因為要做的事情多到做不完，所以我後來忘了再去看合約，結果當我把問題直接對克里斯提出時，他的反應顯得非常憤怒，似乎是覺得我在質疑他的領導地位或風格。他似乎為了我的發問而感到非常受傷，於是乎我便乾脆地把合約簽好寄出，沒再去多看兩眼了。

許多時間看似是花在遠征之上，但都不是花在遠征的路上。比方說我們不少時候都在準備、開會、討論、預測。在另外一場會議中，我們還有許多懸而未決的事情需要收尾。圖特力主我們要帶些比較輕的七公釐繩在山上的高處使用；彼得在強卡邦峰上曾歷經對繩索的焦慮，同時還根深柢固地非常重視安全這一塊。這樣的他擔心哪怕是最輕微的磨耗，都會讓繩索遭到嚴重的弱化。

在強卡邦峰上，我們曾一連數日把自己託付給僅僅八公釐粗的繩索。繩索本身可以負重一噸，但我們使用的狀況是得將繩索固定在山上，任由其暴露在風暴與落石中被風勢牽引，承受與粗糙花崗岩面的接觸磨損。我們天天都因為繩索會斷裂或鬆脫的風險而提心吊膽，以至於我們也每天都會輪流第一個爬上固定的繩索。

為了解決這個爭端，克里斯說了這樣的話：「我們到時在山壁的上半部要冒的風險可多了，哪輪得到擔心繩子的磨損這種小兒科的事情。」由此這場會議便演變成了漫無目的的討論。此後克里斯有一個月的時間完全無法連繫，因為他每天都排了演講的行程。彼得表達了他對於預先把書約許給某出版社的不同意見。東尼覺得自己遭到排擠，因為在經費已經大致到位的此時，他感覺做為攝影師已經不具備原本的地位。原本這應該是一場對我們每個人能力的終極考驗，但如今感覺一切都偏離了好遠。圖特已經完成裝備的預備，彼得要回瑞士，道格要去加拿大爬山。身為大型遠征隊上的「菜鳥」，我得負責留下來完成一樣樣分開來看沒什麼大不了，但累積起來很花時間的雜務。我問克里斯靠什麼維持體能狀態。他有去跑步嗎？「有，嗯，我的祕書很善於此道。」聽他這麼說，我有點不解他怎麼能連運動保持體能這種事都交給其他人代勞。

我把一九七五年聖母峰西南壁遠征回來出的書讀了。Ｋ２遠征隊上除了我跟東尼以外都去了那趟行程。能從書中讀到這些登山者在身心兩方面上的「起起伏伏」，讓我鬆了一口氣。因為即便經過這段時間跟他們的近距離相處，我依舊免不了覺得他們帶著超人的光環。我有點擔心自己在這些人身邊會表現得如何，我擔心這趟行程會不會最終分崩離析，變成大家搶著僅有的氧氣筒要攻頂。我一直對自身的能力有所懷疑，這樣的我會傾向於在面對競爭時退縮，並在沒有人看著我，所有責任我一肩挑的時候比較有自信。

我在體能上似乎沒有其他成員活躍。彼得在瑞士滑雪雲遊，圖特在蘇格蘭排滿了攀冰的行程，道格從來沒有停止登山，尼克按他自己的說法在「當個乖孩子」，努力不懈地在他的公司中建立良好的印象。他打算在這次遠征回來後成為自由業，所以他需要好口碑。我深深懷疑自己要怎麼在這些人身邊立足，畢竟我每天做的就只是開著車在英國跑上跑下，以業務員的身分參加一場場銷售大會。我下定決心要在一九七八年五月我們出發之前創業開店賣宿營、登山與戶外用的各種設備。我希望透過自己當老闆，我能得到更多自由，畢竟我經常需要說走就走。

雖然歷時數個月的準備工作並不是很輕鬆，但遠征想要成功，就不能不先經過這一段。路薏絲是我此時已開始交往的女孩，而我想當然耳地認為她對遠征有興趣。她會幫忙打包裝備，會有空閒時幫忙把設備與食物裝箱，一忙就是幾個小時。我是如此鐵了心相信遠征是自己想做的事情，以至於我沒想到要去質疑她對此行的態度，而她也沒有發出任何反對的聲音。我的專心致志與使命感是一開始吸引她的東西，但我這種興趣的排他性對交往對象實在稱不上公平。我於是開始捫心自問：當我以身涉險，並且一去就是漫長而煎熬的或許三個月，我能期待一個女孩子等我到什麼程度？克里斯不畏多年來跟家人聚少離多，設法維繫住了一個美滿的婚姻，但確實許多其他家庭在壓力下滅頂。今天若是角色易位，要是今天一天到晚不在家的是女性，男人可能就無法如此寬容了。我饒富興味地聽得也是知名登山家另一半的瑪姬．波伊森（Maggie Boysen）講到，在彼得跟我在強卡邦峰上遲遲未歸的時候，一群男人是多麼擔心，要知道彼得跟他們還很熟。瑪姬講到在那段日子裡，他們會坐立難安地致電外交部，詢問有沒有人通報意外。這些男性登山者有這樣的反應，瑪姬看了覺得十分莞爾，因為這樣的狀況她早就歷經了許多遍。

遠征隊終於朝K2開拔後，我的雙親來到希斯洛機場送行，其中我母親把一枚代表她宗教信仰的掛牌塞到我身上。這枚她為我們全隊求來的牌子，代表的是她對這種遠行隱隱約約的擔心，至於她能因為看到兒子自我實現而得到什麼樣的滿足感，則又是另外一回事了。

二

我們一下飛機，迎面而來的是季風前溽熱的伊斯蘭馬巴德，還有我們的其中一輛廂型車。我們大部分的裝備與食物都裝在兩輛雪巴廂型車[2]中走陸路，駕駛者分別是遠征隊成員東尼・萊利與隸屬變色龍影業的艾倫・朱赫斯特（Allen Jewhurst）與克里斯・李斯特（Chris Lister）。其中艾倫會參與我們漫長入山過程的初期階段，希望藉此為變色龍影業將利用東尼拍下的毛片剪成的電影抓到感覺。

以鮑寧頓遠征隊一員的身分去登山，不是沒有好處的。我們受到英國大使館的款待，和藹可親的使館人員還把他們有空調的住處交給我們處置。但事情的主導權似乎已不在我們手中：豪華的餐宴在巴基斯坦觀光部的安排下鋪天蓋地而來，在大使館，我們有露天泳池跟大量的飲料可享用。一離開英國，那感覺就像我們放棄了個人意志。只有克里斯似乎還控制著一切，統籌著各項活動，並將各種安排導向讓我們的人與設備都能被空運至斯卡都的方向上。斯卡都是路路不通、搭機過去要一小時的一個小鎮，那裡會有吉普車載我們到步行入山共十四天行程的起點。

使館住宅區裡漆成白色的一棟棟建物在讓人渾身無力的熱浪中，是我們的天堂。登山者的身分讓我們成了貴客，使館內的東道主深信我們有能攀上Ｋ２的能力，這點讓人十分感動。巴基斯坦的英國大使館是一眾英國海外使館中最大的一間，為的是顧好兩國之間緊密的外交關係。這個地方還殘存著一些殖民時代的氣氛，但就是建築本身頗為現

2 英國車廠利蘭公司在一九七四年推出的廂型車款，英文名為Leyland Sherpa。

代。住宅區的侍衛坐在各個入口處的樹蔭下，閒雜人等無法擅入。使館俱樂部裡的飲料會由無所不在的服務生送到泳池邊給我們。我們之所以能待在那裡受到熱烈歡迎，唯一的理由就是對那些被放逐到這裡熬著外派任期的外交官來說，我們的出現可以替他們解悶，還可以稍解他們的思鄉之情。

彼得隨陸軍上尉沙菲克・烏爾・拉曼（Shafiq ur Rahman），也就是我們的聯絡官，去市集採買了必備的當地農產；尼克跟我相伴去了幾家銀行，把一萬五千英鎊兌換成要付給挑夫的當地小額面鈔。這樣換來的大量鈔票塞滿了一個小行李箱，而我們就靠著計程車的後車廂把這個行李箱帶來帶去。腦袋對數字十分敏銳的尼克是這次遠征隊的出納。身為過路財神，我們一起作起了發大財的幻想，笑著編起了要捲款潛逃到南美洲的計畫。話說我們會作起這種黑吃黑的白日夢，得歸功於我們在伊斯蘭馬巴德市區的經歷，須知我們得在銀行內武裝警衛的注視下數清一疊疊鈔票，左右張望街上安不安全，衝向在等待的計程車，把裝錢的箱子甩進後車廂，然後喝令司機趕緊開車。尼克是個非常適任的出納。要說真有什麼事情攔著他，讓他不會真的吞了錢跑到南美，那應該就是他追求精準的近乎強迫症，還有這種邋遢的支出手法會讓他沒辦法使帳目平衡的心理不適感。

我對於遠征隊啟程的回憶會更加「多采多姿」，是因為我因為痢疾而極度不舒服到只能躺在交誼廳的地板上，不時還得起身朝著附近的容器嘔吐。克里斯還有最後的一些安排要處理，所以無視著身邊發生的大小事在敲著打字機，改變著計畫，調整著想法。不知怎地他作成一個決定，要雇用一百名挑夫來把行李挑到一號營，並留三到四個人負責把東西挑到二與三號營。需要的挑夫總數驚人地不斷往上爬，我們需要的挑夫人數算到目前上看三百。

克里斯注意到我的存在，是因為我再次起身嘔吐。「喬，你可以把這個地方整理乾淨嗎？你可以開始把東西裝上車嗎？你可以去看看其他人都在幹麼嗎？」這很像他，他就是會因為全神貫注而對周遭的狀況渾然不覺。

飛往斯卡都只須耗時一個小時，但卻有世界級危險航程的稱號。飛機小，山又高。翼尖有時只差幾英尺就會摩擦到崎嶇嶙峋的山坡。如果天氣不夠晴朗，班機在伊斯蘭馬巴德被耽擱或人被困在斯卡都幾天，都是沒什麼好奇怪的事情。對我來說，這趟飛行有如酷刑，因為在空中的每一次抖動都會讓我產生一波波的噁心。

斯卡都是個看上去宛若陶器的土黃色小鎮，但當中散落著綠洲的青翠，因為那兒有灌溉渠道創造出沙漠中的點點沃土。我們在此選擇了挑夫的主力，並嘗試在讓這群不受控的暴民接受某種秩序，不要再繼續只是群衝動而固執的巴提人（Balti：藏族與達爾德語族的混血後裔，分布地包括巴基斯坦、印度）。他們從方圓數英里的周遭各地跋涉而來，有些人一走就是兩天，只因為他們耳聞遠征隊這兒有工作機會。這裡的乾燥土地在白天的烈日下燒得火燙，但他們還是成群前來，所有人都身穿他們一層層自家紡的羊毛，顏色跟土一樣。我們的遠征隊代表著好的工作機會，代表著對地方上經濟的挹注，所以就連在地的警察也挾其權威來給徵選過程助陣。

道格挑起了選才的責任。他之前已經來過這一帶兩次，所以認得出一些熟面孔。理論上他會檢查應徵者有沒有明顯的病徵，但實務上他挑的都是那些他看上去覺得有趣的傢伙，而且他的眼光通常不差，選出來的人都挺有趣的。雖然都穿著一樣乏味的迷彩衣服，但每張臉都因其豐富的表情而與眾不同，而且大部分人都揮舞著之前擔任高山挑夫的推薦函來做為他們工作效率與價值的證明。在場的警方毫不吝惜使用他們他們隨身的警棍，好打退爭著要被錄取的一波波人潮。道格有點受到驚嚇，因為這種暴力牴觸了他凡事訴諸溫柔與和平的人生哲學。他向一名警員提出抗議，但對方看著道格把警棍往自己身上碰來示意，完全是鴨子聽雷外加一臉迷惑。只不過警棍攻勢完全沒有阻卻村民的熱情，前面的人會先識相地躲開，直到雨點般的警棍停下。接著他們會嘲笑那些沒有逃開的求職同伴，然後再重新伺機向前推擠。

也在檢查應徵者有無疾病的吉姆．達夫會滔滔不絕地聊起「這些打扮入時的上流人士」。

喀喇崑崙地區比起印度跟尼泊爾的山區要乾燥得多，景色則顯得嚴峻而粗曠。連著數日，我們感覺自己好像走在沙漠之中，只很偶爾會遇見綠洲裡有小屋子群聚在一條溪流邊。這裡的村民為了勉力苟活，得在山谷的日常中忍受各種極端氣候，與鄰村往往相隔好幾重巨大的峽谷，而且峽谷邊上的泥牆遇雨通過還危險異常。

我們同行者中有東尼．羅賓遜（Tony Robinson）這名倫敦橡膠公司的董事，他自願在休假時來參與一部分前往基地營的行程，還有變色龍影業的艾倫．朱赫斯特。K2的入山之路雖然不屬於正式的登山，但其艱苦程度卻不輸給我所經歷過任何一段非登山的行程。我們每天都有障礙需要面對，大河需要橫渡，深谷需要周旋，丘陵需要翻越，而且還得在沒有溪流提供可靠水源的烈日下完成這一切。布拉爾杜河（Braldu river）做為一道由高山冰川融化來挹注水源的強大激流，與我們在一路上常相左右，但那當中只有聲勢驚人，挾帶泥沙而來的滾滾黑水。巨石的轟隆聲聽得一清二楚，因為它們也會隨著水勢掃過河床。這條河吸收了沿岸各個村莊的汙水排放，因此雖然河水大多時候就近在眼前，也雖然我們確實走得很渴，但布拉爾杜河對我們的吸引力只能跟海水比肩。

東尼．羅賓遜與艾倫．朱赫斯特一點也不熟悉這樣的環境，但習慣了會議室與電視中心（影片的製播處）的他們似乎對這恍如隔世的狀況適應得挺好。東尼善用了他的行政長才，協助進行了挑夫薪資的發放，而艾倫則跳下來幫忙每天最辛苦的庶務，包括分配大量的口糧給我們的挑夫。在都會生活中的艾倫是個招搖而腦筋很靈光的公子哥，我跟他相處起來非常愉快。但隨著操勞與汗水填滿了一天又一天的生活，而且一天當中最疲憊的時段總是沒有足夠的水喝，原本聊起天來嘰嘰喳喳的艾倫也陷入了徹底的沉默。我們愈是從現代文明抽離，他就愈顯退縮。雖然跟艾倫很熟，但我發現自己還是比較偏向跟遠征隊的隊員相處。我對於我們前方的難關感到一些不安，所以跟那些要與我共同分攤重擔的夥伴相處起來，我感覺比較舒坦。無可避免地，我會感覺我們的討論與行為正在被人窺探，而那些人並無法同理我們這些登山者共有的希望、焦慮與不確定感。

我們繼續偕我們衣衫襤褸的挑夫大軍穿越著赭黃的沙土地，翻越著一個個丘陵。他們是樂天的一群，但少了共同的語言讓我們與他們互動不多。破曉時，我們會醒來看見他們如同沉默的陰影從地面上爬起，然後面朝麥加開始祈禱。接著他們就會循著冥冥之中的某種秩序開始動身，人人身上都有帶編號的行囊綁在肩上，靠的是他們當成吃飯傢伙的繩索。

我們按照自己的節奏前進，基本上是輕裝，好把能量保存起來準備後面的重大挑戰。誰跟誰走在一起每天都不一樣，甚至每個小時也不一樣。這是條漫漫長路，我們一行人數又眾多，所以想先跟某人走一段，然後再像是到處串門子聊天一樣溜去跟別人同行，完全不成問題。我先是跟圖特走在一起，聽取了他不安分又不確定的夢想，然後又無意間撞見了吉姆與尼克，禁不住熱浪的他們在一棵孤樹底下乘涼，還冒險喝了一口布拉爾杜河的濁水。尼克靠著他強烈的觀點與直率的意見，總是能讓人找到笑點。我們在溫泉處收隊集合，休憩在溫暖的池子裡望著雪峰，聽著上去過的人講述他們此前的經歷。在頭一個禮拜的行程走完前，我們都得這麼靠別人的觀點活在這些地方，他們要麼會在到達一個地方之前就先向我們透露轉角是什麼，要麼會替我們預測前往下一個營地還要走多久，並預先形容一下我們屆時會看見哪些山峰。

在前往百鳩（Paiju）營地的途中，我們第一次瞥見了K2，一個模糊的金字塔突出在凝事的群山之上。但那只是驚鴻一瞥，因為我們的路線很快就有所改變，K2也因此消失在我們的視野。

那晚的營地位在美麗百鳩峰的低坡上，一處小林子裡。那營地在如此荒蕪的一片土地上，可以說與環境顯得格格不入。以那兒為起點，我們的下一站將是巴托羅冰川（Baltoro glacier）這條巨大而不修邊幅的冰蛇，從不知從幾英里外遠方的山上蜿蜒而下，一路攜帶或推動著其從途經的山丘上挖下來的一落落石礫。在百鳩峰的營地，我們結清了二十名挑夫。遠征隊加上三百名挑夫每天吃掉的東西之多，使我們如今已經少掉了二十綑行李。偕這些任務完成的挑夫，東尼·羅賓遜與艾倫·朱赫斯特也將掉頭回返。我們兩天前曾橫渡一條既寬且深的河流，而如果他們再不回頭，就得冒上夏天融冰量增加造成河水深到過不去的風險。我們在該營地有一天可以休息。有些累積的壓力冒出了頭來，演變成沙菲克上尉與一名挑夫間的暴力衝突。一手籌畫並打包大部分裝備的圖特對此極為緊張，因為萬一挑夫罷工，裝備到不了基地營，他的努力可就要毀於一旦了。我分析兩邊的行為有相當比例只是在相互放狠話，但卻被他痛斥我這麼說既不切實際又不負責任。克里斯一頭栽進了爭端的中央，並不畏四重翻譯的阻隔，用各種說法與提議展現了一定的威嚴。他心想這樣的權威就算是巴提人也得多少買帳。

那一晚，對峙的張力終於解除，而且沒有殘存的恨意，黑夜中只聞喧鬧的歌聲飄揚在明亮的火光中。艾倫在挑夫的慫恿下大方跳起舞來，贏得了滿堂彩跟不少人緣。我對於他隔天就要離開感到悲從中來，但畢竟他跟東尼不屬於遠征隊的成員，加上欠缺高山經驗，我們不可能任由他們鋌而走險。

克里斯擬出一個新計畫是讓兩人先於主隊出發去開通往基地營之路。天氣已經開始轉壞，我們預見在抵達山區前的最後數日會出現深雪，因此這個計畫將可幫助我們避免行程延宕，挑夫也可以走在事先有人開闢好的雪徑上。道格跟我是唯二沒有要務在身而可以擔此責任之人。吉姆做為醫師不能脫離大隊；圖特做為對不同綑行李裡都各裝著什麼都知之甚詳之人，不宜與行李主力分隔太遠；尼克身為出納，得每天隨食材的減少而結清幾名挑夫，所以也走不開。總而言之，除了道格跟我以外每個人都有不可或缺的職務。成為先鋒讓人想著有點興奮，但要在深雪中開路可就讓人頭痛了。圖特似乎對被綁在大部隊上感到有點焦燥，但我不確定他是因為急於想走在前面，還是覺得我會介入他與道格之間的友誼。其實大部分人一旦在山中成為搭檔都能合作愉快，而無可避免地我們所有人都會懷著這種想法慢慢熟識彼此。在這趟旅程中，克里斯出於他統籌全局的隊長身分，往往會成為其他人分析的對象，大家都會琢磨他的一言一行，想要從中過濾出他的思緒與暗藏的意圖。在以往的遠征中，他會以特定的組合把兩兩送作堆，然後排定在山上移動的順序，藉此來操縱每個人在攻頂時所扮演的角色。

克里斯的想法也是變來變去，而他的一大缺陷、但也是一大優點，是他常常邊想邊講。這種習慣讓他給人一種優柔寡斷的印象，但其實每個人在思考事情都會經過這一段，只不過克里斯在得出深思熟慮的結論前就會滔滔不絕。但你若將克里斯坦露在外的思考過程解讀為猶豫不決，並因此以為可以把某種決定強加在他身上，你就大錯特錯了。這種事沒人成功過，沒有人曾大剌剌地開口改變了克里斯的心思，也沒有人敢狂妄地自承已經破解了克里斯的思路，讓他不論從什麼前提出發，都可以誤把我們塞給他的東西當成自己的觀點。

在烏爾杜卡斯（Urdukass）的營地，道格跟我要出發當先鋒的前一晚，我們共謀要來看看我們誰能說服克里斯去做我們希望他做，但也知道他已經反對過的事情。圖特挑戰的是克里斯莫名反對我們在抵達基地營前派出送郵跑者，須知若按克里斯的調度，我們會得等到離開英國的將近六週後才收到第一封信，但克里斯認為這麼做可以保全遠征隊的新聞價值不受事前流出的點點滴滴稀釋。道格跟我則想說服克里斯讓出身罕薩地區的高海拔挑夫夸馬占隨我們一同前往，不要留在主隊上。夸馬占是極佳的旅伴，聰明、個性好、能力又強。他等入山之後也會輔助我們，但在那之前他有另外的工作是擔任遠征隊廚子席爾·汗的助手。事實證明夸馬占要比席爾·汗能幹且可靠得多，而且不論遇到什麼問題都更積極也更有想法。道格跟我都覺得他跟我們一起走會管上大用，但隊上其他人也很認真希望他能留在主力這邊。

晚上下起了雪。我們的帳篷在積雪的重量下塌縮，但早上起來卻只見天空一片晴朗。烏爾杜卡斯的營地位於冰川上方一片長草的岬角上。在此挑夫們堅持要多休息一天來準備他們的烤餅與扁豆糊供未來幾天食用，畢竟之後每晚我們都會停在冰原的中間。道格跟我帶著含夸馬占在內的少數挑夫先行出發，其中夸馬占被指派給我們，是免得我們無法跟其他挑夫溝通。

能逃離主隊上的種種雜務，朝著山谷頭部的巨大雪峰群前進，讓人著實鬆了口氣。同時我對於能有機會多認識道格一點也感到慶幸。道格做為一個強大的個體，你想從我們身處的團隊動能與其所賦予我們的角色中挖掘出真正的他，談何容易。相形之下，當只有我們兩人獨處時，即便是最基本的互動也足以凸顯出彼此真正的自我。桀驁不馴的雄偉岩壁將我們團團圍住。川口塔、巴托羅教堂峰，乃至於線條優美的瑪夏布洛姆與慕士塔格峰等高峰盡在我們左右。這些名字無一不引人遐思，也都是我多年來只在書中讀到過的名字，而她們如今卻都一一矗立在我眼前。有三天的時間我們朝著康考迪亞（Concordia）這個三條冰川的匯流處前行，傲視此處的是加舒爾布魯四號峰那大得出奇的三角形山體，且旁邊還有線條圓潤但個頭一樣不小的布羅德峰當她的鄰居。

頭一天的太陽映著新雪顯得異常明亮，所以我們發下了墨鏡給所有挑夫，但他們覺得這玩意只是裝飾品或護身符，所以雖然我們已經盡可能地盯著他們，但他們還是怎麼都不往眼睛上戴。結果當晚他們抱怨起頭痛，一個個跑來要給發炎的眼睛擦藥，要知道在山上的空氣稀薄，陽光通過完全不會減弱。在一萬三千英尺的高度上，大氣層能吸收的有害紫外線量會比在海平面少很多。隔天早上，八名挑夫中已經有三人徹底雪盲，不受劇痛影響的只有兩人。

不過反正我們也免不了晚出發，因為昨晚紮營時我打開了我挑選時以為裝有十四天份口糧的箱子，沒想到我挑到的不是14號而是14E號箱，所以裡面只有瓦斯罐。沒有食物我們寸步難行，所以只好派兩名沒事的挑夫回烏爾杜卡斯去拿我們真正需要的箱子。我答應多給錢，讓他們快去快回。

他們在隔天上午十點帶著箱子回來，但我們的小隊仍看起來相當落魄，主要是雪盲的挑夫只能巴著那些還看得見的同伴，才能走走停停地前進。道格接過了其中一人的負重，自己當起了挑夫，以求讓全隊加速，但如此根本無濟於事。我們才走了不到一英里就不得不因為拖著病體而景況堪憐的挑夫而徹底停下腳步。

我們在覆冰石礫上的營地位於一萬四千五百英尺的高度。太陽一下山，寒意就撲了上來。道格跟我停留在一處冰丘上拍攝落日，直到全身都要凍僵了，才衝回帳篷內躲進睡袋跟羽絨外套的懷中。挑夫快手快腳地組建了一圈石牆，然後躲在了裡面。他們沒有什麼東西可以用來阻斷石床的冰冷，能用來當被子蓋的也只有一人一條毯子。為了取暖，他們有人蜷縮了起來與同伴分享體溫與毛毯。他們能睡在這樣的天寒地凍中，完全超乎我的想像。

一早起來，他們的視力已經恢復，於是我們便加速趕路以免被主隊追過，但一路上我們沒有看到深雪，所以雪徑也無從開闢起。在康考迪亞，我們第一次看到了我們目標之山K2的全貌。那是座雄偉、對稱的金字塔，其量體之大讓我們只能怔怔望著她，暗暗希望巨大如她的某個地方有路線可以做為我們突破攻頂的弱點。此時雲層拯救了我們，讓我們不用再繼續看著K2，而這之後我們因為距離K2底部太近而看不清楚其山頂，主要是較低處的拱牆會遮擋我們的視線。

當我們抵達K2西南脊的山麓營址時，行程已經晚了半日。從那營址抬頭一看，會見到的是兩萬英尺高且山尖覆雪的天使峰（Angel Peak）是主山的伴峰。西脊做為我們的目標，坐落在薩伏依冰川（Savoia glacier）以上的視野之外，而該冰川往下繞過了天使峰的側邊。道格跟我計畫調查一下從薩伏依冰川向上通往我們主要基地營預定處的路線。天氣並不穩定，所以我們打算先靜觀其變，但做為遠征隊的「箭頭」，主隊只晚到一兩個小時還是讓我們看來有點糗。主隊有人抱怨克里斯不該堅持分兩階段前往康考迪亞，那不僅激怒了工時延長的挑夫，也惹惱了遠征隊，因為等行李抵達時天都黑了，而那之前的他們只能又冷又餓地在毫無遮蔽的地方，接受四面八方的冷風洗禮。

彼得跟我說他是如何一看到從康考迪亞輻射出的冰川谷地，還有包圍著這些谷地的壯觀山岳，就整個人感覺到目眩神迷。他說他當場真想用卡帶音響播放一下巴哈或貝多芬，沒想到一貫玩世不恭的尼克竟播放了某個當代樂團「肉塊合唱團」(Meatloaf)的一首〈地獄蝙蝠〉(Bat out of Hell)，而且音量還開到最大，簡直把他給嚇壞了。

逾兩百名挑夫聚於一處，引發了道格跟我僅短短逃脫了幾天的緊急事態。由於挑夫每多跟著我們一天，我們就會多出一張很大的工資帳單，因此等待天氣變好再找路上到基地營已經不再是我們的選項。我們硬是帶著兩名先鋒組的挑夫在持續惡化的天候中出發，繞過天使峰的側邊，上到了冰川的上方高原。

在能見度很差的狀況下，我們不得不在三小時後折返。我們確信自己已找到了營地大致的區域，但濃霧中我們只能看清眼前不過幾碼的範圍。

我們上到冰川的地方有一方過往雪崩留下的碎石，但濃霧掩蓋了雪崩在上方山區的出處。道格堅持我們應該選走比較深入冰川的路線，問題是冰川上有許多冰隙，而覆蓋著冰隙的深雪讓我傾向於走比較接近山壁的捷徑。道格用一種略顯剛愎的口氣重申了自己的觀點，話中聽得出些許我沒想到他會有的自視甚高。我主張帶兩百名挑夫穿越一片滿布深邃冰隙陷阱的區域，可能會比短暫暴露在雪崩風險中更加危險。這兩個選項都不盡理想，而我們兩方也相持不下。同行的挑夫表示他們希望盡可能留在靠山的地方腳踏實地一點。

但跟主隊重新會合後，我們剛剛就像白忙了一場，因為弄了半天，隊上已經作成的另外一個決定讓我們更加相信自己與事情的優先順序徹底脫節。挑夫被幾乎盡數結清，只留二十五人，這代表遠征隊已經放棄在一天之內建成基地營，畢竟裝備也不可能一趟就通通搬上去。相對於此，這二十五名獲選的挑夫會領到更多保暖衣物跟更優渥的工資，然後他們會有未來一週的時間把行李扛上去。

等基地營終於可以住人了，下方事情忙完的我們也有空前往進駐了，但該出現的彼得在一日午後遲遲未出現，沿著天使峰側邊走會有危險的恐懼也重新燒了起來。他之前停留在我們慢慢習慣稱為「堆放營」的地方，為的是監督糧食的上送，一如圖特則在監督裝備的運送。我們知道他應該要抵達基地營，但到了午後過半仍沒有他的人影。尼克與夸馬占帶著可聯繫的無線電回頭去確認他沒上來的原因，結果他們不久後就隨著彼得一同出現，其中彼得看起來驚魂未定，而且咳嗽一陣一陣的。

他從堆放營離開的時間比他預期的晚。圖特留在下面的時間比較長，是為了繼續監督行李的移動，但他也同時開了一瓶保樂（Pernod，葡萄酒品牌）來給自己慶生，由此彼得在要動身時已經頂著醉意。等他從堆放營出發一個小時後一踏上冰川，一道雪崩就從他頭上的山坡開始鬆動。他丟下了背包開始往回跑，一跑回才剛離開沒多久的岩石區並脫離險境，就累到癱倒在地，而身邊來自雪崩的飄飛粉雪也於此時從他身邊掃過，被他吸入了肺部。他足足在那裡休息了一個小時，才有力氣去取回背包並繼續上行。

在我登山生涯的早期，在我還沒有親身體驗過它們的力量之前，我並不明白雪崩可以有多麼地強大跟致命。我不明白為什麼我印象中軟軟的、沒什麼分量的白雪可以讓人葬身其中或讓整個村子被沖走。但後來我慢慢了解到積雪即便只有幾英尺深，也可以在從坡面上滑動的過程中席捲更多量，最終形成重達數千公噸的驚人量體，進而在下落的過程中摧枯拉朽，途經之處寸草不留。所以說，我們在山間得提防每一片積雪的曠野。雪況若能穩固扎實為最佳，這種雪況通常只會在一種狀況下滑動，那就是溫暖的陽光照射提升了濕度的含量，進而使積雪中的量體平衡有所變化。穩固基底上的新雪是我們最不樂見的，因為穩固的基底所提供的是一塊平滑且冰凍的表面，新雪難以附著其上，而且新雪剛落下來還不夠扎實。可以的話，登山者應該避開所有可能雪崩的區域，但有時候做不到就是做不到。

我因為一開始主張走這條路線而感覺到自己有一份責任，但當然隊上既已把建立基地營的策略從在一天內建成改成在一週內建成，我那認為只要賭一回不遇到雪崩就行比要如履薄冰過完一堆冰隙安全許多的理論，也就沒有差別了。

三

逐漸地，我們集結成一個團體，而所有的混亂也被往上輸送到一條大家都同意了的路線上。走這條路線，會帶我們通過另一個令人膽顫心驚的冰隙與岩冰狹縫地帶。我們在開始沿著山側而上時固定了繩索，那是要給十名挑夫用的扶手線，因為他們要替我們把行李送上一號營。考量到我們全隊八個人得同時待在山上，而且還有計算中的六個營地需要建立，因此要送上去不少的東西。把行李的搬運工作在這些難度較低的底部坡段託付給挑夫，讓我們騰出了力氣，得以去探索往高處走的路線。

我們動輒會長時間坐著凝望眼前的山，試著理解山的地貌，也試著在腦海中想像某道陰影代表的是否是一道山谷，兩面雪坡之間的石階能否攀爬，還有山上有沒有夠寬的岩架能讓人搭起帳篷。我們討論了可能的攀登路線，也討論了成功的勝算；我們一個個滿懷雄心壯志，而且也都不計較排位地想要登上山頂。尼克在一場討論中顯得格外突出，而我也因此看出了他為什麼在需要團隊合作的時候具有非凡的價值。我們原本還都在苦惱每個個人要如何才能成功攻頂，而尼克卻在這時已超乎我們全體的高度說：「我無所謂自己能不能攻頂，我只希望你們都能上去就好了。哪怕我們只有一個人能攻頂，那都他媽的太棒了。」這話說得讓其他人剛剛的天人交戰顯得既多餘又自私無比。

一號營被設在一堵拱牆的下方，也在一道平滑雪坡的頂端。我們一向喜歡還在穩固的岩石邊上紮營，這麼一來只要我們能在自己掘出的平台上把自己塞好，晚上就可以安穩地睡個好覺，不用擔心被外界因素干擾。

在從下方的雜務解脫出來之後，我們進駐了山上的營地。彼得已經完成了食物的準備工作，道格跟我做為「助理」並沒有主要得負責的事務。所以說首先進駐營地的也就是我們三個。

我們架起帳棚的同時，外頭正穩定地降雪。我比其他兩個人晚到，因為即便揹的東西不多感覺也異常沉重，我這才意識到自己還沒有徹底適應環境。我並沒有感覺身體不適，事實上，我的精神面感覺非常活躍，幹勁也很充足，但就是身體跟不太上。我抵達的時候，道格正在痛罵他剛打開的帳篷。這個型號他不是沒用過，而他之前就覺得這帳篷很複雜、很難搭，而等搭起來之後，帳篷的空間又小得很不舒服。這名狡猾的老手也不給我們機會考慮，就以此當理由提議由彼得跟我進駐這個帳篷，而他則會去睡另一頂他青睞的帳篷，補償是他會負責煮三人份的餐點。

我們可以靠無線電聯繫基地營，而這也給了我們機會修正一些我們因為久疏自給自足的練習而忘記帶上來的東西。午後四點，基地營方面沒有回應，但等到半小時後的備案聯絡時間，我們終於跟基地營連絡上，並得以要求了一堆東西，包括馬克杯、湯匙與盤子、我的牙刷還有道格寫日記的筆，乃至於幾雙要穿著鑽進睡袋的羽絨靴。我們寫了信與卡片讓人隔天帶到山下，準備由終於要派出去的郵件信差送出。

我們向上拉出了更多繩索並將之固定在深雪中。一號營在一萬九千五百英尺處的地方，而雖然高海拔讓我們的動作稍有遲緩，但我們還是很開心不用再管下方的後勤工作，能專心好好爬山。

這對遠征隊來說也是一件有點弔詭的事情，那就是我們這些在後勤組織上責任最輕的傢伙，卻反而可以占得先機去領爬、去開疆闢土，去品味發現新天地的快感——而這些正是我們不遠千里來此的目的。

彼得的狀況很好。住在瑞士的他，之前曾在村子邊上的山丘上大量跑步來維持體能，而現在看來他的努力沒有白費；他跟道格決心要在我認為還太軟的雪面上推進。我扛著繩索擔任支援的角色，任由他們倆去完成這一天的進度，反正我已經無能為力了。道格至此還有餘力可以像個哲學家似地想東想西，包括分析他身邊的人物，還有這趟行程的進度。當彼得領爬時，我在下到一號營之前跟道格小聊了一下。他告訴我說他並不覺得我好相處，並納悶我對他是不是有什麼敵意；他強調他強烈地希望我們完全不用氧氣攻頂，畢竟我們在就要出發前已經聽聞梅斯納爾與哈伯勒無氧爬上了聖母峰。他一直是這個風格，一直會提出我有自信答應下來的計畫來做多一點，走遠一點。

克里斯總結了他的行政規畫工作，上來加入了在一號營的我們。圖特還有未完的工作，要把裝備分類成合邏輯的順序來一一送上山，但他對於能繼續待在下方還滿開心的，主要是風寒與嚴重的咳嗽讓他感覺身體很虛弱，原來是他在康考迪亞等待帳篷到來的那幾個小時著了涼。東尼在拍攝一些新聞報導，但他也感覺不是很舒服。吉姆留在下方照顧生病者，並順便處理挑夫的毛病。尼克身為出納還有事情要處理，主要是那些負責把裝備從堆放營帶上基地營的挑夫要跟他領錢。

克里斯跟我在隔天從道格與彼得達到的高點處開始輪流領爬。如今上了山，克里斯就像變了一個人。一朝放下了文書工作、任務策畫，還有向電視、廣播與報紙等媒體報告進度的繁重工作，他彷彿鬆了一口氣，氣場也不再如之前那樣咄咄逼人。這是我第二次跟他爬山，而他也完全沒有隊長的架子，什麼都願意做。他對於目前的進度很滿意，也直率地大談各項事務的推展是多麼地順利。

我們爬上了一條狹窄的雪谷，上到了一條可以直通到山脊上的肋稜。在我們上方有著水平側影的山脊通往主要的山體。我比較想上到那道山脊，但其側影中間有被岩塔打斷的地方，而隔著一段距離，我們無從判斷我們的行進會不會在遇到這些岩塔時，被許多無謂的起起落落拖緩或徹底阻斷。於是我們從肋稜處下降到一道陡峭的雪坡，然後進占了五十英尺外一處冰面突出處下方的凹洞。從那裡開始雪坡就比較不陡了。我們停止了固定繩索的工作，因為我們在此是水平前進——跟走路差不多——所以繩索並不會讓人在這一段前進得比較快或比較輕鬆。

克里斯在前面領了一段路，邊走邊開路。這工作不輕鬆，因為他得一邊走一邊把軟雪踩扁來讓後面的人好走。他不時會停下腳步，畢竟是人都會累，但最終他還是打起精神持續前進，就像是想證明他不是只會紙上談兵。我們每個人都多多少少會歷經這個適應高山環境的撞牆期，也都有各自要克服的課題，這時能推著我們自己繼續往前的，就只有我們自己才知道的理由了。而每個人都會因為聽不到別人抱怨，就想當然耳地認為其他人比較是登山的料。克里斯停下來問我想不想走前面，我從那口氣聽得出他一直在等我開口。於是我開始領爬並走得比他還遠，因為我不太開心他似乎在暗示我沒有盡力。我們在走了六百英尺後，抵達了坡面上的一個裂隙，位置在若干岩石的下方二十英尺處，而我們評估認為那裡具備紮營的安全性。道格與彼得到達之後便丟下了他們揹負的繩索與帳篷。我們達成了共識要把這裡設為二號營。自此開始地面便開始變陡，所以要再找到適合的營地會更困難、更耗時，更難有所收穫。以兩萬一千四百英尺高度而言，設下二號營算是夠格了。

那晚不會有人睡在二號營，明天我們會從一號營帶更多裝備上來，然後我們其中兩個人會在此住下，成為首輪自此地往上攀爬並固定繩索之人。

我們預計要在路線上建立共六個營地。一號營要能容納我們所有人，但自二號營起每個營地的帳篷數與補給量就會按評估需要進駐的人數而遞減。最終的營地將只需要一頂帳篷來容納要攻頂的兩人搭檔。即便我們所有人都上到峰頂，同一天達成的機率也非常低，而且無論如何，六號營就只需要一頂帳篷，因為不論是誰攻上了峰頂，他們都會立刻設法下降到六號營以下的高度。

尼克在我們不在的時候抵達了一號營，而他的出現也為大家帶來了朝氣跟無厘頭的幽默。我們必須決定由誰來負責進駐二號營並繼續往上勘查路線，須知這是某種「肥缺」，因為領爬的這對搭檔可以享受到所有的刺激，而其他人只能不斷供輸補給來做他們前進的後盾。在山上遇到隊員們彼此能力相當的狀況時，克里斯都很不願意拿出他的權威來拍板，這點跟他在山下處理行政與後勤事務時的態度很不一樣。最後是尼克跳出來解決了這個問題。「我們來抽火柴吧。」他說，而這跟在克里斯辦公室裡用電腦把後勤資料印出來的光景一比，簡直是天壤之別。

「強卡邦組合贏了。」尼克說，原來抽到最短兩根火柴的正好是彼得跟我。在總共五人當中就那麼剛好是彼得跟我抽中，機率可以說是瘋狂地低，但我確實覺得這不是單純的巧合，而是冥冥中有股力量把慢慢變得如此互補的我跟彼得，又再一次湊到了一塊。

六月八日，也就是在抵達基地營後的剛過一週後，彼得跟我就上到了二號營。就在另外三人在忙著把行李搬上來又匆匆跑下去的同時，我們則在拱牆下方的冰隙唇邊雪中挖出平台，我們希望的是那道拱牆可以阻卻積雪崩落在我們的帳篷之上。雲層已經開始湧來，強勁的風雪讓我們施展不開手腳，只能先設法讓自己在帳棚裡舒適一點。時間來到下午，就只剩下三點半的無線電聯繫，讓我們在肆虐於外頭的漫天暴風雪中不感覺孤立無援。我現在終於可以理解為什麼道格會對帳篷的大小那麼介意。彼得跟我又再一次面對了同樣的狀況，只是這回天氣更惡劣，逼得我們不得不把入口的拉鍊緊緊拉上。我們沒有另外的帳篷可以用來煮飯，所以我們唯二的選項就是要麼讓帳篷通風而持續被風雪吹襲，要麼忍受那讓人窒息的爐煙。厚厚的落雪積壓在帳篷上，更加限縮了帳內的空間。放開來躺在帳篷裡，我們不論用頭、腳或身側都可以感覺到帳牆在雪的重量下朝我們壓迫而來。

我在頭痛中醒來，而當彼得打算往外探個頭時，我們才意識到帳篷已經幾乎要被新雪掩埋。我們清理了帳篷的氣孔，然後直接躺平展開漫長的等待。外頭的風雪仍無頹勢，我們半步也離開不了帳篷。

但我們並不緊張，反倒是很優閒地靠吃、睡與讀書在打發時間。彼得並沒有拋棄他寫起日記毫不手軟的習慣。我看起了伊夫林・沃（Evelyn Waugh）的小說《獨家新聞》（*Scoop*），這書讀起來輕鬆愉快，但沒多久就看完了，於是我也提起筆來打發時間。彼得繼續堅持下去靠的是一本叫做《與奇人相遇》（*Meetings with Remarkable Men*），由葛吉夫（Gurdjieff，俄國神祕主義者）所創作的書籍，讀著讀著還不時會發出讚美的驚呼聲。

第二天早上，我們差點又要被蓋住帳篷的深雪悶死，只剩帳篷的一角還突出在外面。彼得費了好一番工夫才強忍著猛烈的風勢，把帳篷重新挖了出來。大部分時候，我們都不需要特地跑出去。吉姆醫師甚至發給過我們「尿瓶」。我犧牲小我造福大我地去架起了急就章的外帳，擋在一處入口的上方，為的是創造出一個通風但不會被強風颳到的煮飯區。時間開始愈來愈難熬。因為欠缺運動加上空氣流通又差，我感覺頭痛開始常駐。我們在無線電上得知，其他人在一號營也好不到哪裡去，頂多就是他們帳篷的空間大一點，人手多一點。來自基地營的消息讓人氣餒。彼得跟我沒有事由要跟基地營通話，但我們還是在排定給一號營與基地營的通話時間內側聽了一下，權充是單調之中的一點變化，也是我們可以用來標定時間的里程碑。圖特非常幻滅於那些讓他必須被困在下方工作的那些身體不適，還有如今這場讓整場遠征蒙上絕望氣氛的無情風暴。東尼的身體也還沒有好起來。可以肯定的是，已經下下來的雪量在風暴平息後會是我們的一大麻煩。像這樣充滿悲觀氣息的無線電通話，比起我們在強卡邦峰上感受到的孤立無援，前者還又更加糟糕。在此我們雖然有其他同伴，但從我們以為可自由自在走動的他們口中，我們卻連一絲絲的樂觀或鼓勵都感受不到。

等到第三天早上，我們終於接受了呼號個不停的強風與旋轉的飛雪，就此在疲憊中陷入放棄的心境。然後彼得在上午十點去到外頭去解放生理需求，沒想到他卻在此時往帳篷裡大喊起來，原來他看到了有身影從一號營出發向上。雪已經不下了，只是風從山表面吹起飛雪才繼續給人暴風雪的印象。我們於是趕緊出發，就怕下面的人發現我們在床上會氣炸。

但顯然我們擔心早了。彼得跟我出發後固定了六百英尺的繩索，然後看著下方三個人影像螞蟻一般地行進。我們辨識不出誰是誰，因為從我們的高度看去，他們只是三個小到不能再小的點點。他們的進度比我們在一號營以上任何一段的速度都慢，但我們不能確定原因，也許是他們也受到了兩天沒動的影響，也許是雪太深太軟，或他們揹的東西太重。彼得跟我所爬的坡面上沒有深雪。有的只是陡峭的冰，陡峭到積不住新雪，然後我們就抵達了也一樣陡的岩石段。從那裡我們掉了頭——此時已經是下午了——結果我們這才發現那三個人還沒有上到我們的帳篷就也掉頭了，而且還扔下了負重。

克里斯在無線電中說雪太深了，他們必須把固定好的繩索從雪裡挖出來。明天他們會提早出發並認真以到達二號營為目標，因為我們的裝備與存糧都幾乎要見底了。

在二號營，我們已經習慣了空間狹小所帶來的不適，並且也說好了要恢復強卡邦的那套分工，也就是彼得負責早餐而我煮晚餐。彼得讀著他的書，並宣布他愈來愈確信《與奇人相遇》不是那種他將來會繼續帶上山的輕鬆讀物。我打開了好幾個月前在索爾福德一間倉庫裡打包好，而且還出於玩心用不知道是《花花公子》還是《梅菲爾》（*May-fair*，成人雜誌）的夾頁當包裝紙的晚餐口糧。那些在最好的狀態下所編排出的照片，對現在的我們來說就跟失傳的古老象形文字一樣毫無意義。我們偷偷開那玩笑是想逗笑其他人，不是我們自己。

早餐後的我們愜意地躺著，直到太陽暖和了我們，讓展開新的一天不再那麼痛苦為止。最終天氣沒什麼問題。晚間的天空冷冽而墨藍，黎明時天際變白但氣候仍舊沒有變壞。我們離開了帳篷，拉著昨天搭建的繩索前進。連日悶在帳棚裡的頭痛與昏沉在清澈的空氣中與運動的滿足感裡煙消雲散。

此時輪到領爬的是彼得。我站著餵繩，也看著三個小點離開了一號營，展開了漫長的上行之路，他們帶上的補給將能確保我們的上攻不致中斷。那三個無名的小點仍以跟前一次嘗試相同的牛步在推進，但這次他們會有充足的時間可以把東西揹到我們的營地。

能夠走在前面真的是太好了。我衷心期待著跟彼得換手的一刻，我並不介意領頭是比較辛苦的工作。在那之前，我藉著我們已經達到的高度看著眼前無數的山頭。天氣已經徹底平靜下來，身在此處讓我感到滿足。這個當下讓人覺得有點不真實，那氣氛有點像是陽光普照的銀行假日[3]，跟普通的工作日大相逕庭。我不得不硬把自己帶回現實中，提醒自己這只是在喀喇崑崙山脈上又一天的日常，我要自己別忘了就是在這樣的日子裡，赫曼．布爾（Herman Buhl, 1924-57，奧地利登山家）死在了我遠遠就能望見，又稱新娘峰的喬戈里薩峰上。

山下兩名抽過火柴棒的隊友已經開始穿越坡面朝我們的營地而去，而也就在此時我開始沿著繩索而上準備接手領爬。我扛上了更多綑的繩索，調整了彼得在尋求最佳上行路線時所設下的迂迴走法。這是樸實無華的操勞。機械式的動作一遍接著一遍，中間隔著短暫的喘息。我們一向就是這麼把自己全心投入在這不需要動腦的任務上；我們沒有什麼不滿足，人一次能注意的事情並不多。

我模模糊糊聽到雪崩的怒吼聲。但雪崩在這塊由山所圍成的冰斗中多不勝數，那聲音也早就讓人習以為常，我們動輒都會聽到那吼聲在數英里外的山間迴響。但我聽到彼得大叫，並察覺到他語氣中的驚異，彷彿這一次的雪崩特別不容小覷。我環顧了一下周遭，看了一下遠方的山峰，但並未發現任何異狀，於是我又繼續把目光轉回了上方。

「不，你看！」他口氣裡的不是驚異，而是緊急，而在我下方，我可以看到我們帳篷另一側的坡面在翻騰洶湧的雲柱中滑走。原本我看到兩個身形的地方現在只剩一個人影。前景遮住了帳篷本身，讓我看不見，我只能祈禱奇蹟發生，只能希望那個消失了的人影只是被遮擋在前景裡。

我大叫了起來，但沒有得到任何回應。彼得不確定那片滑落的坡面上原本有沒有人。我丟下了負重，朝著一千英尺外的帳篷處滑去。我一時間什麼都看不到，主要是坡面的突起處擋住了帳篷與可能存在的人影。越過突起處後的我只差幾秒鐘就能得知真相，代表迫切心情的淚滴刺激著我的眼睛。最終我只看到一個身影。那是拿著水瓶在喝水的道格。他沒事讓我鬆了口氣。我可以看到六百英尺外有另外一個人影身在被雪崩沖走的坡面另一端。我依舊懷著希望。

「雪崩裡有人在嗎？」

「有，尼克。」

我癱倒並哭了起來。

彼得此時加入了我們，道格說了他是怎麼逃掉的。他事發時正在第一個穿越坡面那兒積著深雪，而他帶著一條細繩要將之固定為給手抓的欄杆，免得山坡表面滑動而有

3 Bank holiday，大英國協國家中銀行不開門的法定假日。

人腳下一空。尼克隨他之後出發，打算沿著他的腳步前進。他在腰上扣上了可以自由地在繩索上滑動的鉤環。道格說他感覺到雪中一震，回頭一望，他看見尼克頭上的坡面正在剝離，然後尼克就被吞噬在巨大的石塊之間，一同被掃到下方深達數千英尺的冰川去了。道格本身雖然不在雪崩的區域內，但還是被拖了下去，因為他身上還綁著尼克鉤環卡上的繩索。他無助地在空中翻滾，然後重重落在深雪中才停下。繩索已經斷了。他的人仍在雪崩的範圍外，但尼克已經被沖走了。他出示了細繩那磨損且參差不齊的斷點，然後一臉噁心地將之扔開。一個朋友就這樣走了。

我們不清楚有沒有其他人知道這場意外。在坡面的另一邊是夸馬占，我們的罕薩人幫手。克里斯感覺不舒服所以沒有跟著來。道格建議我們嘗試用無線電連絡。彼得幾次嘗試呼叫一號營或基地營，但都沒得到回應。我們於是一邊保持無線電暢通，一邊討論起下一步該如何。我們必須往下走，去跟其他人會合，然後呢？一個朋友、一名丈夫、一位父親，一個人子，死了，而且事情發生得如此讓人措手不及。我實在壓抑不了情緒。我一直把死亡跟掙扎聯想在一起，彷彿死亡是面對磨難或困乏到最後難以避免的終曲。但剛發生的事情感覺完全不符合這想像。尼克走得如此突然意外，如此無聲無息，我簡直就要覺得我們只是在演習，說不定我們等下下去會發現他好端端地待在一號營，還可以像個頑童般嘲笑挖苦我們的自作多情。

無線電劈哩啪啦地發出了聲音。

「一號營呼叫二號營，有人在聽嗎？Over。」

見過大風大浪的道格不論能力與氣度都穩得住，拿起了無線電回答。

「哈囉，一號營，這裡是道格。尼克已經在雪崩中罹難。重複，尼克已經在雪崩中罹難。Over。」

另一頭半响沒有回應。然後我們聽到交頭接耳與啜泣的聲音，然後道格告訴他們，我們要下去了。

我們還沒有決定要因此將遠征喊停，但我們還是將所有具有個人價值的東西都先通通撤下去，畢竟誰都不曉得我們會不會再上來。讓我們失去尼克的坡面上如今已然完全沒有雪跡，剩下的只有基底的堅冰，所以我們在通過時已經沒有危險。道格走第一個，他用罄了取自帳篷內的繩索，回到了有夸馬占發著抖在等待的另一側。我看著道格在一個空翻落地時所留在雪面上的空洞，還有他在爬回帳篷時所留下的足跡。不知為何他經過的雪面都沒有移動，只不過我也看不出他走的地方跟尼克走過的地方有什麼差別。細繩磨斷的另外一端如今仍躺在尼克最後被目擊的區域。

在一號營，克里斯已經在等著我們，他顧不得顏面地在臉上掛著兩行眼淚，就好像他也巴不得是我們擺了個烏龍，巴不得他最好的朋友其實沒死，巴不得我們可以在集思廣益的爬梳後發現問題的癥結，才赫然發現事情並沒有表面上那麼絕望。夸馬占的臉也流露著悲痛、悔恨與沮喪。他張開了手掌，讓我看了他在繩子綳斷前試著拉住尼克而在手上留下的灼傷。跟尼克共抽一根菸的他原本已經起身要繼續行程，但尼克攔住了他，表示由他走在前面。

吉姆・達夫也在一號營。看到雪崩發生時感到情況不對的也是他。克里斯一開始覺得沒事，是因為他認為雪崩處距離我們任何人會在的地方都很遠，所以他還有心情拿相機拍下在下落的巨大雪柱。最後吉姆的不安勝出，為此他將無線電打開，想看看有沒有二號營的人在側聽或嘗試聯繫，而我們也就是在那時接到了回應。

我們陷入了迷茫與不知所措。此刻時間已晚，要出發下到基地營已經不方便了，於是我們就回到了帳篷中，去度過蒼涼的一夜。夸馬占跟也來到了一號營的席爾・汗同睡一個帳篷。做為廚師，席爾・汗一直都把心態放得很鬆，完全沒有要幹大事的感覺。如今到了山上，他感覺很難融入，除了到處東張西望，就是心虛地用笑容索討安撫。彼得貌似已經振作起來，彷彿他已經用軍醫面對傷兵那種兩手一攤的宿命論接受了意外的事實。他主動鑽進了克里斯的帳篷，看似是察覺到克里斯現在需要有人分攤他的悲愴。道格跟吉姆共用了一頂帳篷，而我則獨自躺著並任由黑暗降臨，並試著不要去想著尼克被壓在山下那堆成千上萬噸的混雜冰雪中。

我可以聽到道格在大聲自問，問的是我們這麼做的意義何在，來山上的意義何在，是為了什麼讓自己、讓朋友、讓親人受到傷害。在他自己也被拖著往下走的那些瞬間，道格也曾想到自己的末日到了。他說他感覺到的不是害怕，他只是好奇那個名叫死亡的彼岸是什麼模樣。

我感覺自己需要一些陪伴，因此小心翼翼地沿著邊去到克里斯跟彼得也在聊天的帳篷內。克里斯歡迎了我，並為了自己的明顯失態而對我投以其實沒必要的抱歉眼神。他的心都碎了。我們一起緬懷了尼克，並討論起接下來該怎麼辦。我對這問題一時沒有什麼靈感，因為我知道，不論我們怎麼決定，尼克都不會介意。他向來是個實事求是之人，如果今天換成他在這裡，我相信他一定會作成一個理性而不感情用事的決定。

天一亮我們就開始往下走。道格首先動身去勘察了在下方冰川處的雪崩遺址。但他什麼痕跡都看不到。山上蒙著厚厚的雲層，由此直到我們人到了基地營，那裡的帳篷才真正出現在我們眼前。天上下起了厚厚的雪。

一回到基地營，克里斯就召開了會議來討論遠征隊的下一步打算。我們在巨大的箱型帳篷中排排坐，那是一九七五年聖母峰之行的紀念品。這場聚會的氣氛有點尷尬，大家都有點顧左右而言他，在大聊那些不重要的細節，真正的課題反而沒人要面對。過往的經驗，告訴不了我們在出了人命之後該如何應對。

這趟遠征原本是為期兩年籌備的產物，是許多成員的希望所繫，是不少人投資了金錢與壯志的目標，也是報章與電視一手栽培出的媒體寵兒，而如今卻成了葬送一條性命的凶器。

我們必須各自決定自己的動向。在這一點上遠征隊沒辦法要隊員們奉命行事，因為能帶著個體往上走的只有個人意志。人在大山上，總是會有各種理由讓人決定將事情喊停，而且沒有哪個理由是不合理的，但真正至為強大，那個可以蓋過一切理由的理由，還得算是鬥志的不復存在。沒有了想要繼續往上走的意志，天大的權威也強迫不了誰挪動一根腳趾。

克里斯已經下定了決心。在昨晚那個漫長而難眠的夜裡，他做成的結論是我們如果現在放棄這趟遠征，那最終的結果就是一事無成。他認定我們已經投入了太多心血到準備的工夫中，不可能說放棄就放棄。由此只要我們能另闢蹊徑來保證安全性，那我們就有絕對的理由堅持下去。

道格則堅決反對繼續。他以我們任何人都無法比擬的過程體驗了尼克的死亡，而且深受其影響。那讓人從根本懷疑起登山的意義，也讓人看到了我們的路線選擇有多冒險。再者他認為，無論如何我們的進度已經落後，而那就代表我們選的路徑並不夠實際。他已經無心在這趟遠征上，更不可能冷靜下來再花幾星期的時間在山上，任由他的妻子珍跟家人，乃至於我們每個人的親朋好友，都一起在聽到尼克的噩耗後再繼續煎熬幾星期，所以唯一的解方就是我們馬上通通回家。

吉姆．達夫也是一樣的心態。對這支遠征隊而言，攀登K２已經注定不會是讓人樂在其中的一件事了。

彼得也跟克里斯一樣堅定地想繼續挑戰。對他而言，來這一趟就是為了K2，所以放棄攀爬絕對是說不通的決定。他說山上就像是他的家，他在山上比在哪裡都還自在，所以置身山間，包括置身於山間所會出現的一切，是他許久以前就已經下好的決定。

圖特已經放棄了自身能在山間達成什麼成績的希冀；讓他已經兩星期不得安寧的微恙身體還看不到好轉的跡象。他覺得我們應該放棄攀登，但如果隊上決定要繼續，他也會繼續隨隊，以一己之力扮演支援的角色。

東尼想要繼續，但他對於投下贊成票有點下不了決心，主要是他在山上也適應得不是很好，加上他感覺自己迄今對登山一事並沒有做出太大的貢獻。

趁著其他人在說話，我試著在內心理清自己的想法，包括我下一步想怎麼做。克里斯在返回基地營的途中，就說要立刻就遠征隊的未來進行討論，因為拖延沒有意義，所以我想唯一一個不確定自己心意的人，肯定就是我了。不論怎麼決定都是合理的，我心想。放棄攀登並不丟臉，畢竟有個同事死了；他的死凸顯了這條路線的風險，那從堆放營往上到狹徑，再穿過冰隙區，接著往上穿越處處可能雪崩的坡面，都一路緊跟著我們的風險。此時喊停並撤退休整，完全在情理之內。此時掉頭，可以讓我們以實際行動向尼克的遺孀卡洛琳證明我們哀悼的誠意。但另一方面死者已矣，我們怎麼做都不可能讓他復生。換句話說，這場可怕的災難已經注定不可能有個圓滿的結果。我們登山都已經不是一年兩年，都深知並已接受入山的風險。我們來爬Ｋ２就是因為我們在心中默認，若為了嘗試一座如此困難且挑戰極限的高山，這險值得冒。我們許下了承諾，接受了贊助，承擔了大於小我的責任，是因為我們選擇兌現了這項計畫的商業價值，好讓其得以成行。如果我們現在回頭，等著我們的將是兩萬英鎊的負債。

就實力而言，遠征隊如今元氣大傷。在剩下的七名成員中，兩人已經沒有自信能復元到構成任何戰力的程度。至於期待我們的兩名罕薩挑夫或還在隊上的十名高海拔挑夫能幫助我們多少，對他們也著實不公平。我們人在這裡是出於我們的選擇；就算危險，也是我們求仁得仁，希望在險中求得登頂的成就感。至於我們的挑夫則只是為了逐利而來，他們會願意一再任由我們使喚而涉險，只是因為他們需要錢養家活口，但我們為了私慾而用這種現實壓力去逼迫他們就是錯的。

心意已決的克里斯強力主張繼續，而彼得也堅定支持他。但道格與吉姆的態度則完全與之唱反調。一番爭辯後的結論是取消遠征。熱情不是一種可以靠多數決無中生有的東西；熱情不是全有就是全無。誰也無法懷著半吊子的心情往前邁進一寸一釐。

基本的問題解決了，事務的推動就快了。我們必須決定以最快的方式把事情告知卡洛琳，而且消息不能在她知道之前洩漏出去。我們不敢冒險使用無線電，因為電波一發出去就不在我們的掌控之內。由此我們只能立刻派人回去，並在卡洛琳得知噩耗後再對外發表此事。克里斯藉其影響力可以上得了飛機，也可以聯繫上媒體，這都是我們其他人做不到的事情，所以最好的人選非他莫屬，而道格也將陪同他回去。

當天下午，在思考過這決定並顯然心有不滿後，克里斯又想重新翻案。他總覺得我們這決定下得太倉促了。即便到了此刻，意外發生也剛滿二十四小時，照說應該還有時間多思考一下。但早上的決定已經清晰地反映了每個人的觀點，而就算之前克里斯還有一絲渺茫的機會可以用口舌說服其他人轉念，現在可說連那一點機會也沒有了，因為會議的決定已經將那最後一點火苗捻熄，也將眾人的想法導向不同的路徑。

就這樣，我們在撕心裂肺中啟動了讓遠征隊分崩離析的過程，這包括我們就地拋棄了不必要的食物與裝備，讓我們要帶回去的裝備量顯得合理，免得克里斯跟道格重新派回來的挑夫會吃不消。克里斯跟道格就此離開；彼得跟我則回到一號營去收拾所有值錢的裝備，接著我們所有人一起把行李揹回到堆放營，就等約莫兩週後的挑夫上來取。

我們在一片混沌中枯等，但誰都不願意當烏鴉嘴去破壞那些還被蒙在鼓裡，照常度日者的心情。我們學著與這則心事共存，學著用自己的方式去面對跟調整，只不過我擺脫不了這是個錯誤的感覺，擺脫不了尼克其實還在，而且就躺在隔壁帳篷聽著音樂的感覺。直到日子一天天過去，我才慢慢接受了他已經不在我們身邊的事實。我開始害怕起挑夫的到來，開始害怕回到現實人生，害怕見到人，害怕見到尼克的親友，也害怕他們的反應會重新點燃什麼樣的恐怖。

關於那名在我陪伴下從都納吉里下山的美國女子露絲，她為什麼會在我面前流露出些許猶豫，其理由我現在比較明白了——她是在猶豫該如何面對自己好不容易慢慢壓下去的哀痛，眼看著又要被喚醒的未來。

沙菲克趁空檔以一大片鋁為材料，打造了獻給尼克的紀念銘牌，那其實原本是一個大煮鍋的蓋子。彼得跟我則趁回到一號營去收拾睡袋跟衣物時，把銘牌帶了過去。

走出山區的過程，是一趟毫無喜悅的努力。在漫長而艱辛的日子裡，我們沒有一天不想盡量多有些進度，但最終我們還是花了八天才從基地營走到來接我們的吉普車。我們得涉水而過的河流水量大了很多，我們最後幾天歷經了一會兒在大太陽下滿身汗，一會兒在激流中被冷到麻木無感的冰火九重天。

我們在六月二十九日返抵斯卡都，然後過了一週我們還在那裡。那裡照講，應該每天都有至少一班班機飛往伊斯蘭馬巴德，但事實上就是一班都沒來。只要搭上飛機，我們與伊斯蘭馬巴德只有一個小時的距離，但問題就出在那一區飛機的機體強度都不夠，飛不過在兩地間山脈中積累的惡劣氣候，由此飛機每天都會從伊斯蘭馬巴德起飛，又在半途折返，而我們只能天天前往機場在沙塵中坐等，然後反覆從希望到失望的過程。當總算有班飛機降落了，圖特跟吉姆靠著三寸不爛之舌把自己說上了飛機，但按規矩其實我們應該排在第三班，所以我們其他人只得又多等了三天才飛到伊斯蘭馬巴德。總結下來，在千辛萬苦下山來到斯卡都後，我們又苦等了漫長的十天才得以搭上飛機，其間我們基本什麼事都做不了，因為每天有一大半時間都被等待不知道會不會來的飛機占掉。

趁著這段等待期，彼得跟我討論起如何重返Ｋ２並檢討路線，主要是彼得從來沒想放棄攀登，而我內心則油然而生一股決心，想要完成這名為Ｋ２的未竟之業。

6
干城章嘉峰：大雪中的寶屋
In the Treasure House of the Great Snow: Kangchenjunga

一

在我們盡數出發前往K2前沒多久，道格問過我想不想跟他與他的美國朋友麥克·柯文頓（Mike Covington）一起遠征尼泊爾，目標是在聖母峰區域內一座名為努子峰（Nuptse）的山。努子峰以其二五八五〇英尺的高度，是包含聖母峰與洛子峰在內的馬蹄形連峰成員。道格早一年前就想去那，但因為一場在「食人魔」（拜塔布拉克峰）山上讓他雙腿盡斷的意外而無法成行。但此後他對努子峰的興趣並未稍減，並在預約好入山後開始尋找起第三名隊員。

我沒多想就答應了下來，完全不擔心努子峰之行排在一九七八年的秋天，意思是我被夾在兩趟遠征中，其間能待在英國的時間只有短短三個月。

我們的努子峰之行一點也不成功。受阻於頻仍的風暴與持續的豪雨，我們沒撐太久就決定放棄。短短幾個月內的這第二次失敗，讓我覺得既幻滅又不滿。我開始納悶我們是不是因為兩趟行程相隔太近，所以第二趟的衝勁變弱。我在想我們到底有沒有全力以赴，又是不是有什麼其他的因素在扯我們後腿。在K2回來後，我曾後悔自己答應了這麼一場緊接著要出發的遠征，但在英國僅僅賦閒了一週，我就開始心癢難耐地想重返征途。我沒有想到要問問女朋友路薏絲的意思，只是想當然耳地認為這決定只關乎我一人，但到了要啟程的時刻，我卻感覺有點依依不捨。道格再次要在這趟遠征中扮演父親的角色，而我不確定那會為我施加什麼樣的張力。

在遠征期間，麥克·柯文頓一病不起，並就此一直沒有恢復到能上山的程度，所以原本的三人行就只剩下道格跟我。我們在由聖母峰、洛子峰與努子峰圍成的馬蹄形西冰斗（Western Cwm）中待了好幾天，每天只能看著雪在帳篷上愈積愈深。等上了山，我們跌跌撞撞地停下了腳步，幾個小時的時間只換來在正常來講難度不高的表面上幾百英尺的進展。山上的環境感覺無解，於是我們只得掉頭，但事後我始終無法確定自己有沒有使盡全力。事後我總是與自我懷疑糾纏不清，覺得自己沒有在關鍵時刻拿出夠強決心，而這種懷疑也為我日後的幹勁埋下了弱化的伏筆。

干城章嘉峰的遠征是規畫在一九七九年春，也就是在努子峰之行的數月後，但這並沒有給我帶來任何安慰。我開始覺得我的人生全依託在對某種超乎想像的困難目標上——走最困難的路線去爬一座座的高山。似乎我所有的希望與志向都已連結到了那個目標上，而我已經不再確定那是不是自己真正想要的人生了。

但努子峰那趟尼泊爾之行終歸是有趣的；在歷經前一站那伊斯蘭的肅殺氣氛後，尼泊爾的清新之處在於她是個放鬆而親切的小國，當中滿溢著一抹抹印度教與佛教的傳統。三人一組的我們合作良好，其中道格展現出一股幹勁與承擔，是他被淹沒在K2遠征規模中時所無從展露出的。我在要出發前往尼泊爾前的晚上才第一次跟麥克．柯文頓打了照面。他這人很好相處，而且對於道格那讓我覺得很受不了的一堆哲理與牛角尖小劇場，他似乎頗能苦中作樂地一笑置之。但最後反而是他嚇了我們一跳，說什麼他不跟我們回英國了，因為他要留在山裡一陣子，跟那個在他生病時照顧他的雪巴女孩結婚。後來她拋下了沒水沒電且最近的馬路要走路一星期的村子，去美國投靠了柯文頓，希望在科羅拉多找到新的未來。

在英國這邊，從一九七八跨到一九七九的冬天迎來了深雪與挫折。路薏絲受夠了大半年不在身邊，一回來就是重新準備要離開她身邊的男朋友。隨著干城章嘉峰遠征設在三月份的出發日愈來愈近，我所有時間都在進行遠行的準備。讓整個英國陷入停擺，同時也讓我居住的村落動輒被切斷交通的降雪，凸顯了我選擇的這種人生有多不合邏輯——在隆冬裡準備著遠征前往更寒冷的天氣與更深的積雪，而且還選擇在春天來敲門的時候離開。

道格與彼得已經討論要去干城章嘉峰有段時間了。他們第一次徵詢我意願是在一九七七年秋天，設定的隊伍規模是四人。道格秉持他強迫中獎的風格，向我丟出了這個問題：

「你想不想一九七九年一起去爬干城？」

「好啊，沒問題。」

「很好。我們已經把你名字寫在紙上了。」

圖特．布羅斯韋特原本也要共襄盛舉，但他在K２之行中染上的胸腔感染還沒有充分復原。所以我們需要第四個人。一九七八年的秋天，我建議道格致電喬治．貝騰布爾格（Georges Bettembourg）這名住在美國的法國登山家。我跟他在伊斯蘭馬巴德的一家銀行有過十分鐘的一面之緣，而道格則在另外兩個場合見過他。我們倆都不好說自己認識他，但我們都牢牢記得他是如何在喀喇崑崙山區跟亞尼克・塞聶（Yannick Seigneur）搭檔以驚人的速度爬上布羅德峰。在其建立基地營後的僅僅九天，他們就爬上了這座超過兩萬六千英尺的山峰。後續他打了一通又一通的電話給道格，強烈暗示他有空參加未來新的遠征計畫。說來也怪，兼具大山經驗又有空去爬干城章嘉的人少之又少。

道格打了電話給喬治，而他也二話不說答應了下來。

曾長期被認定是世界第一高峰的干城章嘉峰，是在十九世紀的印度大調查[1]透過精準的高度制表後，才終於被確認為世界第三高峰。相比前兩大高峰聖母峰與K2都若隱若現地遠離塵囂，干城章嘉就矗立在喜馬拉雅山脈的極東，從大吉嶺就能看得清清楚

1 指由英國主導，於一八〇六年至一八七一年間進行的印度次大陸測量計畫「三角測量大調查」（the Great Trigonometrical Survey），此計畫透過精密儀器測量了印度的英國領土確切範圍，同時也測定了印度境內多座大山的實際高度。

楚。對從印度平原的熱浪逃到那大吉嶺那丘陵上避暑的殖民者來說，那直衝雲霄的干城章嘉做為彷彿天上人間的龐然大物，就是喜馬拉雅山的代名詞。

干城章嘉跨在尼泊爾與錫金的邊界上，且被錫金人視為某神祇的居所，因此是座聖山。干城章嘉直譯就是「大雪中的五棟寶屋」，其中大雪指的是躺在山上並與季風前的酷熱印度形成強烈反差的永凍積雪，「五棟寶屋」指的則是傲立於干城章嘉主體上的五枚尖峰。

截至我們要去爬的時候，干城章嘉海拔二八二〇八英尺的主峰只有六個人上去過——包含四個英國人、一個印度人與一名雪巴人。六個人都曾出於對錫金人信仰的尊重而承諾過不踏足山峰本體，就怕在神祇的居所侵門踏戶會引發雪崩、洪災、土石流與瘟疫等天罰。

最早想挑戰干城章嘉的紀錄可追溯到一九〇五年，當時有一眾各路好漢在阿利斯特·克勞利（Alistair Crowley）的率領下來到尼泊爾。他們在雅龍（Yalung）冰川的頭部設下營地，然後在估計抵達二一三二五英尺處時發生了悲劇。遠征隊的三名歐洲成員與三名挑夫在上行前往兩萬零五百英尺處的七號營途中，突然一名挑夫失足並拉動其他人一一失去平衡。他們想要止住跌勢的努力化為烏有，因為他們腳下的積雪碎裂，導致他們被雪崩掃走。其中一名歐洲人帕切（Pache）跟三名挑夫被深埋在雪中。兩名生還者吉拉莫德（Guillarmod）與德・瑞奇（de Righi）雖然自行掙脫，但想徒手把被活埋的夥伴挖出來是不可能的任務。在聽聞意外發生後，克勞利拒絕下降馳援。他留在帳篷裡喝茶並撇清了責任：「這類山難屬於我完全不會同情的那種……我看明天我能不能下去看看狀況……醫師（吉拉莫德）是大人了應該可以自救，至於德・瑞奇，誰想救他啊。」四名被活埋的隊員就這樣丟了性命，而且遺體直到三天後才得見天日。

克勞利在那場意外中所表達出的這種情緒，與正常會在山間統轄著人類行為的道德觀大相逕庭。

干城章嘉是一座非比尋常的大山，她有著修長的稜線，還有不只一個衛峰延伸在數英里的南北軸與東西軸上。要在這樣一座山上從某隅移動到另外一隅——比方說從西南邊移動到西北邊，或是從西南邊移動到東南邊——都需要奮鬥個幾天或艱辛地翻過某道山脊。這些實務上的困難，使得所有可能攀登該山的方式都不可能興之所至就任意探索。不過真正決定一座山怎麼爬的，往往還是政治因素。

一支德國遠征隊在保羅・包爾（Paul Bauer）的率領下，分別在一九二九與一九三一年兩次嘗試走東北脊上去，起點是錫金。他們兩次都因為遇到暴風雨鎩羽而歸，但他們的努力受到了至高的讚譽，由此干城章嘉峰也被視為了「德國的山」，一如聖母峰長期被視為「英國的山」，主要是大部分攀登聖母峰的嘗試都源自英國。

唯一一次有其他人嘗試西北脊，也就是我們打算走的路線，是一九三〇年的一支國際遠征隊，率隊的是喬治・迪倫弗斯（George Dyhrenfurth）。他設法取得了許可讓他能穿越尼泊爾疆域入山，但最終他還是在該路線的雪崩造成一名雪巴人罹難後將遠征喊停。

干城章嘉就這樣一直乏人問津直到一九五五年，才又有一支英國隊伍在查爾斯・埃文斯（Charles Evans）的帶領下讓四個人登頂——喬・布朗（Joe Brown）、喬治・班德（George Band）、諾曼・哈迪（Norman Hardie）與東尼・史崔瑟（Tony Streather）。他們找路攀上了西南壁，並從最高營地起使用了氧氣設備。

唯一另外一支成功攀登干城章嘉的隊伍是一九七七年的印度隊，隊長是庫瑪爾上校（Colonel N. Kumar）。普列姆昌德少校（Major Prem Chand）與雪巴人納伊克・尼瑪・多爾傑（Naik Nima Dorje）成功登頂，藉此為由一支支德國隊伍起頭的路線畫上完美的句點。他們也用上了氧氣，並形容從東北方攀登的路線格外漫長且艱難。

近年已幾乎沒有登山隊獲准從錫金挑戰干城章嘉，一九七七年的印度隊是僅有的例外。在尼泊爾，干城章嘉處於不是外國人可以輕易到達的區域，同時獲准前往的登山隊也相對稀少。由此當一九七七年十月，我們從駐於加德滿都的遠征經紀人麥可．錢尼處得知挑戰西北脊的申請獲准後，全隊都感覺到無比地振奮。

二

針對干城章嘉峰，我們運作的預算是九千英鎊。我們一人出一千七百鎊，不夠的則由聖母峰基金會與英國山岳協會的補助支應。這趟遠征將了我存了兩年的積蓄吃乾抹淨，但比起錢放在銀行的安全感或其潛在的購買力，我與其他隊員都把此行看得更重。喬治珍藏了一大批水晶珍品，其中一些這次也被他變現籌錢。

在一九七九年三月重返尼泊爾，就像回到家一樣。那感覺就像我短暫離開去度了個假，如今又回到了我最有歸屬感的山區。先為了打包裝備、將補給分門別類，還有安排保險與郵寄事宜忙了一天之後，我從我們遠征經紀公司雪巴合作社的儲藏室裡探出頭來。加德滿都顯得熙熙攘攘，天空很藍，青春洋溢的尼泊爾人在一扇扇大門間穿梭流動，我這才意識到自己一整天都沒有想到自己身在何方，沒有想到我們闖進了何種不一樣的文化，沒有想到自己能來到一個讓自己的兄弟姊妹與所有朋友都想像力紛飛的地方是何等神奇。那天晚間，我在市區一間熱鬧的餐館裡填飽肚子後，我發現自己充滿期待地四處張望，就像坐在家鄉的酒館，認識的人隨時會推門進來一樣。

喬治讓我們印象最深的是他的活力十足。他就像汽水一樣冒著能量泡泡，永遠一副要動身出發的樣子衝來衝去。在他身邊，我們這三個已經一起遠征過好幾次的傢伙感覺就像悠閒度日的老手，彷彿我們已經摸熟了這行當的所有招數，同時也吸收了一些東方特有的閒散步調。

彼得比喬治、道格跟我晚兩天上飛機。他在英國還有一些事情要交代，所以無法跟我們同行。我們為了他慢吞吞而罵了他一頓，因為他不在，我們要做的事變多了，但他殿後的好處是能幫我帶上我忘了帶的相機，還有一些我們打算要在山上測試的新塑膠靴。腳跟手永遠是凍傷風險最高的身體部位，而我們聽說比起傳統的皮靴，這些塑膠靴的保暖效果更好，所以我們打算在實戰中試試。但等拿到東西一開箱，我們才大失所望地發現它們長得跟正常的滑雪登山靴沒什麼不一樣。

道格也有點把加德滿都當家的感覺，畢竟他也來了這麼多遍。他除了已經在這裡有個放設備的小倉庫，還在雪巴人之間累積出了朋友圈。這些雪巴人已經跑來加德滿都落腳，為的正是方便就近與遠征隊配合。

由於我們還不確定我們的目標算大還算小，同時也因為我們想要有個隊員生病的備案，因此我們向經紀公司申請了兩名據稱是登山好手的雪巴。道格結識來自昆瓊（Khumjung）的安·普爾巴（Ang Phurba），知道他是個優秀的雪巴。在普爾巴於一九七五年也陪道格爬過聖母峰後，道格就對其評價甚高。安·普爾巴挑選了出身潘波崎（Pangboche）的尼瑪·坦辛（Nima Tensing）當搭檔，而雖然尼瑪比起我們的理想人選似乎年紀大了些，但我們還是很驚喜地得知他年輕的時候，曾是一九五五年成功征服干城章嘉峰的遠征隊一員。

我們相信四個人是最剛好的攻擊隊形，但也擔心有人生病會削弱團隊的實力。另外一個辦法是找其他的英國山友加入，但這樣就會讓登山隊變得龐大而笨重，原本有能力攀爬的成員也會因此覺得自己的角色變得次要。

由於我們的計畫是盡量不靠氧氣設備攻頂，因此不用擔心如何把沉甸甸的氧氣筒運到攻頂時方便取用的位置，也不用擔心與之相應的各種後勤建立。只要下方的路線到達了也爬完了，我們就打算把家當通通揹在身上，一口氣攻頂。問題是截至此時，我們還沒聽說有哪座干城章嘉等級的大山，曾由哪支破天荒不帶氧的四人小隊走有難度的新路線成功登頂。我們面對許多未知，且不同於Ｋ２遠征隊的精心籌備，這次我們有很多事情都無從計畫起，只能山到了面前再說。

安・普爾巴相當安靜而內省。他會歪著頭、吸著臉頰把問題聽完，那代表他在思考話裡所有的含義，然後回答時的他會顯得態度嚴肅跟篤定。他熟悉山，也熟悉這裡的人面，凡事交給他你可以放心。我們把錢託給他，由他去購買必要的食材，去雇用並付款給需要的挑夫。等錢用完了，他會出示寫在廢紙上密密麻麻的帳目，每塊錢怎麼花的都交代得一清二楚。形影不離的尼瑪是普爾巴可靠的同事。他的英文不算流利，所以他會用大大的微笑與快速的反應來傳達他的善意跟幹勁。

我第一次去喜馬拉雅山區時什麼都能擔心。我跟挑夫住在一起好看著行李，我分辨不出他們的一舉一動有何道理或秩序，並總覺得登山的成敗都要看他們的心情好壞。干城章嘉是是我參加的第五次遠征，所以我已經學會放鬆，學會把事情交給我們的山民朋友。不論是雇用挑夫、採買食物，還是每晚要落腳在何處，他們處理起來都會比我們效率高得多。

出發前把這些日常瑣事交給他們處理，對我們來說有利而無弊，而等我們動身了，有他們分憂而多出來的時間，也可以用來鬆弛出發前瘋狂忙了數月所累積的壓力，好好把注意力重新集中眼前的山上。

我還沒有忘記前一年秋天在尼泊爾的入山之路是怎樣一條漫長而都是水蛭的綠色叢林隧道，由此干城章嘉的入山過程讓我有點提心吊膽。這次的入山之路始於德賴（Terai，一譯特萊，印度語和尼泊爾語中意為「濕谷，山腳低地」）地區的平原，並會有幾天的時間花在通過潮濕而水蛭氾濫的地面，然後先沿著爬上於森林地帶的丘麓，接著再下行到溽熱的一片山谷。我們被告知這個區域不是普通地糟，但所幸時值三月份，因為我們聽說水蛭活躍在夏天的季風降雨之後。

我們的第一段行程，是從達蘭巴札（Dharan Bazaar）之廓爾喀營地出發的長途爬坡。

這段路在大熱天爬起來相當艱辛，汗整個是用滴的，久坐的生活所積累的痠痛，在我們的身體與嶄新操勞的第一次接觸後大舉出籠。到基地營要走多久還不得而知。很少遠征行程像我們這樣，所以每晚該停在哪裡、每天要走多久的模式都不是很明確，更別說要確定路線了。比較確定的是我們會花上兩到三週，才能走到山的北面。

道格感覺像是自己在走自己的，早餐完沒多久就背包一揹消失在山徑上，腦中的思緒是他唯一青睞的旅伴，每次停下來不是讀書就是寫字，彷彿為了追尋生命的奧義一刻浪費不得。有時我們會撞見他已經把某個有趣的村落或廟宇看了個夠也拍了個爽，這時他會招待我們品嚐一些美味的柳橙，而那又是他的另外一項發現。

喬治、彼得跟我常常比肩同行。能有像喬治這樣歡樂又不按牌理出牌的傢伙可以挖掘，在步行途中相當解悶。或許是因為我們對他知之甚少，又或許是因為他做為法國人，跟我們在態度上有著文化差異，所以喬治在許多議題上的觀點，都與我所知道的迥然不同。他英文說得很好，但他並沒有丟失人在說外語時的那種直言不諱，遣詞用字都一翻兩瞪眼。他還沒有學會把自己的意思掩藏在精微與隱喻的語言之中。

喬治在許多層面上都符合法國人的刻板印象。他已婚且老把太太掛在嘴上，所以我們都有一種我們認識嫂子的錯覺，但他還是抗拒不了想扮演高盧情聖的誘惑。他一頭深色頭髮，膚色古銅，同時戴著俐落的頭帶，讓他渾身散發一種騎士的魅力。我們從倫敦起飛的班機上曾先在莫斯科降落，當時我們看到兩名俄羅斯空服員獨自坐著，結果喬治就跑去她們身旁坐下。他立刻展開攀談，但一個字都聽不懂的空服員只是一臉困惑地怔望著他，最後還是武裝警衛示意空服員離他遠點。

喬治聊起天來天南地北。感情生活他可以聊，他怎麼看待與正宮跟情婦的關係也可以聊，而且尺度百無禁忌到讓內斂且談吐謹慎的彼得感到大驚失色。比起我之前對他的印象，彼得聊到性與婚姻的頻率也提高了，他質疑起喬治的全盤做法，彷彿他是專家一樣。喬治興高采烈地大聊起他對「妹子」或「馬子」[2]的看法，而且他是有意識地在使用這些俚語，顯然他很自豪於自己對英文的掌握與字彙已經能拓展到這種程度。他秉持開放的愛情觀，並覺得就算一對男女同了居或結了婚，此前的其他段關係也應該要能以原本的性質延續下去，只要正宮知道自己是對方的真愛。如果兩個人得長時間遠距，就像

2 原文是chick跟bird，代表英文裡用鳥類來代表年輕女性的俗語，語氣略帶輕佻。

我們出來爬山這樣，那他覺得太太或女朋友去找別人他完全可接受。當然，他在這邊有段露水姻緣也不是罪過，畢竟大家都有需求。愛情與婚姻觀非常不同的彼得，會在聽取這些觀點時帶著開放的心胸而感到幽默，但總歸下來喬治的開放讓他大開眼界，由此彼得會一而再再而三地丟出問題給他，看看喬治如何回應他平日頂多只會模糊帶過的話題。

像我們自討苦吃地跟心愛之人動輒幾週或幾個月不見，我們都心裡有數是一種很不正常的生活。道格認為行程中要是有女性的加入，可以一方面誘發讓人的行為變得文明的化學變化，一方面可以在遠征隊這個封閉小社會中引入一點平衡感。出於某種原因，彼得似乎覺得我反對女性加入遠征，而這也讓我瞥見了他是如何有種「我是個想法單一之登山狂」的印象，彷彿我一心一意只想要完成目標，不想為了任何原因分心。原則上大家都同意「男女合班」或有女性參加的遠征隊會最理想，但我們都覺得應該不少人把遠征的生活理想化了，他們看不到的是出來登山的辛苦與犧牲。

我們一路走了幾天，我才真正把注意力放到我們千里迢迢要來爬的山上。有兩天的時間我都因為嚴重的胃痙攣、想吐跟腹瀉而很不舒服，那導致我除了休息以外什麼都不想做，只能勉強自己無視周遭一切，只求腳有在動。道格對我的照料非常殷勤，不但幫我找藥，還煮了他覺得應該可以治好我的花草茶。他給了我一瓶無尾熊牌嗎啡，讓我握在手中，我每當覺得噁心時就喝一小口，巴望著這嗎啡可以幫我蓋過生理上的難過。

彼得開了口，意思是他擔心我們對於入山一事太過放鬆了。他認為我們都得調整到巔峰狀態，才能有希望上到山頂，並表示我們似乎把太多事都想得理所當然。他開始效法道格在山上喝乳製品而不喝啤酒；他開始照喬治的方式進食跟運動。說起不帶氧氣衝刺攻頂大山成功，喬治是過來人，所以彼得想要找到並善用他認為喬治肯定擁有的成功公式。為免祕密藏在他的飲食與訓練表單中，他模仿起喬治的一舉一動。喬治去跑步，彼得也去跑步；晚上閒不下來的喬治在巨石上手腳並用練爬，彼得也跑去湊一腳。

經過一番認真思考，我確信彼得是對的。我知道我也應該把握時間好好自我鍛鍊一下。我甚至有點擔心自己是不是拖得太久，已經趕不上把體能調到可以攻頂的狀態中了，因為每次我想到要加入他們倆，正在讀的書就會來到精采的下一章，然後我就會被讀興拉走，而等我回過頭來要過去，他們都運動完回來了。

有兩天的時間，我們沿著阿龍河（Arun）與塔莫河（Tamur）河谷分水嶺圓脊脊頂前進。我們途經了有著堅固屋子的一個個村落，跟生長著杜鵑的一片片森林。那條山徑是區域內各村莊的交通要道，川流不息的挑夫揹著讓他們宛若侏儒的巨大貨物往返於途，去程扛的是蔬果，數日後返回時帶的是一箱箱自市集購入的鞋靴跟其他商品。這兩天的氣候十分理想，主要是我們已經向上脫離了黏答答的暑氣，來到了海拔八千英尺處，涼爽的微風讓日子很是好過。

我們在山脊尾巴來到一個村落，而從那兒我們必須下行進入谷地，進入叢林，然後就又得熱了。在村子上方，遠遠沒有遮擋的可見天際盤旋著一抹白色，我想當然耳地以為是雲，但那其實是山。我們入山之路還沒走一半，而碩大的她就巍巍然挺立在那兒。從夾道綠意中一路上的溫暖，我很難想像在上升兩萬英尺後的雪中會有多冷，也沒辦法想像我們四個人要怎麼爬上這麼大的一座山峰。突然我意識到我們的渺小。

我們從上方通過了一群小屋，屋子一帶傳來的是有電晶體音樂在播放的金屬震動聲，在這樣的環境中顯得極其格格不入，畢竟這裡離代表現代文明生活的馬路與電塔一點都不近，卻能聽到一首英文歌曲的旋律，而且歌詞與曲調都被過大的音量所扭曲，只不過我還是聽得出那唱的是「再見了我的朋友，人之將死要放手真的很難……」[3]。我們對自己在這節骨眼上聽到這首歌的諷刺，也只能一笑帶過。對於我們在山上可能有什麼樣的下場，喬治有取之不盡且可怖程度不輸那首歌的評論在腦子裡，而他也不手軟地以此來折磨彼得的抗壓力。

想像中會因為前方艱辛且漫長挑戰所壓抑出的張力，倒是不見蹤影。大多數的日常庶務都被我們的廚子卡米消化掉了，而卡米又帶上了一個我們沒有要求但也順手推舟接受了的小廚子幫忙。在出發一週並來到入山半途的時候，挑夫間出了一點糾紛，但安．普爾巴與尼瑪替我們將之排解掉了，所以同時間我們不是在躺著做日光浴，就是在清澈且暖和的河水裡游泳。被指派給我們的聯絡官莫漢．巴哈杜爾．塔帕（Mohan Bahadur Thapa）沒想到是個搞笑角色。他一天到晚戴著一頂羊毛小帽，但還是遮不住他頭頂禿了一塊，據他說那就是他討不到老婆的罪魁禍首。他英文說得很好，還帶著一種從小讀狄更斯與莎士比亞長大的討喜古樸感，因為從他嘴裡說出的盡是些用得恰到好處，但卻已經脫離日常生活圈的單字。他喜歡跟我們嚼舌根，一方面練習英文，一方面他可以把在

3 原文是Goodbye my friend, It's hard to die...。這首歌應該是一九七四年由加拿大歌手泰瑞．傑克斯（Terry Jacks）翻唱自比利時歌手而紅極一時的〈陽光下的四季〉(Seasons in the Sun)，講的是講死之人與愛的人道別，後來曾由西城男孩合唱團翻唱。

警界服務的故事拿出來遛遛。他的一些小故事本身就有趣，加上他用如簧之舌耍起文字相當有一套，遇到覺得好聽的發音還會自己重唸一遍，所以跟他聊天不只是那些他如何九死一生的故事精采，就連他講故事的模樣也相當引人入勝。理論上，他待在我們身邊是要確保我們不會踰越任何其祖國的法律，但實務上他知道我們本來就沒有打算以身試法，所以他就很放心地沉浸在遠征中，將之當作是日常勤務中一個小假期，好好享受有朋自遠方來的樂趣，乃至於他也很期待能在旅途最後見識一下那些價值不菲的專業服裝與器材。

入山行程第九天，我們在午後不久就抵達了晚上的紮營地。我躺著在岩石的陰影下讀T．E．勞倫斯（T.E. Lawrence）所著的《智慧七柱》（*The Seven Pillars of Wisdom*），並打算先看完一章再去加入其他三人，他們正在不遠處森林空地裡的散落巨石上爬上爬下，演練面對陡峭的岩牆。就在此時彼得從我在乘涼的岩石後方出現，而我看見他一跛一跛的。

「你是怎麼回事？」

「我也不知道，喬治他媽的狠推了我一把。我聽到有東西碎裂的聲音。他真的是個蠢蛋耶。我看八成斷了。」

喬治剛剛爬上一片平坦的板岩，傾角大概是七十度，他在上面只靠鞋底的摩擦力跟粗糙的岩面作用來一點一點爬上到頂端所需的十五英尺。這是場遊戲：彼得、喬治與道格各自要去找一個自己爬得上去但另外兩人無法跟上的練習課題。但看著喬治選的目標，彼得倒是成功跟了上去，而一貫火爆的喬治在此時玩起了「城堡之王」[4]的遊戲，玩心大作地推了正想站穩在岩石頂端的彼得一把。被這一推而失去平衡的彼得沒有東西抓，就這樣摔落到地上，姿勢尷尬地掉在了一簇草叢中。他的腳扭曲在他身下，同時間他的體感與聽覺都告訴他自己的左踝某處裂了。

一開始他以為自己只是狠狠扭了一下，但他隨即發現自己痛到幾乎無法站立。深受打擊且沮喪的喬治在一旁不知所措，非常懊悔自己精力過剩造成的後果。道格用他的一雙大手端起彼得的腳，溫柔但有力地捏了一下，為的是尋找痛的來源，並試著判斷有沒有骨裂或韌帶有沒有扭傷。

事情的全貌隨著彼得的腳踝不斷腫脹而慢慢浮現出來，同時間痛楚也沒少增加，想

4 King of the Castle，一種西方小朋友的遊戲，玩法是搶占高地為王，其他人則要設法把王者趕下去並取而代之。

就這麼走路根本痛到撐不住。

我們入山之路已經走了九天。換個方向走三天就有一座簡易機場，班機每週來一趟。現在如果我們四個人一起掉頭，那這趟遠征就名存實亡了，而要是讓彼得一個人掉頭去醫院接受治療，那就代表即便他腳真的來得及治好，他也得面對非常嚴峻的考驗，那包括他得趕回來加入我們的行列，並在短時間內達到我們用兩週時間才完成的適應水準。而不論他打算怎麼做，一個無可避免的問題是我們如今人在深山，路小就算了，還忽高忽低地在險峻的山坡上彎來彎去，所以雙腳是唯一的交通工具。突然間彼得能登上干城章嘉的機率變得經不太起質疑，沉重的陰鬱從他身上散發出來，低氣壓瀰漫起整個營地。

他克制著自己形諸於外的怒氣，但偶爾還是不免把話說得咬牙切齒，顯見他確實心亂如麻。喬治面對自己不經大腦造成的後果，顯得十分煎熬，他就像孩子犯下了無心之過，如今一想開口都會如驚弓之鳥哆嗦。

我試著讓彼得相信他會沒事的。我說不論是骨裂或扭傷，反正我們連到達山腳下都還要一星期；我說如果是骨裂，一星期也夠長回來了，而扭傷的話可能沒辦法那麼快全好，但靠靴子的支撐應該就能好很多。

我們叫廚子端來一碗碗熱水，讓他用泡腳的方式舒緩痛覺。但這時不知誰說冷水對扭傷比較好，所以我們要來了冷水讓他泡。最壞的狀況是，如果他隔天早上還是不能走，我們也在盤算著要不要租頭犛牛，雖然我們也不很確定他能不能在狹窄的山麓上騎乘這種情緒不太受控的野獸。

原本是火爆浪子的喬治一下子洩了氣，一副無精打采的模樣，原本孩子般想幹嘛就幹嘛的衝勁也好像回不來了。一次事件讓他學到了教訓，沒有什麼可以再喚回他的玩心與笑臉。他試著用懊悔來折磨自己，以此為一件他不可能挽回的事情謝罪，並嚴肅且沉默地躺在由自責與自我懷疑所交織成的黑暗情緒裡。彼得翻來覆去，怎麼樣都調整不出一個舒服的姿勢，不論怎麼躺或坐，他似乎都能感受到地上的石子或身後的岩塊戳著他的背。他不知道該拿自己怎麼辦才好。問題的癥結總歸是他能不能及時恢復並歸隊。他有多失望我只能用猜的，因為他外表看起來很正常。我回想起自己也曾因為區區的牙痛而面臨連入山之路都走不完的窘境。我跟他分享了自己這個從希望破滅到復原的親身體驗，希望他了解不論現在是什麼慘狀，事情都不見得真正那麼絕望。他停下了寫日記的手——那原本就是本遠征日記，遠征都不遠征了還有什麼好記。

晚間一群山民在廚師的爐火旁圍成一圈，當中有個小妮子是我們在山上見過最標緻的女孩。為了分散彼得的注意力，我請廚子說服小美女把晚餐端給他，但即便是女孩可愛的臉龐，也無法帶走在他臉上定居的愁雲慘霧。

天亮後，彼得的腳傷擺明了並未好轉。他原本下定決心要繼續行程，因為他希望好轉的腳傷可以重新還給他攻頂的希望，但事實證明即便是撐著急就章弄出來的枴杖，他在崎嶇的路面上也走不了幾碼。

腦筋一向靈光的安・普爾巴給出了解答。犛牛在山徑上太難掌控，但他找到一名挑夫願意以跟犛牛相同的價格揹著彼得下山。那名挑夫站在安・普爾巴背後，身形僅僅五呎（一百五十公分出頭）。他身著棉質短褲，外加一件老舊的夾克。他打著赤腳，精瘦的兩條腿上盡是筋與肌肉，完全看不到贅肉。塞在他腋下的是一根麻繩，而且是久經使用所以黑掉了的麻繩，代表他確實長年以此營生。他整個人不知道有沒有八石重，卻自告奮勇要揹重達十三石的彼得[5]。

圓錐形的籃子平日是用來裝水果蔬菜到市場賣，但此刻卻經過裁切與造型而化身為一張座椅。彼得被扶著坐了上去，而挑夫則用麻繩的一端把籃椅捆好，另一端則抵在他額頭上。接著他小心翼翼地站起身來，讓額頭負擔所有重量，斷斷續續的緩慢前進就此展開。身為乘客的彼得背對著挑夫，開始在左搖右晃中適應起這非常另類的交通工具。

挑夫每走幾分鐘就要停下來休息，此時他會把重擔擱在他特定準備的T型竿子上，免得他要一而再再而三地重複把籃子放下又拿起。動彈不得的彼得只能無助地坐看其他挑夫一步一腳印地前進，好似那象徵著這場遠征正離他這名負傷的成員不斷遠去。在受傷的彼得與狀況良好的我們之間，出現了一道看不見也沒人敢提的牆。我們會刻意減速並游移在他的轎子旁邊，好讓他不會覺得受到排擠。但走得比平常慢，停下的次數比實際所需頻繁，都會讓人非常疲憊。同時讓我們猶豫不決的，還有我們怕彼得會感覺我們在可憐他，所以慢慢地，無法避免地，他被拋在了後頭，我們要等停下來喝茶休息時，才能在相隔幾小時後見到他。

在連著兩天進度極慢後，我們多雇用了兩名挑夫來接力揹負彼得。窄徑沿愈來愈陡

5 一英石等於十四磅，也就是大約六點三五公斤，八石就是大約五十一公斤，十三石則約當八十二公斤。

的山坡蜿蜒而上，左彎右拐地在讓人頭暈的高度上爬升。回頭看在勉強有兩英尺寬之來路上那微小的人影，我納悶起挑夫會不會有可能一失足把彼得拋飛到山崖下。要知道那一下去就是幾千英尺，在激流裡噗通一聲的微弱聲響根本傳不到我們耳裡。

分擔著重擔的挑夫感覺有點漠然；一把彼得挑起來，他們就會顯露出像被嚴重壓榨似的一臉肅殺，脖子上青筋暴露，雙腿的肌肉一束束緇緊，走起路來非常刻意，完全沒辦法在沉重的負擔下把腳抬起來太久。幹著這活，純粹是衝著錢多。他們看不出開心或不開心，只是漠然地接受活著就是要操勞的命運。

在被揹著走的頭兩天裡，彼得遇到了日曬的問題，主要是他坐著無法移動，只能任由毒辣的陽光肆虐，但之後天氣變化成連日的霧氣與降雨。一開始讓人驚奇訝異的事情，慢慢變成了日常的現實。新建立的慣例是尼瑪成了彼得專用挑夫的管理者，而一路走來好像也沒有什麼問題，彼得要到哪裡挑夫都揹得到。所以說我們基本確定彼得抵達基地營不成問題，有問題的是他一蹶不振的士氣。

我們在彼得出事那天見到的美少女，此時也加入了我們的行列。她跟在母親跟一男一女兩名手足的身邊，一行四個人正好與我們方向相同，目的地是他們位於袞薩（Ghunza，音譯）村的夏季居所。我們得知美少女名叫達娃，而她母親一見到我們除了給女兒拍照，還跟安．普爾巴打聽女兒的婚姻狀況，她就回答說女孩已經許配給了一個槍跟我們的一樣大支，而且非常愛吃醋的彪形大漢。但這一切都是輕鬆的玩笑而已。到了晚上，他們一家加入了我們的營火。雨下起來，我們也把帳篷借給他們。那名母親還為了她的嚴重咳嗽跟斷掉的肋骨去找道格幫忙。我感覺在這樣旅行的當中，我們更能融入這個國度。整團就我們四個外國人，其他如五十名挑夫全都來自該區域。安．普爾巴跟尼瑪熟悉這一帶並通曉這裡的語言，只不過他們本身說的是另一種方言。外國味不很重的我們所到之處，村子都會被塞得水洩不通。我們需要當地人的農產，當地人需要我們的西藥。步行在這裡是很正常的交通方式，而美少女一家跟著我們，甚至後來有要去袞薩村駐所的警員也帶著他們的妻子跟我們同行，都是我們獲得當地人接納的象徵。

一晚我夢到我們其中一人死在了雪崩中，但夢裡我們的隊員有五人。夢中這件事引發了軒然大波，因為消息在我們還來不及通知所有當事人之前就走漏了出去。然後我就在難以平復的惶惶不安中醒了。我不想承認自己有迷信到把夢境當真的一面，也沒有跟任何人分享這個夢，我就怕說了會讓人胡思亂想，進而動搖軍心士氣。那天稍晚我寫下了夢的內容，因為我想與我的潛意識中的思緒與恐懼面對面，用面對現實的方式去祛除我的心病。

另一晚我夢到彼得跟我要去攻頂。我並不覺得這是一種預言，但我還是把事情告訴了彼得，因為我想讓他知道，我並不是日行一善才對他好言相向，而是從潛意識就真心相信他上得了山。他的振奮清晰可見，好像很滿意於我的恭維。

在袞薩我們得稍等片刻。這村子的海拔有一一四八〇英尺高，我們在此結清了低海拔的挑夫，並雇用了犛牛來應付剩下幾天要前往基地營的路程。在被揹了四天後，彼得終於開始「邯鄲學步」起來。我們在此多等了一天，因為我們都因為變高的海拔而有點喘不過氣，而且彼得的行動力也一天天有了起色。

自從意外以來就悶悶不樂的喬治，又流年不利地得了重感冒，被搞得焦躁不安的他，把能找得到的藥錠與各種藥品全都嚐了一遍。

我們各自都帶了精選的錄音帶來聽，但喬治不只對書沒興趣，對音樂也意興闌珊，其中龐克搖滾更是讓他無法忍受。道格大多都是用一台與他形影不離的小型磁帶卡座播放巴布·狄倫的歌，就像他受不了片刻沒有音樂的安慰似的。彼得跟我則專攻搖滾樂，但在比較屬於獨處的片刻，彼得喜歡聽些古典或爵士的東西。我們只有一台卡座，所以彼得跟我在營地裡不會相隔太遠，這樣不管卡座在誰的手裡，我們都能聽到音樂。某晚我把卡座放低在我的耳邊，然後就這麼在平克·佛洛伊德的歌聲中睡著了，睡著前我想的是這音量不知夠不夠讓旁邊的彼得聽見。結果我最後被嚇醒，因為喬治大喊要我把聲音關小，說他被吵得睡不著。而等我在睡眼惺忪中聽懂他在說什麼後，我才從其他帳篷的聲響中意識到所有人都醒了。

隔天早上營地再次被喬治宣布他感覺好多了的聲音吵醒，他的感冒顯然已經痊癒。幾分鐘後他宣布外頭在下著大雪，所以我們應該去睡回籠覺到太陽出來。喬治的外向奔放跟我所追求的那種比較安靜與深思熟慮的行為模式，有著相當大的差異。我並不喜歡沒事被吵醒，但在很多其他方面，喬治的風格確實在彼得、道格跟我之間磨合出的那種內斂與克制的互動模式中，注入了一股清新與活力。

離開村子，彼得在前往我們下一站康巴欽（Kangbachen）村時的路段上展現了不錯的速度。他一跛一跛地前進，而且非常倚重滑雪杖來舒緩腳上的壓力。他為了克服那看似無法克服的斷腿限制所展現的決心，以及不讓自己攀登干城章嘉峰的決心被打敗的堅持，讓人不難瞥見一種大無畏的使命感在推動著他。在時而無助而尷尬的表象下，他有著只在必要時才會展現的鋼鐵意志。隨著彼得的表現慢慢進步，喬治也慢慢找回了那個靜不下來的自己。他幾乎是在我們紮好營的第一時間就衝上山坡，在又一顆巨石上完成了午後的攀爬鍛鍊。

前往基地營的路程並沒有像狡猾的袞薩村民所形容的那麼遠。我們走了三天，而不是五天，而且每一天我們也都才走三、四個小時。營地位於一片水平且長草的岩架上，岩架約有半英里長、四分之一英里寬，看似部分懸在山坡之上，其上方有散落著岩塊的坡面升起到積雪處，而下方則有一片斜度更大的爛泥與巨石坡面，直墜五百英尺而到達冰川。基地營位於一萬六千五百英尺處，以這種等級的高山來說算是有點低，但在我們必須踏進冰川的冷凍荒野之前，這已經是最後一片草地。基地營做為一處供人不在山上時進行休整的場所，帳篷設在草地上還是比設在淒涼的冰面上理想。可以確定的是我們的雪巴、廚師與聯絡官都把票投給了草地營地。這個叫做潘帕瑪（Pang Perma）的岩架也是一九三〇年遠征隊從北面挑戰干城章嘉峰的基地營，當年他們草草建起用來擋風的牆壁遺跡還清晰可見。我們的雪巴人使用現地的石牆，圍出了一個廚房兼餐廳的大型隔間，屋頂用的是輕質的防水布。我們跟挑夫與犛牛的主人結清了帳，落地生根地隔著山谷，展開了與營地對面這座大山的長期抗戰。

三

我們花了一星期探索如何接近北脊，其間我們揹著帳篷與補給上到各個冰川，並且紮下了一號營跟二號營。一號營的海拔相當低，才一萬七千五百英尺，但二號營在一萬九千英尺處的營址從基地營要走個一天才到得了，一開始相當辛苦，我們不論是體能或適應程度都還應付不了一天走這麼久。

這一個星期算是沒白忙，因為我們的身心都慢慢適應了環境。這給了我們時間上的緩衝，讓我們可以慢慢對山認真起來，也讓彼得針對未來的行程找回腳的力量跟他對腳的自信。另外喬治跟彼得也輪流利用這段時間，消化了一陣陣的噁心與腹瀉。

不論你去問誰，干城章嘉都是大家口中的凶險之山。做為喜馬拉雅山脈極東處的最高山口，干城章嘉免不了要面對激烈的風勢與厚重的積雪。到過這裡的遠征隊都警告我們，要注意其山坡上接二連三的雪崩，而這幾天在我們完成下方營地選址與補給的過程中，我們的聽覺與反應都慢慢適應了一次次冰崖崩落後砸向數千英尺深淵，或是一塊塊鬆脫巨雪狠狠落在坡面上如鼓點的怒吼。喬治此前只參加過一回喜馬拉雅山的遠征，而且因為他爬的速度太快，所以從頭到尾也沒看到過多少次雪崩。頻繁打破日間寂靜的雪崩雷鳴，讓少見多怪的喬治擔心了起來。這些雪崩讓我們全都心神不寧，但我們還是盡可能找了最不受上方坡面威脅的路線來穿越冰川，也盡可能把帳篷設在遠離危險區域的地方，好讓大家都能睡個好覺。

在基地營的初夜有個不速之客，是吵雜的風聲，那除了讓我們覺得自己的帳篷岌岌可危，也證實了我們身處高海拔的擔憂不是沒有來由。

一號營位在干城章嘉峰的小鄰居雙子峰（Twins Peak）的下方，其側邊聳立著巨大的冰崖。我們注意到了這個威脅，但想說在我們的帳篷與雙子峰山側之間有著冰川，而那冰川的冰隙與脊部將足以吞沒從冰崖下崩落的任何東西。進駐一號營的第一晚，彼得稍有宛若雪崩聲的風吹草動就會驚醒，但那其實距離很遠，事後他會縮回睡袋內，然後坦承他覺得自己比我們其他人膽小，並開口說服起自己得接受我們會天天聽到這些怒吼，甚至每小時都如此，因為干城章嘉的整個北壁似乎不分白天黑夜都在製造這些雪崩。我們在路線的選擇上就是以避開這些危險為準，所以我們會爬上一處穩居於所有雪崩坡面上的山脊。跟彼得共用一個帳篷的我也感染了他的緊張，主要是我們無法確定自己面對的是一個什麼樣的敵人，我們不知道它的個性，也不清楚它的量級。我不敢學彼得那麼好意思說出自己的恐懼，因為我知道我一不小心就會影響到他，讓他的緊張雪上加霜。我寧可先獨自一個人消化自己的恐懼，先在決策的過程中處理好這塊情緒，才大聲把我的想法公諸於世。如果我們面對危險無能為力或也不打算做任何處理，那我寧可用一種自嘲的心情去看待我們的焦慮與處境。彼得跟我說我簡直沒心沒肺，說我欠缺想像力，接著我們便一同聽著冰川的擠壓從我們下方傳來嘎吱與呻吟，然後昏昏睡去。

四月十三日星期五，也就是基督受難日，我們四個人都在一號營，道格與喬治在一頂帳篷，彼得跟我在另外一頂。安・普爾巴與尼瑪也跟我們一起，住在第三頂帳篷裡，主要是準備在隔天幫助我們上到二號營。天黑後沒多久，又有雪崩聲從外頭傳來，而且比平日大聲。我可以聽到喬治悶聲在驚呼，而彼得則跳到了帳篷門口。

「喔，我的天啊，你們看！」

我心不甘情不願地離開了溫暖的睡袋，看出了帳篷門外。黑暗的夜幕中赫然出現一堵聲勢驚人的白色雪牆朝我們逼近，身形巨大且看似不可理喻。我們無從判斷這堵雪牆的虛實，它有可能是雪構成的塵埃雲，只會從我們上方掃過去，留我們一個毫髮無傷，也可能是扎扎實實的雪體，我們要不是被其活埋，就是被它捲入並在冰川上掃過一英里。

「快把帳篷拉鍊拉起來！」我對其他人大喊，而就在雪牆抵達的幾秒之前，我也拉起了我跟彼得的帳篷拉鍊，好將會讓我們窒息的雪粉擋在外面。我們沒有地方可以跑，想跟雪牆賽跑只會被它追上，被它拋飛到一旁，或是它也可能無害地從我們上方掠過，總之它的速度絕非我們能跟上。當雪崩掃來的第一陣風拉扯著篷布，我們緊抓著帳篷那瞬間我們無從得知自己能不能活著看到雪崩結束，但我並不害怕，因為反正當下也沒有我能做的事情，你可以想像我的情緒被暫時凍結，畢竟沒有未來的情緒根本不值得出現。

風勢開始加大，帳篷開始劇烈搖晃；雪擊打著帳篷的表面，硬是從細小的空隙中鑽入。然後突然之間喧囂開始平息，我們能聽到的只剩下尼瑪碎碎唸著禱言，喬治則咒罵著這他覺得太誇張了的一切。

雪崩的主力被沿著冰川邊緣的小山谷給突破並吞沒，另外冰川與山谷間的圓丘與脊部也幫了一些忙。襲擊我們的風勢來自被雪崩創造出的空氣位移，也來自在崩落中從冰塊裡解離出的石礫。幾分鐘後同樣的事情又重複了一遍，於是我們便決心天一亮就要幫營地搬家。我雖然也惶惶不安地度過了剩下的夜晚，但彼得才真正是驚魂未定，厲聲抱怨起營地的選址奇蠢無比。

二號營明顯比一號營的表現安靜，它在一處積雪的盆地裡被三面包圍，三面牆分別是干城章嘉的北壁、向上延伸到北脊的山牆，還有就是雙子峰的另外一面。我們把帳篷搭在雙子峰上一處溝槽的其中一側，主要是雙子峰看來是唯一的風險所在，而這個位置讓我們得以處變不驚地觀察山側有無白色的粉雲噴出。看到雲就代表遠遠有冰崩落，這比聲音傳過來要快得多。

我們兩兩一組在陡峭的山牆上爬到干城章嘉與雙子峰之間那道脊線的最低點。那面牆有將近三千英尺高，也是我們所選擇的路線中難度最高的一段。我們來之前看過許多照片，但都沒有看到這面牆，所以我們是懷著船到橋頭自然直的心情來到這裡，相信自己一定能找到路上去。這條路非常困難，得在陡峭的冰面與覆冰的岩石上向上前進，結果我們一爬就是好幾天。如果不爬這面牆，僅有的另外一種選擇就是看向更右邊，走一九三〇年遠征隊選擇的路線，但那裡曾有一名雪巴人遇到冰墜而罹難，而雖然我們並未觀察到那個區域有雪崩，但散落在冰川上的冰塊讓我們不得不有所忌憚。

這面山牆從營地過去要兩個小時，途中要穿越覆雪的平緩冰坡。幾處冰隙讓我們有些擔心，所以我們沿路用竹棍留下標記，以便於我們即便在霧中或在新雪過後，也能沿原路往回走。喬治跟我站在一起，於是我們便展開了輪替攀爬。彼得與道格拋下負重並掉頭返回了營地。既然一次只能一個人進行攀爬，那麼與其浪費時間在那裡枯等著領爬，比較有效率的安排是今天讓我們兩個先爬，並且邊爬邊固定繩索，隔天再換另外一組人領爬。所以說休息跟工作的日子會不斷更替，其中休息的那組就能先煮好飯等工作組回來享用。

第一天的最後，喬治跟我拖著爬了一天疲憊的身軀回到營地，迎接我們的道格依他素食者的口味發想了一頓大餐：白菜、紅豆、豆腐，還有給無肉不歡者的罐頭羊肉片。這頓飯很美味，我們享用完都肯定他幹得好。但到了夜裡我們全都在噁心與腹瀉中醒來，然後隔天沒有人動得了。安．普爾巴從一號營把繩索帶過來時看到我們倒成一片，先是忍不住呵呵笑，然後又再看到雪中的紅豆時點頻頻點頭，一副原來如此的表情。

「哈哈，豆子沒煮熟喔。」

能趁吃壞肚子休息，大家還是很歡迎的。這一天就在我們閒散地處理掉很多雜務中溜過；陽光的熱度被捕捉並集中在有著炫目積雪的無風盆地中。太陽西下之前，我們都無精打采地用慢動作四處移動，能量全都在酷熱中流失掉了。至於吃起東西，我們也一朝被蛇咬地不敢太大口，就怕一個不小心又被不乾淨的食物擊垮。

道格與彼得花了一天的時間在山牆上固定繩索，而我們可以從他們的超慢速度中看出那一個段落有多困難。他們在傍晚時回營，虛弱的道格顯得步履蹣跚，體力耗盡讓他顯得病懨懨，不時還得停下來乾嘔出綠色的膽汁在雪地上。

一天，當喬治跟我高懸在山牆上，一聲轟雷般的撞擊聲引發我們四處觀望，結果我們看到一道宛若柱狀的巨大雪崩從雙子峰一躍而下，並迅速通過我們下方遠處的來時路。我們在其路徑的上方所以沒有危險，而二號營也在另外一側離得夠遠，問題是這場雪崩淹沒了我們的路徑長達四分之一英里，而且還在煞住車之前移動了兩英里。那天晚上，我們在歸途中穿越了從山上掉落下來的冰礫與冰塊所組成扎扎實實的圓丘，心想還好我們當時在山壁上才逃過一劫。我們遠遠又聽到另外一場雪崩在轟隆隆，結果這次喬治很驕傲地告訴我，他完全沒有抬頭去看雪崩在哪。

在四月十五到二十日之間的四天攀爬中，我們攻克了山牆上大部分的難關。在原本是一個巨大障礙的地方，我們拉出了一條路線並固定了繩索，由此在正式攀登的時候人將可以很迅速地在此通過或撤退。

四月二十一日那天，我們四個人一起出發並帶上了睡袋、帳篷、火爐跟食物，計畫是上到山牆的頂端並紮營在位於該處山脊之上的北坳。在山牆的腳邊，我們站成一個團體，調整了吊帶，還準備好了要用來把自己在繩索上往上拉的普魯士夾。道格有點擔心我們之間的誰會不小心撥開鬆掉的石頭，結果砸到在下面的隊友。

「你身邊有安全帽嗎，年輕人？」他這麼問彼得。

「有。」

「那你可以走後面，我的忘了帶了。」

「等等，你有安全帽為什麼不帶上？」

「我不喜歡戴安全帽爬山，很礙事。」

最終是道格的歪理勝出。

帶著沉重的背包，我們苦戰了數小時，但一場暴風雪在午後中點我們到達高點時吹起，剩下的時間已經不夠我們爬完還沒有固定繩索的段落，所以我們只好撤退往下滑，先是拋下我們的負重，然後在隔天於下著大雪的天空下醒來後下行回到基地營。

我們已經打拚了一星期，突然回到有舒服的火可以烤的草地上，讓我一下子意識到自己有多疲憊。廚子卡米準備了薯條、雞蛋、魚罐頭給我們享用，而我們也恣意地在有人怕我們餓著渴著的關心中受寵。聯絡官莫漢燦笑著迎接我們的回返，在驕傲我們所做的事情之餘，他也很開心能重新有我們的陪伴。

我們在基地營待了四天。厚重的降雪覆蓋了草地，但比起覆雪的冰面有各種隱藏的陷阱跟敵意要擔心，這裡還是較令人感覺篤定。安．普爾巴帶著我們的訊息跑了趟捷克斯洛伐克的遠征隊，他們紮營在三天路程外的地方，要挑戰賈奴峰（Jannu）。他們之前在路上巧遇我們的送郵跑者，便託他上來時祝我們好運。通往北坳的山牆用掉了我們大部分的繩索，所以我們便在訊息中詢問他們有沒有多的。

不在山上的時候，我喜歡徹底放鬆。我擠不出力氣來探索鄰近的谷地與較小的山峰，我寧可看書跟慢條斯理地用餐。不用擔心受怕讓我感覺無比地自由；即便有轟隆聲傳來，我也知道那威脅不到我們。我們的草原高地沒有被雪崩襲擊的危險，此外這裡也沒有看不見的冰隙會殺我們一個措手不及。只有與此時相比，我才意識到我們在冰川上生活所承受的壓力，須知在冰川上的我們得長時間受到雪崩的威脅，即便大部分的雪崩都只是遠遠地滑落，但那些聲響所誘發的恐懼仍能在我們心中掀起軒然大波。

但我還是急切地想要回去。體能的不足與不想吃苦的心理已經是過去式，潛意識中對於未知的驚恐也已煙消雲散。我們現已對這座山有第一手的認知。危險當然還在，但我們已經對其規模有所掌握，也在困難的考驗下確認了自己可以有所應對。我對高海拔仍有幾分疑慮，仍不確定在攻頂時不帶氧氣能有多少餘裕。我們知道接近峰頂會有難點，以及從最後的野營地過去要走很長的距離，但不靠氧氣設備究竟實不實際，我們真的一無所悉。我們在資料中讀到高山氧氣稀薄會對腦部造成的斲傷，我們看過梅斯納爾筆下敘述他在聖母峰上出現的重影（又稱複視）跟扭曲的官能感知，當時他就是沒有氧氣支援。我們從其他嘗試攻高的山友描述中得知，他們在遇到空氣含氧量低於正常值一半的時候動作會慢到什麼程度，原本簡單到不行的事情會變得多困難。干城章嘉峰只比聖母峰低區區八百英尺（約兩百四十四公尺），峰頂的氧含量只剩海平面處的四分之一。除了在低氧環境下一舉一動都很艱難外，另外一個無法量化的風險在於染上水腫這種肺部或腦部積水的高山病，輕則讓人沒力，重則讓人沒命。利用數日甚至數週的時間來慢慢上山也慢慢適應，是避免這種疾病最好的辦法，而最理想的適應是準備一個月到六週，讓血液得以利用這段時間調整組成，進而能從稀薄的空氣中吸收更多的氧。我們此前已經用了三週的時間步行到基地營，然後又花了三週在山區走動，並感覺我們已經調整好體能與對海拔的適應，但這些都不足以保證我們當中的誰不會受到高度的影響。

一旦出現高山症重症，僅有的療法就是往下走來減低高度，或是以人為手段增加氧的供應。我們帶了一瓶氧跟一組呼吸器來預防緊急狀況。這點氧氣量不夠拿來登山——一瓶氧氣只能撐或許八小時——而且要是誰想把氧氣瓶扛到峰頂附近，那他就拿不了其他東西了。但這瓶氧確實能提供救人一命的機會，須知腦水腫可以在幾小時內致命，而我們也經常討論過把氧氣揹到兩萬兩千五百英尺處的北坳有什麼好處，主要是當有人出現高山症，這裡是最可能安置病人跟進行急救的地方。

道格與彼得帶氧爬過聖母峰，其中道格曾在兩萬八千七百英尺處不靠氧撐過一夜野營。喬治曾不帶氧爬過二六四〇二英尺高的布羅德峰。這三個人的高海拔經驗都比我豐富，而我猜他們也比我對自己在高山上的行動有自信。若是能開登山界之先河，以無氧方式走困難的新路線挑戰干城章嘉成功，那對我們所有人都會是莫大的成就。但做為一個凡事往壞處想的傢伙，我更清楚感覺到的是要步入未知的不安全感，我不知道自己的身體能不能表現得像其他有實績可證明的隊友一樣。我們都對少數能咬牙不帶氧前進超高峰的菁英懷著無比敬意，同時也經常討論這些人與我們之間最大的差異。我們不覺得他們是某種「超人」，但不知怎地看著我們千里迢迢來爬的山峰，我們就是拿不出那些人似乎具備的那種自信。聖母峰與K2做為全球排名一二的高峰都曾有人無氧爬過，而干城章嘉做為第三高峰則還沒有。如今我們距離峰頂只有咫尺，但最後的兩千英尺卻感覺比第一二高峰的最後衝刺還難，同時我們的人數規模也遠遠不能與正常挑戰這種等級高山的隊伍相提並論。攻頂聖母峰與K2成功的山友都是大型遠征隊的一員，且當中不少人都在把行李往上搬跟固定繩索的工作上貢獻良多，不少人也都用了氧氣筒。所以我就在想我們是吃錯什麼藥，竟然就這樣自顧自地跑來，還不多找點人手。

那場暴風雪除了把我們趕下山，還在基地營也鋪上了一層積雪。惟那積雪雖深達六吋，也完全不敵溫暖的陽光，一下就通通不見了。我躺在帳篷外的草地上看著山景，心靈的作動感覺於此刻懸停。我已經慢慢習慣了道格在登山的空檔進行各種抽象的省思，動輒埋首於具有哲學色彩的書籍中，像是什麼《西藏度亡經》、《易經》、卡洛斯・卡斯塔尼達[6]講述唐望教誨的系列，乃至於他隨身攜帶翻閱的任何一本書。我自己是寧可看辛辣的小說來逃避現世，但這類小說並不經看，一下就看完了，逼得我只好借了一本卡洛斯・卡斯塔尼達來狼吞虎嚥，對此道格覺得我這樣應該不太能吸收。

我並不樂於花太多時間胡思亂想，因為遠征中的我們與現實世界斷了聯繫，所以對那裡發生的事情也毫無影響力。在神學院時，我曾經會趁學期中的那幾個星期計畫所有我想像中理想假期中要去做的美好事情。但夢想總是最美，現實總是有些落差，於是我慢慢開始對這種活在想像中的習慣有所提防。我們在山上的處境也跟學期中很像，所以我不是很想過早為了回去之後的生活修復人際關係、擬訂新計畫，或是為某種生活模式

6 卡洛斯・卡斯塔尼達（Carlos Castaneda，一九二五～一九九八），祕魯裔美國作家和人類學家，代表作是以十二本書為主體的唐望系列，書中記載了他拜印第安薩滿巫師唐望・馬圖斯（Don Juan Matus）為師的經歷，惟唐望其人的真實性曾廣受質疑。

下定決心，因為我知道等下山回到現實中，再怎麼縝密的計畫都會因為太多因素而不得不暫緩或轉彎。

我的確大致上思考過我們為什麼來這，我為什麼來這。我曾經有過一種想法是爬山的人不會是個「壞人」。會有這種想法，是因為我的宗教信念認為「罪孽」會有報應，而登山過程中有太多凶險可供「那股全能的力量」出手，所以想登山的人就會不敢在平時造太多孽。我現已無法把自己的思緒跟早年被灌輸的宗教觀一刀切開，同時我也無法回答自己的那些問題，包括我人在這裡是不是真的出於自願，還有我是不是感覺自己多苦都要撐下去。當然爬干城章嘉峰是一回事，開心爬個小石崖，看自己跟同學誰更厲害，那又是天差地遠的另外一回事。我在想，爬上一座世界級的高山，能否讓誰在生活的其他層面也變得更有勇氣跟力量，進而出落成一個更好的人。這個問題只有上到山頂才能回答，而我已經找不到動力一步一腳印地往前，因為往前等著我的只有痛苦，只有愈來愈少的空氣，樂趣與享受則一概從缺。

我很慶幸自己這趟結束後會將近一年沒有計畫。道格邀了我秋天去爬聖母峰，但我婉拒了。在過去十八個月裡，我已經出了三趟遠門，搞得我其他的事情都沒辦法好好做。這期間我不是去登山，就是在準備去登山，正職與友情都被耽誤了。所以這趟結束後，我希望有時間按下暫停鍵，好好檢視一下自己在做什麼，方向對不對。

安·普爾巴帶著五百英尺的繩索跟一小罐捷克斯洛伐克的烈酒回來了。他這一去一回只花了兩天。我們需要把繩索固定在一道拱牆於兩萬五千英尺處的山脊上形成一道階梯的地方。那堵拱牆看著是我們抵達頂峰金字塔那兩千英尺之前的最後一道難關。我們沒有足夠的繩索在一路上都布下安全繩，但即便繩子夠，那麼重的東西我們也揹不上去。我們只能賭一把這個難關不會大到我們少了條安全繩就只能慢吞吞地下來。

從回到二號營的速度，我們可以看得出自己對高度適應得非常好，體能也調回來了。原本我們要兩天才累積得出的移動距離，現在只需要幾個小時就可以搞定。現在讓我們吃足苦頭的已經不是高海拔，而是被積雪盆地聚焦於我們身上那宛如烤爐的光熱。

在二號營過了一夜後，我們返回了山牆。喬治與道格輕裝走在前頭，一邊往上爬，一邊用繩索確保我們之前在暴風雪中撤隊的最後幾百英尺。安·普爾巴與尼瑪也與我們同行，他們揹著裝備與食材的背包，好讓我們在山脊上的營地可以不愁補給。

即便是有固定好的繩索可恃，這樣的陡峭攀登對兩名雪巴仍屬於新鮮事，所以彼得特別留意尼瑪行不行，而我則負責照顧安．普爾巴。他們進入狀況的速度挺快，但遇到需要專門技術的地方仍需要一些提點，這包括有些岩面呈九十度垂直，有些岩架上則因為覆冰而沒地方讓人穩固地抓附。在攀爬高度來到一半時，尼瑪便喊累然後掉頭去山牆腳邊等待安．普爾瑪回來。

推著夾子在繩索上往上移動、往上踩住附在夾子上的尼龍繩圈，然後再推著另一枚將我的胸部連到繩索上的夾子向上，這個枯燥過程我們反覆了不知道多少個鐘頭。這過程緩慢而無聊，當中完全不存在喬治與道格會有的成就感。他們知道自己將會解決完最後一批問題而克復這面山牆，也會率先站上我們已經念茲在茲了兩個禮拜的山脊頂端，而這些都會是他們成就感的來源。

我們攀爬向上所倚賴的繩索都有一百五十英尺長，每條繩長的兩端都靠鑽入岩面或冰面的岩釘來錨定。我們把錨點位置保持在每個人之間，免得有哪一個錨點得負擔超過一個人的重量。喬治與道格遠遠在前面我們已經看不見的地方。安．普爾巴在我的上方而彼得在我的下面，各自都相隔一百英尺。我爬起了一條有部分長度因為跨過一個岩石突出處而自由懸著的繩索，那個突出處曾由喬治以很有技巧的方式攀爬過，且當天我也在場。越過那處突出處後，我抬頭看了眼安・普爾巴的進度，而就在此時，我注意到一團黑色物體劃過空氣朝著我而來。我本能地閃避到突出的岩石下方，同時有更多石塊開始在我的上方、下面與一側開始不停地撞擊，所幸我靠著突出處的掩護所以安全無虞，只是隨著岩石不斷從身邊落下而聽到漸強的噪音。等這要命的落石告一段落後，我往上看到安・普爾巴驚嚇萬分地蜷縮著但並未受傷。底下的彼得彎著腰，我於是意識到他中彈了。

「你怎麼樣，彼得？」

「我被打中手腕。」他的喊聲中透露著痛楚與挫敗。

我脫下背包然後往下滑向他。他已然褪去了無指手套，給我看了眼正迅速膨脹起來的腫塊，也就是他挨了一記石頭的地方。一轉眼，他的傷處已經腫得像雞蛋一樣大。他的手暫且廢了，既不能握東西，也沒辦法用手承受任何重量。這麼不公平的事情讓他的淚水在眼眶中打轉，畢竟他腳傷才剛好，沒想到又可能被手傷剝奪他攻頂的機會。肉體的傷害事小，心靈的斲傷卻極大。那憤怒的紅色腫塊訕笑著我想要表達同情的孱弱嘗試。

彼得說他覺得自己可以自行下到有尼瑪在等待的山牆腳下，然後就自顧自地往下移動，負傷的手顯得尷尬笨拙。我有心幫他但力有未逮，因為一次只能有一個人在繩子上下行。我只得恢復往上移動，去讓喬治跟道格知道剛剛發生了什麼。

此時已經是午後稍晚了，安．普爾巴掉頭要在天黑前回返二號營。我從他那兒接過了他替喬治揹來的睡袋，然後越過冰坡抵達一處煙囪之深色裂縫的底部。那道煙囪有八十英尺高，狹窄且充滿挑戰性。道格的背包掛在距離底部不遠處，很顯然是為了減輕向上的負擔才被留在那兒。他看來在我的上方有段距離處，並從那兒降下了一條繩子，上頭掛著個空背包，應該是要我替他裝滿裝備，然後讓他拉上去。我在他要我回到他背包那兒取書的時候跟他吵了一下，結果等我把自己拖上煙囪，來到覆蓋著散石的岩架上時，天已將近黑了。道格帶領我走進了角度平緩的雪谷，谷地的上頭有喬治在忙著把帳篷架好。

一陣冷冽的強風像刀一樣切在我的衣服上，我就這樣在黑暗的外頭等著道格把自己在帳篷內安頓好。那是一頂兩人的帳篷，沒有太多的空間留給第三個人，但天色已經黑到我沒有辦法架起自己的帳篷，所以我只能將就一下，接受算是帳篷前廊並沿著岩壁邊的一點點空間，那是他們兩個人擠在一起好騰出給我的位子。

強風呼號了一整夜，也轟擊了帳篷一整夜，防水布上全被撒上了冰雹與飛雪。我們一個個都輾轉反側了一夜，就想在窘迫的帳篷裡調整出一個相對舒適的姿勢。到了早上，我已經在帳篷的尾部委靡成一顆球，感覺病懨懨又無精打采。外頭冷風未顯頹勢，雲層包裹住我們，雪一陣陣像轟炸般落在帳篷上。

我們三個的前一天過得相當漫長而辛苦，晚上也很難熬。如今看著眼前激烈的風勢，加上能見度極差，我們打心底暫緩了繼續在山脊上上行的想法。接著道格頂著惡劣的大自然去解放了自己，然後在回來後喊出了好消息。

他剛剛爬上了山脊的頂端，並看到一處比較不受風勢影響的角落，他可以在那裡打開衣物但不會令之被吹雪塞滿。他發現那一處山脊的頂端是個圓形的隆起，而山脊另外一側僅僅二十到三十英尺下方的坡面幾乎可說是風平浪靜。從西邊穿來的猛烈風勢往北與南席捲了整條山脊，但山脊往下可以望向錫金的東邊卻獲得了庇蔭。我們打包好，拖起了與風勢對抗而鼓起有如風箏的帳篷，前往了天候比較和緩的坡面，然後挖出了一個夠大的平台來容納第二頂帳篷。

終於我們有了空間可以伸展手腳，也有了可以好好休息的平靜。喬治跟我共用的帳篷與第二頂由道格進駐的帳篷以一條尼龍套袖相連，藉此我們可以溝通也可以傳遞飲料。強風繼續砸在我們頭頂的山脊上，但如今在背風處的我們，只聽得到悶悶的怒吼聲，飛雪也不如之前那麼帶勁了。我們調製了飲料也吃了些東西，好彌補我們在空間不足夠把火爐架起時所錯失的營養，並期盼著能好好利用剩下的這天養精蓄銳。

我還真的需要好好休息。前一晚的不適蓄積成了頭痛，反胃的噁心感也每隔一陣子就跳出來讓我跪著乾嘔。我們紮營處的山脊坳部有兩萬兩千五百英尺高，而這種高度已足以讓人舉步維艱。按我當下的感受，我實在沒辦法再沿著山脊往上有所進展，於是我灌了一堆止痛藥跟安眠藥，好讓自己不要繼續頭痛。但高海拔的頭痛有可能預示著高山症，不會輕易消失。

隔天我並未好轉，安眠藥錠並沒有絲毫改善我的睡眠品質。我不覺得自己有辦法跟上道格與喬治去下方的困難煙囪處取回我們拋下的其他負重。

於是他們離開後我躺在帳篷中，自憐自艾起來，心想這該不會是我的極限了吧，該不會搞了半天，我就只能來到兩萬兩千到兩萬三千處就上不去了吧。道格與喬治似乎並不受任何頭痛影響，依舊能加把勁在下降五百英尺後把裝備帶回來。

我一定是睡著了，因為他們感覺一轉眼就去而復返，而且還帶回了消息說彼得跟兩名雪巴已經在上來的途中。聞此我驚訝到不行，因為外頭的天候仍舊非常狂野，所以我們壓根不期待二號營會有任何動作。知道了這事後，喬治跟道格清理掉了在煙囪區的碎石，因為那就是之前打傷彼得的落石來源。他們的好意因為看到下方的人影而有點礙手礙腳，但最終他們還是很滿意地取回了一包包的裝備。

隔了段時間後，彼得跟安．普爾巴癱倒在帳篷外頭。能再看到彼得並聽到他說他覺得自己的手已經可以繼續爬山了，讓我感覺非常驚奇。他將手用繃帶纏了起來，然後腫歸腫，痛歸痛，他的手動起來還在可以忍受的範圍內。我不得不佩服起他說什麼也不放棄的決心。尼瑪又一次在半路掉頭下山，如今在山牆腳下等待安．普爾巴。在喝了點東西並讚嘆檢視了我們的營地一番後，安．普爾巴帶著要在二號營等待我們回返的指示動身下山。

彼得跟道格成了帳篷室友，因為重返第一線而鬆了口氣的他嘰嘰喳喳地聊起天來。他通過聯繫兩頂帳篷的套袖對我丟來一大堆問題，但我只能虛弱且懷著歉意回答說我的狀況恐怕沒有他好。

在痛苦了第三晚後，我只能接受我繼續留在高處狀況就不會好轉的事實，我極為疲憊但又睡不下去，我的頭也沒有一刻不痛。我跟其他三個人說我得下降才能恢復，於是他們在同情中對我說了再見。

悽慘而孤單的我拖著沉重的步伐走了一小段距離翻過山脊，來到了可以通到山牆底部的繩索頂端。我在啟動前暫停了一下，心想我會不會正在犯下一個大錯。一旦下了山，我就徹底與其他三個人脫節了。他們的儲量跟裝備都足夠從坳部攻頂，而只要情況允許，他們也必須趁著有好天氣的空檔將峰頂一舉成擒。我們原本的想法是還需要多建兩處營地，所以也有可能要再經過些日子，他們才會站上可以攻頂的位置，問題是如果他們進度超前我太多，那我將永遠也追不上他們。今天反正他們是不會有動作了，天氣依舊太惡劣。我動搖了，在還有時間反悔的瞬間猶豫了起來，但我馬上就知道自己想太多了；就算我留下來，想不被他們甩開也是不可能的。

帶著無比的遺憾，我滑下了繩索，而看著我們一路上循絕妙路線上固定在這片巨大山牆上的心血，我心如刀割地意識到自己幾乎確定已經出局，恐怕無法收穫固定這些繩索所該換得的豐碩成果了。

在二號營，安．普爾巴與尼瑪帶著一絲同情迎接了我。投入相對舒適的最大帳篷，讓兩名雪巴替我端來食物跟飲料，都不能帶給我多少安慰。我沉沉睡去。海拔高度下降了三千英尺，空氣含氧量也稍微多了些，而這便已足以為我趕走頭痛與噁心。我睡了這趟遠征以來最好的一覺，醒來我覺得神清氣爽，整個人煥然一新。三個無眠夜晚所造成的傷害，慢慢得到了修復。在又好好睡了一晚之後，我便覺得自己已經準備好重返山脊了。

在二號營這兒的天氣很穩定，但雲層仍在山脊附近攪動，且像長長的旗幟一樣掛在山間。上午過了一半，安．普爾巴用銳利的鷹眼辨識出有三個身影在沿著山脊上行，而透過雙筒望遠鏡，我能看到他們頂著風前進但速度不慢。

我感覺不舒服於對自己的能力不足失望，也同時很嫉妒其他三人的實力讓他們能如此穩定地向上推進。我羨慕他們唾手可得的成功。以這樣的速度，他們看似能穩穩地在一兩天後登頂。我的嫉妒與羨慕談不上理性。我深知他們沒有本錢浪費好天氣的空檔，也知道天氣這種東西瞬息萬變，換句話說，要是他們在天氣好的時候有任何遲疑，賠上的可能就是攻頂的契機。但即便如此，這一幕還是讓我坐立難安，想要立刻回到山脊上。

我問安・普爾巴願不願意陪我上山，並以搭檔的身分跟我一起嘗試攻頂。他不置可否地笑了笑，然後說他會先等看看其他人怎麼想。他告訴我說身體微恙的尼瑪必須下到基地營。我這才第一次意識到自己沒看到尼瑪那招牌的笑容與殷勤。我滿腦子都是自己的煩惱，以至於我沒注意到尼瑪正因傷勢所苦。

他解釋說尼瑪被一顆石頭打在背上，還讓我看了尼瑪的瘀傷。我看不出尼瑪有沒有斷了肋骨，而雖然我們在山上能做的處置真的有限，但能下到基地營總是對尼瑪比較好。他看起來有點發燒，而且走來走去的樣子顯然很不舒服。

在替我們拚死拚活工作而受傷痛苦的雪巴身旁，我個人的志向顯得自私了起來。於是我準備在隔天趁著雪凍得夠硬，陪尼瑪下到基地營，保護他安全通過隨著盛夏接近而慢慢在打開的冰隙，並盡我所能減輕他在途中的痛苦。

我喜歡基地營的綠意，喜歡腳下宛若地毯的綠草如茵，但那帶來的愉悅與舒適感覺既不真實又稍縱即逝，就像短暫逃獄的囚犯也會一時之間感覺自由。我總覺得卡米與莫漢的溫暖歡迎背後藏著同情，對此我內心其實十分在意，我覺得失敗讓我在他們的眼中被貶低了。

基地營的空氣十分有益健康，氧氣含量比高海拔處多得多，我吸著吸著就感覺強壯了起來，彷彿自己沒有做不到的事。在從二號營往下走的過程中，我不時會用雙筒望遠鏡盯著山上，結果我看到一個清晰的小小身影，抵達了橫跨在整片北壁上的巨大台地。從那裡開始只需要再一個營地就可以攻頂。這麼看來，隔天他們就會順利上去，而我只能卡在基地營。

莫漢對於我的到來非常開心。沸騰著熱情與開心的他，告訴我他是如何想念我們的陪伴。我們不在的時候，他大多坐在自己的帳篷裡，無聊又孤單；他形容自己就像張大著嘴巴，嗷嗷待哺的巢中雛鳥，一整天除了等待覓食的親鳥歸巢以外無事可以期待。為了打發無聊，莫漢大部分時間只能聽著我們給他的收音機。晚上廣播裡有用英文播送的天氣預報，主要是服務來尼泊爾的外國遠征隊，而莫漢會聽得非常仔細，因為他覺得那也是盡職地在為遠征隊出一份力。對於那個節目，我們從來不會記得要準時收聽，而在我們陪尼瑪下山來的當天，莫漢告訴我說在這之前的數日，氣象預報都提到高海拔風勢會很強。這與我們在北脊上的體驗不謀而合。那天晚上的節目則預告兩萬三千英尺處會有時速一百二十英里的強風，而這也讓我擔心起三名隊員在山上的安危。

我不能在基地營就這麼待著。尼瑪肉眼可見已在基地營因為能腳踏實地而感到安心，同時精神也恢復了不少。於是隔天我就偕安・普爾巴返回了二號營，讓我們開心的是，我們這次只花了三個半小時就上到了二號營，不像我們一開始需要兩天。安・普爾巴做好了重新上山的準備，但不是很想承諾要攻頂。這讓我有點不知所措。我們沒有再目擊另外三人，而我沙盤推演了他們在山上可能採取的各種策略。如果他們真越過了大台地，那我們應該要能看見他們才是；如果他們在山脊的東側發現了更好的走法，那我們確實有可能看不見他們。還有種可能是他們挖了一個雪坑，然後我潛意識也排除不了他們出事了的想法。我們原本可以帶對講機上來的，但做為一支小隊伍，我們原本以為大家可以始終走在一起，所以才放棄了這個決定。要是我們有無線電可以聯繫，那他們的動態與意圖就不會因為我們如今這種分隔兩地的狀態而成為謎團。

這就像要解開一個牽涉到人、食物跟裝備等變數的複雜謎團。如果沒有帳篷或火爐被留下在北坳，那安・普爾巴跟我就沒辦法在那裡待著；如果沒有煎鍋可用，我們也會同樣挫折。我已經不知道自己還有沒有機會登頂了。我心想，我們至少得帶著食物補給上到坳部的營地，至於要不要帶氧氣瓶，我們還在猶豫。如果他們已經登頂並在撤退中，或如果他們出了意外或有人生病，那他們就可能得倚靠我說我會嘗試帶上去的補給。

我們在太陽照到帳篷之前就抵達了二號營，所以有一整天的時間可以等待。其實要一路爬到兩萬兩千五百英尺處，時間也很充足，只是一天之內從基地營直攻到那裡實在太累了。漫長的一整天，只是讓我有了更多時間去擔心跟焦躁。至此遠征干城章嘉對我已毫無樂趣可言；我發自內心對這整場行動感到反感，只希望事情能趕緊告一段落。我最受不了的，就是跟另外三人徹底失聯，不知道他們現在平安與否。我理解彼得先後傷了腳跟手腕時所必然歷經的挫折與痛苦，但他還是克服了一切，重新回到了攻頂的最前線。

雲朵填滿了西方的天空，並快速橫越了山脈，如拖尾的旗幟一般抓住了在群峰中鶴立雞群的干城章嘉山脊。風的嘈雜聲慢慢在北坳上積累成怒吼，我們隔著狠砸在二號營帳篷上的風聲都能聽見。

時間來到傍晚，山上的風聲音量已經大到無法言喻。那種聲勢已經達到會讓人本能閃躲的程度，就像人在機場外頭會不自覺在噴射機起飛的時候低頭。我為了打發時間而讀起了艾瑞克・紐比（Eric Newby）的《亞平寧的愛情與戰爭》（*Love and War in the Apennines*）。他在書中有關田園的描寫讓我心生對英格蘭的思鄉之情，而此時外頭的陣陣強風仍在帳篷上重擊，證實了我對於三名隊友的憂心。我豎起耳朵注意著腳步聲或其他人聲。如果在這種天候下沒有遮蔽，那他們在山間將毫無生機。他們要存活的唯一可能性就是躲在雪洞裡避風，因為世上不存在能夠抵禦這等風力的帳篷。

我請安・普爾巴在凌晨四點叫醒我，以便我們能早點出發前往坳部，但我們兩人都因為風切聲太吵，還有得不斷把被風扯起來而倒下去的帳篷綁回去，最後搞得徹夜未眠。到了早上，風終於在二號營一帶稍歇，只不過怒吼聲在上方的山脊上仍清晰可聞。我感覺我們應該多帶點食材跟瓦斯到坳部以防不時之需，但最終我們兩人都精疲力竭且又熟睡了過去。

我一整夜輾轉反側，都在想著另外三人的安危。我試著積極想想我們能從二號營做些什麼事情。如果他們出了意外，我們有沒有辦法在現行的強風中助他們一臂之力？他們會不會已經全軍覆沒了？我要怎麼把這噩耗告訴他們的妻子跟家人？我要怎麼解釋只有我一個人活下來？我會不會一輩子被世人懷疑我沒有把關於意外的實話說出來？

在經過消息之後，當務之急是安・普爾巴跟我要盡快在風變弱之後盡快上山，並盡可能在山上搜尋彼得、喬治與道格的行蹤，但要地毯式搜索整片山區絕非我們兩人辦得到的事情。

就這樣時間來到上午偏晚，安・普爾巴終於叫醒了我，而且還一邊大喊著說他可以看到山脊上有三個身形，而這話讓我一瞬間解除了壓力。

但他們有很長一段時間仍不在坳部營地的視野中，時間久到我開始懷疑他們到底有沒有在往下走。但時間來到午後過半，他們重新一一現身在山脊的上方，並開始沿著山牆上的繩索而下，緩緩地在往營地回返。我一掃早先的陰鬱，為了能看到他們平安歸來而感到開心，我原本對山懷抱著的厭惡也回歸成敬意。我希望能跟他們聯手攻頂的希冀再次升起，主要是我看到他們身上什麼都沒帶。他們要是已經攻頂，那他們身上應該要大包小包才對，但現在我確定他們把所有東西都留在了山上，之後還要回去拿。

首先返抵的是道格，他的動作散發出一種疲憊的氣場。雪地用的護目鏡罩著他據他說因為風勢與陽光而感到刺痛的眼睛。他朝我伸出了龜裂且發炎的手指，因為那是他從磨難中活下來的證明，接著他開始訴說起發生的事情，而同時彼得與喬治也帶著奮戰後的一身傷疤，一步步返回了營地。我這才注意到彼得原本傷到的腳，已經沒有再一跛一跛了。我不在時他所歷經的事件是如此地摧殘了他，以至於原本的其他傷痛都已經算不得什麼了。

在我觀察到他們在山脊上的那幾天中，他們在兩萬四千五百英尺處的山上挖了一個雪洞，然後把補給從在北坳上的帳篷中搬了過去。因為無從得知我已經陪伴人不舒服的尼瑪下到了基地營，他們曾密切觀察著二號營的動靜，好判斷我有沒有要回來跟他們會合，後來在天氣看起來很好，三人的狀態也不錯的情況下，他們決定不再逗留，攜帶一頂帳篷就攻頂去了。

前一天，他們已經爬到了比雪洞高五百英尺的高原處，並在下午時分攻抵了兩萬六千英尺的山脊頂端。這時從西邊吹起一陣猛烈的風勢，於是他們選在山脊東側的稜線下方紮了營來避風。他們三人擠在嬌小的帳篷裡，深夜中開始受到陣陣強風的轟擊。風向似乎變了，所以他們從可以靠稜線來擋風，變成在風的來勢中首當其衝。讓安．普爾巴與我在下方甚遠處因為噪音與帳篷受到的破壞而睡不著的，就是這陣風。

他們感覺到在猛捶著帳篷的那陣風，可以說強烈到令人不可置信。他們位於山脊上的高點可以說相當不穩定，於是一感覺到帳篷開始從錨點上被吹鬆，他們就打包起行李準備開溜。帳篷的布料被風扯破，中心的支撐桿也斷了，原本的避難所眼看就要在他們面前解體。道格握住了桿子，明知不可為而為之地要把帳篷撐住，直到包含睡袋在內的所有必需品都裝進背包後，他們就撤離了帳篷。等所有人都脫身後，他們就鬆開了手，帳篷就這樣被風吸入到黑夜之中。

安全之道還是在於下行。一道緩坡先通往山脊，然後會沿著高原的另外一側往下走。他們頂著風幾乎寸步難行。即使是在下坡，他們也手腳並用才能爬到高原，其間還得用冰斧抓住雪地才能拉著身體向前。喬治弄丟了背包，原來他還沒來得及把背包揹上，風勢就一把將之捲走，送它去下方的錫金跟帳篷作伴了。

喬治被風的力量震撼到了，就像他也曾被早先的雪崩震撼住沒兩樣：「可惜你沒看到，那些直徑半公尺的石頭，風把它們說吹起就吹起，然後扔下山去，簡直太可怕了。」可怕一字的英文是terrible，但喬治將之唸成了terreeble，中間的母音被拉長了，可以說那段可怖的記憶在他的法國口音增色下，變得更生動了。喬治仍不住地搖頭並唸叨著驚呼聲，一副他還是不能相信三人歷經了什麼，現在又在回憶些什麼的模樣。

弔詭的是我還滿羨慕他們的，雖然我知道那肯定是彷彿去地獄走了一遭。他們歷經了這座高山最駭人的一面，但活了下來，並因此出落得更強。他們散發出一股歷劫歸來的同舟共濟之感，外加在疲憊中期待著他們辛苦努力應該換得的休整。

道格為了把帳篷的桿子撐住而被寒意傷了指尖，彼得的手指跟鼻子也被凍傷。喬治有點震驚於大自然的野蠻怒氣之強大，並染上了輕度的雪盲。

他們滿懷感激地喝下了我們替他們準備的水分，但並無意在二號營逗留。已在兩萬英尺以上待了九天的他們只想回到綠意盎然的基地營，並好好在那裡休息一陣子。於是乎我們就一起匆匆趕下了山，在夜幕降下之前見到了莫漢與我們的雪巴人，他們都笑逐顏開於我們的平安歸來，也鬆了口氣他們的神山沒有帶走更多條人命。

話說兩萬六千英尺處的劫難不但沒有讓我們打退堂鼓，或是讓我們質疑起攻頂的可行性，反而增添了我們的自信，並且讓我們對目標有了更細緻的評估。道格向我保證說在兩萬六千英尺處不帶氧「走來走去」並無大礙，我們擔心會舉步維艱的問題並未出現，同時他還說他很後悔身邊沒有無線電通訊，因為那導致他們得在不知道我是否恢復到可以歸隊的程度前就出發攻頂。他們都鼓勵我說我在高海拔能再遇到的問題，他們都遇完了。而最令人安心的，還是他們竟能在一天內從兩萬六千英尺處降到一萬六千英尺處的基地營，要知道這當中的距離可不短，而且他們還是在惡劣的天候中完成了這一壯舉，而這也讓我們有理由相信，我們即便再在高海拔遇到風暴，生存下來也不成問題。

我們籌畫了接下來的行動，並用雙筒望遠鏡掃瞄了山上的高海拔處。等我們再回去的時候，我們需要的將已經不是帳篷，而是另一個雪洞，由此我們著眼的是峰頂下方兩千英尺處的半月形拱牆，希望能在拱牆邊的谷地裡找到夠深的積雪來挖洞。喬治提出了一個不同的看法。他提議我們應該放棄在兩萬六千英尺處挖洞的念頭，集中全力從現有位於兩萬四千英尺處的洞穴直取峰頂。

「我們應該直接拚上去，」他用中氣十足的法國腔說，並據理力爭地說如果我們什麼都不帶，就可以走快一點，然後如果我們半夜出發，那就可以在黎明前於峰頂金字塔較困難的下半部就好定位，而那就代表我們有一整天可以完成最後的兩千英尺。

喬治的想法算是與在難關之前另掘一處雪洞，然後再從雪洞出發攻頂這種按部就班的做法全然相左。另外我們能不能在一天之內收拾掉最後的兩千英尺也不是全無問題。但喬治就是覺得我們應該一口氣走完兩三英里的水平距離來上升將近四千英尺。不論最終我們敲定哪個方案，一個繞不開的關鍵都在於我們要能穿越岩石堆，爬過位於峰頂金字塔底部的那個谷地。

那個谷地位於陰影中，由此無論我們如何用雙筒望遠鏡望穿了秋水，都無法確定那兒究竟是有一條連續的雪線形成與岩石上方雪坡的連結，還是說有一道岩石的階梯阻斷了去路。如果那道谷地可以過得去，那通往峰頂之路感覺就有保障了。關於上方以雪為主體的坡面，我們預估其角度會比岩石堆緩和。但話說到底，我們還是得真正到達谷地，才能確定自己爬不爬得上去。

我們在基地營停留了一段時間。彼得、道格與喬治花了三天才消除了四肢的疲勞，然後我們又多等了一天，主要是送郵的跑者該來了，而我們想說能在再接再厲前收到家書應該會滿不錯的。時間在所有人都恢復體力後顯得格外漫長，因為日子一下沒有意義了起來，而雖然許多不確定性仍在，但唯有回到山裡我們才能找回意義。此時正值五月初，我們來到基地營已經超過一個月，離開英國則將近兩個月。營地裡瀰漫著一股枯燥疲乏的氣息，彷彿這趟遠征已經拖得太久了。莫漢開始有意無意地暗示他不久後就得回到加德滿都去參加訓練營，意思是我們也快可以準備打道回府了。卡米發現我們有一大批奶粉壞了，其他的補給也開始見底；營地邊的小溪則已經將近乾涸。那感覺就像是有各種徵兆在密謀串連要讓我們終止這趟遠征。

時間來到晚上，送郵的跑者還是沒到。這已經是他上回離開後的第十五天了，照講不應該隔這麼久才對。我們集合吃了晚餐，大家都因為明天得沒有家書暖暖心的狀態上山而感覺有點洩氣。我從頭兩次喜馬拉雅山區的經驗中，已經習慣了很多事情，其中雇用送郵跑者就是一條我覺得非必要省不得的費用。山間的封閉生活讓收信被賦予了極端的重要性。信沒能送達，那種失望的情緒是不可承受之重。家在我們心中都有著崇高的地位，而家人經常表達出的熱切期許，就是我們接下來就能一舉攻頂。

就在我們已經不抱希望的時候，他在黑夜中出現了，並靠著他所帶來的寶物獲得了我們熱烈的歡迎。隨著郵件的包裹被打開，我們的心情全都是又期待又怕受到傷害，我們就怕自己這次會在這次的收信人員中落單。所幸這次的來信是人人有獎，但就是臨時餐廳的光線太昏暗，所以用餐完不久，我們就紛紛回到自己的帳篷中休息，靠著燭光讀信。

我在錄音帶卡座裡放起了浪漫的摩城音樂暢銷曲，並把喇叭對準彼得的方向，好讓他也能一起聽到。此時是晚間八點，而我們計畫清晨四點起床出發前往二號營，免得烈日出來後想走上冰川就會變得比較不舒服。

我聽到喬治大喊：「嘿，彼得，彼得，」但彼得似乎沒有聽到喬治。我在想喬治可能是以為音樂是從彼得那裡放出來的，所以想要叫他把音量調小一點，但我並沒有做出任何表示，反正我覺得音量本來就不大。而且我想要是喬治沒辦法讓彼得聽到他，那他應該就會算了吧。但沒想到他接著就叫起了我來：「嘿，喬，你可以叫彼得把音樂調小聲一點嗎？我想睡了。」

我把聲音轉小，然後彼得就叫了聲，意思是他怎麼聽不到音樂了。

四

回到二號營，我們一邊休息一邊壓抑著那種面對著重大競爭前的熱血。這次我們人人都有自信登頂，但揮之不去的懷疑與焦慮讓營內的氣氛繃緊了張力。喬治在被虧說他身為高山嚮導竟在山上搞丟了背包時，理智斷了線。一思考起我們團隊的勝算跟他自身的能力，他就顯得坐立難安且飄忽不定。前一刻他還在宣傳他的直攻戰術，下一刻他又捕風捉影地懷疑自己有頭痛的前兆，然後便開始找起各種藥丸來給自己當醫生。彼得與道格已長期培養出一種遠征時的生活模式，而這種模式也讓他們更有能力去化解當下這種讓人躁動的期待。在我讀書打盹的同時，這兩人都在看書做筆記。

安・普爾巴會揹負一批重物上到北坳，而我們還在爭論捨額外的儲糧改帶氧氣瓶與面罩上去的利弊。彼得做事往往比我們其他人都小心審慎，而他堅定支持我們應該把氧氣筒帶到坳部，因為假如我們誰有個萬一，氧氣將可以在坳部發揮大用。但另一方面，坳部若能擺放更多食物，對我們萬一得在上頭長期抗戰也會是項資產。最後兩種意見妥協出的結果是，安・普爾巴會把氧氣設備扛到山牆半途尼瑪留下過一整個背包食物的地方，他會在那裡留下氧氣設備，然後揹起食物走完剩下的路程，由此坳部的儲糧將會達到高水準，但氧氣設備也可以離我們稍近一些。

尼瑪不會嘗試爬上山牆，但他會來到牆腳下等待安・普爾巴回來，然後成為普爾巴在返程穿越冰川時的旅伴。

我們五月十日一早出發，再過兩天就是我的生日，但我記不太清楚自己是要滿三十還是三十一。來到山牆腳下，我們得知安・普爾巴忘了帶他要在繩索上移動用的普魯士夾。一如大部分配發給他的裝備，他對自己的普魯士夾都很寶貝，主要是東西愈新，他回到加德滿都就愈能將之拿去賣個好價錢。我們對於他這種行為都很氣憤，畢竟普魯士夾是登山時不可或缺的用品。就為了一對夾子回到基地營是不可能的事情，所以我們只好五個人分著用八個夾子。道格需要兩個，因為他的手指已經很痠痛了，兩個夾子才能讓他在繩索上前進得比較輕鬆。我們給了安・普爾巴兩個夾子，因為我們覺得對他的安全有一份責任，然後剩下的四個夾子由彼得、喬治跟我抽籤。喬治抽到了，所以彼得跟我就只能靠一隻夾子跟一隻徒手，自己努力往上爬了。

道格提到安全帽，並懊悔地說他又一次將之落在了基地營，為此他堅持自己要走第一個，免得他會被我們其他人弄鬆的落石砸到頭。他吵贏了這一點，但也同意在石頭最鬆的最後煙囪處暫停，等底下所有人都安全偏到一側之後，我們再一個一個出發往上爬。

於是有超過五小時的時間，我們就這樣一個個在那垂直的旅程中孤軍奮戰。我發現自己的內心盤點起各種問題，也重新檢視起對前方的預期。攀爬固定好的繩索無聊又費勁，但心靈可以自由地胡思亂想。因為只有一枚普魯士夾，所以我爬起來顯得事倍功半。本來可以一邊爬，一邊輪流把身體重量放到兩根夾子上的我，現在有一半的時間得徒手抓住繩子來把自己往上拉。這會多消耗很多能量。彼得也面對類似的掙扎。

在煙囪處這個距離坳部營地已不遠的高點，一片邊緣銳利的石頭在我掠過時鬆脫了，所幸其掉落之前被我用身體按住，免得它掉下去砸中底下的彼得或安・普爾巴。那塊石頭有兩英尺高，數英寸厚，而且極具分量。除此之外我想不到其他的辦法令之不掉下去。就這樣，我等到底下的他們已經騰出安全空間了，才開始嘗試移動，惟即便如此，我還是不想讓石頭掉下去，唯恐它會傷到下方的繩索。我於是用手撐起它的重量，然後一點一點將之往煙囪裡一處有一定深度的裂縫裡塞。我一邊奮力保持著平衡，一邊咬牙將石頭扛上去，終於在手沒力之前得償所願。過程中我可以感覺到石頭銳利的邊緣割到我的手，而等我好不容易把石頭塞進裂縫，並為了保險而多拍了它兩下後，就只看到血汩汩地從我手套破口中流出，外加我手指的肉上多了深深的一道傷口，此時我才趕緊為了止血而握緊拳頭。我很慶幸主要的難關已經幾乎結束，坳部的營地只要再半小時就到了。

安·普爾巴殿後抵達了營地，而他最終帶來的不是食物而是氧氣瓶。那或許是出於某種誤會，又或者他出於自身某種難以捉摸的邏輯，認定了我們需要氧氣更甚於食物。他接著就滑下山去與尼瑪會合，返回了二號營。我們請他在下面保持警戒，要是看到我們已經登頂並需要人手把重物扛下山的話，就先行到山牆腳下等我們。

於是歷經千辛萬苦，我們四個終於在大致無傷無病的狀況下在向上的途中合體。當然彼得的手腕還會痛，道格的指尖也不舒服，但他們倆都已經跟他們的這些毛病達成了能動就好的和解。以坳部營地為起點，每一步於我都是嶄新的天地。我們在休息了一夜後啟程，道格跟我一組先走，彼得與喬治一組殿後。穩定的風勢從山脊上流瀉而過，每往上一步都不輕鬆。我自認我比別人的主觀感受更辛苦，主要是不同於另外三人，我這是第一回突破坳部的高度，但道格跟我說他這次走起來特別辛苦。彼得跟喬治看起來也一臉倦容，所以在抵達洞穴後，我們決定在那休息一天。我們從一萬六千英尺處的基地營上到兩萬四千五百英尺處，只用了三天，途中還歷經了一些困難的攀爬。我們狀況再好也不可能不累。

道格在我們抵達洞穴後的早上，用一聲「生日快樂，年輕人」叫醒了我，我這才意識到這天是五月十二日。我們鬼混了一整天，品味著錫金與西藏毗鄰處的連綿山景，乃至於遠遠在西邊的聖母峰與馬卡魯峰。我嘗試為要在唐恩與珍妮婚禮上擔任伴郎的演講打起草稿，要知道這兩個朋友可是在我之前籌備遠征時受了不少打擾。從某方面來講，演講比攻頂還更讓我緊張。登山固然令人焦慮，但那是一種老朋友般的焦慮，但站在一堆人面前演講，還得講得有趣，真的是讓人想到就頭皮發麻。三名隊友都為了我能講些什麼陪我腦力激盪。

雪洞感覺宛若宮殿。其他人說他們花了好幾個小時，才挖出這麼個我們可以四個人躺在一起，坐在當中頭也不會撞到屋頂的雪室。他們是分頭從一道寬闊雪稜的兩端開挖。該雪稜是被風吹著吹著，形成在我們暱稱為「城堡」之岩石壁壘的底部灣中，而該壁壘正好阻斷了通往上方巨大高原的前進路線。曾經就是為了這段壁壘，我們才跟捷克斯洛伐克山友索討繩索。那高原位於雪洞上方五百英尺處，而如程咬金橫在當中的岩石障礙與陡峭的雪坡都相當棘手，無法輕易在上頭固定繩索來確保上下行的暢通，這一點無關乎天候。但即便如此，彼得、道格與喬治還是在前次上來時克服萬難，做到了這一點。所以說通往峰頂之路至此已基本開通。

喬治還是堅持我們應該一口氣從雪洞直攻登頂，而我們也慢慢認同起了他的思路。算垂直距離的話，我們還得上升將近四千英尺才能抵達海拔兩萬八千兩百英尺處的峰頂，而算行進距離的話，我們得走將近兩英里（約三．二公里）。在高海拔上要一口氣完成這樣的長征，可不是開玩笑的，而我們又沒聽說有任何先例。這個方案的誘人之處在於可以輕裝。一個二十磅的背包在高海拔上是沉重的負擔，但若是不過夜的話，那我們就只需要攜帶一點巧克力跟甜食而不用揹負睡袋，而我們懷抱的希望是輕裝的利多能抵銷長途的利空。另外一項影響我們決定的變數是月光的亮度。此時月亮幾乎是滿月，而那不僅能夠照亮我們的前路，而且人在高海拔的困乏狀態讓人耳根子很軟，道格堅稱我們會隨著月亮愈來愈凸而力量愈來愈強的說法，我們也都聽得進去。

五月十三號從一早開始，我們也同樣在雪洞內耍廢，要不然就是趁風勢減弱時跑到外面雪地上一處平台上。等待就像掠食者似地啄食著我們的心靈，讓我們後悔起沒有趕緊行動而讓好天氣白白流逝。我們計畫在凌晨一點出發，先利用天還沒亮的時分爬完洞穴上方五百英尺的繩索來穿越高原，抵達最終金字塔的底部。惟即便是在按計畫行事，等待還是加重了我們的不耐，我們知道一點出發代表今晚不用睡了，所以我們就提早開始了準備。一靜不如一動，加上雖然沒有實證，但比起不斷檢查手錶看還有多久要出發，比較合邏輯的做法似乎是在白天出發，然後在天黑前爬完繩索段。於是我們便索性提前在了下午動身，也不管有一道雲堤距離我們已經不遠，並就此爬上繩索穿越壁壘，最終在黑暗中集合於高原的邊緣。風勢於此時捲土重來，我們只好抱團取暖也方便交談。有如針扎的飛雪從地上被捲起，但高原本身的坡度不陡，表面也大部分是小石頭，所以在上頭前進只需要低頭頂著風走。

我們保持倆倆一組用繩索綁在一起，好避免失聯，否則我們能看到的只有彼此頭燈的光束，不然就是由光照所勾勒出的黑色輪廓。午後積起的厚重雲層遮蔽了月光，而雖然用繩索綁在一起，但我們基本上還是踽踽獨行走了一整晚。風勢持續增強，吹雪也更加欲罷不能，時間以小時為單位像蝸牛在爬。

雖然我們穩定在往前進，但中間的過程相當之單調，所以搞得我昏昏欲睡。我的思緒開始自由紛飛，那感覺就像在頭燈的照耀下，周遭的地景還有那些在當中移動的身影通通都是虛妄。我羽絨外套的帽蓋在被拉下來保護臉部之後，化身成了電視螢幕框，而我就是從那個框裡頭在觀察外面的世界。但我並不是在看螢幕上的畫面，因為我就是那個畫面，我跟那些變了色的岩石、跟那些移動的身形、跟強風、跟寒冷、跟飛雪都不在一個世界。

我會從幻覺中倏地醒過來，意識到自己必須控制住自己的想像力，控制住結合了高海拔與飢餓的疲憊在誘發的各種幻象，然後我又會重新身陷其中，變成一名觀察者而非參加者，我的心靈獨立漫遊在我四肢自動化的動作以外。

任何積極正面的事物都能將我拉回現實。我們全都蹲在一塊大石頭後面討論該走哪一條路，要不要繼續走，還有現在嘗試攻頂會不會太好高騖遠。我們決定繼續挺進，我們賭的是隔天早上可以看到天氣好轉。

午夜時分，我們來到半月形的拱牆區，旁邊就是我們必須爬過去的谷地。我們所有計畫的前提都是我們得要看得到前面的路，而那又要倚靠黎明的到來或月亮的光明。稠密的雲層阻斷了我們頭燈的光束，激流般的吹雪逼著我們低頭看著地面。

道格跟我傾向於在原地挖個雪洞來躲避到天亮，但彼得主張我們應該上行到可以稍微看到拱牆的基底，他相信那裡的雪況會更適合挖洞。喬治動身追隨起彼得，而我則解開繩索跟道格一起在現地挖起雪洞。

由於雪的質地很硬，所以這裡真不是個很適合挖洞的地點，但沒多久我們還是弄出了一個過得去的處所可以遮風避雪。此時此刻我們只一心一意想要逃脫這磨人的風勢與降雪。我們試著跟彼得與喬治溝通，但話一出口就被淹沒在風中。我們在雲霧暫時消散的空檔看到了燈光一閃，便趕緊朝之趕了過去，但那道光終究只是驚鴻一瞥，我們還是在白色的漩渦中迷失了方向。我們開始朝之前挖好的雪洞撤退，卻費了好一番工夫才找到它，然後我們用雪塊豎起了一道牆來擋風。因為沒有睡袋可以躲進去，我們只好穿著羽絨衣坐著，任由從雪牆縫隙穿透的陣風荼毒。道格持冰斧在硬雪上砍劈，一方面擴大雪洞內的空間，一方面藉此來運動生熱。我試著把外牆的縫堵住來避免灌風，但卻不時會不敵疲憊而睡了過去。

我開始相信我們在行動上出現了嚴重的誤判，並因此糟蹋掉了我們一舉攻頂的良機。凜冽的寒意滲入了我骨子裡，我開始在發抖與痙攣中輪流擺盪。道格還有力氣在那裡用斧頭砍劈已經凍成冰的雪，讓我很是佩服。他那麼做能增加的洞穴空間不多，但讓他保持體溫倒是沒有問題。我偶爾也會用斧頭往我搆得著的雪上面挖，但我的手臂卻累到只想要放下。

我們聊起了彼得與喬治，我們無法相信他們竟能繼續往前走。我們一方面為了跟他們失聯而感到尷尬，一方面覺得我們當時停下來才是明智得多的決定，只不過是風雪阻斷了我們想進行的溝通。

天寒地凍導致我們的精力被吸噬一空，而一等天亮我們就離開了雪洞，並開心於能夠恢復行動，因為行動讓我們能往上爬去找尋另外兩名隊友。但我們才剛要開始找，他們就出現在了我們三百英尺上方的位置，精確地說是出現在那裡位於拱牆邊的雪洞中。

我們一眾快動作開了個會，並達成了共識要下行到「城堡」下方食物跟睡袋應有盡有的大雪洞來重整旗鼓。我們在清晨冷峻的光線中垂頭喪氣中撤退，一路穿越高原區，最終回到了我們熟悉的雪洞那溫暖的懷抱中。

彼得跟喬治沿著拱牆邊發現了一道冰隙，並利用那道冰隙躲避了風勢。這就是何以道格跟我看不到他們的燈光也聽不到他們的聲音。他們有試著再往上爬——喬治以為峰頂已經不遠了——但他們在黑暗與雲霧中迷了路，並退回到冰隙的庇護中。

喬治一整個洩了氣，就好像他得替整個計畫的適得其反負起責任似的。如今我們全都已精疲力盡，只能先好好休息再力圖再起。彼得與喬治已經看到過一眼峰頂山脊的各個山尖，而那些山尖正標示著第一批成功登頂之人從西南壁出現的地點。我們確知那個點就在峰頂下方的三百英尺處。喬治相信他與彼得已經與那個點平起平坐，但彼得不是那麼確定。是說他們要是真能在那相對短暫的時間裡爬到那樣的高度，多少會有點令人匪夷所思。

我們開始討論起戰術的調整，這包括我們考慮起用雪洞或拱牆附近的冰隙來當作合適的野營中繼站，然後再從那裡進攻峰頂。只要加上帶夠食物跟睡袋，並在中繼站養足精神，我們爬完最後兩千英尺而攻頂的機會肯定比較大。從雪洞長途直攻峰頂實在太拚了一點。

喬治並沒有被說服。他確信自己已經非常接近峰頂了，接近到宛若一般人去阿爾卑斯某種高峰攻頂的時候，他們的目標是要征服一個非常困難的段落，而只要那個目標達成了，那即便如履平地的最後幾百英尺沒有爬完，也完全無損於他們形同已經登頂的事實。那幾百英尺怎麼看也難倒不了誰，所以只是為了走而走根本沒有意義。

他把話說得含糊其辭，一副好像登山只是一種心理層面的操練，而我們已經能唯心論地認為自己已經完成了我們來此想完成的事情。我們已經征服了登頂路上最主要的難關，因此在這層意義上，我們已經完成了攀爬，也因此再無必要非得繼續前進到真正的峰頂，畢竟我們已經看不出有什麼障礙可以擋住我們的腳步。我確實很訝異他跟彼得可以前進到峰頂近在咫尺的地方，但那只是鼓勵了我，讓我知道我們終究是可以成功攻頂的，而且事情還可能比我們所擔心的要容易。

我們全都累斃了。喬治縮進了他的睡袋，一整天都沒聲音也沒反應。彼得躺在一蹶不振的喬治旁邊，離空氣較新鮮的隧道入口處也不遠。他顧著爐子，生產出各種飲料跟吃的，而且量大到他慢慢覺得我們這些人真是不知好歹，一個個都在找各種理由不想自己來。在洞穴後方躺著道格跟我，那兒的空氣是最悶最不新鮮的。我在這個我們自掘的陵墓中感到幾分幽閉恐懼。牆壁跟屋頂都很牢靠，但外頭積雪的重量還是讓天花板在不知不覺中愈來愈低。每天我們都得從天花板上刮下幾吋的雪，否則我們一坐起來就會撞到頭。火爐只有在空氣流通的入口處才能運作。洞穴裡頭的空氣太稀薄，也太不新鮮，連蠟燭都燒不起來。我想睡，但幽閉恐懼加上潛意識裡對窒息的恐懼，讓我只能一陣陣地淺眠，沒辦法連續性地好好休息。

道格提到他老是有種感覺是山上不只我們四個，結果此言一出，喚醒了我們所有人都有的類似印象。猶記得我在一回到雪洞時，就曾自然而然地等待起「其他人」到達。我這說的不是彼得、不是喬治，也不是道格，而是一群我想像中在陪著我們登山，面目模糊之人。他們在我的遐想中，是另外一支隊伍的成員，而這種身為一個大群體的一部分而不是只有我們四隻小貓的感覺，創造出了一種安全感，就像是我們身邊還有更睿智的能人在經略大局，在承擔責任。這幻象還為我們創造出一種與山的和諧感。彼得也記得他感覺在他殿後回到雪洞的時候，自己身後還有別人。那不是一種需要確認的想法；他只是單純意識到自己背後有人存在，一如他明確地知道自己前面有我們三個隊友。通過對這些印象的討論，我從自己的思緒中放逐了鬼影幢幢，但那股與山的和諧感被保留了下來。

在嘴巴跟身體都休息了一天之後，喬治正襟危坐地宣布他決定下山。這照講應該要是個震撼彈，但人在高海拔的反應都要打個折扣，就好像在這個高度上，不論身心的活動都必須先以保留體力為前提，人沒辦法太激動，所有該有的表示都被避免掉了，於是乎即便喬治直截了當且毫無猶疑地告訴我們：「我已經沒電了，我這樣要去攻頂太危險。要是真遇到什麼狀況，我將沒辦法讓自己脫困。所以我要就此離開，趁我還有力氣趕緊回到基地營，」他引發的反應差不多等於他說他毫無食慾。有道聲音向他保證說，他所剩的力氣絕不會輸給我們任何一人，但那於他只代表我們其他人也應該跟他一起下山，因為那代表我們全體都一樣疲倦。惟如果我們有權決定勇往直前，那他自然也有權利決定急流勇退。

喬治經常這樣有一說一，想到哪說到哪。他用跟自己原本提過的意見大相逕庭的看法來個一百八十度大轉彎，也不是什麼少見的事情，但會讓他一有新想法就憋不住要說出來的，還是他那種自在奔放的個性。實務上，他其實是那種到了要行動的時候就常會跟主流看法靠攏的傢伙，所以我在猜搞不好明天早上他的想法又會改變。我們每個人都歷經過這種自我懷疑然後想要從勞苦中解脫的瞬間，我們都曾閃過掉頭走人的念頭。遇到低潮時，我往往會倚靠其他熱情程度高我一個檔次的人來扶持我，就像我知道有時候我會是那個一群人之中比較有自信跟比較振作的那個人。

問題是道格也在喬治的暢所欲言後受到影響，開始表達了自身的懷疑。道格直言起他不確定我們在做的事情有什麼意義，也不清楚我們是否能就像亞倫．西利托小說[7]裡的長途跑者一樣，靠著在目標近在眼前時掉頭，而在我們選擇進行的遊戲面前展現主宰的風範。道格參與大山遠征的次數多過我認識的任何一個人，但他從來沒有停止捫心自問這股想爬大山的衝動從何而來。而在山上，他也從來沒有停止質疑他為什麼又一次來到天涯海角，這一切對他有何意義，他若拋下這一切的後果會是重如泰山抑或輕如鴻毛。

彼得覺得這些說出口的自剖正在威脅遠征隊的士氣，所以便點名要我確認一下自己的決心何在。我們此刻所糾結的疑點，早在幾星期前就清清楚楚地出現在他眼前，當時接連的腳傷與手傷讓他無法登頂的可能性變得非常真實，以至於他被逼著去認清了干城章嘉的峰頂對他有著無比的重要性。他當時為了趕緊養好傷也趕緊恢復體能而必須召喚出的動機，完全無須與任何在最後一刻才出現的猶疑糾纏不清。

就我自身而言，攻頂的機會能在我歷經了絕望之後失而復得，所以我也跟彼得一樣熱切地想要延續挑戰。但我也確實感覺我們需要下到北坳的帳篷裡一或兩天來養精蓄銳。

早上道格叫醒了我們，說他已經神清氣爽地睡了一夜好覺，當中滿滿的是啟發了他

7 亞倫．西利托（Alan Sillitoe，一九二八～二〇一〇），英國無產階級文學家，曾在一九五九年出版了短篇小說集《長途跑者的孤寂（暫譯）》（*The Loneliness of the Long-Distance Runner*），書名即是當中一個故事的標題。

要堅定攻頂決心的夢境。他走到外頭去解放自己，然後朝洞內的我們大喊說，這是個晴朗到不能再晴朗的早晨，把這麼好的天氣拿去撤退到北坳，實在太浪費，因為我們明明可以善用這天候再一次挑戰巔峰。道格這個被自我懷疑摧殘過的男人，在此展現出了他的另外一面，而也正是因為有這一面，他才能一而再再而三有動力登上更多的山巔。

一個人的心意能如此劇烈地反轉，著實讓人內心為之一驚。我們的儲糧已經慢慢在見底，爐子用的瓦斯罐也只剩下最後一罐備份。我們原本的打算是要先下降到在北坳的三號營，從那兒帶回食物與燃料。當然再一次奮起攻頂的想法比下去北坳再上來雪洞這樣的長途往返誘人，但我也不太相信自己已經恢復到可以直接攻頂的程度。彼得也不是沒有疑慮，由此他也不能下定決心是應該把握機會，趁著這股新上來的士氣一舉攻頂，還是應該更在意風險，畢竟一旦天氣轉趨惡劣，這次攻頂就有可能把大夥兒逼到極限，到時食物不夠會讓我們在高山上彈盡援絕。

但第二罐瓦斯的突然被發現，打破了這個平衡。就決定是往上了。道格轉頭看著還在睡袋裡的喬治說：「喬治，你要跟我們去攻頂嗎？」他話說到好像自己一生最大的夢想就是有喬治的陪伴。

「不，我要下去，但我也支持你們從這裡直攻，比再拖下去好。」

就此我們出發向上，並看著喬治的身形愈縮愈小，直到變成一個斑點。我們一直觀察他到他爬下山脊的頂端，來到山牆上方的繩索開端後，才放心他會平安無事。那一幕讓人看了十分心碎。情緒永遠那麼多變的喬治能在振奮時多激昂，就能在低潮中多沮喪。我們跟他之間並沒有因此產生嫌隙。他做出了他能接受的決定，我們則做了我們的。他預定在當晚回到基地營，並承諾會生火為信號來告知我們天氣預報有好消息。如果沒看到他的火，那就代表我們得把皮給繃緊。

彼得跟道格站到一旁，好讓我來開路前往可通往高原的繩索底部。前一晚讓我們吃足苦頭的風雪已經用厚厚的新雪覆蓋住坡面。

「也該輪你開路去那兒了，喬，」道格說著把自己跟彼得站成了同一陣線，一副他們之前來時也曾經這麼辛苦過，渾身聖光地說道。

積雪之深來到膝蓋的高度，而雖然區區兩百英尺外就是繩索，但我的腿卻疲憊到像是被灌了鉛。我伸手握住了懸空掛在冰面上的繩索，對彼得跟道格表達了我對於我們休息究竟足不足夠的懷疑。彼得對於我們應該再休息一天的想法表達了同情，但道格想要硬上，於是彼得便也準備好咬牙前進，他決計不想讓登頂的勝算又再一次消亡。

彼得沒忘了給我打打氣。知我者莫若彼得。

「你就按你的速度慢慢前進到冰隙裡的雪洞。我們應該會在剛過中午後到達，你可以在那裡好好休息。等下上了高原，你就可以自行配速了。」

那往上通向高原之五百英尺繩索的每一英寸，都極其累人。我的精神似乎難敵這超乎想像的體能負擔。在高原上的道格已經遠遠走在前面，一邊走還一邊堆疊一顆又一顆的石頭來標註來時路，免得之後在黑暗或風雪中找不到方向。他就算對自己為什麼來到山上有所懷疑，也絕不會懷疑自己的能力，畢竟他此刻的體能看來還很有餘裕。我跟彼得一起走得搖搖欲墜，還動不動就坐下來休息，看著午後的雲層翻滾而至，直到彼得也拉開與我的距離，只剩我一人踏著沉重的步伐，用無止盡的慢速消化著抵達雪洞之前的最後一段上坡。

來到洞裡，道格與彼得並沒有閒著。他們正忙著在弄平地面，好讓我們可以往上躺。我有一搭沒一搭地鏟著被刮下來的一堆堆雪屑，並將其送進冰與岩牆剝離的黑暗冰隙中。

輕微的風雪將一陣陣的冰雹雨送進了雪洞的隧道口，所以彼得用小心做出來的雪塊將之封起。呼吸不成問題，因為冰隙的深處有氣流往上，提供我們足夠的空氣。

我們安歇準備過夜，其中道格占了最好的位子，但答應要煮飯來補償我們。但他的手指還在痛，所以最終他還是做不了飯，因為做飯就會讓雪直接碰到他的手，而那會非常痛。

彼得跟我的空間比較小，但擠在一起可以分享體溫，所以也沒什麼不好。等我的其中一邊變冷了，我就會翻過身，把在睡袋中的彼得當成加強版的隔熱層來保暖。

在約好的晚上八點，我們理應要出洞去看看喬治會不會用火光傳來天氣預報的好消息，但想到要破開隧道口的保護蓋，我們就怎麼也提不起勁。須知此時哪怕是再小的動作，對體力的消耗都是不成比例地大，所以我們絕對是能靜不動。最終我們決定躺平，天氣我們就明天早上自行推斷。

我因為吸進太多乾冷的空氣而咳得很厲害。我的喉嚨發炎到只要是一點點刺激，就會讓我無可避免地大咳特咳一陣，彼得跟道格對此感到憂心忡忡，而我則怕自己會吵醒他們。

我們達成了一種勉強算是舒適的狀態。道格位在雪洞中最寬敞的部分，但面對會打擾他休息的氣流會首當其衝。跟彼得抱團取暖加上安眠藥鈍化了身體的不適，使我反倒得以熟睡。道格叫醒我來探得時間，然後又開口想跟我拿些藥錠來減輕手指疼痛並幫助睡眠，惟彼得搶在我之前翻找起他的藥罐，於是我就又昏昏沉沉地睡去了。

我們在凌晨四點半醒來。三個人都慢吞吞且意興闌珊地不太想離開精心達成的冷暖平衡。我點起了火爐，開始往煎鍋裡餵冰塊，然後往後一躺倒在睡袋裡等待融冰變成熱水。我們共享了一個馬克杯的麥片，各喝了一馬克杯的水果飲料跟一馬克杯的茶，然後我們就再找不到理由賴床了。

我們丟下了一切，只帶上一人一瓶水、備用的無指手套、相機跟甜食。我把我的份塞進了各個口袋，但彼得跟道格則帶上了背包。我們把雪洞的保護雪塊推開，衝出了隧道。天空晴朗蔚藍，下方的低矮山脈直至地平線都清晰可見，而標示了地平線的正是聖母峰與馬卡魯峰那傲視群山的輪廓。一陣微風吹著，但這仍不失是我們在山上迄今最無懈可擊的天氣。

我需要在出發前解放一下自己，而我記得我挺自豪於自己的身體可以繼續運作得如此規律，未因身處在這樣的高度，體能付出如此辛苦，飲食又如此地因陋就簡而出現異狀。

我們繫上了各自的冰爪，開始在雪坡上出發，三個人共同連在一條一百二十英尺長的繩索上。我們一出發，我就又開始感覺到致命的疲倦；我們幾乎都成了啞巴，因為沒有一口呼吸能浪費在非前進的動作上。我無從得知彼得或道格心中或有或無的自我懷疑，但從他們的沉默中我估計他們心情非常篤定。我無法想像自己要怎麼在每幾步就得停下休息的節奏中上升一整天。我決心要走到走不動為止，然後我就要一個人掉頭回到雪洞，讓彼得跟道格兩個人結伴繼續。我不想成為他們的拖油瓶，他們看起來既強壯又堅定，但要是考慮到我，他們一定會掉頭。

在早先那次跨夜的嘗試中，彼得與喬治曾經直上一處雪溝並在黑暗中迷路。道格跟我討論好要走一條以Z字形穿過岩石區的路線，其間會途經兩道特定的雪流並上接一處繞不開的岩階，而那裡也是上方障礙中最狹窄的一部分。我們輪流走第一個，但行動起來並不拆夥。雪坡並不陡，但有時候我們會需要往軟雪中踢下去來創造出雪階，而這還挺累人的，所以我們才會輪流分攤這項工作，同時輪到第二跟第三位的人還可以不用花心思判斷該往哪裡走，由此他們的大腦又可以進一步休息。

我在岩階處輪到領爬。高海拔處要進行判斷往往是霧裡看花，所以我並不敢輕信自己覺得這處石階看起來很好爬的印象。那裡看起來僅有約六十英尺高，且外形是在一系列斜面的踏階中往後退縮。我小心翼翼地踏足到第一批立足點上，把自己的身體往上頂，並全神貫注地用手指摸索起可以供手施力的地方。我感覺就像是「困難」化身成人活了過來，隨時都會把手伸過來把我抓住。彼得在我下方一邊顧好繩子，一邊看著我的一舉一動，直到我抵達岩階的頂端，他才開始啟動。我不敢稍有鬆懈地四處觀察；我本以為這會是我跟岩階的一場大戰，就像我在書上讀過尼克．艾斯考特與圖特．布羅斯韋特曾經要突破聖母峰的岩階帶那樣，但事實證明，這段過程就跟高海拔每一個生死交關的瞬間沒有太大差別。真要講，這一段確實比反覆一步一步爬上雪坡跟冰面要來得有趣。我上到了石階頂端，並在這裡看到岩石插進到雪帶，然後雪帶又朝右上方深入了整片廣大的雪坡，以兩千英尺的跨度朝著巔峰下方三百英尺處的山脊缺口而去。那片朝右上方延伸的雪坡上毫無阻礙。我的自我懷疑也隨之煙消雲散。

長期被認為無解的阻礙一經解決，那撩撥起的興致與振奮遏止了我的疲憊感。倦怠並沒有消失不見，但那股想看看山脊缺口後面是什麼，想看看山的另外一側是什麼，想看盡剩下的每一道障礙，直到我們能直視巔峰的興趣與慾望，那股單純想要看見而去探索的熱情，是讓我能繼續爬下去的動力。我現在知道了只要天還亮著，我就能左右腳一前一後地堅持下去。沒有疾病可以破壞我的情緒，如今除非時間耗盡，否則我絕不掉頭回去。要不是我的情緒處於「關機」狀態，否則我應該會感覺熱血沸騰。我轉過身，往下呼喊著要彼得跟道格上來。

他們連袂爬了上來，然後彼得領走了一會兒。我們沒有固定的輪班，就是看誰能撐多久算多久。每幾步我們就會上氣不接下氣地停下來。我們看誰最慢，就以誰的速度為基準，但顯然最慢還不夠慢。每次暫停於我們都是莫大的恩典，而當所有的刺激都已淹沒在肌肉的痠痛與缺氧的肺葉中後，剩下在讓我們繼續向上的動力，只剩一種無法定義的東西。一種無可名狀的渴求讓我們在每次暫停後再度把腳抬起，再往上邁出幾步。

道格領爬了一段，但他疼痛的手指跟腳都在漸趨麻木，而這也拖緩了他的速度。他於是開口他想殿後。

我們全都用紅色羽絨套裝包得像粽子一樣，所以看起來幾乎都是一個樣，個別的高矮胖瘦在圓滾滾的衣物鋪墊中，已經蕩然無存。

我接手了領爬。偶爾雪況比較扎實，我冰爪的前釘可以每一步都咬得很死。但遇到軟雪被風壓到坡面上時，我們就得踢一腳才能把冰爪埋到雪裡，進而完成一步。我們每一次都會擔心軟雪滑動，然後連同我們一起端走，但我們不可能完全把軟雪避掉。我放眼一段距離外一處從雪中探出頭來的岩石。在沒有比例尺可以對照的狀況下，距離的意義其實不大，真正有意義的是移動這段距離需要的時間，但時間同樣不好抓。但我一次次掃視手錶的過程中，時間就這樣流逝掉了，換得的不過是往上的寥寥幾步，跟好一會兒喘不過氣。巔峰下方的山脊缺口與我們相隔一段無從估算起的時間距離。我記得的不多，記憶裡只有一系列串場的鏡頭被壓縮在一塊，那些畫面裡不是有紅色身形在喘著大氣，就是有人拖著腳往上一次走六步。

我抵達了那塊岩石，那是我為自己設定的目標，過程中我並不清楚自己領爬了多久，也不知道我們前進了多遠。道格開口喊停，他的腳還是冷的，所以他想趁腳還沒麻木凍僵前暖暖腳。他脫下了靴子，我讓他把穿著長襪的腳塞到我的羽絨衣裡，抵著我的肚子，由我的體溫來恢復他兩腳的知覺。彼得跟我比較占便宜的是，我們選用了塑膠材質的新式登山靴，那當中有一層薄薄的泡棉內靴，而我們實際使用發現這內靴比起傳統的雙層皮靴，隔熱效果要好得多。道格的腳大到塞不進他的塑膠靴，而被迫得穿舊皮靴讓他此刻吃到了苦頭。

彼得開始領爬。山脊的缺口比想像中近得多。時間剛進入下午，陰影開始朝著我們愈拖愈長。他來到一方看起來與下方的冰面好像沒怎麼連著的雪地。他使盡了全身的力氣，不中斷地往上連衝十五步。對此措手不及的道格跟我上氣不接下氣地追了上去。彼得抵達了一條黑色頁岩的肋稜，然後沿著它爬著爬著，缺口就在望了。他爬上了肋稜的頂端，並走出陰影曬到了陽光，然後他回頭用破音喊說「那裡的景色好極了」。我加入了矗立在頁岩上的他，下方一瀉千里的是干城章嘉的西南壁，話說一九五五年那第一批登上干城章嘉峰的人兒就是在爬上了其西南壁後，出現在這點上。我們沿未知之北壁而上的路程終於告一段落，由此去三百英尺是我們知道已經有人走過，而且可以通往峰點的地面。現在是下午四點，還有兩個小時才會天黑。

彼得一臉心滿意足。一切幾乎是盡在不言中，但我們知道在等著道格上來會合的這幾分鐘裡頭，些許的放鬆與自豪應該在情理之中。好天氣維持了一整天，風勢也不如平常猛烈，由此原本看不到終點的奮鬥，現在看來只差臨門一腳。

想從此處攻頂完下行到雪洞脫險，感覺不太可能。甚至我們知道，我們就算現在直接掉頭，能在天黑前抵達留有睡袋跟食物的雪洞都算運氣好。但站在這樣的高海拔上，一路撐著我們來到這裡的壯志與初衷，都不容許我們作出理性的決定。

「你覺得我們應該撐下去嗎？」

「我投贊成票。你呢？」

「嗯，等道格上來我們就來決定。」

道格把自己拖出陰影，來到了陽光下。我們彼此間只隔著六十英尺的繩距，但即便是在這容易到不能再容易的坡面上，收緊這段差距也要五到十分鐘。道格燦笑說：「所以就這樣了，真相大白了。我們絕不可能走完這最後一段，然後在天黑前下山。」他代表的是理性的聲音。

但彼得說，我們要是不走完這最後的三百英尺，那就等著後悔一輩子，所以他堅持我們應該繼續。道格被說動了。

「好吧，輪到我當一下先鋒了，但我想先喘一下。」

我們知道這段路的垂直落差是三百英尺，但那相當於要前進多遠，我們並不清楚。巔峰下的坡面覆蓋著岩石、積雪與冰面的大雜燴。一面陡峭的岩牆阻斷了通往山巔洞穴的路徑。喬・布朗（Joe Brown）這名聰穎的攀岩家曾在氧氣全開的狀況下一口氣便上成功，而其所屬登山隊的第二組人則避開了此一陡牆，改走下方的雪帶。我們判斷不出眼前的距離是一百還是數百英尺。很顯然，我們的腳程是有極限的。在天際線上一塊巨大尖石的後面，我們可以看到雪堤的底部。

「我們就先以那片雪為目標吧，」彼得說。

「我們就先走走看，順便挑戰一下諸神之耐性的極限，」道格一說完，他就化身針線，開始穿梭坡面、翻越岩石、爬下一處煙囪，然後又重新緩緩上行。

雲朵開始填滿谷地。三千英尺下方的賈奴峰幾乎被雲海蓋住，而其後還有更多雲霧在堆成雲堤，看上去就像是核爆後的蕈狀雲。這簡直是一副風暴欲來的光景。

我們繼續舉步維艱地前進，決定已成，時間便遭到了遺忘。時而上時而下，我們在不講道理的路徑上通往天曉得在哪裡的目的地。道格低身閃開了突出的尖石，踏上了雪舌。然後他費勁地轉身對我們說：「就在上頭了。再五十英尺。」

雪堤的難度不高。令人朝思暮想的峰頂就近在眼前，讓人生出了最後衝刺的力量，於是我們三人一起站上了從干城章嘉峰本身的雪頂上突出的一處岩石。此時是午後四點四十五分，遠遠的下方只見賈奴峰在雲海中載沉載浮。聖母峰與馬卡魯峰依舊鶴立雞群。東邊屬於錫金的群山，在落日餘暉中給人柔焦之感。

我們並沒有向誰承諾不踩上峰頂，但我們也沒有誰往就在上方十英尺處的圓頂移動，因為對其他民族心中聖物懷著敬畏之心，是一種不需要承諾的義務。道格試著繞過峰頂去俯瞰干城章嘉的東面，但因為需要經過的坡面過陡而作罷。

我們都各自拍了照片，然後蹲成一落，由道格設好了他相機上的定時功能，來記錄下我們三個以峰頂為背景的畫面。黃嘴山鴉的黑色身影掠過了我們頭頂——這是不祥之兆，牠身為眾神的信差，是來警告我們不要褻瀆神的居所。厚重的雲層從諸多谷地中升起，而且全部衝著我們所站的山頂而來。我們收到了逐客令。

「再一下，我拍幾張黑白照片，」道格開口，我們只好等。我不是很耐煩。

「我們得走了。」

「等我們回去你一定會覺得這些照片很值得。等我換一下底片就是了。」

「彼得，走吧，天就快黑了。」

時間是下午五點三十，我們開始撤離。白晝只剩半個小時。隨著我們退回到山脊的缺口，懸於山上的厚重雲層已經被落日的橙色晚霞點燃其腹部。遠方的群峰被此末世般的落幕場景掩蓋，消失在視野中。黑暗覆蓋住干城章嘉，白雪開始掉落。

我們摸索著記憶走下了雪坡，並且慶幸於在變深的雪中有堆疊的石頭可以幫我們指路，至於想在質地較硬的雪上瞥見冰爪的痕跡則是徒勞無功。道格在下山途中一馬當先，想保持在正確的路線上並非易事。我們三人的本能都是直線往下爬，但其實我們應該要保持斜線往下。我聽到黑暗中一聲驚呼，然後感覺到繩索被扯動，原來是被手電筒燈光投影所騙的道格在一道冰階上摔了跤，滾落到軟雪上。我能感受到一種夾雜疲憊的宿命感鋪天蓋地而來。在每一步都得全神貫注去摸索前進的黑暗裡，我慢慢已經累到無暇小心。道格持續偏離著軌道。我對來時路的印象比較深刻，但彼得的鷹眼更能辨識出雪地上細小的痕跡。他接手道格走在第一個，然後在感覺大概幾小時的時間裡，我們只靠觸覺跟運氣下行，手電筒變弱的光線池動輒會幫起倒忙。

在下方的一片漆黑中，我們看到手電筒宛若針尖般的搖曳光芒在基地營閃爍，然後是做為信號的火焰在告訴我們，說我們的手電筒已經被基地營觀察到，所以他們已經知曉我們攻頂完在撤退。但這並不能讓人放下心上的大石頭，因為喬治發出信號的地方於我們恍如隔世，而他針尖般的手電筒光芒要真正有意義，必須以我們最終全員生還為前提。

原本的微風搖身一變成了蠻風，開始把雪掃進我們努力要看清黑暗的眼中。道格的雙手已經被凍到沒有知覺，慌張與焦急的跡象開始在他堅持要停下來暖手的聲音中流瀉。殿後的我整副身心都因為寒冷而繃緊，等待著的我只想趕快恢復前進，為此我巴不得向道格請命。道格早一分恢復行進，我們就早一分能回到雪洞裡。謹慎與技術兼備的彼得遠到我已經看不見；我有信心他可以靠自己維持在正確的路線上。

來到岩階時，我們先是感到些許困惑，接著才意識到自己所在的位置，而將近要脫險的事實讓我有了最後放手一搏的力量。

斜面岩階因為新雪而變得濕滑，但我卻在那兒感覺如魚得水，充滿自信地滑下了曾經小心翼翼才爬上來的地方。完成這最後一個一鼓作氣的弧線，滑下長長的下坡，我們終於回到了雪洞的入口。道格當即鑽進了雪洞而不見了人影，他是急著要按摩手來使其恢復生氣。我感覺到所有的張力宣洩殆盡，並暫停在外頭卸除了我的冰爪，還纏好了繩索。我因著剛剛的運動，所以身子是暖的，同時我也有點捨不得打破這個瞬間的魔力，我還想多品味一下大自然發洩在山表面的怒火，我知道有那麼短短的一瞬間，我們有幸可以對其占得了上風。

我跟彼得聊了幾分鐘。我們仍舊身處在兩萬六千英尺處的高山中，距離真正徹底的脫險還有漫漫長路，但無論如何，已經被我們牢牢握在手中的事實是，我們成功登上了干城章嘉峰。我們站在了世界第三高峰峰頂旁邊只有幾英尺的地方，而且我們完全是自立自強，我們沒有走在各領域一個個不藏私的從業者所堆疊出來，宛若巨大金字塔的支援力量所鋪成的道路上。我想起了跟我成了朋友的波盟女士，她以無比的信任，成為了支持我前進喜馬拉雅山的第一人。她在我們最拿不出自信的時候，選擇了相信我們，而我想這次的成功登頂就是在告訴一路以來信任我們的她，這一切都是值得的。

「波盟女士會很欣慰，彼得。」我說。

「嗯，我們這次可以開開心心地回去了，是吧？」說完這話，我們便爬進了雪洞去加入了道格。此時是晚間八點。

我鬆了口氣，也在審慎中對這樣的成果感到滿意，主要是此行任務中最困難的部分已經告一段落，但壓力解除不代表我們就能好好休息。雖然我的身體很疲憊，但我的心靈仍延續著終日需要全神貫注與保持警戒而接受到的刺激。由此睡眠只能是一陣一陣的，好消息是我不用為了隔天還得奮戰而養精蓄銳，所以至少這方面的焦慮並不存在。

晨間的庶務包括煮茶與打包背包，是顧人怨的職責，也拖緩了我們下山的進程。等到下山行程正式展開，我們感受到的是更多的不適，我們的四肢又有了走不完的山徑，只能靠內在生命力的火花來提供動力。道格似乎還有餘力。他在高原區衝到了最前頭，而我則搖搖晃晃地跟彼得一道前進，邊走邊覺得腳下凹凸不平的地面相當礙事。我的肌肉已經不再具備把四肢控穩的力量，所以各種理由都會被我拿來做要一屁股坐下休息的託辭，原本應該拿來下山用的時間哪怕是被我偷到一分鐘，我都能暢快享用。高原區的路程可以這樣看似永無止盡地延伸，著實讓人感到幾分不可思議，我因此擔心起喬治有的先見之明，那就是我們真的為了攻頂把自己逼到了體能的極限，如今已沒有了能量的儲備可供我們安全下山。

道格消失在了有繩索通往下方雪洞的邊緣處，自此我們另外兩人也逐漸來到了高原區的尾端。等我們到達時，道格已經進去過了雪洞，同時也把之前我們留在那裡的東西都拿齊了。雪洞的天花板在我們不在的期間已經又陷得更深，由此離地高度只剩下了兩英尺，那黑暗縫隙看起來把之前的幽閉恐懼都比了下去，同時也讓人一點都不想出於懷念鑽進去做一次最後的巡禮。我們靠在洞穴入口邊上來躲避吹來的微風，並就此逗留了一下，期間我們除了靠陽光暖了暖身子，也取了雪來融化煮茶。海拔高度削去兩千英尺加上甘甜的茶汁，讓我們恢復了一些體力。我們重新把繩索綁上，開始沿山脊而下朝北坳前進。

我們一回到開闊的天地中，風勢就又強了起來，霧一般的雪流沖刷著山脊，也螫刺著我們的臉皮。我們在共同下山的過程中試著保持同樣的步調，結果三人之間的繩索繃得像弓弦一樣緊。

三號營的帳篷都凍在了各自的平台上。我們嘗試將它們鬆開，但拉扯的過程中布料會破，而我們既沒有時間也沒有耐性去慢慢來。我們索性決定這些帳篷不要了，只把兩個背包裝不下的裝備打包起來，往下面的冰川扔，希望之後還有機會回來取。我們又喝了些東西，然後爭論起氧氣瓶該如何處理。要將之帶回加德滿都，運費就跟其本身的價值一樣，所以我們要不將之留在原地，不然就是將之扔下山。我從來沒有在爬山時用過氧氣，於是我問彼得跟道格那是什麼感受。我說我想在丟棄氧氣瓶前體驗一下，但他們很不鼓勵我這麼做，還威脅要到處宣傳我這次在山上用了氧氣而他們沒有。這些對話都是在玩笑話中進行，但我卻被說服而打消了這念頭。道格想要把這礙眼的瓶子丟下山脊，免得放在那兒有點煞風景，但彼得的意思是可以將之留在原地，因為很難說會不會有人途經此地，而使這氧氣瓶派上用場。最終我們將之留在了原地，然後拖著兩包裝備上到了山脊的頂端，送它們滑下了位於繩索上方的山溝，心裡祈禱著它們可以毫髮無傷地待在那裡，等我們親自到了冰川後再去回收。

我們自身的背包就已經夠重了。我們盡可能從山上清掉了所有的東西，因為我們這次下去就不會上來了。山牆在我們待在北坳上的一週間，已經有所改變。季節更迭已經帶著這一年朝著仲夏前進，山牆上的冰已經隨著氣溫的上升而變得濕軟。我們出發下行時天已經大亮，溫暖的太陽用冰創造出潺潺的流水，浸透了繩索，也在我們往下滑時浸透了手套跟衣物。有時候我會吸滿幾口髒水來救急止渴。我們在北坳的一週基本上沒怎麼吃，而後果就是我如今格外能經由陷進我肩膀的揹帶感受到背包的重量，因為我的肩膀已經變成皮包骨了。冰面的後撤讓更多鬆動的石頭得見天日。我無意間撥動了一些，也看到有一些從上面被撥下來。我一到達繩索開始朝著冰川而去的底部，就立刻鬆開了自己，往下衝到安全區，免得被還在下的石頭雨打中。我聽到道格在喊著什麼，但聽不清楚他是在發出警告，還是在為了不夠順暢的下降過程宣洩不滿。然後我突然抓到了他的意思。懸在山牆的半路上，就在他身邊不遠處，有一個紅色的身形雙臂展開而兩腿併攏。腦袋整個打結的我先是震驚了一下，然後才屏除了那兒有具人體黏在冰面上的無稽之談。那只是一套羽絨裝，屬於我們不久前從上面扔下來的裝備一部分。我環顧四下，幾百英尺外還看得見其他物件。原來其中一個包包爆開了，所以冰川上散落著各式衣物。羽絨衣因為攤了開來，所以隨風飄起並卡到了突出的岩石處。道格在繩索上慢慢橫移過去，把羽絨衣拉了起來，然後衣服就又這樣飄到了山牆底部。

我強打起精神去把散落的東西一樣樣撿起，最終除了我自身的一套衣服以外都順利回收。安．普爾巴或尼瑪都沒看到人，但我們明明請他們來接我們的。我們拿了我們拿得了的東西，然後把剩下的堆成一堆讓他們來收拾。

時間來到下午五點。白晝只剩下一個小時，但返回二號營的時間此前頂多就是半小時，所以我們都很有信心可以在天黑前到達。彼得堅持我們要用剩下的一點繩索把三人綁在一起，而他之所以到最後都不敢鬆懈，是怕山會趁我們以為自己已經安全了的此時反噬，將我們當中的誰吞沒在冰隙中。就在要重新出發時，我們看到了我們的兩個雪巴，遠遠地在一段距離外以牛步在移動。我們累成這樣他們還那麼悠哉，讓我們氣不打一處來。他們完全可以看得到我們要從山牆上下來了，也完全可以不用跟我們有這麼大的時間差。

接下來的路由我打頭陣領走；此時的雪既溼且深。我期待著能慢慢走到冰川比較平坦的部分，因為平坦處的雪通常比較扎實，但事實證明我想太多了。一開始雪深是在我的膝蓋，接著來到我的大腿，甚至偶爾我會走到雪深及腰，結果就是我開始無助地東倒西歪，想往前走卻踩不到實實在在的地面。我回頭看了一下道格跟彼得，他們跟在我的後面也沒有比較好。道格似乎比我陷得更深，畢竟他的塊頭更大，身體更沉。

有時候我一把腳縮回來，就看到一個黑色的無底洞，而這時我就會覺得還好自己跟另外兩個人綁在一起，有點起碼的保障。有兩回我可以看見路線上有個冰隙，然後便爬將起來，並盡可能把體重分攤在較寬的面積上，最後往前一撲來跨越那黑暗的間隙，並祈禱自己可以降落在另外一邊的雪上。偶爾我會沒發現雪面下藏著冰隙，而後踩空的瞬間感覺胃好像被刺了一下，接著我會讓上半身往後倒，把背包埋在深厚的雪中。此時腰部懸空的我會動也不動，等一會兒才能找回呼吸，然後把自己拉出來。

這就是我們曾輕輕鬆鬆走上走下，雪深頂多到腳踝的同一條冰川，也是我們曾在其上留下過無數腳印的同一條路徑。我們會綁上繩索，通常是出於一種在山上的安全戒律，而不是真因為地面下明擺著有危險。但如今我們終於了解到，這整片冰川盆地上布滿了由冰隙構成的縫線，之前那幾週之所以能讓我們來去自如，靠的是被凍硬的雪。

我們在很多地方都換成用爬的，背包則被我們拖在身側的雪面上，為的是減輕我們腳上的重量。黑夜開始逼近，而從眼前的狀況看來，我們恐怕還得再幾小時才能回到營地，同時我們也這才意識到何以兩名雪巴人會沒辦法準時來到山牆腳下來接我們，還有就是這片深雪恐怕會一路延伸回二號營。在我們途經的那處堆著雪崩石礫的圓丘上，雪況也只稍微扎實一點而已。正在過來的安・普爾巴與尼瑪離我們愈來愈近了，由此我自我安慰地想說等我們跟他們交會而過後，就可以走他們的來時路，屆時就會輕鬆一點。

我們因為與雪的接觸而搞得又濕又冷。道格恨得牙癢癢地說，寒冷簡直是針對性地在專門「照顧他」。他的手指跟腳趾都在狠狠地折磨他。

毫無徵兆地，安·普爾巴與尼瑪赫然在一片愁雲慘霧中現身，讓我感覺我們得救了。我們跟他們說了我們留在山牆下要讓他們隔天去收的裝備包，但他們想現在就去拿，理由是他們這會兒都已經走到半路了。於是，他們拿著宛若風中殘燭的手電筒，靠著微弱燈光繼續起前往山牆的行程。

他們給我們指引了一些方向，但入夜之後風夾雜起雪，路走起來是有好一點，但我迷失了方向並一頭撞上了一處大冰隙。兩名雪巴人的足跡在黑暗裡並不好認，但我記得安·普爾巴的描述，所以最後還是回歸了正軌。對夜行比較有一套的彼得在此接手，然後就一路帶我們回到了營地。

二號營僅存的一個帳篷被雪覆蓋，在此刻白茫茫的一片猛烈風雪中不是很明顯，以至於我們差一點就要錯過，但所幸我們懸崖勒馬，而此時安·普爾巴與尼瑪也剛好帶著我們留下的沉重背包出現在黑暗中。他們去而復返的這種速度，凸顯了我們的狀況有多虛弱，也多沒條件繼續與大自然對著幹。

兩名雪巴的到來，代表我們可以把所有的工作都推給他們。我們三個魚貫進入了帳篷，開始怎麼舒服怎麼來，這包括我們脫掉了衣服，鑽進了睡袋中那奢侈的溫暖。我們當起大爺，讓兩名雪巴給我們遞上熱飲跟吃食，而即將脫險的安全感就像一帖舒服藥，讓我們的眼皮益發沉重。我硬撐著不睡著，只為了讓他們能繼續把食物端給我們，我捨不得那種不需要承擔責任的可口疲憊感。等該吃的該喝的都告一段落後，我們各自吞了一顆安眠藥，安・普爾巴與尼瑪擠進了帳篷，我們在被遺忘了很久的舒適與溫暖中沉沉睡去。

我們在凌晨三點三十分被尼瑪用一杯茶叫醒。他跟安・普爾巴急著在雪又一次被太陽曬軟之前出發。話說前路只有截至我們老一號營的這第一段積雪比較深，但論軟還沒有像昨晚那麼軟，而只要一到達冰川較低處的裸冰，我們就可以自在行走了。新冒出的融雪溪流在獨自訴說著夏季的來臨，而只要脫離了有雪崩風險的坡面，我們就可以真正放心了，屆時就終於算是真正下到了山的範圍外，也可以堂堂正正地說我們爬過干城章嘉峰了。

道格再次拉高了速度。我雖然急著想跟基地營的人分享好消息，但還是快不起來。我得保留好體力以在由石頭構成的不穩圓丘上站穩腳步，要知道那裡我們原本得用爬的。彼得跟我開始囂張地大聊下山之後要如何卯起來抽菸，這種傲慢是對我們在成功登頂之前被干城章嘉嚇出的各種懷疑與焦慮，一種叛逆的表現。平日的我們誰也不會承認自己「抽菸」，我們深知抽菸與我們身為登山者所需要的絕佳體能背道而馳。做為一種象徵，香菸代表的是所有我們不能碰的違禁品，而做為成功登頂的獎品，我們就想要冒這大不韙的禁忌。

我摔了好幾跤，因為我孱弱到無法在通往基地營的巨石坡上把腳步踩好。等我看到喬治朝我們衝過來，我已經摔到手臂傷痕累累外加血跡斑斑，看上去就像出了什麼意外一樣。接著就是喬治抱了彼得，又抱了我，親了我了左右臉頰，並用笑容表示他有多高興我們平安回來而且大功告成。道格確認了喬治用相機的望遠鏡頭看到的是什麼。喬治用放大二十倍的鏡頭看到的我們是三個小點。

「你有拍到我們在山頂的照片嗎？」我問。

「沒耶，我興奮到忘了。我太開心了。我簡直覺得自己與你們同在山頂。我太激動了。」

基地營是個舒適又安全的幸福場域。那兒有一種過節的氣氛，普普通通的一頓飯都能搞得好像在慶祝什麼。這天是五月十八。喬治一看到我們在山頂，就派人下山去找挑夫了，明天就會到。我推算著我們應該可以在六月初返抵英國。

一轉眼山就爬上去了，我們的全副注意力轉了個一百八十度。我們得處理的變成另外一批重要性稍低的要務。我有喉嚨痛需要照料，有酸臭的衣服要換洗，有滿臉的鬍子要刮。我已經留了十年鬍子，沒鬍子的自己長怎樣，我都想不起來了。我決定在基地營把鬍子刮了，這樣萬一我看不慣鬍子後的那張臉，還有時間將之留回來。我的一根腳趾很痠，而且指甲下面瘀血。我不確定那是因為腳趾長時間被靴子壓迫，還是因為昨夜在深雪中穿著濕透的襪子，走著走著被凍著了。我在想自己能不能憑黑腳趾甲說自己受過凍傷。

基地營裡就算是粗茶淡飯，感覺也很豐盛。此前的兩天我們幾乎是粒米未進，再之前我們的飲食也是極簡中的極簡。我才吃進一點東西就得往如廁區衝去。

這是一趟漫長的遠征，而且至此也還遠遠沒有要畫下句點。回程免不了有很長一段路要步行，而當回到基地營的興奮感一消退，回歸常態的我就立刻意識到這裡荒山野嶺到什麼程度。在英國老家，距離的計算是用汽車、火車或飛機要搭幾個小時來計算。用那種心態，你會很難理解這種要翻山越嶺加涉溪才能在數日後到達一處目的地的距離，是怎樣的一種孤絕。我很難想像回家後的生活。我們歷經了只有做為一個團隊才能共同觸及的靈魂深處，以及共同有過的深刻體驗。我已經習慣了與我最最內在的自己獨自面對面，習慣了與希望跟恐懼找到折衷點，也明白了我真正的願望存在於什麼地方，且不論抵達那個地方得承受多大的痛苦。遠征頭幾個禮拜在感性與生理上的渴望，已經在我們領銜主演的這齣名為精神淨化的戲劇中，得到了痲醉。跟女孩子交往到底代表什麼，我已經不太能在腦海中想像。我不是不渴望異性的陪伴，但似乎也沒有我以為在禁慾這麼久後該感到的迫切。村中那名可人的少女達娃也是前來山上報到的其中一名挑夫，而不同於我們在入山過程中對她百般殷勤的目光，如今幾乎沒有登山隊員多看她一眼。我們依舊處於山的影響之下，山主宰了我們，也吸光了我們的精力。假以時日，當這趟登高退居到記憶中，當我們慢慢習慣了知道我們不用再一心一意專注在山的身上，家的羈絆將重新甦醒並逐漸變得強大，並以我們難以抗拒的力量將我們往回拉。

某種程度上，幸好這股拉力在當時還沒有達到頂峰，否則我們感受到的那股孤絕，將會讓我們在距離返鄉還有許多天，甚至許多個星期的當下，就超乎我們能承受的程度。我們能重拾渾身的力量是一個漸進的過程，其間我們在頭幾天遭受到長征的嚴懲。然後我們會開始邁開大步向前挺進，建立起自己的步調，直到夜幕落下才告一段落。我們的步行過程漫長且艱苦。我的雙腳因為感覺到天冷而變得十分敏感易痛，每一步都充滿了不適。但好消息是走在低海拔的山谷中，空氣含氧量很夠，天氣很暖和，食物也很充足。我們撞見了早過了約好的時間的送郵跑者在他的老家村中，他有時間鬼混摸魚，卻沒有時間把他負責的郵件帶給我們。我們與他結清了帳款然後繼續前進，沿著睽違這些個星期快不記得的路徑原路回返，然後在經過九天跋涉，從最後一座需要翻越的山丘下到一處熱帶谷地後，就來到目的地的路邊了。

路邊群集了一落小屋，那兒有一項道路的修建工程在進行中。某個村子裡有個隻身赴任的和平工作團[8]成員跟我們說過路基已經幾近完工，過了最後一座山丘後會偶爾能招到便車。道格跟我進入了那群小屋的院落，敲了一扇門。一名乾乾淨淨的白衣英國人給我們開了門。

8 Peace Corps，美國政府創立於一九六一年的一個獨立志工機構，宗旨是在國際社會上提供各種援助。

「不好意思，」道格拿出他最有說服力的態度說，「我們的腳實在是痛得受不了了，您有沒有可能讓我們搭個便車到山丘另一頭的達蘭？」

那個人看著蓬頭垢面的我們，先是露出了困惑的表情，然後就綻開了明亮的笑容。

「你們恐怕就是干城章嘉遠征隊的朋友吧。便車的事我來安排。是說你們趕不趕時間？不趕的話要不要先用點簡單的午餐？」

7

重返K2：世界末日
Apocalypse: K2

一

我的鬍子在我們回到英國之前就留回來了。彼得前往了瑞士，而道格則立刻開始準備起下一趟遠行。喬治偕妻子諾瑪在我家小住度假。他們很好相處，而我也趁此機會見識了喬治的另一面。當我們在餐桌上有說有笑時，他會喊停要我解釋一下某個笑話是什麼意思，而且次數遠比他在遠征期間多。我問他為什麼在遠征期間都能明白，而現在卻好像一堆事情都聽不懂。他解釋說他其實在山上很多東西都沒聽明白，但他不想當那個在大家都在笑的時候打斷氣氛的討厭鬼，所以他索性笑就是了，畢竟融入才是重點。

他也愛上了音樂，開始會在進公寓時如果發現屋裡鴉雀無聲，說出一句「欸，喬，我們來放張唱片吧」，另外還有幾次是我在晚歸時發現他睡著在地板上，音樂還在放著。

喬治與諾瑪後來回到了夏慕尼（Chamonix；法國東部的城市名）這個他們平常夏天會待的地方，這樣喬治可以去當他的高山嚮導，而我則能有時間去關心一下店裡的生意，否則再過段時間，我又得全心開始籌備重返K2。

干城章嘉之行慢慢熟成為一種能免疫於被篡奪的成就。超脫在我們每個人都得面對的所有挫敗、所有懷疑，跟所有痛楚之上，巍然聳立著我們成功登頂了的事實，誰也無法從我們身邊奪走這一點。站上干城章嘉之巔或許沒能一勞永逸地帶來內心的平靜，但我們確實從中汲取了敢於繼續前進，敢於挑戰更新、更難挑戰的自信。一個我們為其努力良久的目標一旦達成，也不代表那就完滿了一切，這樣的觀念並沒有什麼缺憾，因為不論是這類目標，還是為了這類目標在努力的我們，其核心的本質就是一道地平線只會通往下一道地平線出現，永遠沒有所謂的終點。

都納吉里峰之行證明了一件事，那就是兩個人絕對可以成團來對喜馬拉雅山的高峰發起挑戰，而這點得證後理所當然的下一步，就是挑戰可能性的極限，從西壁上攻強卡邦峰。雖然成功登上強卡邦並沒有讓人失望，只不過身為一名登山者，生命的精髓就在於挑戰的過程，在於與巨大的難關抗衡。強卡邦的西壁之行證明了小到不能再小的隊伍，也能成功嘗試攀登技術上極高的難度。但當然一山還有一山高。干城章嘉峰上的問題一目了然，那就是沒有空間讓我們在一個問題上打馬虎眼：我們的身體應不應付得了登頂必須承受的缺氧狀態？無論我們每個人的登頂路線看來有多麼飄忽不定，我們確實登頂了的事實都無人能否定，而且我們每一個人靠的都是扎扎實實，自己的力氣。

要在這樣的起點上再出發，再上一層樓，我們這三個干城章嘉的畢業生已經開始計畫嘗試一座更高的山峰，還有一條更難的登頂路線。干城章嘉的成功給了我們信心，讓我們敢於不帶氧氣裝備，也要重返我們一九七八年因為尼克・艾斯考特之死而撤退的K2西脊。

當時我們全隊是八個人，而這次捲土重來，我們決定要組一支四人團隊。想四個人聯手走八個人鎩羽而歸的路線爬上世界第二高峰，是一個大膽的念頭，但我們告訴自己，這山雖然有二八二五三英尺高（八六一一公尺），但那其實也只比我們以四人隊伍爬過的干城章嘉高區區四十五英尺（約十三點七公尺）而已。真正的問題在於這次的路線看來是一路上幾乎都有難關，而最大的未知則在於我們能不能在每一步都在玩命的高度上，持續克復那一道道拱牆、岩壁與小冰川，還有就是在那一舉一動都像超級慢動作的山上，我們能不能在發生意外或有人病倒時安全下山。

但這些未知，正是讓這個想法充滿滋味與魅力的調味料，而我們相信，我們可以安全避開尼克被捲走的坡面，辦法是爬一條很低調的肋稜直通山脊的頂端，讓我們一舉來到彼得跟我在風雪中被困了四夜的營地之上，畢竟我們已知通往該營地的路線會受到雪崩的威脅。

尼克的逝去我不曾或忘，那次意外的影響也不曾消亡。那是一場已然被吸納到我登山經驗中的悲劇，每次想起那段回憶，我就會提醒自己要謹慎小心去從事一項其價值與魅力就在於危險二字的興趣。沒有了危險，那克服困難所需要的超凡表現也就不太可能在山間被激發出來了。

一九七八年回程途中在伊斯蘭馬巴德，彼得跟我就已經向巴基斯坦觀光部提出了申請，希望獲准再一次挑戰Ｋ２。幾個月後，道格說他也重新萌生出要重返Ｋ２的想法，於是我們一拍即合。在一九七九年從干城章嘉回返的路上，我們開始物色第四名隊員，而我積極想邀請的人選，是凍傷已經完全痊癒的迪克·阮修。

他曾在都納吉里那趟可怖的下山過程中差一點失去了手指，而那次留下的陰霾也撼動了他的心靈，但所幸自那之後他已經找回自信。

正像他個性會做的事情，他這段期間很低調地活躍於山間，阿爾卑斯、加拿大、南美的冬天都看得到他登山的身影。事實上手指還沒好全，他就已經跑去喀喇崑崙山脈參加一場穿越若干山口的縱走行程。凍傷之後一年，主治醫師成功替他保住了大部分的手指，只有三根指尖的幾公釐骨頭需要截掉。奇蹟的點在於他凍傷的手指雖然黑掉了，但他竟然歷經了漫長的下山過程、走回到路邊的行程、擠巴士跟火車去德里的旅程，還有一間護士害羞到不敢幫他清洗傷口的醫院，都沒有被細菌感染。

他跟我說，他現在非常寶貝他的手，每次出門手套都帶好幾雙，好確保至少有一雙是乾的，這樣他才能避免手因為潮濕而受寒。他很開心能受邀跟我們去爬K2，看來他心中那份對山脈的迷戀一如我所想，並沒有消失，由此我們的力邀感覺正中他的下懷。自從我上一回跟他一起爬山以來，迪克吃起了素，而這也使他得以跟飲食習慣一直屬於少數派的道格相互扶持。

一九七九年秋天，彼得前往遠征一座美麗的山峰叫做高里三喀峰，而道格則重返了我在一九七八年與他共同嘗試過的努子峰。我對於不用這麼快回到山上鬆了口氣。在歷經十三個月內三趟遠征後，我非常期待能有將近一年的時間待在英國的家。我知道彼得對這麼快又踏上征途也有點天人交戰，但一場遠征的籌備是如此之複雜，各方面的安排是如此提前，以至於基本上不可能臨時更動。就這樣，我終於有了機會可以放鬆、可以回歸英國的攀岩界，也可以把自己的生活規畫得好一點。但就在這過程中，夏天悄悄地結束了，漫長而寒冷的冬夜開始逼近，我才突然意識到距離K2之行的啟程只剩下幾個月了，我們卻還沒有募得我們估計遠征需要花費的一萬六千英鎊。干城章嘉之行所需的九千鎊大多是我們自掏腰包，而我們都已經再拿不出這樣的一筆錢了。前往巴基斯坦的喀喇崑崙山脈登山，成本會比去尼泊爾跟印度高很多，原因是挑夫的費率貴很多，而且山區也較為地廣人稀。遠征巴基斯坦，很多地方前不著村後不著店，就算遇到村落，你也很難期待能在那兒進行食物或燃料的補給，所以基本上，挑夫與登山隊所需的物資都得大老遠買好再運過去。

相對於聖母峰的名揚天下，你不太需要跟人解釋你為什麼想爬她，只矮幾百英尺的K2在這一點上稍微不太一樣。因為這趟遠征的費用超乎我們個人的財力，因此我們需要吸引某種形式的贊助來補足聖母峰委員會與英國山岳協會補助完的缺口。惟大部分企業都不會單純為了推廣某項運動就提供贊助，他們會需要額外的理由，這包括贊助行為必須被認定對企業有好處。相對於登山，募款我們是業餘。每一位登山者都會面對的矛盾是，我們一方面需要建立一種可長可久的生活模式，但另一方面又渴望享有說走就走的攀登自由。一般山友通常是有錢無閒，而我們則是反過來有閒無錢。

我們預定要出發的幾星期前，道格跑去紐澳巡迴演講，彼得以瑞士為家，迪克則以卡地夫（威爾斯首府）為根據地。遠征本身的安排都已經底定，但就是預算還有一萬鎊的缺口。因為隊上此時只有我有空，所以我就被叫去上了BBC二台的《新聞之夜》（*Newsnight*）節目介紹我們的遠征，而以此為契機，其他的訪談邀約也找上門來。然後有天電話突然響起，來電的是一名自我介紹是史萬先生（Mr. Swain）的人物。

「我開車上班途中聽了你在《今日秀》（*Today*）節目上的講話，我們公司是薩迪亞氣凍，做冰箱的。你們需要多少？」

之前回覆許多通電話的都死氣沉沉的我，突然活了過來。我跟史萬先生深談了一會兒，而後雖然他並不能保證薩迪亞能全額買單，但他說他有把握公司可以有些表示。

「順帶一提，你們的行李一共會有多重？」

「大約一點五噸吧。」

「喔。是這樣，我們正好有一款新冰箱就叫Ｋ２，所以我在想你們能不能帶一台到基地營去，拍一些平常拍不了的照片。」

我們都同意由於他們的冰箱單台就有一噸重，所以要我們搬一台過去實在有點強人所難。我在腦海中想像挑夫使盡吃奶力氣扛著這產品，走在支離破碎的步道上，走在我們得走繩橋穿越的鼓漲河流上，也爬在有著不穩定石礫圓丘跟隱藏冰隙的巴托羅冰川上。這樣的要求，讓我切身感受到社會大眾對登山一事有多少的誤會。史萬先生倒是沒有因此打退堂鼓，他代表公司贊助的三千英鎊對我們有天大的助益。

同樣令人莞爾的，還有巴斯有限公司的要求。這家啤酒公司是我們主動接觸的，而他們的要求是我們要帶一些他們的無酒精啤酒過去。他們開發這款啤酒，是針對做為回教國家而禁酒的沙烏地阿拉伯。但當得知這款啤酒仍是以傳統方式釀造，只是人為將酒精抽除後，該國便認定這款酒雖然號稱不含酒精，但卻已遭到酒精的汙染。而這麼一來，巴斯手上就多出了大量賣不出去的啤酒，而我們計畫中的Ｋ２之行只因為Ｋ２是巴基斯坦這回教國家的第一高峰，就被巴斯公司視為是一個多少消化一些庫存的良方。

那將是我們唯一能獲准攜入該國的「酒類」。巴斯公司長年被視為跟登山活動頗有淵源，主要是他們曾經在他們旗下的酒館中辦過抽獎，替聖母峰基金會募得了一大筆錢。彼得．夏洛克（Peter Sherlock）做為巴斯啤酒的高層，對我們的K2計畫很有興趣，並答應會盡其所能替我們找錢。

從這兩方面，我們幾乎找齊了經費，而最後一塊拼圖也隨著BBC《新聞之夜》的贊助而補齊，他們為此提出的要求是，在遠征過程中把新聞報導回傳給他們，他們會出錢買下這些稿子。

就在我們預定出發的幾天前，財務終於不再是問題。在我們每人再自掏腰包一千英鎊的挹注下，一萬六千英鎊的總數目標大功告成。

我在出發前又接到一通電話，那是迪克想知道我認為我們何時能回來。

「主要是，我要當爸爸了。預產期是八月底。我們那之前應該回得來，吧？」

我們預定四月三十一日出發，距離八月有四個月的時間，我們自然回得來，但迪克會缺席大部分懷孕期間最辛苦的時期，而他的女友則將在迪克去挑戰困難與危險都非比尋常的世界級高山，同時又與外界失聯的同時，獨自一人承擔所有的煎熬。

我此時有個曖昧對象叫瑪麗亞（Maria），她有一名也是山友的男性手足，但她從來不曾全盤了解有一個執著於登山的男友是什麼意思。隨著我要出遠門冒險的日期愈來愈近，各種不確定性都讓她愈來愈繃緊神經。

一天下午，我正在電話上預定遠征隊的班機，電話另一端是倫敦一名旅行社業務。艾倫．朱赫斯特要來拜訪我幾天。他自從對拍一部登山電影產生興趣後，就一直藕斷絲連地盤旋在登山活動的外圍。一九七八年的K2入山之路，激發了他對於克難山間生活的脾胃。他經常會暗示自己也很想重溫一下遠征的體驗。就在我講著電話的同時，他小小聲問起我們何時啟程。

「幫我訂一張去巴基斯坦的機票。我可能也會陪你們走幾天。」

我從來不曉得何時該把他的話當真。他凡事都是個衝動型的人，而我反正先替他訂了張票，但心想他究竟去或不去要最後關頭才會見分曉。」

「關鍵在於俺生意上還有些事情要交代好。要是能來得及處理好，我是還滿想去曬曬太陽。我覺得那裡真的很舒服。」

最後他還真的跟迪克、彼得還有我飛去了喀拉蚩。道格因為從紐西蘭回來晚了而耽擱了幾天，所以他打算直接跟我們在伊斯蘭馬巴德會合。

我們有五十筆裝袋或裝箱的設備與食物，並預期著會在海關遭到反覆的拖延，但實際上我們很順暢地通過了。一輛由我們從英國透過好朋友波盟夫婦的持續協助而租下的卡車，已經等在機場。他們電傳[1]了我們的各種需求給在喀拉蚩的公司辦公室，我們就都什麼都不用擔心了。我們自行把行李朝車板丟上去，然後自己也上了車，接著卡車便駛進了黑夜中。

我們待在卡車的後面移動了三天三夜，穿過了信德沙漠，四面木牆之內成了我們世界的中心，在上方一頂遮陽棚的保護下，我們得以免受一天當中最毒辣的陽光曝曬。我們的背包與工具包化身不是很平坦的坐墊，但車行中的晃動讓我們想休息而不可得。我們原本是班機上文明而優雅的乘客，在短短數小時後淪為狼狽不堪的可憐蟲，一會兒被路上的塵土飛揚嗆到，一會兒被震到屁股騰空，只能抓緊卡車的側邊來穩住自己。

這趟路很成功地讓我們從西方國家的生活中畢業。等來到伊斯蘭馬巴德，我們已經

1 Telex，以專用打字機以類似電話的網路傳遞書面訊息的雙向通訊方式，盛行於二戰之後，後隨一九八〇年代起傳真機普及而沒落。

完全接受了自己得重拾東方生活。我們前往了之前受邀入住過的英國使館住宅區歇腿，艾爾斯佩絲（Elspeth）是我們在一九七八年就打過照面的祕書，她將她有空調的住處交給我們使用。在一路顛簸過來之後，空調房就像涼爽舒適的綠洲，而我們也在其中重新整理過裝備，並完成了各種正式的手續。姍姍來遲的道格也加入了我們，由此我們五個就像占領了整間屋子。屋內的床不夠我們睡，但迪克不排斥睡地板，他說他覺得床太軟。我跟迪克一起爬山已經是快五年前的事了。我們曾共度過一段灰暗的日子，當時我們所有的氣力與生命，都像在要從都納吉里撤下來的過程中消逝殆盡。他還是老樣子，勉為其難地接受除了生活最最基本所需以外的任何東西。他之所待在室內只是因為我們其他人想，而他想跟大家一起，但屋內的其他享受都讓他非常彆扭，並一度表示我們都應該去睡在車庫，不應該鳩占鵲巢地把艾爾斯佩絲搞到有家歸不得。

我們分頭處理起在出發前要完成的不同任務。彼得跟我不厭其煩地搞定了直升機救援的銀行對保，而道格與迪克則前往採購要做為挑夫配給的六萬支菸。艾倫悠哉地在泳池邊等待正式手續跑完。他不屬於我們正式的登山隊一員，所以只能陪我們在第一天的尾聲走到達蘇村，然後就不能再往前了。他當然非常失望，但關於在山區移動的法規非常嚴格，他光是想取得縱走的許可都得耗上幾週。

我們會見了這次的聯絡官，他是來自巴基斯坦陸軍的薩爾瓦特少校（Major Sarwat）。這次派員的軍階從上尉升到少校，說明了我們的遠征隊受到何等崇高的重視，但我們感覺到薩爾瓦特少校並不是很看得起我們這支不起眼又沒啥排場的小隊伍。遠征隊被那些宣傳打很大的大型探險隊積累出的公眾形象，跟我們自身這種比較屬於朋友間且組織鬆散的組隊風格，又再一次出現了非黑即白的落差。我發現我開始把薩爾瓦特跟一九七八年陪伴我們的沙菲克上尉拿來比較。沙菲克上尉的態度更開明，不像監督者倒像個旅伴。薩爾瓦特少校則對規定的解讀比較一板一眼，對此我們只能遵守。他是個虔誠的穆斯林，由此他不懂五個大男人要如何清清白白地待在一個單身女子的家中。依照他的宗教信仰，異性之間如此沒有分際是一種禁忌。我們必須對得朝夕相處數週的這個男人有一些了解，於是我們都各自嘗試起要跟他混熟。雖然我們四人不太符合他對於登山隊的想像，但薩爾瓦特少校是真心誠意且有幹勁要幫助自已被指派的這支遠征隊。彼得是名義上的隊長，但一舉一動並沒有隊長的架式。我們內部對任何事情都是共識決，只是對外為了有張臉，我們得由某人頂起隊長的頭銜。薩爾瓦特少校需要一個可以接洽的窗口，因為他總是會需要徵詢命令或是解決問題，但彼得隨興不拘小節的態度就跟我們其他人沒有兩樣。他跟少校開玩笑說我們有朋友在中國，然後等回英國之後我們會把橋的照片賣給他們，但卻得到少校冷冰冰的回答說，中國人多半已經對兩國邊境的狀況瞭若指掌。使館住宅區的奢華與我們略顯玩世不恭的態度，似乎讓人感覺是在小瞧巴基斯坦的生活水準，同時也彷彿洩漏了我們內心的優越感。我們與少校的關係感覺不是很樂觀，由此未來幾週搞不好得在緊繃中渡過。

採購一回來，道格與迪克就發現他們把裝著六萬支菸的箱子落在了計程車的後車廂，而在灰飛走石的街上想從成千上百橫行其間的破爛計程車中找到原本的那一輛，簡直是大海撈針。道格對發生這樣的事情想得很開。迪克則很氣自己怎麼會這麼笨、這麼沒有記性，丟了東西對節儉成性的他是個人的一大打擊。他們報了警，但對於把東西找回來完全不抱希望，畢竟對任何的計程車司機來講，這麼多菸都是極為值錢又難以被追查到的贓物。但巴基斯坦觀光部的阿萬先生隔天來電說香菸已經被交回來了，對此薩爾瓦特少校開心到紅光滿面。

「今天的我，以我的國家為榮，」他口氣中有藏不住的志得意滿。

在機場，我們為了飛往斯卡都的班機位子而排起隊來，結果有兩個出身罕薩的男人過來搭訕。其中一人自稱跟在一九七八年跟我們合作過的夸馬占是親戚。我們曾致函夸馬占，請他再次來共襄盛舉，但他的這名所謂的親戚葛哈說他已經取代了夸馬占的位子，因為夸瑪占如今有了一份穩定的工作，在某間政府的賓館擔任守衛。葛哈足足有逾六英尺高，以東方人來講異常魁武。他一心想加入我們的遠征隊擔任高山挑夫，而跟他一起的那個男人阿里，則被葛哈招來當廚師。

來自罕薩的這兩個男人以可靠跟靈活著稱，但我們並不想全無機會評估一下他們的能力就雇用兩名全職的侍從。一九七八年時，我們就曾在別人的推薦下用了一名隊廚，結果他的表現讓我們悔不當初。我們不想重蹈覆轍。反正飛往斯卡都的班機已滿，而這兩個男人也不太可能走陸路趕到斯卡都與我們會合。我們的班機位子是有保障的。

但上了飛機，我們注意到葛哈與阿里不知道用什麼辦法，連哄帶騙把自己弄上了飛機，還坐在前座，小心翼翼地不讓他們的存在給我們壓迫感。

兩年過去了，但同樣的戲碼重演。同樣一群人蛇混雜、衣衫襤褸的巴提人擠滿了鎮上監獄外頭的泥磚場，在大熱天中爭先恐後地搶著要被錄用。差不多的警察也在現場戒護，以避免激動的群眾失控。你可以想像那個場面是亂中有序；許多人在指定的幹部帶領下看得出是一群一群，但不同於在一九七八年時的我們懷疑這又是想要拐騙我們的一種手法，我們發現這些幹部扮演的是一種自我控制的工具。我們固然是帶著有色的眼光在看待他們，但我們的行徑在他們的眼裡也沒有多磊落光明。為了壓低挑夫的人數，我們增加了單個挑夫必須承擔的重量，但這招另類的「以價制量」被他們識破，結果就是我們在他們眼中成了某種小人。

我們在一九七八年時得知，那些千里迢迢聚集在斯卡都的男人中，那些來自胡徹與帕弗魯的男人，是最可靠的挑夫。他們得長途跋涉前來受雇，而且看上去比我們沿路途經村中的挑夫要更敬業，主要是那些村中的挑夫一副他們肯定會被選上的模樣。可以的話，我們希望九十個挑夫全部用那些遠來的村民，但在地的法律規定工作機會必須平分給幾個村子，盡可能讓更廣大的地區的百姓可以雨露均霑。對於常規我們不敢不從。想要去改變事情的做法，只會為我們招來更多的煩惱與挫折。最後我們才得知，不論場面不時看起來有多麼讓人提心吊膽，我們想抵達基地營都不成問題。口角、討論、妥協都只是這些山區部落的一種傳統過場，我們從西方帶來的效率與有序，在此都只是與環境格格不入的概念。

那些每十五到二十人一群的小組，其帶頭者被稱為「奈克」（Naike，有仲介的意思）。奈克不用揹負任何東西，而只是高高在上負責監督的小組長。對這些行之有年的做法入境隨俗，對我們沒有壞處，因為那代表我們只需要跟五、六名奈克談判，否則我們就得跟上百人一個一個講。

從斯卡都出發才兩天，我們在查克波伊村（Chakpoi）被豪雨攔下了腳步，而這發展也強化了我們的團隊屬性。挑夫與遠征隊被一起困在一處泥巴空地上等待雨停，否則我們進不了布拉爾杜河谷。山路沿著河的邊緣前進有好幾個鐘頭，而山路上方的山坡是由泥巴與巨石組成的陡坡。雨水軟化了泥巴，巨石遭到了釋放，以千鈞之勢墜落到山徑上，威脅著下方的通行安全。在一九七八年，在我們放棄了K2遠征後不久，該區域另一支遠征隊就有一名成員在河谷中被落石擊中身亡，而僅僅在我們此次前來的一週前，也有一名村民跟挑夫死於類似的事故。於是才啟程了僅僅兩天，我們就被迫停下腳步，同時得擔心雇來挑夫的安危跟讓他們好幾天不動的驚人成本。

艾倫已經離開了我們。他走得心不甘情不願，但要再往前進實在是做不到，畢竟我們身邊有薩爾瓦特少校在替巴基斯坦嚴正執法，到目前為止都沒有什麼可以通融的跡象。我們四個都很捨不得他走。他不像我們四個人心事重重，畢竟他不用爬上K2。由此我感覺在我們四個很緊繃的時候，他很活潑，我們胡思亂想的時候，他朝氣蓬勃。

因為一九七八年已經有過入山經驗，所以艾倫有完全的心理準備。這次不論是身體上的操勞或不適，都沒能讓他嚇到說不出話來。相反地，他似乎對這樣的苦日子如魚得水。組織的重量對他構不成壓力，反而他會主動投入各種必要的工作去讓探險順利進行。我們每個人都能跟他有說有笑，因為他身上有種想著之後的挑戰就笑不出來的我們所展現不出的輕快。我們向他說了再見，而他也看得出來依依不捨。他的心與我們同在。他這一走，也為遠征隊帶走了一些愉快，於是我心想，我們是不是注定要迎來一段嚴肅的時光，畢竟我們四個都沒有艾倫那種能在任何狀況下都自得其樂的感染力。少了他，我們的隊伍一下正經八百了起來。

二

挑夫們雇用了一名在地的聖者，由他獻上雞當祭品來祈求雨停。我們固然討厭下雨，他們也不遑多讓，也希望早點完成這趟行程，這樣才能衝回去再接下一攤，畢竟「等待日」只能領到半薪。

等終於我們平安走出河谷後，挑夫之間爆出了歌聲。

太陽射穿了雲層，原本籠罩著遠征隊的沉重憂鬱一掃而空。挑夫們唱不完的歌聲源自一首在講男女愛情的傳統民謠，整首歌唱下來要好幾天，但我們的挑夫會晚上唱一部分，或是像此刻這樣，為了慶祝什麼好事而唱。一個瘦骨嶙峋的男人化身舞者，跟一名個性頑皮且自稱馬迪（Mahdi）的嬌小挑夫搭檔表演了起來。他們隨著歌謠翩翩起舞，用肢體詮釋了男女之間永恆的矛盾衝突。兩人的默劇演出是如此精湛，我們不用聽懂字句也能看懂故事想表達什麼。我錄下了一些段落，但拍著拍著攝影機卡住了，所以我只能靠腦子記下那些歡樂的光景。一名叫做阿里·哈珊（Ali Hassan）的奈克獻上獨舞，展現出了深藏不露的優雅身段。回應著歌謠的唱誦，修長的手臂婀娜多姿地舞動，兩手輕拂的意涵盡在不言中。我感覺到我們相當之幸運，才能親眼目睹我們這群臨時員工這不為人知的一面，而在這之後，我們的「勞資關係」也從初見面時的相互猜忌得以大幅拉近。

我們正在穿越的荒蕪土地上只有一小抹綠意，彷彿夏日的熱浪還沒有完全發威。日子比我記得的輕鬆，感覺就像是暴風雨前的寧靜。在雪線之上以週為單位的漫長苦日子之前，現在就像是我們可以短暫放鬆的空檔。迪克透露了他一九七六年在這條路上縱走的細節，當時他正在等著受傷的雙手痊癒。他的兩名搭檔已經回頭，他只能接手帳篷與食糧，以至於他的背包重達九十磅（約四十一公斤）。他請不起挑夫，但偶爾會有村民看他可憐而幫他分攤個一段，有的不收錢，有的意思意思收一點。一度他需要越過一條腐爛的爬藤橋梁，但藤枝都已經分叉，害他差一點葬身橋下的洪流。他有一堆這樣的故事，而只要你能讓他動念開口，他就能讓你看到他的決心與毅力，是如何不把舒適或安逸放在眼裡。他正在忙著處理那些彼得、道格跟我都習慣看著挑夫們或廚師們去搞定，屬於晚上的工作。他並沒有失去那股讓他盡可能一切自己來的獨立自主精神，所以現在不論是有人做飯給他吃，還是早上有人端茶到他的帳篷裡，他都覺得渾身不對勁。

深信無功不受祿的他對於被人伺候有多不舒服，我心裡有數。我以前會想辦法用「身教」來「開導」他，也就是我會在他面前刻意請人送糖來，然後再讓廚師在我的馬克杯裡加兩匙糖、攪拌好，再遞給我。迪克會在一旁不可置信地大搖其頭，偶爾他還會讓我知道我的這種表現，會讓他想起他記憶中的我曾是如何懶到最高點。

彼得知道迪克生性有多節儉，所以他也會去逗他，要他偶爾放縱一下。「我回程時在伊斯蘭馬巴德買禮物的預算是三百英鎊，」他這麼跟我說，但他其實是說給旁邊的迪克聽。而三百鎊可以過半年的迪克，也果不其然地對這樣的大手筆表示不可思議。

對道格而言，迪克的加入對團隊是大加分。終於在為了吃素而忍受了同伴兩年來的懷疑與不理解之後，他在迪克身上找到了一個對素食信仰比他更堅定的傢伙，迪克不光是不吃肉，而是連魚也忌口。

阿里與葛哈終於用死纏爛打磨光了我們的抗拒。等我們要揮別這一路上最後一個村子艾斯科爾時，我們終於認同他們應該全程跟著我們。阿里會擔任廚師，而葛哈則會視狀況協助我們扛東西。

遠征隊與挑夫之間曾在一九七八年的行程中關係相當緊張，但這次完全沒有這種情形。我分辨不出是挑夫變了，習慣了遠征隊的工作流程，還是我們經驗多了，懂得放輕鬆了，所以不再會疑神疑鬼地把沒事搞到有事。唯一一次算得上衝突的事件，發生在烏爾杜卡斯這個位於巴托羅冰川上方岩岬的紮營地，時間是我們開始步行的九天之後。我們得從此處開始下降到冰川上，並得花四天時間在散布著石礫的冰川上找路上到基地營。

挑夫要求我們提供襪子、鞋子、雨衣披風，還有太陽眼鏡，否則不願意上到冰川。事實上，這些裝備的提供早就是爭議的焦點。理論上挑夫要向遠征隊自費購入這些東西，但實務上沒人想這麼做，生活不易的他們希望能全額領到工資。但即便遠征隊免費提供這些裝備給他們，他們也經常會光著腳丫把新鞋跟各種物資留起來，好在日後當成新品轉賣。由於成箱的鞋襪跟衣物光是運費就非常貴，再加上挑夫必須有相應的衣物與鞋襪才能度過冰川，因此我們最終決定只雇用已經裝備齊全的挑夫。

在烏爾杜卡斯，我們才得知薩爾瓦特少校原來沒有把完整的雇用條件翻譯給挑夫聽，導致我們面對得將九十二名挑夫都完成裝備之不可能的任務，否則他們就不肯往前多走一步。我們之前也不是沒考慮到不論挑夫的裝備多齊全，都可能會有這樣的需求冒出來，所以我們事先準備了一些長襪與便宜的墨鏡帶著，但我們實際雇用的挑夫人數遠多於我們規畫時的想像。我們手邊共計有七十五雙長襪跟差不多多的墨鏡。薩爾瓦特少校堅持我做為裝備負責人，得生出另外十七雙襪子來解決問題。他的要求一點也沒有道理，因為他自己也知道我們來到這裡花了多長時間，所以他當然曉得現在派人回斯卡都拿襪子要多久。薩爾瓦特少校把這個強人所難的要求重複了一遍，要我給個交代，結果搞得我也火了。我知道我們總歸可以到達基地營，也知道誤會與文化差異造成的衝突在所難免，但我實在很討厭得跟他們演這一齣行禮如儀、吵架、僵局、撂話跟投降的大戲。彼得跳了進來想扮演調停的角色，但實際上他也拿不出辦法來解決問題。

一部分的我在想這種場面是否就跟民謠跟默劇一樣，是這些挑夫生活中不可或缺的一環。烏爾杜卡斯的衝突發生在說好要暫停的某日，暫停的理由是要讓挑夫有時間在開始穿越荒涼的冰川之前把食物煮好。一九七八年，我們的聯絡官與一名挑夫之間劍拔弩張的場面，外加後續挑夫要罷工的威脅，也都是那麼巧地就發生在「休息日」，讓人不禁得覺得這些火爆的場面都只是預定好的「餘興節目」。

奈克們是最終的斡旋者，任何衝突的解決方案都掌握在他們手中。我們跟他們關係不錯，而阿里·哈珊特別強調要由薩爾瓦特少校擔任翻譯，與我們坐下聊聊他之前參與遠征隊時所發生的故事。我們已經能望見川口塔那讓任何登山者看了都會心癢的巨大花崗岩石壁。阿里·哈珊說他曾經在一九七六年隨英國登山隊前往了他們的首要目標無名塔峰（Nameless Tower），然後他又用登山隊員的各種軼事逗得我們呵呵笑，要知道那些隊員我們沒有一個不熟。他固然對英國對爬上巨塔的表現印象深刻，但他記得最清楚的，還得算是那個名叫吉姆的攝影師，因為吉姆會先狂嗑一大堆早餐，然後在苦行了幾英里後吐光所有食物再喊餓。接下來他會吃得更多，然後又在後頭重複一樣的過程。這些故事讓我意識到，這些在地人的觀察力跟幽默感有多可觀，要是我們會說他們的語言，眼界一定可以因此大開。

他還曾在一名叫做汪達（Wanda；即汪達・魯凱維茲〔Wanda Rutkiewicz〕，詳見《攀向自由：波蘭冰峰戰士們的一頁鐵血史詩》一書）隊長率領下隨波蘭的女性遠征隊前往了加舒爾布魯三號峰。他覺得汪達是個優秀的登山者，但做為隊長則有一些問題。他在那趟行程中最珍藏的回憶，是穿越潘馬河（Punmah），因為當時所有女性成員都得由挑夫揹過河。聯絡官原本也想讓挑夫揹，但他一發現自己也有機會揹女人過河就打消了這個念頭。阿里說每兩天，那些女人就會在帳篷裡集合抱頭痛哭來發洩鄉愁。有一回挑夫為了加薪罷工（這是在費率固定下來之前），汪達也躲到她的帳篷裡掉淚。聯絡官發現這事後，把不懂得憐香惜玉的挑夫們痛罵了一頓，挑夫們便取消了罷工。

聽著他跟我們講著這些略顯下流的故事，我警告阿里・哈珊說汪達是我們的朋友。他則回說他不怕我們去跟汪達告狀，因為這些都是事實，他完全沒有添油加醋。

事實上，汪達感覺是把領導這門藝術摸得一清二楚才會這麼做，於是我們向哈珊表示搞不好跑回帳篷裡哭，也會是我們這次解決問題的好辦法。他說請便，但他也說我們膽敢這麼做，他一定會把我們的「光彩」事蹟好好說給以後的遠征隊聽，就像他把汪達的故事說給我們聽一樣。

看似不可能的事情成了事實。七十五雙長襪被分給了九十二名挑夫，我們也重新啟程穿越起顛簸的冰川。我們在烏爾杜卡斯莫名邂逅了一名法國山友，伊凡．吉哈迪尼（Ivan Ghirardini），他最為人所知的就是喜歡單槍匹馬挑戰阿爾卑斯山脈一些最高難度的路線。他獲准獨自攀登米特峰（Mitre Peak）這座離K2只有幾英里，相對小但相當陡的山峰。他的妻子珍妮．瑪莉（Jeanne Marie）雖然不是山友，卻也跟了過來，並打算在營地裡待著等待丈夫下山。他張口就問他可不可以加入K2的遠征，但他的態度完全沒有溫度，看上去既緊繃又嚴肅，沒有任何一絲在荒山野嶺遇見人跡的喜悅。總之我們並沒有權限讓他臨時加入我們，硬要背著伊斯蘭馬巴德的觀光局這麼幹，只會讓我們陷入被巴基斯坦驅逐出境的危險。這一點我們知道，他當然也知道。姑且不論這一點，他會這麼要求也是很唐突。就算當初我們想要組一支比較大的隊伍，順序排在他這個陌生人之前的熟人也一大堆。他前一年才剛跟著法國遠征隊前來挑戰Ｋ2，但就在登頂之前功虧一簣。他希望能再有一次機會是人之常情，但他也肯定知道臨時加人，會如何打亂我們精心打造的繁複規畫。

他接受了我們的婉拒，然後就自顧自繼續沿冰川而上去運補了。為了省錢他只請了一名挑夫，導致他得花數日的時間，上上下下地補給目標山峰下的營地。他的妻子待在烏爾杜卡斯的草地山嘴上，我們經過時，她還很熱情地跟我們一起用餐，並很乖巧地拿著僅有的一本書，反覆在研讀速記與祕書工作的技術。雖然兩人是新婚燕爾，但妻子願意在放假時跑來這麼個偏僻荒涼的地點等著丈夫爬完山，還是讓人看著有點納悶。我們跟她說，如果想來喜馬拉雅山區的國家悠閒度假的話，尼泊爾會比巴基斯坦理想，但她抗議說自己不是來度假，而是在追隨丈夫的腳步。平日與異性男女授受不親的挑夫們都很好奇，他們想不通這個頭髮一點也不黑的女人家，怎麼會形單影隻地出現在這邊。這個女人對我們所有人都是個謎，我們不懂她怎麼肯在這裡孤孤單單地等著丈夫回返。

米特峰矗立在多條冰川的交會口，到那兒後我們會往北走。那固然是座婀娜多姿的山峰，但以高度而言似乎難以滿足吉哈迪尼這種等級的胃口。我們懷疑他一個人在這裡徘徊，其真正的動機就是想獨闖K2。我們認為這樣的計畫才比較符合他一路以來的紀錄與野心。這是個我們的聯絡官做為國法的捍衛者，可能不得不去面對的問題。吉哈迪尼自身的聯絡官早在入山過程中就受傷，不得不掉頭回去了，至少吉哈迪尼是這麼跟我們說的。

大雪讓在冰川上推進變成一場酷刑。在冰上的第二天，路線就開始偶爾模糊。我在葛哈的陪伴下來到一處尷尬的階梯處。我們正想掉頭繞行，結果原本在我前方六英尺處的葛哈突然消失在視線中，主要是地面在他的重壓下崩塌，顯露出底下原本被厚厚的新雪覆蓋住的冰隙。挑夫之間瞬間陷入混亂。

我聽得到葛哈的聲音傳自冰隙裡，並因此暫且放心他至少還活著。迪克趕忙套上垂降吊帶要去救人，而我則翻起工具包來找尋繩索。道格跨在冰隙上方喊聲來安撫下面的葛哈，而薩爾瓦特少校則在喊叫著發號施令，一副自己在調兵遣將的架式，但是沒有人理他。

迪克也不管有沒有人拉住綁在他身上的繩索，就一股腦往冰隙裡垂降。彼得跟我盡力用我們經常演練的技術去謹慎地餵送繩子，但焦急的挑夫們把繩子搶了過去，開始用人數的優勢來撐住重量。迪克從下方大喊要我們往上拉，挑夫們便團結起來使力。驚魂未定且摔得鼻青臉腫的葛哈從黑洞裡冒了出來，接著迪克也被拉了起來，然後他告訴我們葛哈算是命大，主要是他的背包把他卡在距地面二十英尺處的地方，他要是再往下掉就救不回來了。

黑霧與旋雪讓意外後的低迷士氣雪上加霜。記憶中的死亡慘案開始在我們心中揮之不去。我們抵達了當晚要過夜的營地康考迪亞，風吹得我們渾身發冷，腳則因為踩在深雪裡而溼答答的。葛哈在撿回一命後變得鬱鬱寡歡，衣衫襤褸的挑夫們則受不了惡劣的天候，而一臉不開心跟滿滿的恨意。

挑夫揹著負重又走了一段行程，但在漫天風雪持續不斷下，他們便不肯再往前走了。他們已經把我們帶到了山腳下，但我們表示我們需要有人把行李送上薩伏依冰川，繞到其西側，然後在西脊腳下建立基地營，對此挑夫們果斷地拒絕了。前一年有名挑夫命喪在薩伏依冰川的邊緣，而葛哈的意外喚醒了他們的恐懼。我們費盡了三寸不爛之舌，又是說之以理、動之以情，甚至拿三、四倍的日薪來誘惑他們，並承諾會在危險區域確保每個人的安全，但他們死活不聽。「請不要用錢引誘我們去玩命，我們家中還有妻小。」我們自知理虧，所以就跟他們結清了費用。他們的立場言之成理，但我們也同樣知道在一九七八年，村民曾大批上山，並在沒有綁繩的狀態下洗劫了我們的各個營地到兩萬英尺為止，所以說即便他們此刻是如此堅定，但只要天氣好一點，他們的想法絕對可以一百八十度大轉變。

意外落在我們身上的工作量，對我們攀登西脊的計畫產生了重大的影響。在我們選定路線的附近建立基地營，比我們計畫中的耗時更久，然後又耽誤了我們挑戰上到西脊的時程。等我們掌握了西脊的狀況後，便開始穩步進展到兩萬三千英尺處，其間也曾遇到偶爾的壞天氣，讓我們不得不減速。我們避開了讓尼克在一九七八年遇難的坡面，登上了西脊的頂端。在沿著西脊忽上忽下之後，我們被逼回到山壁的中央，並在那裡遇到一堵愈往上愈陡、且有數百英尺高的岩石障礙，一段三百英尺的距離以其極高的難度，耗掉了我們大半天。但辛苦是有回報的，因為這段攀爬將我們連結到了位於山壁中央的一片冰原。那段三百英尺的距離正好輪到我領爬，所以我第一個搖搖欲墜地進入了營地，另外三個人在一小時之後，才累得像牛一樣加入了我。

時間對道格而言愈來愈緊迫。他沒打算為了走這條路線登頂，而在山上無限期待下去。隨著前面的難關愈來愈多，高度更是愈來愈高，他感覺勢單力薄的我們將難以施展他愈來愈覺得有必要的「圍攻」戰術。他有其他的承諾在等著他回家赴約，包括有另一場遠征他要擔任隊長，但如果我們不趕快攻頂K2的話，他就要放人鴿子了。他逼著我們要改攻另外一條可以最快攻頂的路線，也就是阿布魯齊山嘴路線，主要是走這條路線的話不用固定繩索，所以我們可以爬得比走西脊更快。我們其他人都不想離開西脊，但道格無論如何都很快就要離隊了，所以我們便第二次放棄了西脊。阿布魯齊山嘴一點也不是條輕鬆的路線。我們在一萬九千英尺的高度上窩了三夜在帳篷裡，只為躲避狠狠打在山上的暴風雪。我們為了打發時間，只能把我們四人僅有的一本書輪流翻到爛，但形勢比人強，我們最終還是不得不撤退。道格的行程已經拖不下去了，他還有此外的人生跟此外的遠征要去實現。迪克、彼得跟我則還沒有放棄。對我們三人而言，登上K2的意義已經重於此外一切的責任與考量。

三

只以三人六手挑戰量體與難度達到K2這個等級的高山，理應讓人想起來就頭皮發麻，但我們怎麼說都已經一步步來到了這裡，所以就算只剩三個人，我們也沒有放棄的理由。回到基地營這個挑夫拋下我們的地方，我們進行了計畫的調整。葛哈與阿里還在我們身邊，兩名送郵跑者也會以來回十天的週期定期送來家鄉的消息，薩爾瓦特少校則通過了時間的考驗，證明了他是真的寶貴支持者，懷著鼓勵的心情在希望我們登頂。

一開始，我曾經被他一板一眼的言行跟對細微規定的吹毛求疵而感到厭煩，但慢慢地我開始體會到，他其實是全心全意在支持我們的遠征。在與挑夫爭辯的過程中，他不遺餘力地站在我們這邊，就為了敦促他們成為我們的後盾。他的工作在這一刻便成了苦差事，因為他得在基地營待命到我們完成攀登，不論多久都得等。他在等待時能做的事不多，但他還是盡可能讀了些書，在營地裡裡外外找了些瑣碎的事情來打發時間。坐落在營地旁的一大堆雜物是由去年的法國隊所留下，而那也成了他挖寶的庫房。他挖出了好幾瓶巨大的瓦斯桶，還用被丟棄的零件東拼西湊出一台瓦斯爐，而這也就讓阿里有了一個比較乾淨也比較方便的辦法可以做飯，不用再屈就我們帶來的煤油爐。薩爾瓦特總是有辦法在我們披頭散髮、蓬頭垢面的時候一塵不染。在入山時，他穿著一套綠色的運動服，看起來就像是田徑隊的帥哥。事實上在遠征任務的整整三個月裡，他都沒有失去看起來乾淨整齊的能力。

阿里能贏得隊廚的位子，靠的是他言之鑿鑿地說他在軍隊的廚房裡幹過。而等發現他只是個跑堂時，我們已經無心去收回成命了。他煮的餐食都很好吃，而且總是笑臉迎人。他總是一整天忙出忙進但都有求必應，只有牙痛的時候除外。葛哈來借了一些鉗子要拔牙，但我們給了他一些止痛藥，並答應要是藥效出不來，就會送阿里去三天路程外的基地營給日籍醫師看。

迪克慢慢接受了吃別人煮的飯。有了阿里這名廚師跟葛哈這名包山包海的總管，讓我們從日常的雜務中解放出來，可以集中心力在如何登山之上。也因為有他們，薩爾瓦特少校才不會那麼寂寞，主要是薩爾瓦特不同於許多其他的聯絡官，他拒絕溜回艾斯科爾村避寒，他堅持職責所在，他必須待在基地營，也必須在有人需要他時隨時找得到人。有天我注意到迪克沒有搶著自己把事情做了，而是給在想辦法把裂掉的洗碗槽修好的葛哈遞了一條AB膠[2]。但葛哈誤解了迪克要他把AB膠混合的指示跟手勢，結果就把膠水往阿里在忙著攪拌的那鍋湯裡擠。湯及時被救回來是不幸中的大幸。

我們在等天氣好就要重新上山。薩爾瓦特每晚都收聽的廣播上沒有什麼訊息。氣象預報只有一句話就講完了整個國家的天氣，剩下的只能由我們自行判斷。

從西脊下來後，我們發現薩爾瓦特少校的狀態非常低迷。他固然很高興又能有我們作伴，但他還是耗了一整天才肯跟我們吐露他有什麼心事。我跟他已經發展出一種可以說笑的關係，我常常會刻意把話說得很離譜，好讓他知道我那只是玩笑話。能讓他知道我們三個登山隊員之間也會意見不同，對他是有好處的，比方說當彼得選擇跟他一國來反對我說的一些很誇張的話時，薩爾瓦特就能感覺出他不是局外人，同時他的意見跟我們一樣都是有參考價值的。當郵件送來而當中有他的信時，我會調侃他說他太太還有信來就代表她還沒跟人跑了，但其實那在規範森嚴的穆斯林國度裡，本就幾乎是天方夜譚的事情。最終我沒忘了要問他是在煩些什麼，而他說他之所以沒有早點開口，是因為他不希望我們才一回來就破壞氣氛，而且還是為了他個人的困擾。

他描述了他跟來訪時我們不在的吉哈迪尼之間產生的矛盾，還有他們兩人之間都吵

2 AB膠水是雙組分膠黏劑的統稱，常用的成分有丙烯酸、環氧、聚氨酯等。其中A劑是本膠，B劑是硬化劑，兩劑相混常溫自然結鏈就能硬化，特定AB膠可用來修復陶瓷材質的器皿。

了些什麼。對此我感到相當不可置信，我很難相信這樣的敵意會出現在這種荒郊野外來傷了人之間的和氣，要知道，任何人在這裡相遇都應該是對山有愛的知音，都應該讓人感到開心。

薩爾瓦特講了這件事的同一天，我們有兩位美國訪客是來爬鄰近的斯坎格里峰。他們把營地紮在與我們不遠處，而他們有如開心果一般的聯絡官提姆，還剛好是薩爾瓦特的老朋友。我們在我們用餐的大帳篷裡坐著敘舊兼閒聊，然後只見葛哈的臉色一沉，一股沒來由的沮喪進駐了他的身體，原來是有兩個身影朝我們的帳篷走近。那正是那個法國人跟他的太太。

接下來就是一場大混戰。法國人不客氣地說他願意盡釋前嫌，前提是聯絡官要答應讓他以個人身分攀登K2，而他的妻子也在一旁幫腔，用刺耳而很難聽懂的法語在那裡大放厥詞，支持他的丈夫。

這個場面發生在深山裡，可以說是與環境格格不入，畢竟這樁爭端明明與我們無關，但我們也只能宛若強迫中獎地被捲入這場很難善了的修羅場。

吉哈拉迪希望從我們口中聽到我們不介意他也來爬K2，同時他似乎覺得我們可以運作聯絡官對他的行動睜隻眼閉隻眼。他有意沿著法國隊去年留下的繩索前進，但我們說我們沒有權限用一句話就准他爬K2。我們人在異鄉，而且還答應了要遵守人家的法律，而別人家的法律沒有必要一定要讓我們滿意。

法國人完全聽不進這些規矩：「我看到美麗的山，我就想要爬，那是我的本能反應。」他的堅持不無道理，但他的態度過於簡化和粗暴，所以爭取不到什麼同情票。就連迪克也被他激到，用其不張揚也不虛華的聲音嗆了他一句：「可是我們來之前都知道規定了啊。」

「我沒空管什麼規定不規定。規定讓我噁心。來這種規矩一堆的地方最討厭了。」

「那不就是了，不喜歡那就別來。」

「OK啊。」

法國人跟他太太負氣離開到了一段距離外的地方紮營，也沒有交代他到底是爬或不爬K2。本來應該被我們拿來在返回山上之前好好休息的時間，搞得比我們留在狂風暴雪的山上還累。我一心想要回到山上，但又很不開心被這法國人兩回無理取鬧浪費了時間跟力氣。他無疑是個怪人，而且似乎很會用自帶的張力與不和諧攪亂一池本應平靜無波的春水。

七月二日，迪克、彼得跟我返回了阿布魯奇山脊。阿里跟葛哈陪我們來到山脊腳下，替我們在攀登的主戲開始前扛下了行李的負擔。前往山脊的縱走花了我們兩個小時，其間向上穿過了位於戈德溫奧斯騰冰川上的複雜冰塔迷宮。山脊腳下有之前各支遠征隊營地所留下的雜物，當中包括一些氧氣瓶，還有一只破敗的呼吸面罩。彼得扭開了一支瓶子去檢測還能不能用，還嗅了嗅氧氣：「很好聞，你們要聞聞看嗎？」但迪克跟我都沒接受。我們連試聞一下那可以讓人精神百倍的氣體都不願意，讓彼得感覺自己好像做了什麼壞事情。

以冰川為起點，沿岩坡往上幾百英尺處有個小平台，阿里與葛哈在那裡轉過了身。第一次挺進山脊時，我們就是在那個平台上的帳篷裡，被風雪關了三夜禁閉。但一回生二回熟，這次我們學到了上次的教訓，來到了海拔兩萬英尺處一個位於雪溝頭部，雪架上的營址。

我們一舉一動緩慢而疲憊。我們原本以為自己這次的狀況會好一點，但此時從我們第一次上到基地營算起已經六個星期，而雖然我們已經良好地適應了氣候，但在高海拔生活的效應與各種在山上的體能付出，必然都會削弱人的狀態。我們的背包也感覺沉重。我們每個人的負重是五十磅（約二十三公斤），當中主要是長時間攻頂需要的食物，還有用來綁在尷尬階梯上來方便登頂後垂降的繩索備品。

由於這條路線在一九三九年跟一九五三年都幾乎要成功登頂，然後在一九五四年則是真的成功登頂，因此我們並未預期其難度能高到哪裡去。我們合理推估自己的登山技術應該要高於當年的前輩，畢竟登山界的水準在這些年來有著普遍的提升，同時當今的登山思維是鼓勵山友進行更為機動的攻頂，而我們的裝備正好相應地較輕，且較適合這類的攀登風格。我們可以把所有生存所需的家當都揹在背上，所以只要等體能恢復了，再加上若沒有地形障礙需要長期抗戰，這次我們覺得自己應該可以從K2底部出發，並於數日內抵達峰頂。

但結果是我們太目中無人，太看不起早年的前輩了。這條路線出奇地困難。在山脊的低下處有破碎的岩坡跟雪溝散落，當中還穿插找人麻煩的岩階。當然啦，這樣的地形在任何一條路線的低位都不算罕見，但在這條山脊上，其困難的程度會隨著高度而增加。摩擦殘留在岩石上的繩索，有些已經超過二十五年，不時會出現在這條路線上。雖然僅有三支遠征隊曾成功爬過這段山脊，但歷史上一次次的挑戰嘗試、一場場釀成悲劇的意外，還有一回回無望的撤退，在在都在這山脊上留下了前人奮鬥掙扎的殘跡。我們當然一段段爬起來都沒有問題，但這並不妨礙我們深感於前輩在這裡所耗費的毅力而嘖嘖稱奇，須知當年的繩索可是麻繩，靴子則因為要在鞋底裝上提供摩擦力的釘子而一點也不輕。我們揹負的東西感覺異常沉重，但隨著食物的消耗與繩索被留在困難的路段上，我們的負擔也會愈來愈輕。而在當年，光是一條繩索就可以重達十磅，而那還是沒有被浸濕時的重量。

理論上由於已徹底適應氣候，我們應該可以在五、六天內爬完K2，任她是世界第二高峰也無妨。我們已經事前在照片上研究好預定的紮營地點，也把上攻過程該分成幾個階段都計畫好了。

惟實務上，一路上的關卡太困難，我們的負重又太沉，所以想按部就班前進談何容易。天候也扮演了不容小覷的程咬金，我們會一連數日在各自的帳篷裡萎靡不振，只能枯等暴風減弱或降雪停止。最終我們終於接受了一項現實，那就是我們若不想最後一事無成，那就只能設法在原本沒料想到的惡劣天氣中爬山。由此只要勉強還能移動，我們就會奮不顧身地往雲層裡爬，並用帽蓋緊緊包住頭部來抵禦風雪，以便我們探索下一個段落、視需要固定好一段段短距的繩索，並把食物與裝備扔在高處，等我們隔天空手帶著帳篷上來。

在兩萬三千英尺處，我們有四個晚上在被風壓扁的帳篷中度過，惟只要風暴一有空檔，在帳篷裡構成圈圈的合金管子就會彈正。紛飛的吹雪襲擊著帳篷，但這我們求之不得，因為這些雪都將是我們煮水的原料。

我們帶上了兩頂帳篷，一頂約六磅重。我們三個人其實擠一頂就夠，多帶一頂是當作帳篷損壞時的備品。在被迫暫停的期間，我一個人住一頂帳篷，而彼得與迪克則共用另外一頂。我白天會揹著打包好的背包躺著，以便隨時可以在篷頂被風壓到我身上時撤離。我用了一條繩子去固定帳篷，主要是將繩子的一頭捆在帳篷的支撐桿上，然後把另一頭錨定在打在雪中的木樁上。彼得跟迪克都覺得我占了便宜，所以會大喊著要我去泡茶給他們喝。你問我的話，我會說我的帳篷比較沒有遮蔽，所以等於是在替他們破風，所以占便宜的應該是他們，我才想讓他們給我泡茶呢。

我們拿一個輕量的小對講機跟基地營用無線電溝通。薩爾瓦特少校會盡職地轉告他從廣播中聽到的零星氣象預報。但K2似乎會創造她專屬的天氣型態，由此對講機存在的意義更像是透過與基地營的聯繫來提供心理上的扶持。我們固定在早上七點跟下午五點與基地營通話，另外七點半與五點半則分別是上下午備用的聯絡時間，免得第一時間有任何一端因故無法通話。我們之所以會帶上輕量的對講機，是在干城章嘉峰上學到的教訓，當時曾分隔兩地並失去聯繫的我們，就恨不得自己手上有支對講機。

偶爾薩爾瓦特會看著基地營的天氣晴朗就鼓勵我們前進，但他有所不知的是那片包裹著山上的雲層，可不只是輕薄的霧氣。身在雲層裡，我們簡直不敢相信那猛烈得跟什麼一樣的風暴，竟對區區幾英里外的基地營毫無影響力。

七月八日，稍微高抬貴手的天氣讓我們得以建立了在山脊上的三號營。我們途經的地面陡峭、複雜且鬆垮。新雪進一步攔阻了我們，我們不情願地提早結束了這天的行程，只因為大小容得下帳篷搭設的岩架實在可遇不可求。三號營本身只能容納一頂帳篷，但以那為制高點，我們可以超越國境望見中國的新疆省，也能看見頂著縷縷白雲被晚霞染紅的布羅德峰側影。

全程最困難的部分還沒來到。我們從爬過的人的描述中，聽說過黑色金字塔的威名，但它那長度跟難度都像在開玩笑的路程則完全超乎我們的想像。極具特色的黑色金字塔是由深色調的極陡岩石構成的區域，高度達到數百英尺，並在一道冰牆底下形成一個粗獷的三角形。那塊黑岩非常結實緊致，渾身少有可以供人嵌入岩釘的立足點或縫隙。為此我們特別在這一帶布置了保命索來供下山時使用。我們可用的繩長並不足以涵蓋整片區域，所以遇到岩石變成向上通往冰壁的和緩雪坡處，我們就會回收一些前人留下的舊繩來用作導引索。

冰壁是由迪克領爬，而我很慶幸輪到的是他，因為那片冰很硬，斧頭一下去就會濺起碎冰。愈來愈多的繩索遺跡出現，顯示出這裡曾有許多人通過，但第一次挑戰的先鋒們是怎麼爬這片冰的，我只覺得一頭霧水。迪克沉著冷靜地自冰面上前進。他就是有這種能力可以在各種焦慮猶豫的拉扯下保持大無畏，踏上這種令人卻步的冰面，惟這並不表示他在抵達冰壁頂端時沒有好像脫了一層皮。

來到冰壁頂端，往上看有一個和緩的雪坡，我爬上了雪坡去勘查下一處營地的候選人，而彼得則去查看了左手邊。完事後我們激辯了一番該往哪裡走。事實證明左邊是最佳解。

這個左邊的營址，是我們在山脊上的四號營，也是迄今最理想的營地。按彼得的意思，我們首先來到一處以起伏的雪坡通往上方的山肩，然後從冰壁的左緣往上又爬了三百英尺，來到一處平坦的岩架，而這裡比起我們此前所使用的不論哪一個營地，都感覺像是巨無霸。

我們攻抵了兩萬四千七百英尺處。在高海拔連續如此馬不停蹄上攻的副作用開始慢慢讓人無法忽視，但我們三人都還欲罷不能。對迪克而言，這是他個人所在高度的新高。身處於這個營址，我們可以看到就在二十英尺外的山脊邊緣，也能看到邊緣外的懸崖，沿南壁直墜九千英尺到戈德溫奧斯騰冰川，再到我們隔這麼遠目力難及的基地營。就在這一帶的某個地方，發生過K2攀登史上的兩大悲劇。一九三九年，三名雪巴在要去前往救援生病的美國人達德利．沃夫（Dudley Wolfe）時失蹤。在惡劣天候的阻絕下，沒有遠征隊的其他成員得以回到山中查看，所以那三名雪巴跟一名病人的下場成了一個謎。另一場慘劇發生在一九五三年，當時是另外一名美國人阿爾特．吉爾基（Art Gilkey）因為風雪停滯過久而染上了血栓性靜脈炎。其他隊員想要把他一路垂降到山下，但就在還能動的隊員在從差點讓他們全軍覆沒的坍方振作起來時，那名病人消失在了山側。他原本是被包在用帳篷布跟睡袋做成的粗吊床中，並用繩索固定在做為他垂降起點的冰坡上，但等隊友們返回原地想重啟救援任務時，他們發現冰坡上空空如也。可能的解釋是一場雪崩捲走了他，但大家總還是難免會有一個揮之不去的猜想是，他是不是為了不拖累別人而自行切斷了繩索，因為要是放不下他，那大家遲早得一起死。

峰頂看似已經近在咫尺，只要再設置一個或頂多兩處營地就可以抵達，算起來也就是再兩三天的事情了。這次沒有病痛或頭疼拖住我們的腳步，我們有絕對的理由相信自己可以成功，前提是天氣能夠挺住。

隔天七月十日的天氣好到不行，蔚藍的晴空中陽光閃耀，腳下的雪況大抵堅實，而雖然高海拔讓我們每一步都要使盡吃奶的力氣，但咬牙前進已經是我們長期以來調整出的紀律。

在離開山肩之前，我們只挑揀出絕對必要的東西往上帶。我們在一個雪洞中留下了備用的帳篷、額外的食物、一只煎鍋、多的瓦斯罐，還有所有我們評估用不上的衣物。考量到峰頂已經唾手可得，我們打算盡量輕裝。

坡面原本和緩的斜度開始變陡成一面堅硬的雪牆，最上方還有一道簷冰。我們朝著看上去像從雪中冒出的一段繩索處前進，心中非常感激有我們認為應該是過往遺跡的這東西能指引我們方向，但其實那不是遺跡，甚至不是繩子，而是陽光照在表面溝槽上所生出的陰影。不過我們還是爬了上去，包括我硬是穿過了突出的簷冰，彼得則接手領爬了一面意外殺出的冰牆。

我拉動身體在彼得領頭的繩索上移動，並看見他往上大步邁上了絕壁往後倒成雪坡的地方，進入了陽光，然後停了下來高喊他抵達了K2的肩部。

我們來到了從最終兩千英尺的峰頂金字塔底部突出的巨大岬角尾端。岬角的頂端是個寬廣的圓形高地，上面有數百平方英尺的空間可供人紮營。岬角和緩地爬升到一處從峰頂下方斜切過去的岩質斷崖，並由此構成了一處狹隘的雪溝，然後在那裡連上了那獨特而巨大的冰質拱牆，也就是我們能開始朝峰頂爬坡前的最後一道障礙。

我們的五號營位於海拔兩萬五千四百英尺處，地點在岬角尾端的平坦高地上。布羅德峰的峰頂如今只比我們的位置高一點點而已了，至於其他的山峰大多已經矮我們一截。看著周遭的山峰隨著我們愈來愈接近雄渾的K2頂端而不斷相形見絀，讓我內心油然而生一股滿足。我們端詳並強記下了峰頂金字塔的細節，算是為隔天預習，為的是評估好剩餘的難關，並對這些關卡需要多少時間通過能心裡有個底。

但隔天，我們又再一次被暴雪跟強風困在了帳篷裡面。我們躺在那裡唉聲嘆氣，除了作白日夢跟煮東西吃以外就只能無所事事。我們的儲糧不斷降低，同時在山上奮戰了十天之後，我們的體能儲備也已經見底。前面提到過影響了阿爾特．吉爾基的疾病，就是誕生於這種情境，而其此時也開始以我們的心靈為食。我們開始討論起繼續往前或收手回頭的利弊。

在無線電對話裡，薩爾瓦特少校對我們除了鼓勵還是鼓勵。原本對我們這一樣一支另類團隊有多少勝算充滿懷疑的他，已經一步步變得對我們的實力充滿了真正的信心。他敦促我們再接再厲，那口氣彷彿我們是教練與選手的關係。小對講機上的收訊相當差，但無礙於我們聽出他為我們加油的熱情，要我們堅持下去的建議不時穿插在他提供的天氣預報中。

時間來到下午偏晚，外頭的積雪已深，天氣也沒有要放晴的跡象。我提議如果隔天狀況還是沒有好轉，那我們就應該要下山，重整旗鼓，然後帶足補給後重新上山。彼得對此持反對意見，而迪克則不置可否。這兩種觀點各有利弊。K2峰頂已經幾乎是我們的囊中物，現在下山就等於是前功盡棄。要是天氣真能放晴，那即便我們的儲量不多，我們還是有機會畢其功於一役，辛苦個一整天來為整趟遠征畫下完美的句點，如此我們就可以避免掉撤退回基地營所會衍生出的各種變數。反過來說，要是我們能下去吃飽睡飽再第二次挑戰我們如今已經熟悉的路線，那我們的優勢就會明顯得多。重來一遍，所有困難的路段都已經被處理過了，我們基本上可以除了吃的以外什麼都不帶，這麼一來我們可望在也許四天之內收復這一趟的高點。這種抉擇從來不容易，因為我們既不知道怎麼做才能通往想要的結果，也不想要放棄克服萬難才進占的據點。雖然在窮盡各種可能性與角度來達成決定的過程中，我們都各自壓下了心中的懷疑，表現得對自己的看法非常篤定，但我們之間並沒有因此產生嫌隙。在如此困頓的環境中與人如此沒有距離地生活在一起，難免會出現個性上的摩擦，人也會比較容易發脾氣，所幸我們三個都不是菜鳥，經驗讓我們知道有些劍拔弩張的場景，只是源自於環境造成的張力。

以這次的狀況而言，決定似乎已經有人替我們作好了。在下午五點的無線電通話中，少校用溢於言談的興奮通知我們他收聽了詳細的天氣預報。之所以會有這段預報，是因為有一支日本登山隊在瑪夏布洛姆這座天氣好時我們可以肉眼看得很清楚的山上，而當中出奇詳盡的說明提及隔天七月十二日會是多雲的天氣，不會颳風或下雪。至於十三日則會整天好天氣。

所以該怎麼選擇已經很清楚了。我們會繼續向上，並利用多雲的隔天盡可能找到最高的有利位置紮營，好為十三日的攻頂創造條件。面對將至的考驗，我懷著近鄉情怯的複雜心情入睡。那種緊張是因為我知道，門檻的後面就是我們朝思暮想且長時間奮鬥的目標，畏懼則是因為想抵達那個目標，就必須要先通過力量、毅力與技術層面的考驗。

隔天早上果然有雲，厚實而從黑暗虛空中旋起，遮蔽了底下一個個山谷的雲。我們以無線電告知基地營說我們要出發前往建立六號營，且希望隔天可以一舉攻頂。依舊強勁的風勢將飛雪打在我們臉上，但我們也只能忍痛走在山脊那寬敞的頂端上。天氣預報說這天不會有風，但我們也沒有因為這點誤差而感到驚訝，因為高山氣流形成區域性的亂流是非常正常的事情。降雪其實好像也有一點，因為我們臉上的那些雪似乎就是從我們腳底被捲起來的，但即便如此我們也並不擔心，畢竟雲層這麼厚，當中的一些水氣會凝結再正常不過。

隨著山脊緩緩上升，我們也慢慢接近一處有一定寬度的雪溝，隔在我們與峰頂金字塔的主體之間。山脊的寬闊頂端開始拉升成陡坡，我們只能步步為營地靠著一邊前進，在開闊的雪地中鎖定任何讓人比較放心的突出岩石處來下腳。此時山脊的頂端來到我們右手邊，我們左手邊則看得到山側直墜入看似雲深不知處的無底洞。

我們被用繩索串在一起並同步移動，就這樣來到雪溝。這個巨大的峽溝有四到五百英尺寬，並有雪崩經過所沖刷出的通道。穿過我們頭頂的雲隙，我們偶爾可以瞥見巨大的冰壁在守護著通往峰頂坡面的入口，而我們推測正是從峰頂的坡面，會三不五時有雪崩挾雷霆之勢衝進雪溝。雪溝裡的積雪頗具深度，讓人每一步都忐忑不安，就怕那雪會突然鬆動把我們掃到雪溝底部，然後甩下萬丈深淵。

我們鎖定了雪溝中央一顆顯然挺住了雪崩一次次衝擊仍屹立不搖的超級巨石。那是這道關卡的中點，我們可以在那裡先緩一緩，再面對這害人溝槽的第二部分。穿越雪溝本身並沒有技術上的難度，其坡度和緩到我們可以站直了走路，頂多需要冰斧砍在坡面上來輔助平衡，或是在累到不得不暫停喘口氣時靠在坡面上。惟每一步都陰魂不散地有一種不祥的預感，就好像上方的雲霧中有道白色的死亡波浪要吞噬我們。高海拔將其特有的節奏強加在我們身上，但我們咬著牙用最少的休息次數抵達了彼端的岩堆。只有等我們進占了岩堆，然後往上爬出了那讓人步步驚心的溝槽之後，我們才能放心想休息就休息，也才能讓因缺氧而在抗議的身體走得好整以暇一點。

我不記得是確切是何時了，但很顯然在那天的某個點上，我們身邊不再是間歇從地上吹起的飛雪混雜來自雲中輕薄的雪花，取而代之的是穩定的降雪。我們在下午剛開始時穿過了雪溝，抵達了相對安全的岩石堆，而我們馬上就知道自己陷入了另一場風暴中，但我們依舊對氣象預報的大方向抱有信心，並期待著隔天會是個好天。我們沿著銳利的岩脊前進，並開始四下搜尋可以搭帳篷的過夜處。高度計顯示我們已經位於兩萬六千英尺之上，而一如在干城章嘉峰，我們也希望能用一天的時間爬完登頂前最後的兩千英尺。

我們最後又爬了五百英尺才停下來過夜。岩脊上能搭帳篷的地方少之又少，所以我們老幻想著前面會有更理想的岩架，而忍不住再往前走走看。害怕夜裡會遇到雪崩的我們緊靠著岩堆，絲毫不敢靠近我們原本可以在上頭挖出個平台的雪溝，也不敢靠近上方絕壁任何一塊冰體的墜落線（fall line，與等高線垂直的地形線，可以理解為坡向）。

彼得毫無疲態。他領爬在愈來愈深的雪地上，而迪克與我則跟在後頭，走他走過的路但跟不上他的速度。迪克正因為來到他從未來到過的高度而感到倦怠，而這讓他心裡七上八下的。午後時光繼續流逝，彼得持續在深可及於大腿的雪地上開路。期待中的岩架一次次讓我們空歡喜一場，直到彼得拚上了一處在一塊石頭邊的淺溝，他才向我們宣布說他找到了一處能用的地點。

在又經過多次休息而縮小了與彼得的差距後，我們三人站上了一個從坡面突出的岩角頂端。放眼四周還有更多岩石從雪面上突出，而我們上方一百英尺處矗立著一面大岩牆。這麼多的岩石錨定了我們周遭的積雪，而位於我們所站岩角與大岩牆之間的坡面夠短，所以我們很放心那不足以讓積雪達到危險的程度。我們相信岩角可以讓我們平安過一晚，但我們還是花了兩小時才削去了足夠多的冰來架設帳篷。我們把帳篷的四個角綁在被敲入雪中的鋁製基樁上，然後又朝岩石裡捶進了兩枚補強的岩釘，來確保我們不會在這落腳處上搖搖欲墜。對我們來說把冰削除是非常吃力的工作，結果我們忙到入夜才得以進入帳篷中休息。

岩架的大小只勉強夠容納帳篷，所以當我們三人都嘗試在帳內躺著的時候，位置最靠近邊緣的迪克必須用一個個的背包墊在他身下的帳篷地板上。他在帳篷裡一半的地方都是騰空的，只能靠背包中的合金支架在那段落差上構成平台。

無線電收訊非常之差。我不確定少校能不能聽到我們的聲音，但我們這邊是完全聽不到他說話。我們與基地營的距離應該跟之前差不了太多，而且只要少校踏出基地營走個幾百碼，在理論上就可以跟我們互望。但就是我們與岩石太近多半影響了收訊。

我們棲身之處距峰頂只有區區一千五百英尺，而要是天氣好，他們靠望遠鏡頭就能從基地營看見我們。我們紮營的岩角只在我們提心吊膽通過的雪溝上方五百英尺處。那雪溝會先下降兩千英尺，然後驟然斷在南壁那遼闊的懸崖邊上。

隔著坡面與我們紮營處相望的，便是我們隔天必須設法繞過的冰壁。我們上方的岩壁則占據了剩下的坡面，以一條窄窄的山溝跟冰壁相連，亦及那山溝就是冰壁後方的路線。以上這些就是我們僅餘的難題，再過去我們估計坡度就會一路放緩到峰頂。

精疲力盡的我們沒能多製作需要的水分來攝取；睡意一波波朝我席捲而來，而我注意到彼得與迪克也止不住地在打瞌睡。帳篷內迪克躺得最靠近岩架的邊緣，彼得在中間，而我則最靠近在我們把岩架切削出來時所冒出頭來的山冰與山岩。狹窄的帳篷不足以讓我們三個人肩並肩躺好。彼得與迪克的頭朝帳篷裡靠隧道出口處較近的那一側，而我則頭朝相反的另外一側。因為我的頭離帳篷門口最遠，所以感覺很悶，為此我撥弄著通風口，希望能讓空氣進來但不要帶進飛雪。

外頭依舊大雪紛飛，帳篷在雪的重量下內縮了一點，同時我可以感覺到帳篷與山壁之間的積雪壓力愈來愈大。我抵著帳篷的內裡，想要縮小帳篷與岩壁之間的空隙，盡可能讓雪從帳篷布上滑過去。對於風雪遲遲未歇，我們有點緊張起來，開始討論起當下處境的安危。

雪在下了一整天之後規模不減反增，而要是再這麼下下去，我們隔天即便天氣放晴都可能前進寸步難行，後撤死路一條。我們暫且被困在原地動彈不得，我們一方面需要休息，一方面也沒辦在黑暗裡做任何事情。我們知道在高海拔攝取食物與水分不足會導致體能快速惡化，但我們實在擠不出力氣去融出一杯以上的雪水。我們沒有照例服用安眠藥就各自入睡了，因為我們想說這暴風雪不知道會弄出什麼亂子，萬一有什麼緊急狀況需要應對，安眠藥只會讓我們的腦筋變遲鈍。

我一醒來就有種自己即將曝屍荒野的不妙感受。眼前一片黑暗，帳篷從上方崩塌，猛烈的雪崩正從帳篷上方湧過。我面朝下躺著，全身被帳篷布罩住，我的身體與四肢都在雪的重量下被釘在原地，好像躺在模子中，硬得有如水泥。我試著起身，能動的只有頭部跟雙肩，但雪壓在我的後頸上，我的臉則狠狠地被雪按到離地近到不能再近的地方。那是一股暴烈而無情，卻不帶惡意的自然力量，而也就是這股沒有個性也沒有感情的自然力量，在此趕盡殺絕。我對這股力量的展現心生敬畏。那不牽涉到思考，我只是單純地意識到這點，只是跳過了邏輯推導地便直接知道當下發生了什麼，跟那代表著什麼。我呼喊起彼得跟迪克的名字，但沒得到任何反應。我的雙臂無法動彈，而我能用手肘感覺到彼得的雙腳在我旁邊一樣被壓得動不了。迪克的狀況我則毫無所悉，也聽不到任何聲音。我推測他們首當其衝，並遭到冰塊或岩塊擊中而失去意識，甚至當場殞命，而我知道自己也命不久矣。雪崩在我頭頂一而再再而三地造成衝擊，我估忖著不用多久，帳篷就會被連根拔起，並連同我們一起連翻帶滾下墜一萬英尺，其間我們會彼此撞來撞去，會憎恨著彼此胡亂揮動的手腳打在自己身上，而那一點也不會是電影裡演的那種慢動作的死去，而會是生命一次慘烈的終點，所幸我不會痛苦太久，因為翻滾的撞擊力很快就會讓人不省人事。

我並不害怕，只是遺憾我們竟會死得如此蒼白無力，如此不留痕跡，再也不會有人知道我們在山上發生了什麼，我們在山上是怎麼失蹤的將永遠地伴隨著一堆問題跟一堆臆測，但其實我們從山上摔落的遺體會只沉睡在距離基地營幾小時路程的地方。

黑暗不只在我的身外，也在我的腦中。火花拉出了斷斷續續的尾巴，然後黑暗就徹底帶走了我。

等我醒來，雪已經停了。我意識到帳篷仍在原地——肯定是雪錨發揮了作用——我全身都被雪的重量牢牢地固定著，只有我的頭可以在一個還有著空氣的空隙裡稍微動一動。那空氣很不新鮮，胸腔被重重壓著的我呼吸很淺，我開始慌亂地擔心起自己會窒息而死。烏漆抹黑地，我什麼也看不見，但我知道我在風衣的胸前口袋裡有一支瑞士刀可以用來在帳篷上切出風洞。我的兩隻手臂被壓在胸部下面，但一手正好在口袋附近。我用手指摸索但沒能找到一下子就找到瑞士刀，由此我呼吸變得急促，慌張也更壓不住了。所幸此時我找到了瑞士刀，並試著用單手把刀片打開，但一隻手想做到這點真的不太容易，於是我又陷回了無邊的驚慌中。我再試了一次終於成功，並用很不自然的姿勢扭動著手臂，好讓我的手可以用力把刀子插入距離我的臉才幾英寸的帳篷布。我的手臂動作極為受限，用刀劃出的口子也只有三英寸長，但冷風還是灌了進來，讓我感覺至少可以呼吸了。少了彼得跟迪克，我必須要先活下來才能思考下一步。到底能不能靠一隻並非完全自由的手從致命的積雪重量中掙脫，我真的沒有把握。我能不能找到彼得與迪克，他們在我出現時還有沒有一線生機，我更是不敢懷抱希望。

呼吸變得容易些後，我聽到了人的聲音，並意會到彼得的兩腳已經不在我旁邊了。雪的重量開始消失在我的背上。開始可以把自己抬高的我，把嘴伸向了帳篷上的裂縫，大口吸起空氣並呼喊著他們，他們能夠九死一生地活下來讓我心中大大鬆了口氣。我欲罷不能地想要得到多一點空氣，但我忍住了不把帳篷的洞弄得更大，畢竟要是我們三個人都活下來了，那這帳篷將是我們僅剩的避難所。

這場雪崩在半夜殺了我們一個措手不及。衝擊發生的第一時間，帳篷被部分掀離了岩架，但雪椿與降雪的重量隨即把帳篷按在了原地。迪克在帳篷的包裹中被懸離了岩角的邊緣，所幸帳篷布拉住了他，沒讓他掉下一萬英尺的山下。彼得被推到了岩架的邊緣，那兒壓住他的雪比較少。這再加上他的頭距離帳篷出入口比較近，他得以從雪中掙脫，畢竟岩角突出在雪坡之上，所以帳篷的出入口還算淨空。脫身後的他拉出了帳篷中的迪克，然後兩人又回到了岩架上呼喊了我許久，但都沒有聽到回應。這對應的應該就是我昏過去的期間。放棄希望的他們於是開始挖掘起了我被埋在厚實深雪下方的遺體，而或許就是他們挖著挖著，我胸腔的壓力舒緩了，空氣進入了我的肺部，人的意識也就跟著恢復了。

我意識到我靠著的已經不是實實在在的山壁。帳篷仍懸空在岩架上，而迪克之前被抬起來騰空的那個口袋如今已經滿滿的是靴子、火爐、食物跟各式各樣在雪崩來襲時沒固定住的東西。

我們透過帳篷的裂縫處對話，同時彼得與迪克繼續把雪挖清。我話說得斷斷續續，主要是我字句之間還得貪心地吸著氣，直到最後我終於能坐正並打開帳篷門。

我把他們的手套跟手電筒遞出給他們。等終於調整好呼吸，我便作勢要重新加入在帳篷外的他們，但彼得建議我留在帳篷裡把所有散落的物品收集起來，免得我們弄丟了什麼要緊的東西。我們自動自發地各司其職起來，簡直就像我們之前排演過這種場面一樣。話，基本上都是多餘的。

前一晚的暴風雪仍在肆虐。命不該絕的我開始感覺到冷，而且濕得很不舒服。外頭的彼得與迪克在拚命把雪扒開，好再次把岩架清空出來。我在原本迪克受困的帳篷空間裡摸索著，從中拉出了內靴跟外靴到岩架上，然後才意會到在帳外的兩人腳上只穿著長襪。我把整副帳篷拉回岩架上，並得以滑回到山壁邊靠著，主要是岩架上的雪已經清空。我背靠周遭是一片混亂的山壁上，心中盤算起下一步該如何是好。

沉悶的撞擊聲又開始咻咻作響，落雪的厚重鼓點重新捶打在我的腦袋上。我無法相信事已至此，老天還有力氣下更多的雪來追加雪崩，但事實就是猛烈的降雪已經又催生出了下一輪雪崩。我讓自己緊緊背靠著山壁，以免雪會見縫插針地鑽入我與山之間，進而將我從岩架上撬開。我抓緊了帳篷跟它所有的內含物，免得靴子跟其他保命的衣物丟失。我在想等這回合的衝擊告一段落後，彼得與迪克還會不會在帳篷外頭。

這短時間內第二次的雪崩，讓我徹底了解到我們是多麼無助，我們的生命在這山間又是多麼地微不足道。面對這些大自然的力量，不存在什麼人與天地的和諧，我們在這個廣袤而不講情面的無垠宇宙中只是微塵般的存在。我在我被冰凍的專屬陵墓中充滿了恐懼，我害怕窒息會第二次來向我索命，但同時我也不敢在我身處的位置上移動。我卡在一處雪堤，而新的雪崩就從雪堤的上頭掠過。即使我真能從冰凍的模子裡掙脫，正在下落的雪崩也會在我探出頭來的一瞬間，將我從平滑的表面上捲走。我不再害怕，只是靜靜等待著一個我能有所作為的結果，但我不害怕的是死亡所代表的東西，死亡降臨前的窒息仍讓我恐懼到不行。

終於，雪崩的重擊聲銷聲匿跡。我大喊著只為得知另外兩人的下落：

「彼得，迪克？你們沒事吧？」

「沒事。」

他們再一次把受困的我挖了出來。彼得很有先見之明地把自己用繩索綁在了嵌在石裡的岩釘上。當雪崩再次來襲時，他一把摟住了迪克的腰部，然後就這樣抱著他直到雪崩結束。我們判斷這些雪崩必然源自位在頭頂一百英尺處那面大岩牆上方的峰頂坡面。我遞過靴子給他們，然後輪流善加著裝並找齊個人裝備。我們原本入睡時就基本上是全副武裝，只有靴子跟手套是拿下來的，但即便如此，我們還是花了點時間才做好準備。我們打包好背包，等待著天明，僥倖地盼望著我們能就此免疫於雪崩。要等天亮是因為摸黑離開岩角，代表我們得在毫無遮蔽的坡面上冒更大的風險。

當依舊滿布雲與雪而呈現厚重灰色的天際閃耀第一線曙光，我就領頭走下了岩角，並想盡量走在岩石邊上，來避免觸發又一場雪崩而了結了我們三個人。但想歸想，要一直挨著石頭前進實在有點異想天開。深雪幾近覆蓋了一切，我的冰爪滑了一下而卡在看不見的突出處上。於是我索性決定拚著及於大腿的積雪前進，我賭的是我們可以幸運地活下去。內心我有一種被逼到牆角的無助，就好像我們的命運都操在某種全能的力量手中。我想懇求這股力量放我們一馬，畢竟我們已經被整得夠慘，所以實在不該再有雪崩降臨在我們身上。

我們三人綁在一條一百五十英尺長的繩子上，但我只能很勉強看到另外兩個人。我可以聽到彼得大叫，也知道他是在不滿我魯莽踏進深雪，他肯定會覺得我是失心瘋了，才會無視那可能觸發又一場雪崩的風險。但同樣地，我也很清楚知道我們不可能把暴露的岩石當成路標，須知有更多的石頭藏身在一段段的雪地裡。我多次打滑跌倒，就是因為想要盡量靠近石頭前進，而那樣下去出意外只是遲早的事情。我走下雪坡時已想清楚了所有的風險，我明白我們一個運氣不好就會死無葬身之所，我只能盼著萬一腳下的雪真的滑動起來，身後彼得與迪克可以伸手抓住我，畢竟走在我所開出的雪溝中，他們應該會比我腳踏實地一些。

我認不出上行時看到過的任何東西。旋雲與落雪讓我前後二十英尺內幾乎是一片模糊。犁著雪在前進的我知道，萬一岩牆上再襲來雪崩，我們就將被抹除在這世上，走在岩上或雪上都沒差。

我抵達了我們之前沿雪溝邊緣走著的岩脊頂端，才終於認出了自己身在何處。我試著就此沿著山脊的頂端前進，但過深的積雪讓我不斷踩空。彼得終於同意了我們好像在深雪裡比較好走，雖然令人擔心但也沒有辦法。我於是改走起雪溝這片危險區域，並盡可能靠著邊走來壓低被困在開放地中的風險。我們瞥見了雪溝中央那顆在幾小時前的上行過程中讓我們有印象的巨石，便橫切了過去，因為上方的廣大空間隨時會冒出雪崩，而我們走在其預定的路徑上總感覺赤裸與脆弱。我們抵達了巨石，然後走斜線度過了雪溝，來到了其對岸。我們踏出的每一步，積雪都在碎裂。我知道我們在鋌而走險，也知道事情有任何萬一，我們都沒有活路。

雖說前一天我曾開路到雪溝的邊緣，但如今卻還是毫無印象。彼得好像有點迷惘跟呆滯，那個平日很強勢的他似乎罕見地出現了裂痕，很認分地接受著我的帶領。迪克一步一腳印地前進著，一邊還沒忘記替彼得打氣，雖然他也一樣虛弱。

時間已經過了清晨很久，但太陽還是沒有出現，有的只是暴風雪。我始終沒把太陽眼鏡戴上，為的是換得更好的視野，但代價就是我的眼睛被飛雪與冰雹扎得刺痛。我擔心起自己會不會患上雪盲，也思索起萬一事情到了那步田地，醫生說我該用的藥是哪一種。是眼藥水？還是阿美索卡因[3]？

我的速度很慢，但彼得跟迪克好像都不以為意。我不斷徵詢他們方向，但得到的回應都是跟著岩石的連線前進。慢慢地，坡度變緩，我也停下了腳步，一方面是周遭白茫茫的一片讓我有如身陷迷魂陣，一方面是暫且脫險的我湧上了無比的疲憊。

彼得仍在及膝的雪中挺進，他的精神似乎已經從稍早的渙散中恢復過來。迪克走第二棒，我則變成了殿後。突然我變得非常虛弱，要跟上兩名隊友的步伐變得非常辛苦。我一邊勉力不要脫隊，一邊反覆告訴自己在這幾近水平的高地上前進，剩下的路程已經沒有多遠了，藉此來激勵自己前進。我不斷左右張望，想藉此認出能說明我們在哪兒的地形特徵。我先是感覺左手邊的雪脊有點面善，再來就是右手邊那些奇形怪狀的岩石也好像見過。我們大致是走在正確的路上，問題是再短的距離，此時都感覺無比遙遠。開

3 Amethocaine，在英國以外的地方稱為特他卡因（tetracaine），是一種常見的眼睛表面麻醉用藥。

始在雪地上跌跌撞撞的我只能逼著自己跟上，我不想因為自己速度太慢而拖累兩名隊友。

彼得涉過了一片特別深的雪地，迪克則緊跟其後，至於我則發現自己不小心癱倒在了雪中。此時我聽到了彼得的聲音說：

「我想這裡就是我們之前紮營的地方了。」

我在原地坐了一會兒，等我再想起行時，積雪已經來到了我的膝蓋高度，所以我索性手腳並用，爬到了兩名隊友處。

我們共計用六小時下降了九百英尺。此時才不過早上九點，但我們已經累到不行了。我們把之前被我劃破透氣，後來又被雪崩進一步摧殘過的帳篷帶了下來，而為了在繼續下行前回復一些力量，我們決定先盡可能搭起帳篷，好好休息一晚再繼續行程。

但我們連把雪地弄平的力氣都沒有。我們把帳篷搭在一個小小的斜坡上，心裡暗暗希望我們的體重可以慢慢把雪壓到夠平。帳篷有個地方的支桿彎的彎、壞的壞，我只好在壞掉的部分綁上了冰螺栓，然後我們一起把破破爛爛的防水布披覆上已經變形的骨架，將就著有了個可以遮風擋雪的地方。帳篷布上有眾多的通風口與撕裂處，但因為布料有兩層，所以大部分的洞只要沒跟另外一層的洞重疊，都不構成問題。小小的雪花漩渦還是會吹進帳篷，但暴風雪的主體被確實擋在了外面。強風狠狠打在布料上，但千瘡百孔的帳篷還是屹立不倒。

帳篷裡的我們躺在斜坡上，就像負傷的戰士處於戰鬥的空檔。我們的體重完全無法將帳篷地板下的雪給壓平，但我們也實在動不了了。我們躺在泡棉墊上，套上了我們的睡袋。所有東西都感覺有股濕氣，我們則冷得要命。

我們需要吃喝，但大部分的食物都已經被雪崩捲走了，一如我們的煎鍋與備用的瓦斯罐也無法倖免。我們手邊只剩爐子裡的一罐瓦斯，能拿來融雪的器具則只剩下煎鍋的鍋蓋。我費勁地融出了少許的雪水，然後將之倒進我的水壺。等水瓶滿了，我便把鋁製的水壺放在火爐上加熱，做成了三人可以分享的熱水。

我嘗試用無線電呼叫，看少校會不會剛好在監聽，但沒得到任何反應。此舉說明了我是如何地感覺到山窮水盡，因為人只有無助到一個程度，才會這樣想隨便找個誰幫忙，才會這樣想把主導權丟給對方，也想把對方當成訴苦的對象。我們渴望著水分的補充，但如今就連用鍋蓋煮雪來喝，都超乎了我們的體能負擔。我用瑞士刀切開了水壺的頂端，好讓直接往裡面裝雪變得容易些。確實，這讓融雪的流程快上了一點，但我們三人都陷入了近似昏迷的狀態，就算偶爾從昏睡中被雪崩跟瀕死的記憶給驚醒，我們也只能以呆滯眼神環顧四下，然後又什麼也做不了地倒了回去。

我們發現我們討論起了要再回到山上的機率，但講著講著我們才意識到我們這蠢念頭有多自以為是。靜靜躺在那兒，累過頭後的休息讓我們進入了如夢似幻的狀態，由此我們忘卻了飢餓與疲憊的痛苦，也甚至偶爾忘記了我們的處境有多危險。我們的腦袋全都不太清楚，以至於當有人提及我們還遠遠沒有脫險時，我們才都赫然想起自已想下山還有迢迢長路要走。前一日午後以來的降雪還在繼續，而我們還有數千英尺的山要下，途中許多空曠的雪地會比我們上來時的積雪深得多，雪崩的機率也增加許多。各個具有難度的岩石路段，如今恐怕也都覆上了一層雪，而在厚厚的雲層中，我們想把路看清並非易事。下山宛若噩夢一場。就靠手中一罐還能燒大概三小時的瓦斯，跟為數不多的食物，我們待在原地將是死路一條。要是繼續等到風雪緩和再走，我們要冒的風險是虛弱到下不了山。

我的鬥志已經點滴不剩。我一心只想投降。這時要是有任何辦法逃避，我都不會有一絲猶豫；如果像在阿爾卑斯山那樣可以搭直升機下山，我一定會馬上叫上一架，但我們此時所在的高度，已經遠遠突破了直升機可以巡航的天花板。我把這想法告訴了迪克，他一聽大驚失色。他說他就算在夢裡，也不會靠自己一雙腳以外的辦法下山。

下午五點，我進行了例行的無線電通訊。薩爾瓦特少校好一會兒才聽明白我的意思：「我們的帳篷在雪崩裡毀了，我們現在回到了五號營。」通過劈哩啪啦的雜訊干擾，我聽到薩爾瓦特少校說的是：

「我知道你們已經到了六號營，打算要再一次挑戰攻頂，請問是否正確？Over。」

我必須壓抑住自己聲音中那快要爆炸的心情，才能繼續通訊。我可以感覺到淚水在眼眶中打轉，因為我們都已經身處在這樣的險境裡了，下面的人卻還無法同理。少校似乎很滿意於我們對登頂的堅持。

要是通訊清楚的話，我一定會不顧自尊地說出：「請可憐可憐我們。我們只剩一口氣在了。我們要下山，」但不論如何我現在只能說大白話了，現在已經不是咬文嚼字或拐彎抹角的時候了。

「帳篷已經毀了，」我特地加重了口氣來讓他聽懂。「我們要下山了。」但同時間我也不想嚇壞底下的人。

傑夫跟麥克這兩個紮營在我們基地營附近的美國人也在少校身邊。等少校終於聽懂我們遇上雪崩並已經在下山途中後，他告訴我們說傑夫跟麥克正要離開，而他們最後想跟我們道別。他們固然是很優秀的登山者，但對於我們的困境，他們也只能是心有餘而力不足。他們不清楚我們走的路線，而且要是他們真的上來救我們，那他們也會陷入同樣的雪崩威脅。但即便如此，我依舊對他們要走了感到失望，因為即使只是知道無能為力的他們在山下看著、等著、在精神上支持著我們，於我們都是一種安慰。很顯然他們並不清楚我們身處的窘境。

我們從薩爾瓦特少校處得知美國人想借我們的送郵跑者當他們的挑夫。我跟彼得與迪克商量了一下，結果他們也跟我一樣覺得不可思議。我用無線電告知了基地營我們的拒絕之意。為此我覺得自己好像很小氣、很壞心，但我們會希望自己下山時有人手可備不時之需，當然前提是我們得下得去。

我們那晚睡得很差。我感覺到後頸在痛，然後我才意會到自己多半被打在後腦的冰雪弄出了腦震盪，而不是我原本以為的呼吸困難而已。

隔天早上我們搞了老半天才得以啟程。風雪依舊陰魂不散地吹著。我們將睡袋收拾好，但放棄了帳篷。透過無線電，我通知下方說我們希望葛哈與阿里可以帶著食物跟一頂帳篷前往山脊的腳邊等著，這樣我們一下山就能有人接應。要是我們下山晚了，那備案是我們可以在冰川邊緣過一夜，而他們則可以在回基地營路上替我們揹東西。我答應會每兩個小時就用無線電更新我們的進度，並請少校不要在我們確信自己可以抵達阿布魯奇山脊底部之前讓葛哈與阿里離開。

彼得領頭翻過了山脊的頂端，進入了一片深雪中。他的目標是我們上行時曾由他領爬上去過的冰牆。迪克跟我在後方一邊等待，一邊看著彼得吃力地在及腰的雪地上前進。他邊走邊對穿越這一大片新雪下山的可行性表達起懷疑之意。當坡度慢慢變陡後，他停了下來，並終於大喊著說他要回來了，因為要走那條路下山無異於自尋死路。他建議我們走一條石頭路下山，但我放眼四下都不明白他指的是哪個方向。雲與雪讓我們的能見度只剩下眼前幾碼。

他這趟去了很久，但其實以距離而言，他只在緩坡上走了一百英尺而已。深雪與絕對的疲憊影響了我們三人的運動能力。彼得一回來就怒斥我們怎麼動都不動。

「怎麼回事？你們不同意我說要走石頭路嗎？」

「不是不是，我們只是沒概念你說的是哪條路。」

彼得注意到他領爬過的冰牆左側遠處有條石頭構成的路線，那就是他所指的石頭路，他覺得走那兒下山會比較安全。「我們應該可以在石頭裡裝設一些錨點，」他說，「應該走個幾百英尺，我們就能離開最危險的部分了。」

他語畢走進了風雪，並在三百英尺後踏上了一些消失在下方霧與雪中的岩石。迪克跟我跟了上去，畢竟我們三人都在一條繩子上。我驚嘆著彼得的先見之明與記憶力，並相信他的方向感是準確的，反正我這邊已經是如入五里霧中，看不清自己眼前是東西南北了。

偶爾石頭路會變得相當陡，這時彼得就會喊著他需要繩子拉緊一點，好方便他在下方的雪中非常艱辛地尋找腳踩跟手抓的施力點。情況允許時，他會盡量靠自己站穩位置，然後趁對岩石的斜面與突出處都毫無掌控的迪克跟我連滾帶爬滑下來之前，把岩釘釘入岩石來固定好繩索。

我的雙手冷到麻木，我的手套因為不斷接觸雪而濕透。我們標準的手套戴法是在厚版的防水無指手套裡面再戴一層薄手套。我的內層手套因為潮濕而讓我的手感覺更冷，所以我丟了它們，只戴著外層不分手指的厚手套，那樣能讓我產生更多溫暖。伴隨往下的階梯看不到盡頭，加上一個又一個小時過去，我們只能在又濕又冷又讓人感覺無助的環境中瘋狂地跌跌撞撞，我才意識到我們剛剛還存著要重返山間的念頭，簡直是腦子壞了。我受夠了。當然，我告訴自己，這仍不失為一次光榮的失敗。當然，我們的進度已經達成了自己心中高到不能再高的期待。我們已經將自己逼到了極限。我試著在說好的時間進行無線電通訊，但最終是白忙一場，對講機裡已經滿滿的是雪。

我們一眼望去只有二十到三十英尺的能見度，下山之路感覺沒完沒了。我心裡沒有一分一秒不想著一個問題，那就是我們是不是身處在阿爾特·吉爾基迷路的同一個地方。

最終我們來到了岩石邊上一條雪溝的腳下。彼得持續以斜線穿越了我幾乎無法與霧氣區分開的雪坡。我們把兩條繩索綁在一起來提供彼得更大的行動範圍，同時間迪克與我則繼續安全地被確保在岩脊底部。霧氣時濃時淡，一段時間後，我們看見直挺挺地走著的彼得面朝雪坡的外面，他離開了最危險的範圍。

我們三人一起走下了起伏的坡面，尋找起我們在離開四號營之前建立的小小庫存，裡面有備用的帳篷、食物跟其他用不上的裝備，因為這些東西現在通通用得上了。這趟下降八百英尺花了我們六個小時。午後時分已經將近結束，想在這天下山已無可能，同時我們也急需找到帳篷與食物來活過這一晚。

白霧與白雪融為一體，我們分不太清哪個是哪個，所以也沒辦法判定哪邊往上，哪邊往下，哪裡又是平地。因為沒有陰影，所以坡面也流於無形。我們單憑直觀的感覺知道自己位於比雪坡其他地方都平坦的岩架上，並開始尋找起這裡是我們舊營地且留下過備用帳篷的證據。新鮮的深雪像地毯似地將一切覆蓋住，萬物像是穿上了白色的制服。

我們不知所措地坐在雪中。就算我們地方沒有弄錯，那兒也有數百平方英尺的範圍需要搜索。我們各自虛弱地用冰斧戳著雪，就希望能感覺到有哪裡軟軟的，因為那就可能代表岩石或冰面下埋著帳篷。迪克挖進了一個他確信是正確位置的地方，結果挖出的是凍成冰的大便，但那就證明了我們很接近了，因為我們不可能跑到離帳篷太遠的地方解放。我們集中精力搜尋那一帶，並終於在找到摺好的帳篷、一袋食物，還有備用瓦斯罐的時候，大大地鬆了一口氣。

時間來到下午三點。鑽進帳篷裡的我們終於能夠稍微放鬆，至少未來的幾個小時內，我們可以不用擔心自己每踏出一步都可能是人生的最後一步。

我在無線電上告知少校我們得再在山上過一夜，並希望順利的話能在隔天下山。弄了半天傑夫與麥克還沒有走，同時少校還替我們準備了一個驚喜。他說他要把無線電轉給一名我們的老朋友，然後我們就聽得一個熟悉的聲音說用生動的語言說：

「嘿，大家，我是喬治，都好嗎？」

聲音的主人是喬治．貝騰布爾格，我們在干城章嘉峰上的老隊友，他這次是跟一支法國隊伍來爬隔壁的布羅德峰，然後從上面滑雪下來。

「你們凹（好）嗎？你們辛苦了吧。什麼時候下來？」

喬治還是老樣子，活力還是像氣很滿的汽水，問題一直冒出來卻又等不及答案。我腦中的畫面是他手拿無線電在跳上跳下、跑前跑後的模樣，因為他肯定會為了欠佳的收訊而很不耐煩，也肯定會到處找更好的通話位置而沒辦法好好講話。

彼得也非常雀躍，就好像喬治在基地營的身影讓我們換了一顆心，重拾了勇氣。他是個朋友，而且是個能夠設身處地理解我們的朋友，但我們跟他說我們不需要他替我們做什麼。彼得也跟他講上了話，且雖然感覺自己是在苦牢裡通過電話線跟一名自由人說話，我們竟還是能像回到一年前那樣跟他打屁閒聊。他的隔空陪伴有一種溫暖，而那也讓我們對於重返人間又多了一項額外的期待。

飢腸轆轆的我們此刻不缺食材也不缺燃料，但我們的力氣只夠我們融化起碼的雪水。我們想要隔天一早出發，目標是在天黑前把剩餘的下行路程收拾掉，為此我們睡得相當早。我們全都吃了安眠藥，尤其我還吞了兩顆來確保自己能無視所有的不適，得到我渴求的休息。

我作了一整晚噩夢。我夢到我人在越南的戰場上，身邊站著一名寇茨上校。他會在我夢中登場，是因為我在電影《現代啟示錄》（*Apocalypse Now*）中見過他。所謂的戰場是一片泥巴，上頭有受創的建物與破損的帳篷。帳篷布裡可以看到有移動的人影，而上校則拿出了他的左輪，近距離朝著那些其實是人頭的圓形投影開槍。那部電影讓我印象最深刻的，是角色們滿不在乎在玩命的態度。螢幕上的那些人明明一旁的叢林裡就有大量的流彈會射出來，還敢在外頭的海灘外衝浪；他們會一邊聽著裝在直升機上的大聲公放音樂，一邊朝底下的村子投擲燃燒彈；他們還會一邊搭配卡帶裡滾石合唱團的〈滿足〉

（Satisfaction）旋律手舞足蹈，一面沿著有人要伏擊他們的湄公河而上。我在醒來的瞬間，也同樣感覺到那種遊戲於生死之間的任性，就好像死亡不像我們以為的是一切的終結，也不值得懼怕，否則怎麼會有人帶著那樣的玩心去不停招惹它？

我們完成了最後一段三百英尺穿越深雪的路程，來到了上來時由迪克領爬的冰牆頂端。期間彼得再次走在最前面，迪克同時間則負責確保繩索。

我以坐姿拍攝起彼得消失在霧中的過程。找回了足夠鎮靜的我，又開始拿起手邊的電影用小攝影機，不再讓其無用武之地。

鏡頭裡的彼得每踏出一步，雪就會陷下去一回。他不耐煩地叫著，口氣中聽得出因為要冒險通過這道危險雪坡而產生的焦躁，而我曾很慶幸自己可以拿要拍片當擋箭牌，不用走第一個。

彼得接著垂降下冰牆，而跟在後面的迪克則在下降時撥弄到一些鬆雪，彼得被砸了個措手不及，腳因此移開了立足點，然後一摔就是十五英尺，所幸最後被我們之前打結綁下的磨損舊繩段救下，我們原本在那種地方綁繩只是聊備一格。

我們還有七千英尺的高度要下降，這段路途的難度更甚於開放的雪坡，但起碼危險程度較低。岩質拱牆的斜度太陡，所以留不太住雪，而這一點也方便我們加速通過開放的山溝去到較多岩石的彼端，讓安全更有保障。有些段落我們必須垂降，有些段落則有我們之前固定的繩索供我們快速通過。我們一個個都已經剩沒多少力氣，但我們所懷抱的生還希望卻是三天以來的新高。

我並不會希望自己從來沒有走過這一遭，但現如今我們有了合理的希望可以活下去，我確實很恨自己還得再熬漫長的數日才能放鬆身心。惟即便在我們的前途看來一片灰暗時，我心中也容不下別的事情，我只想著有什麼辦法可以讓自己脫困。於是我知道我不能自欺欺人，我沒辦法告訴自己說我應該選擇不同的生活，因為我內心也不是沒有動搖過，但即便如此我還是一次又一次地回到了山中。我們或許走進了一處畏途，但那是我們所選擇的畏途。

我每小時都會用無線電通報我們的位置，但我說不準我們能不能在天黑前下山。葛哈與阿里想要爬上來接應我們，但我命令他們別動。這些無線電通訊讓我耽誤了一些時間，主要是偶爾我得為了通話而在山脊後面等候，畢竟有山脊的遮擋才能讓我在有風的時候順利通話，而彼得與迪克便趁此時走在了前面。

我們如今身處的已經是比較好走的地面，但新雪還是改變了一切，由此即便在平坦的區間，我還是不太能挺直腰桿走路。我抓著過往遠征隊留下的殘破繩索把自己甩了下來，也不管經過歲月摧殘的它們撐不撐得住。虛弱到這個程度的我，已經無法像在上行時那樣對這些破繩視而不見，我只能暗暗希望老天垂憐，讓我逃離這片山巔。

隨著我們的高度不斷降低，雲層也不像原本濃密，但雪則多了幾分濕氣。有時候黑暗的谷底會現出原形，讓我感到喪氣，那一方面是因為我看到谷底還那麼遠，也是因為我發現彼得跟迪克走在那麼前面。

葛哈與阿里已經來迎接我們的路上。

午後向晚時分，我看到了他們米粒般的身形，就出現在他們之前陪我們上來，又看著我們上山的岩架上。

我直到天黑了才見到他們。我只靠著觸覺，摸索著潮濕的岩石下山，而葛哈與阿里的手電筒就是我的燈塔。彼得與迪克早就已經到達。酷刑終於快要結束。抵達平台後的我在最後幾碼伸展了一下，沒想到因此踉蹌了一下，一把抓住我的是向前迎來的葛哈。他跟阿里一起挨了上來，把我們抱了個滿懷，他們抱得多緊，就是對我們有多麼歡迎。

他們就這樣抱了我們好一會兒，而我也不住流下了放鬆後的眼淚，我拋開了矜持，棄守了尊嚴，任憑那些能幹的強者恣意照顧我們。這些能人雖然跟我們有僱傭的關係，那份關懷與溫情絕不是金錢可以買到的東西。

他們什麼都不讓我們揹。我們還得下降數百英尺到他們準備了帳篷跟食物的冰川。腳底的石頭是溼的，有些地方還結了冰，但我們一整個精神抖擻。葛哈跟阿里非常殷勤地在我們身邊亦步亦趨，就像照顧自己孩子一樣呵護著我們，而我們也就這樣來到了要過夜的地方。奉命不准上山的他們穿著單薄的衣物，不畏寒冷地在岩架上等了我們好幾個鐘頭。明明下方的帳篷裡就有更保暖的衣物，但他們竟不肯離開岩架一步。

來到冰川邊緣，我們三人在一頂帳篷中安頓了下來，而葛哈與阿里則從第二頂帳篷裡替我們煮食上菜。我們渾身濕透，但卻在知道自己沒事了，責任也已經卸下了的心情中，睡得舒適安穩。我們甚至連回基地營的一路上都什麼都不用揹。葛哈一早給我們端來了茶，阿里則送來了他從荒涼冰磧中摘來的小花。酷刑，結束了。

即便冰川有平坦的地方，我們走起路來也是既孱弱而搖搖晃晃。死活不肯讓我們揹負任何東西的葛哈與阿里扛起了大到嚇人的負重。對阿里而言，這是他的第一趟遠征任務，對於很多的登山技巧他都不熟悉，但他很自豪有人需要他，也堅持要做到超過我們對他最高的期望。

在我們前往基地營的途中，天氣睽違不知道多久第一次放晴。我們的帳篷外聚集了一群一群的人，他們在我們脫離冰面走來時行起了注目禮。我對於可能要被旁人的問題掀起痛苦的回憶，心裡有點七上八下，而此時喬治朝我們跑了過來，臉上掛著大大的笑容，我的淚水又一次在眼眶打轉。我戴著被霧氣遮擋了視線的墨鏡，跌跌撞撞進入了營地，心想還好墨鏡宛若鏡子般的反射可以為我省去解釋淚滴的麻煩，而薩爾瓦特少校則與我們握起手來，那代表他很欣慰自己的遠征隊弟兄可以平安歸來。

四

葛哈與阿里來見我們的時候，曾帶上了給我們的書信，但我始終沒把東西打開。與死神擦肩而過的經驗，還有知道祂並沒有走遠而如履薄冰熬過了的那三天，都讓此刻的我麻木到失去了一切感覺。鬼門關前走過一遭，讓我突然覺得人生中其他的煩惱都不再重要。宛若重生的我不再覺得有什麼事情好著急，那感覺就像我多的是時間可以慢慢來。比起從前，現在的每分每秒都值得細細品味，每種感受都變得前所未見地珍貴。

那天下午我就像來到了天堂，憂愁全都飄到了九霄雲外，我們不僅安全無虞，而且完全可以飯來張口、茶來伸手。我們在寬敞的用餐帳篷中放鬆。阿里在篷內的一側卯起來準備吃的喝的。我們有喬治在布羅德峰遠征隊裡的幾個朋友相伴，他們是來拍一部以滑雪下山為題的影片。我們分享了一些共同熟人的回憶跟消息，還交換了跟我們剛經歷的苦難無關的各種故事跟經歷。他們肯定察覺到了我們驚魂未定，所以對什麼該問什麼不該問顯得小心翼翼。他們的營地距此要走一個小時，所以他們天一黑就動身回去了，而我們則回到了各自的帳篷中就寢，那是我們兩星期以來第一次睡覺不用你壓我我壓你，陪伴我們的只有我們不堪的記憶。

我刻意讓心思避開了痛苦的範疇。所有的念頭都好端端地在那兒，包括與我自身內心的邂逅，包括從死亡深淵往下看的景色，都完好無缺地等著我隨時去端詳，但我將之覆蓋了起來，就像在傷口上裹起了繃帶。所有的眼淚都還在，且除非我的心思有俗事要理睬，否則又會混雜自憐、後怕與瀕死的感受在我的眼眶打轉；這些是生命的眼淚——

但我已經弄不清它們的本體了。

傑夫與麥克說服了我們把送郵跑者借給了他們，以便他們能順利離開。他們已經被目標山脈擊敗，所以已無意義再留下來。關於下一步是要留還是要走，我們三個都還沒想得那麼遠。我們必須把挑夫們叫上來扛我們回程的行囊，而且由於我們的東西比傑夫跟麥克多很多，所以我們反正至少得等上兩個禮拜。

為了不失信，我們趕緊發了篇報告給《新聞之夜》的節目團隊，結果我發現自己在報告中用上了一種公式化的口吻，而我之所以學著這麼說話，是不想讓複述山上經歷的過程穿透我內心的傷疤。我信筆手書一封給了瑪麗亞，我的女朋友，結果字字句句都是赤裸裸的沉痛。我找不到能偽裝自己的語言。「我等不及回家了，」我在最後這麼說。這是為了不讓她擔心而說的謊。

我們無所事事地躺了三天，其間只虛弱地往返於自身的帳篷與用餐的帳篷之間，一個不小心還會絆到散落四處的石頭，主要是我們的四肢都已經只剩下最最起碼的力量。我們會拿他快要當爸爸了的事情虧迪克，然後我在想阿福，也就是替我看店（我的店叫神奇山脈）的經理，會不會在我回來之前就跑去度假了。阿福預定是八月九日休假，所以我有可能回到一家大門深鎖而沒有人顧的店裡。迪克寶寶的預產期是八月下旬。彼得很擔心他在瑞士經營的登山學校，主要是他怕已經訂了課程的客人會到了現場才發現沒人帶領他們。這天是七月十六。就算我們馬上啟程也不可能在八月前回得去。

我跟布羅德峰的隊伍借了一本書叫《將軍》(*Shōgun*)，然後就一頭陷進去了，讓我不可自拔的是那一千兩百頁的征伐、謀略與冒險。戰國的日本史是絕佳的逃避用讀物，但自閉成啞巴的我讓彼得跟迪克不太開心。我把所有的空檔都拿來看書，白天如此、吃飯如此，晚上也如此，只有累到眼皮睜不開了才會停下。書中角色那種秉持著武士道的視死如歸，還有武士們的那種宛若在踩死螻蟻般的殺人不眨眼，讓人在看著覺得恐怖中又感到欲罷不能。

薩爾瓦特少校做為一名虔誠的穆斯林，正在遵奉拉瑪丹的齋戒，亦即出於宗教的戒律，他從日出到日落之間不能吃東西。為此他會天還沒亮就起身，由阿里給他煮早餐，然後到了正常用餐時間，他還是會陪我們坐著但什麼都不吃，這種執著讓我們印象深刻，也讓我汗顏於之前對他諸多的逗弄與不敬。

我在一個大塑膠桶中洗了澡，那是我們從法國隊基地營的垃圾堆中撿回來，廢物利用的東西。阿里在爐子上煮了一鍋又一鍋的熱水，拿到外頭倒滿了大桶。我趁著有陽光坐進處於下風處的浴缸，讓飽經風霜的身體浸淫在熱水帶來的官能愉悅中，要知道我的這副軀體已經幾星期不見天日了，乾燥的皮膚表面已經一片片在脫落。我的雙腿瘦得不成人形，肋骨也明顯從胸腔突出。我瘦下了非常驚人的體重。

我們就像是在復健，就像是需要被照顧到無微不至的病人，但遲早我們還是得做出決斷——到底我們是想要就此斷念，還是要再努力一遍。我們完全沒就這事進行討論。有三天的時間我們隻字未提接下來的打算，然後就在第三天，彼得提議我們開個會來決定這趟任務的前程。

誰第一個開口都無妨。我們三個人早就都各自有了想法，而我們都想重新回到山間，把功虧一簣的任務做個收尾。雖然有許多未了的責任在追著我們，雖然雪崩的創傷與撤退的陰影也還沒放過我們，但我們放不下的念頭仍舊是再給自己一次機會。

但礙於時間我們也就只剩一次機會了，因為我們已經派人去叫挑夫上來，而他們會在七月二十九或三十日到達。他們一旦抵達，我們就得走了，因為我們頂多只能供他們吃住兩天。我們估計要是天氣不變壞，那我們應該可以抓五天登頂，畢竟現在的我們已經對路線熟門熟路，大部分的困難路段也已經都完成了布置，至於體能狀況雖然差，但至少我們對海拔的適應已經做到了極致。

正當準備啟程時，我們三個人同時開始下痢。我們會在早餐時異口同聲說起半夜起來把前一天吃的東西吐光的話題。現在本應是我們儲備體力、養精蓄銳的關鍵時期，但人算不如天算，我們的狀態反因染病而再受打擊。天氣也依舊狀態不明。

迪克整理出了一週份的食物後，我們的最後一擊在第五日成行。一開始天氣不錯，我們保持著穩定的進度，只可惜天氣在第三天有變，布羅德峰的雲頂是風雪欲來的不祥之兆。

七月二十四日，我們抵達了第一處大冰壁上方的三號營，並在那裡卡了四夜。肆虐的風雪讓我們受困帳篷裡，帳篷四壁的積雪則愈累積愈深。經過三晚，天氣變得出奇地糟糕，食物剩餘不多的我們決定再觀察一晚，再不行就下山。再不走，我們就會彈盡援絕。出於盡可能輕裝的考量，迪克準備的食糧相當不夠看，但我們也怪不了他，誰叫我們一個人抱著書不放，一個人把時間都花在寫信上，誰也沒去幫他。

七月二十八日，天氣稍微沒那麼差了，於是我們重新出發，上到了彼得領著我們下山的那道岩石路，並藉此避開了第二道冰壁。我們通過了高原區，在那兒看到了我們丟棄的帳篷已經扁扁地被埋在雪中。我想要再在那裡紮營，但彼得主張我們應該趁著狀況許可再堅持往上爬一下，輕易不讓自己打混的迪克也跟他是一樣的想法。

我們穿越了我們數日前在深雪中舉步維艱的寬雪溝，而雖然這幾天的工夫雪也一直在下，但不知道是雪崩帶走了一波還是風勢太強，此時的坡面上雪已經被掃了個精光。接著我們沒有沿雪溝彼端的山脊往上爬，反而是往下走了一點，紮營在山脊驕傲地突出在山體上寬敞的後半部。在那紮營使我們即便遭遇雪崩也不用擔心，還可以對隔天的攻頂路線進行觀察，惟前提依舊是天候允許。

但天氣並未遂人意。我們隔天在被風狠吹的帳篷裡待了一天，厚重的雲層模糊了我抬頭望山的視野。薩爾瓦特用無線電告知我們下面的天氣很好，所以我們應該堅持下去，問題是我們在風裡連站都沒辦法站。

我們一邊在帳篷裡餓到胃痛，一邊懊悔迪克沒把食物量算好。我們原本抓五天登頂，這天已經是第八天。原本就不多的食物已經被利用到極致，要知道我們連同一包茶包都泡了不只一次，糖跟奶更是不可能的奢侈。我們已無可能再撐下去。

迪克煮了大部分的飯。自律如他就是能摸黑起來開伙，而彼得跟我則得掙扎一番才面對得了新的一天。我們都變得特別不耐寒，主要是我們都瘦了很多，而帳篷裡的黃金地段是中間的位置，主要是左右兩邊都有體溫可以取暖，為此彼得去跟迪克交涉，得到了這個位子，至於我則本來就比較喜歡睡在帳篷牆邊，主要那裡有通風口，空氣比較新鮮。

我們隔天在半夜兩點起床，準備天氣許可就直接攻頂，但結果是雲沒有散，雪也沒停。風讓我們整夜都沒法再睡。我們特別安排了凌晨兩點的無線電通訊，結果就連報喜不報憂的薩爾瓦特都承認從他的角度看過去，狀況不太樂觀。

天上持續飄著雪，雲也不斷湧入。我們只得開始下山。

好消息是這一次的下山在我們的掌控之中。我們在破曉時出發，晚上九點就到了山下，累是非常累，但底下同樣有葛哈與阿里的迎接，而他們也很會照顧人。相對於我們上一次的下山「演習」是悲劇一場，這次只讓人有點小小失望。我們已經拿出了家底，再也擠不出東西來了。

我們略感安慰地看到天氣並沒有在我們下山後變好。厚重的雲層仍籠罩在山上，而我們很清楚那雲層後方會是如何的風驟雪狂。隨著基地營愈來愈近，我們開始跟一群群客氣的挑夫打起照面，他們已經在山下等了我們兩天。我們已經用光了所有時間上的餘裕，沒辦法再休息。我們當天就打包好行李，隔天一早就踏上歸程。

五

我心中沒有後悔，彼得與迪克也沒有對於我們是不是再努力一點就可以成功去鑽牛角尖。勘可告慰的是，我們知道自己已經盡了所有的人事，不論我們沒有成功是因為缺了什麼，都不會是因為我們沒有盡力。我總感覺另外兩人也有同樣的想法，那就是我們的撤退並不等於放棄，我們只是暫時休息一下去處理其他不能不處理的事情。事實上，我們已經在過濾自己的行程與機會，看看我們何時可以重返K2，因為這座山擁有一種讓人不能自已的魅力，而這也是我們三人不需要言語就可以共有的默契。

我們在這趟返程中的神智不是非常清明。我們手邊不缺食物，但我們的胃似乎縮水了，以至於我們沒辦法靠吃來維持超過一個小時以上的體能。原本就已經很瘦了的我們手腳也快廢了，由此我們三人都開始隨手拿著一堆食物，一開始覺得要走不動了就吃將起來。偶爾我們當中的誰會沒算好吃的速度而太快兩手空空，這時我們就會去搶劫那個有先見之明，知道要多拿一點巧克力棒跟糖果在手上的傢伙。

我的大腦在飢餓誘發的醉意中飄飄蕩蕩，疲憊此時就跟我們的老朋友一樣。我是想盡可能早點回家，但我卻也無法看著自己的這點希望拿出過往會感覺到的焦急。我知道這趟遠征對我的影響，要遠比其他任何一次在山中的經驗都更加深刻。此刻的我，完全可以體會原本要切腹的武士被清白無損地刀下留人，會是什麼感覺，我知道他會在命不該絕時感到何等激昂。我獲得了重生，至於過去則像是一筆勾銷了似的。我感覺自己掙脫了所有枷鎖，我需要的一切都不假外求。我感覺到富有，感覺到無法言喻的命運恩寵。我操縱著行走的這副軀體固然虛弱，但那又如何，行動的痛楚只是更加證明了我活著，那是全新生命的象徵。當我們意外得停下來在計畫行程外的地方過夜時，我心中的祥和與平靜完全不受影響。

一如被藥物所誘發的幸福感，我完全可以心平氣和地活在當下。

我們原本並不打算在烏爾杜卡斯這個位於冰川之上綠草如茵的岩岬過夜，但一直被我們狠操的挑夫堅持要休息一下。對此我跟彼得都不以為意。一九七八年，我們曾在斯卡杜滿是灰塵的機場一坐就是好幾天，當時我們就是索性在那髒兮兮的地方偷得了浮生半日閒，至於現在的我們，也確實都累到拿不出力氣趕路了。但迪克並未認清我們所處之地的偏遠，也不了解想三兩下就衝出去是不可能的事情。經過一番計算，他意識到自己若想趕回英國見證孩子的出世，接下來的每一天都浪費不得。可以的話，他會想盡量在女朋友身邊經歷這一切。有了這想法的他開始答應給挑夫加薪，只求他們能把每日行程改成兩班或甚至三班。他對彼得跟我說他這錢他會自掏腰包。

雖然他要求的是挑夫，但我們好像也一起被趕鴨子上架了。每一天都漫長得不像話，有天早上我還在胃痙攣跟腹瀉中醒來，不得不每幾分鐘就跑到巨石堆後面解放一下。正巧那天我們得用繩橋讓挑夫們通過潘馬河，虛弱的我只能躺在樹蔭下，直到所有人都已經過河，我才不得不隨另外兩人繼續行程。

我們在當日天黑後抵達了艾斯科爾。我吊車尾進了村子，而當時我的第一個念頭就是來杯熱茶，但老是那麼客氣的迪克卻沒想著可以去找村民幫忙。身體不舒服的我火不打一處來。我大叫著要阿里去弄些茶來，而他短短幾分鐘就找到了附近一名好心的住戶願意給我們方便。

接著我躺在黑暗的地上，聽到了有人聲在呼喊我的名字。

他們是我們從送郵跑者處聽說走在我們前面，而如今被我們追上了的日本人。他們同時也在找彼得跟迪克，所以我就繼續裝死，希望我能成功在樹蔭下當個隱形人，但畢竟我有去過日本的淵源，所以他們無論如何還是想跟我打聲招呼。我虛弱地起身跟他們握了手，也難免有些尷尬地讓他們看到了如此狼狽的我。

此後指名要找我的聲音愈來愈多，我全都當作沒聽見，但就是有個人跟我在東京有過一面之緣，他說什麼也要跟我當面聊兩句才肯罷休。

我們之後就一起同行，也下榻在斯卡都的同一間旅店。這時是八月七日。我們一行人訂了九號的班機，但因為適逢季風季節，航班非常靠不住，所以我們知道我們恐怕得等上幾天，甚至幾週都有可能。

我們租了一輛吉普車，並顛了十個小時的爛路才抵達吉爾吉特（Gilgit），然後轉搭全順廂型車，開上了還沒有正式向外國人開放的喀喇崑崙公路。薩爾瓦特少校已經完全是我們的人了，所以吉爾吉特那名多事的二把手雖然有小小的抗議，並堅持要我們掉轉回斯卡都，但少校並沒有理會他。只不過後來因為遇到坍方，所以我們還是又多耽誤了兩天才到達伊斯蘭馬巴德。

艾爾斯佩絲人不在，但因為我們已經在斯卡都發過電報給她，所以在我們晚上抵達的時候，她的房子是開著的。迪克打了電話回英國，而我們聽到他在電話上保證會在隔天搭上班機，然後他就澡也不洗直奔機場想改票，但各辦公室都已經關門了，所以他只好當晚回到英國使館俱樂部的酒吧，與彼得跟我一起拿起酒敬現代文明的奢侈一杯。

迪克無論如何都無法比我們早走一步。我們隔天緊鑼密鼓地進行了一系列的行程，包括首先去巴基斯坦觀光部報到接受例行的訊問，然後禮貌性地拜會了英國駐巴基斯坦大使，最後還閃電式血拼了要帶回英國的禮物。當晚我們飛到了喀拉蚩，搭上了返英的班機。

那架飛機是持續環球飛行的泛美航空〇〇一。我從山上帶下來的疏離感還沒有消退。我沒有不想回家，但那更像是一個理性的概念，而我的感性則依舊麻醉未退，由此我感覺彷彿刀槍不入，沒有傷害或焦慮可以碰得到我一根寒毛，只因為再怎麼極致的愉悅或痛苦，一旦放在了生命這份贈禮面前，都顯得微不足道。一上了飛機，我就感覺自已完全可以坐著它讓繞地球一周，然後下飛機並回到山裡。當然那只是想想而已，最終我還是回到了女友身邊，只不過此時的我，已是個她快要認不出的陌生人。

回到英國的短短數日後，彼得來電問起我艾倫．朱赫斯特的電話號碼。我稍早已經跟艾倫通過電話，而他口氣中的那心有餘而力不足的遺憾，說明了他的心是如何在離開後仍與我們同在。彼得的這通電話讓我有點丈二金剛，我納悶的是他怎麼沒要我替他傳遞消息，反而跟我要了艾倫的電話。然後艾倫的電話就打來了：

「這個博德曼是哪根筋不對？」艾倫用他用點嗆的考克尼（倫敦藍領）口音質問起我來。「他要我打電話給你，跟你說他要結婚了。你們幾個在山上都是啞巴喔？」

隔天我就收到了正式的請帖。

「柯林斯愚夫婦懇請喬．塔斯克先生蒞臨小女希拉蕊與彼得．博德曼之婚宴。」

請帖、婚禮、宴會，顯然全都是幾個月前就都安排好的事情，但彼得在整趟遠征中都對我們守口如瓶，甚至他明知道自己很有可能錯過自己的婚禮，對最後的挑戰還是不肯放棄。我這才明白他擔心的不是登山學校的學員會撲空，他真正擔心的是放新娘鴿子。

迪克最終沒能趕上生產，但他的兒子在同一個週末出世。他們叫他丹尼爾（Daniel），也就是聖經故事中，那個在獅子坑裡活下來的但以理[4]。

4 巴比倫王大流失的宰相但以理賢能招忌，群臣於是進讒要大流士頒布禁止向王者以外的對象祈求，否則就要被扔到獅子坑裡處死，惟但以理最終仍在神的恩典下活了下來，典出《舊約聖經・但以理書》第六章。

後記
Postscript

在Ｋ２被扒了層皮回來後，我很詭異地沒有失落於我們與峰頂失之交臂，而且我也肯定彼得與迪克。我們已經為爬上Ｋ２使出了渾身解數。我們已經把身心都推到了極限，也長時間維持在那個極限，以至於我們差一點就沒有氣力朝正常的生活回歸。

生理上，我感覺自己被徹底榨乾了，而心理上我則感覺好像歷經了一場砲戰的轟炸。但那股堅持並沒有消失，而我也才體認到我變了，或者該說我意識到了另外一個我，一個不同於第一次去到喜馬拉雅山區，便立誓再也不回去了的那人，一個嶄新的自己。

我們並沒有登上Ｋ２的峰頂，但此行比之前的任何一趟行程都讓我看清楚了登頂不是一切，重要的是攻頂的過程，而雖然有得選擇的話，我絕對不會主動讓自己吃這麼多苦，但如今苦已經通通吞下去了，我卻覺得那一分一秒都是如此地珍貴。

我們三人一體地展現出了一股不分你我的罕見決心，由此即便遇到再怎麼大的難關，我們都知道身邊的人可以放心依賴。曾經在都納吉里峰上，我與迪克一起歷經了艱難撤退的初體驗，當時我們都各自陷入了虛妄與幻象的世界，對彼此的存在都幾乎無力察覺，而自那之後，我學會了如何更好地與艱辛跟疲勞共處。我學會了至少要分清楚什麼是現實的需求，什麼又是妄想的幻覺。

我從踏入登山世界以來的許多疑問，都得到了解答。我如今知道了鉤環是幹什麼用的，也知道了雪崩要命在哪兒；喜馬拉雅山區的國家、城市與山脈，有些已經被我當成另外一個家。我知道了高山遠征的世界裡不存在封閉的小圈圈，真正有的只是一個個的朋友圈，就像一般人出去玩也會找認識的、談得來的朋友。我如今也有了我知道我可以在山間信得過，將來會再結伴上山的朋友。當然啦，在那些現在才起心動念要前往喜馬拉雅的新朋友而言，這大概就是所謂一般人不得其門而入、封閉的小圈圈吧。

我從來沒有刻意要那麼頻繁地前往山間，也沒打算過要讓登山成為我長期的志業，但我現在覺得每次上山都能收穫一點點的新鮮與差別，而只要這一點保持不變，我就會繼續讓那股魅力牽引著我，讓我在山間流連。無盡的挑戰在等著我去面對、無盡的有趣問題在等著我去化解、無盡的障礙還等著我去翻越。我不是在勾銷成就，也不是在蒐集高峰，上山只是在不知不覺中成了我的生活。

Ｋ２之行凸顯了我們願意自我挑戰到什麼程度，而我想在外人的眼中，我們這種人不是活膩了，就是感情用事的動物。但其實我們之所以以身犯險，只是因為我們覺得那個終點值得——純靠自己的力量站上世界第二高峰——一如在山間的任何目標，我們之所以甘冒相應的風險，都只是因為我們相信自己已經針對如何避險做出正確的計算，而那個目標又讓我們感覺非常划算。

我們不但沒有活膩了，我所認識的每一位山友反倒是都熱愛生命，為此他們會為了好好活著而奮戰不已，而他們這股強大的求生能量與熱情，也幫助了他們在平日生活中解決了各式各樣的問題，他們身邊的人都能對此有所感應。

在某種程度上，登山是一件素人無法理解、山友無法解釋的事情。關於登山那千頭萬緒的理由，抽絲剝繭絕非易事，或許只有氣味相投之人能夠盡在不言中地心意相通。甫從Ｋ２回返，我們就已經打算要有朝一日捲土重來，而與此同時我們也有其他計畫在培養，有其他的邀約在醞釀，那包括我們要探訪中國一座還沒有人前往的高崗，要以小隊伍前往聖母峰攀爬，乃至於在可預見的未來，足夠讓人心癢的展望將帶我們不斷回到山上，一趟接著一趟。

大事記
Chronology

艾格峰（阿爾卑斯）

喬・塔斯克、迪克・阮修

一九七五年（七三年夏天爬過一次未果）

二月十八到二十日——第一次嘗試

二月二十五日到三月三日——第二次嘗試（成功）

都納吉里峰（喜馬拉雅）

喬・塔斯克、迪克・阮修

一九七五年
六月三十日——獲准攀登都納吉里。
八月五日——迪克考過駕照。
八月六日——走陸路出發前往印度。
九月二十三日——迪克抵達基地營。
九月二十七日——喬抵達基地營。
十月一日到十一日（大約的日期）——登上都納吉里峰後下山。
十月底——迪克飛回英國。
十一月底——喬返抵英國。

強卡邦峰（輝耀之山）

喬・塔斯克、彼得・博德曼

一九七五年
十二月——挑戰強卡邦西壁的計畫首次提出。

一九七六年

五月——接獲強卡邦西壁的遠征許可。

八月二十二日——從倫敦希斯洛機場出發前往印度德里。

九月七日——抵達基地營。

九月十六日——一號營建立在一萬八千英尺高的山脊頂端。路線走完前半。繩索固定在壁面中央的冰原頂端。

九月二十九日到十月二日——嘗試使用吊床宿營來達成進度。

十月五日——遇見都納吉里美國遠征隊的兩名隊員與聯絡官。

十月七日——返回山上。

十月十五日——登頂。

十月十六日——美國遠征隊在都納吉里峰發生意外。

十月十八日——返回基地營，遇見義大利遠征隊與屬於美國隊一員的露絲，並得知美國隊四名成員發生的意外。

十月十九日——爬到都納吉里峰的兩萬英尺處去埋葬美國遠征隊的四名罹難成員。

十一月一日——搭機返抵英國。

K2（第一趟）

喬・塔斯克、彼得・博德曼、克里斯・鮑寧頓、保羅・布羅斯韋特、吉姆・達夫、尼克・艾斯考特、東尼・萊利、道格・史考特

一九七七年

秋天——受邀加入一九七八年的K2遠征隊。

一九七八年

五月十日——飛往巴基斯坦的伊斯蘭馬巴德。

五月十五日——飛往斯卡都。

五月十八日——開始步行入山前往基地營。

六月一日——將基地營址設在薩伏依冰川上。

六月四日——將一號營址設在一萬九千七百英尺處。

六月七日——將二號營址設在兩萬一千四百英尺處。
六月八日——彼得與喬進駐二號營。
六月八日到十日——暴風雪來襲。
六月十一日——攻抵兩萬兩千英尺。
六月十二日——尼克在雪崩中被捲走罹難。
六月十三日——全員返回基地營。決定喊停遠征。
六月十四日——克里斯與道格動身前往伊斯蘭馬巴德。

干城章嘉峰

喬・塔斯克、喬治・貝騰布爾格、彼得・博德曼、道格・史考特

一九七八年

秋天——應道格之邀加入一九七九年的干城章嘉遠征。

一九七九年

三月十三日——抵達加德滿都。

三月十八日——展開步行入山。

三月二十六日——彼得扭傷腳踝。

四月四日——抵達基地營。

四月十三日——建立二號營。

四月十五日到二十一日——爬上山牆並固定繩索於其上。

四月二十七日——抵達北坳。建立三號營。彼得為落石所傷，下降到二號營。

四月三十日——彼得回到北坳。

五月一日——喬下行。彼得、道格與喬治攀爬山脊並挖掘雪洞做為四號營。

五月四日——彼得、道格與喬治紮營在高原區上的山脊上，海拔兩萬六千英尺。

五月五日——帳篷與清晨被毀。三人一路撤退下山。

五月九日——四人全數返回二號營。

五月十日至十四日——嘗試登頂。

五月十五日——喬治下山。彼得、道格與喬出發攻頂。

五月十六日——登頂。
五月十七日到十八日——下到基地營。
五月二十八日——抵達達蘭。
五月二十九日——返抵加德滿都。

K2（第二趟）

喬・塔斯克、彼得・博德曼、迪克・阮修、道格・史考特

一九八〇年

四月三十日——飛到喀拉蚩（彼得、迪克、喬與艾倫・朱赫斯特）。搭卡車移動到伊斯蘭馬巴德（耗時三天）。
五月五日——道格抵達伊斯蘭馬巴德。
五月十日——展開入山行程。
五月二十四日——抵達一九七八年的堆放營。挑夫離去。
五月二十六日到二十八日——將行李駁送至西脊下方的薩伏依冰川。

六月五日——抵達一號營的營址，海拔兩萬零七百英尺。
六月十六日——抵達兩萬三千英尺的高點。
六月十八日——下到基地營。
六月二十四日——初次嘗試上到阿布魯奇山脊。
六月二十七日——下到基地營。道格決定返英。
七月二日——彼得、迪克與喬重返阿布魯奇山脊。
七月十二日——抵達（六號）營第，海拔兩萬六千五百英尺。
七月十三日到十五日——雪崩與撤退。
七月二十二日——返回山上，最後一次嘗試沿阿布魯奇山脊攻頂。
七月三十日——身處兩萬六千英尺處的營地，決定下山。
七月三十一日——抵達基地營。
八月一日——出發前往斯卡都。
八月十日——伊斯蘭馬巴德。
八月十一日——喀拉蚩。
八月十二日——返回英國。

八月底——彼得成婚。迪克的孩子出世。

作者簡介
About the Author

喬・塔斯克曾經是英國首屈一指的登山者。他是在「大山脈群」（Greater Ranges，含喜馬拉雅山脈、喀喇崑崙山脈、興都庫什等高山山脈在內的亞洲山脈群總稱）進行「阿爾卑斯山風格」輕裝攀爬的先驅，同時兼具天賦異稟的好文筆。一九八二年，他與好友彼得・博德曼一起命喪於聖母峰之上，當時他們正在嘗試征服當時無人克復過的東北脊。他們的殞落，標註了英國登山史上一頁偉大紀元的告終。

一九四八年生於英格蘭赫爾（Hull）的喬從十幾歲就開始攀岩。受到登山活動吸引的他在阿爾卑斯山上進行多次卓越的攀登，包括他是第一個在冬天攀爬艾格峰北壁成功的英國人，而後他又把目光轉向了亞洲的大山脈群，並在那兒首開先河，大膽地以阿爾卑斯式的輕裝挑戰技術難度極高的路線——須知在當時，浩浩蕩蕩的大隊包圍戰術仍是登山界的主流。

彼得與喬有兩項成就傳世。一項是經由兩人的努力不懈，他們展示了如何用大膽的輕裝搭配靈活的手法完成對超高峰的挑戰；另外一項則是他們寫下並留給後人的文字著作。彼得與喬都練就了一支健筆。《殘酷的聖母峰》（*Everest the Cruel Way*）做為喬的文壇處女作，精采地講述了他在冬季前往挑戰聖母峰的過程，而他的第二本書《野蠻競技場》則完成在他一九八二年出發前往聖母峰之前。兩本書皆已成為山岳文學經典。

為了紀念兩人，博德曼—塔斯克山岳文學獎會一年一度頒獎給原創作品的單一或共同作者，以表彰獲獎者對山岳文學的卓越貢獻，細節可前往博德曼—塔斯克山岳文學獎的官網了解，網址是：www.boardmantasker.com。

喬・塔斯克
（Joe Tasker）

彼得・博德曼
（Peter Boardman）

meters FM1009

野蠻競技場
年輕的心與困難的山之最後告白
Savage Arena
K2, Changabang and the North Face of the Eiger

作　　者　喬・塔斯克（Joe Tasker）
譯　　者　鄭煥昇
責任編輯　謝至平
選書策畫　詹偉雄
行銷企畫　陳彩玉、林詩玟
封面設計　王志弘、徐鈺雯

發 行 人　凃玉雲
編輯總監　劉麗真
出　　版　臉譜出版
城邦文化事業股份有限公司
臺北市中山區民生東路二段141號5樓
電話：886-2-25007696　傳真：886-2-25001952

發　　行　英屬蓋曼群島商家庭傳媒股份有限公司城邦分公司
臺北市中山區民生東路二段141號11樓
客服專線：02-25007718；25007719
24小時傳真專線：02-25001990；25001991
服務時間：週一至週五上午09:30-12:00；下午13:30-17:00
劃撥帳號：19863813　戶名：書虫股份有限公司
讀者服務信箱：service@readingclub.com.tw
城邦網址：http://www.cite.com.tw

香港發行所　城邦（香港）出版集團有限公司
香港灣仔駱克道193號東超商業中心1樓
電話：852-25086231　傳真：852-25789337

新馬發行所　城邦（馬新）出版集團
Cite（M）Sdn Bhd.
41-3, Jalan Radin Anum, Bandar Baru Seri Petaling,
57000 Kuala Lumpur, Malaysia.
電話：603-90563833　傳真：603-90576622
電子信箱：services@cite.my

一版一刷　2023年7月

ISBN 978-626-315-315-8（紙本書）
ISBN 978-626-315-321-9（EPUB）

售價　NT$ 630（本書如有缺頁、破損、倒裝，請寄回更換）

國家圖書館出版品預行編目（CIP）資料

野蠻競技場／
喬・塔斯克（Joe Tasker）著；鄭煥昇譯.
－一版.－臺北市：臉譜出版，城邦文化事業股份有限公司出版：
英屬蓋曼群島商家庭傳媒股份有限公司城邦分公司發行，2023.07
面；　公分.－（Meters；FM1009）
譯自：Savage arena : K2, Changabang and the north face of the Eiger
ISBN 978-626-315-315-8（平裝）
1.CST: 塔斯克（Tasker, Joe）2.CST: 登山 3.CST: 回憶錄 4.CST: 英國
784.18　　112007714